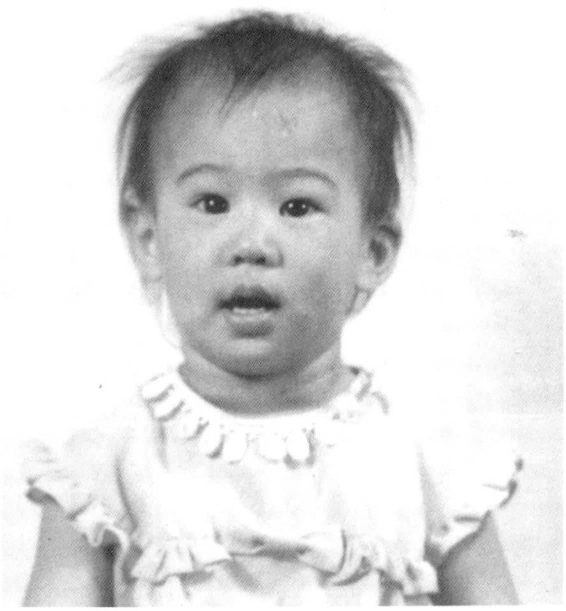

新泽西州普林斯顿，1 岁的纯如

奥地利维也纳的旅行途中，15 个月大的纯如跟父亲张绍进和母亲张盈盈在一起

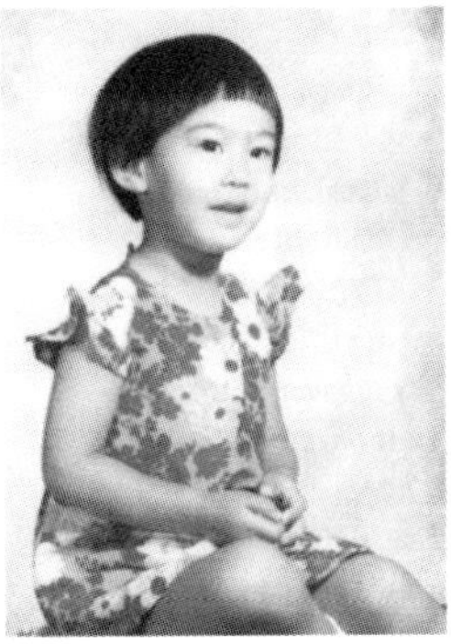

伊利诺伊州厄巴纳，3 岁的纯如

纯如和弟弟纯恺（右一）等小朋友围在漂亮的姜饼屋旁，庆祝自己的 5 岁生日

纯如 7 岁时的全家福，与外公外婆在一起

1978 年母亲节的合影

纯如 10 岁时的全家福，与爷爷奶奶在一起

1984 年夏，全家到黄石国家公园旅行。纯如 16 岁，那时的她志向已明

纯如的高中毕业照

1988 年伊利诺伊大学校友返校节活动中，纯如入选“返校节宫廷”，她和父母在校体育场内的合影

在伊大的学生时代

1989 年，纯如从伊大新闻系毕业，与导师罗伯特·里德教授（右一）的合影

张盈盈 50 岁生日时的全家福。纯如 22 岁，在芝加哥为美联社工作

1991 年，纯如和布雷特在拉斯维加斯度蜜月

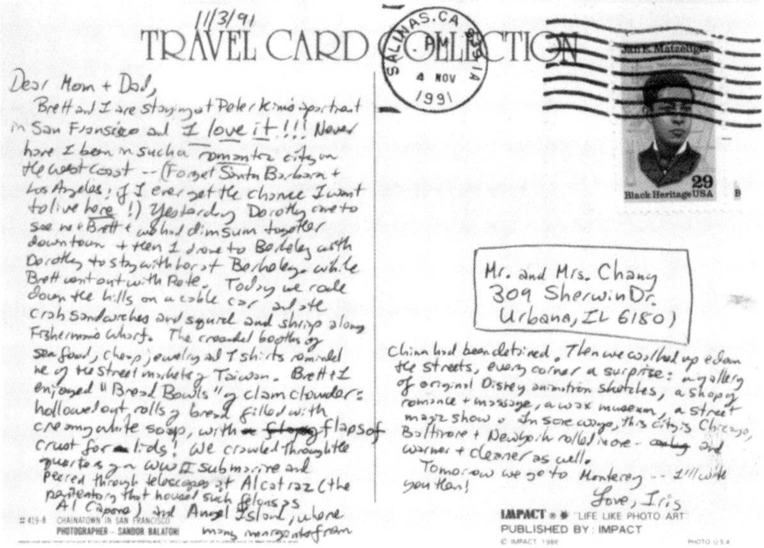

11/3/91

TRAVEL CARD COLLECTION

SALINAS, CA · AM · 4 NOV 1991

Jan E. Matzeliger · 29 · Black Heritage USA

Dear Mom + Dad,

Brett and I are staying at Peter Kim's apartment in San Francisco and I love it!!! Never have I been in such a romantic city on the west coast -- (Forget Santa Barbara + Los Angeles; if I ever get the chance I want to live here!) Yesterday Dorothy came to see me + Brett + we had dim sum together downtown + then I drove to Berkeley with Dorothy to stay with her at Berkeley while Brett went out with Pete. Today we rode down the hills on a cable car and ate crab sandwiches and squid and shrimp along Fisherman's Wharf. The crowded booths of sea food, cheap jewelry and T shirts reminded me of the street markets of Taiwan. Brett + I enjoyed "Bread Bowls" of clam chowder: hollowed out rolls of bread filled with creamy white soup, with ~~a floppy~~ flaps of crust for lids! We crawled through the quarters of a WW II submarine and peered through telescopes at Alcatraz (the penitentiary that housed such felons as Al Capone) and Angel Island, where many immigrants from

\#419-8 CHAINATOWN IN SAN FRANCISCO
PHOTOGRAPHER - SANDOR BALATONI

Mr. and Mrs. Chang
309 Sherwin Dr.
Urbana, IL 61801

China had been detained. Then we walked up + down the streets, every corner a surprise: a gallery of original Disney animation sketches, a shop of romance + massage, a wax museum, a street magic show. In some ways, this city is Chicago, Baltimore + New York rolled in one - ~~only~~ and warmer + cleaner as well.

Tomorrow we go to Monterey -- I'll write you then!

Love, Iris

IMPACT "LIFE LIKE PHOTO ART"
PUBLISHED BY: IMPACT
© IMPACT 1986 PHOTO U.S.A

纯如 1991 年 11 月 3 日寄回家的一张明信片

1993 年纯如在北京游览长城，当时的她正为完成钱学森的传记进行研究工作

1995 年夏，纯如到南京采访南京大屠杀幸存者。照片拍摄于侵华日军南京大屠杀遇难同胞纪念馆前

纯如与南京大屠杀幸存者之一夏淑琴（左二）的合影。大屠杀发生之际，年仅 8 岁的夏淑琴目睹了家人惨遭蹂躏和杀害

1995年，伊利诺伊州尚佩恩，纯如和母亲张盈盈在《蚕丝》的签售现场

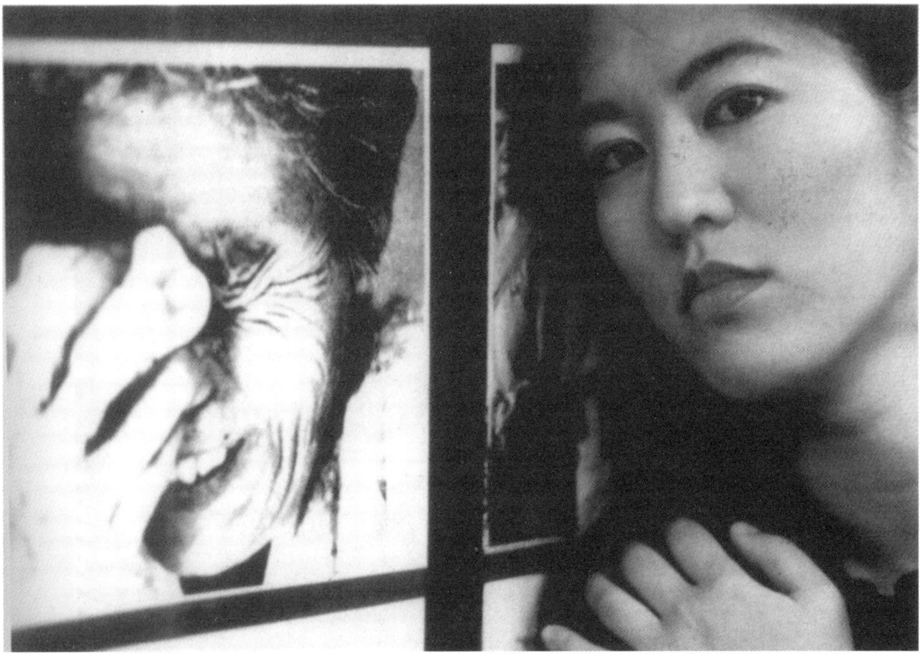

纯如在南京大屠杀主题图片展上，这次展览展出的照片改变了她未来的生活（本照片承《圣何塞水星报》惠允使用）

1997年的纯如。这一年,《南京大屠杀》出版（吉米·埃斯特马达摄）

《约翰·霍普金斯大学杂志》1997年11月号，该杂志的封面文章首次深入报道了《南京大屠杀》一书

《南京大屠杀》签售现场

1998年，在马克斯·贝伯曼杰出校友奖颁奖典礼上，纯如与父母、伊大附中校长谢利·罗伯茨（右一）、英语老师阿黛尔·萨斯里克（左一）和查伦·蒂贝茨（中坐者）的合影

书店橱窗里陈列着《南京大屠杀》

1998年9月号《读者文摘》杂志封面

纯如与《华盛顿邮报》专栏作家乔治·威尔的合影

1998 年 12 月 31 日，在“复兴周末”活动的新年前夜聚会上，纯如与时任总统比尔·克林顿的合影

1999 年，纯如与黛安娜·朱克曼（左一）及第一夫人希拉里·克林顿的合影

2001 年 9 月，抗议《旧金山对日和平条约》签订 50 周年官方纪念活动的现场，纯如做主旨发言

2003 年的纯如（吉米 · 埃斯特马达摄）

在一次访谈节目中，纯如与夏伟在一起

1998年12月9日，在旧金山的莫斯康中心举办的联合国《世界人权宣言》50周年纪念会上，作为主题发言人之一的纯如与其他发言人——马丁·路德·金三世（民权运动领袖小马丁·路德·金的儿子，左二）、阿伦·甘地（印度圣雄莫罕达斯·卡拉姆昌德·甘地的孙子，右二）——在一起，左一为世界抗日战争史实维护联合会时任常务副会长丁元

2003 年出版的新书《美国华人》

1998 年，纯如在多伦多举行的一场新闻发布会上与戴维·马吉（约翰·马吉的儿子，右一）在一起。戴维向纯如展示了他父亲当年在南京拍摄日军暴行的相机。南京大屠杀期间，约翰·马吉牧师任国际红十字会南京分会会长

一次访谈中纯如与查理·罗斯在一起

2003 年，纯如在百人会的大会上发表演讲

2003 年，纯如与 1 岁的儿子克里斯托弗在家中

1998 年，纯如在密歇根州见到南京安全区委员会成员的后人。哈丽雅特·米尔斯和安吉·米尔斯（左一及左二）是 1937 年在南京担任长老会传教士的威尔逊·普拉默·米尔斯的女儿；尼尔·布雷迪的父亲理查德·布雷迪则作为一名外科医生，在南京大屠杀最恐怖的阶段过后在南京安全区委员会工作。尼尔·布雷迪将当年南京安全区使用的一面红十字旗赠予纯如，纯如后来将它捐给了斯坦福大学胡佛研究所

2003年，纯如在为《南京大屠杀》和《美国华人》举办的签售活动上。《美国华人》是纯如生前出版的最后一本书

2004年11月18日，葬礼现场门外，前来吊唁的朋友们为纯如点燃了蜡烛

美国加州洛斯阿尔托斯，天堂之门公墓内纯如的墓碑

中国南京，侵华日军南京大屠杀遇难同胞纪念馆前纯如的雕像

2001 年 12 月 13 日，纯如与母亲张盈盈一起参加在旧金山举办的南京大屠杀死难者纪念活动及图片展

1998 年，纯如和母亲张盈盈在厄巴纳-尚佩恩

寫在南京大屠殺之後

「南京大屠殺」作者張純如母親書後的心路歷程

／張盈盈

1998 年 3 月 15 日，张盈盈发表在《世界日报》周日特刊上的中文文章，文中描述了她作为纯如的母亲在《南京大屠杀》出版前的心路历程

Oct. 5, 1992

Dear Mom + Dad,

Enclosed please find a copy of a biographical essay about Dr. Tsien that appeared in a book about China's leading scientists. The book was mailed to me by S. I. Pai, the fellow you had breakfast with in Taiwan. Is it possible for you to take a quick look at the essay + see if there is anything new? If there is the next time we talk you can mention the page numbers to me over the phone and I'll have a Chinese UCSB student do a little oral translation for me.

I think it's important for me to write more letters to you to keep a record of events. I do this regularly with my friends but not with you, because of the convenience of the telephone. After spending a year of research on this book I have learned that the best way to control how history is written is to

(a) be a compulsive letter writer or

(b) outlive your enemies. Because as I piece together the events of Tsien's life I have only two resources:

1992年10月5日纯如的手迹

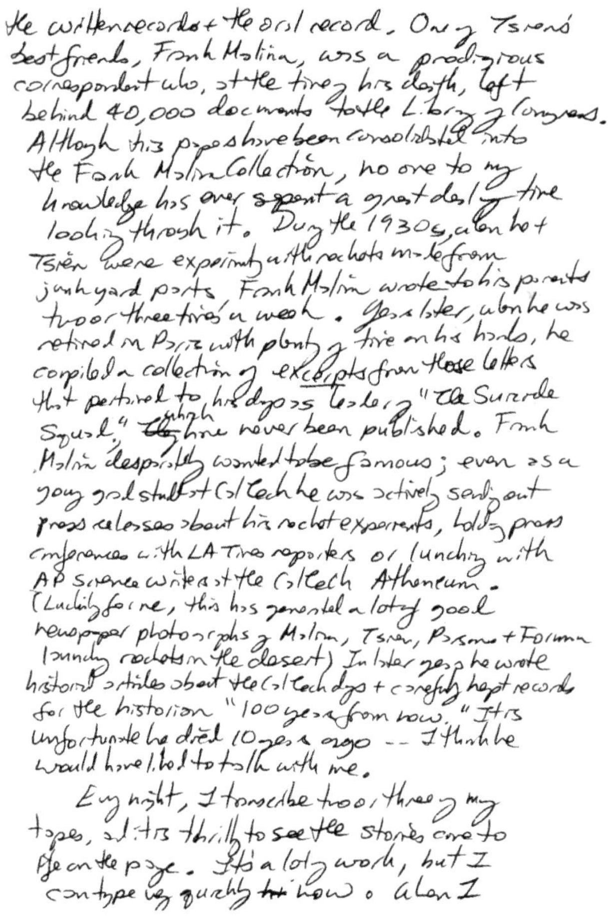

the written records + the oral record. One of Tsien's best friends, Frank Malina, was a prodigious correspondent who, at the time of his death, left behind 40,000 documents to the Library of Congress. Although his papers have been consolidated into the Frank Malina Collection, no one to my knowledge has ever spent a great deal of time looking through it. During the 1930s, when he + Tsien were experimenting with rockets made from junkyard parts, Frank Malina wrote to his parents two or three times a week. Years later, when he was retired in Paris with plenty of time on his hands, he compiled a collection of excerpts from those letters that pertained to his days as leader of "The Suicide Squad," which have never been published. Frank Malina desperately wanted to be famous; even as a young grad student at CalTech he was actively sending out press releases about his rocket experiments, holding press conferences with LA Times reporters or lunching with AP science writers at the CalTech Atheneum. (Luckily for me, this has generated a lot of good newspaper photographs of Malina, Tsien, Parsons + Forman launching rockets in the desert) In later years he wrote historical articles about the CalTech days + carefully kept records for the historian "100 years from now." It is unfortunate he died 10 years ago -- I think he would have liked to talk with me.

Every night, I transcribe two or three of my tapes, and it is thrilling to see the stories come to life on the page. It's a lot of work, but I can type very quickly ~~the~~ now. When I

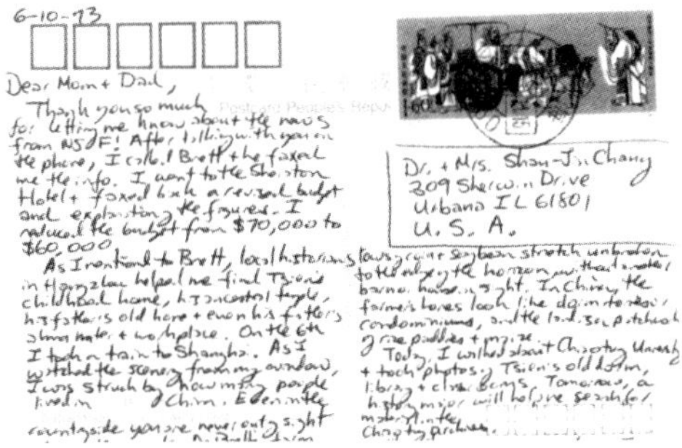

6-10-93

Dear Mom + Dad,

Thank you so much for letting me know about the news from NSF! After talking with you on the phone, I called Brett + he faxed me the info. I went to the Sheraton Hotel + faxed back a revised budget and explaining the figures. I reduced the budget from $70,000 to $60,000.

As I mentioned to Brett, local historians in Hangzhou helped me find Tsien's childhood home, his ancestral temple, his father's old home + even his father's alma mater + workplace. On the 6th I took a train to Shanghai. As I watched the scenery from my window, I was struck by how many people lived in China. Even in the countryside you are never out of sight ... towns or giant soybean stretch unbroken to the edge of the horizon without a red barn or house in sight. In China, the farmers' homes look like dgim to rooi condominiums, and the land is a patchwork of rice paddies + maize.

Today, I walked about Chiaotung University + took photos of Tsien's old dorm, library + classrooms. Tomorrow, a history major will help me search for materials in the Chiaotung archives.

Dr. + Mrs. Shau-Jin Chang
309 Sherwin Drive
Urbana IL 61801
U. S. A.

1993 年 6 月 10 日纯如寄来的明信片

THE NEW YORK TIMES INTERNATIONAL

to save people who would later become his country's enemies. Indeed, Mr. Rabe's outspoken support for the Chinese upon his return to Germany appears to have ruined his career.

Some who have followed his case say that he, like Oskar Schindler, the German industrialist who protected Jews under very different circumstances, offers another example of the durability of humanitarian impulses in the cruelest of times.

Scholars say Mr. Rabe's diary, which includes reports from other foreign observers, photos and other memorabilia, is valuable not so much for revealing new historical facts, but because it provides an unusually detailed and personal account from a German witness to an incident considered among the most brutal in modern warfare. They believe the diary to be authentic, because American missionaries in China who were Mr. Rabe's contemporaries knew of his actions and supplied similar accounts of atrocities.

The diary also offers a counterweight to claims by some Japanese officials who have long denied either the existence or the scale of the massacre in Nanking, which is now known as Nanjing.

"It's an incredibly gripping and depressing narrative, done very carefully with an enormous amount of detail and drama," said William C. Kirby, a professor of modern Chinese history at Harvard University, who has read parts of the diary in German. "It will reopen this case in a very important way in that people can go through the day-by-day account and add 100 to 200 stories to what is popularly known."

The diary has only now come to light because of the efforts of Iris Chang, a Sunnyvale, Calif., author. While researching a book on the Nanjing massacre a few years ago, she stumbled upon a few references to Mr. Rabe's humanitarian efforts. She tracked down Mr. Rabe's granddaughter, Ursula Reinhardt, in Berlin, and upon discovering that Mr. Rabe had kept a diary, persuaded the family to make it public.

That will formally happen today at a news conference at the Hotel Inter-

being organized by the Alliance in Memory of Victims of the Nanjing Massacre, a Chinese-American group, said Tsuping Shan, a past president. Eventually, copies of the diary are to be donated to Yale Divinity School Library and Nanjing Massacre Memorial Hall, in China.

Martha L. Smalley, research services librarian at Yale Divinity School, said Mr. Rabe's accounts are corroborated by documents on display at a current Yale exhibition called "American Missionary Eyewitnesses to the Nanjing Massacre."

One such missionary, Robert O. Wilson, a Harvard-trained doctor who worked in China in the 1930's, wrote of Mr. Rabe:

The 1937 diary of an unlikely hero bears witness to Japanese atrocities.

"He is well up in Nazi circles and after coming into such close contact with him as we have for the past few weeks and discover(ing) what a splendid man he is and what a tremendous heart he has, it is hard to reconcile his personality with his adulation of 'Der Führer.'"

It is not clear whether Mr. Rabe embraced the oppression of Jews and other groups in Nazi Germany. He lived outside Germany during the time of Hitler's rise to power, and there is no record of the extent of his activities in the Nazi Party after he returned to Germany in 1938, according to Ms. Chang. Because scholars, who received the diary only a few days ago, have not finished reading it, they cannot say if it contains expressions of anti-Semitism.

But Mr. Rabe was outspoken in his support for Nazism. In a lecture he delivered after his return to Germany in February 1938, he said, "Although I feel tremendous sympathy not only in the correctness of our political system but, as an organizer of the party, I am behind the system 100 percent."

Born in Hamburg in 1882, Mr. Rabe spent much of his life in China working for the Siemens Company, rising to become its top representative there, selling telephones, turbines and electrical equipment. His children and grandchildren were born in China, and he had many Chinese friends. He spoke the language fluently.

But by 1937, Hitler's Germany was shifting its loyalties away from China and toward Japan. So when Japanese forces converged on Nanjing, many Germans who were working in China felt torn, Professor Kirby said.

Mr. Rabe was ordered by Siemens to leave for the safer grounds of Wuhan, a few hundred miles west on the Yangtze River. But he refused. Instead, he became chairman of a group of about two dozen German and American missionaries, doctors and professors who established a neutral zone in Nanjing as a haven for Chinese refugees.

It was a daunting task. Mr. Rabe witnessed people who were shot, doused with gasoline and burned alive. He saw bodies of women lanced with beer bottles and bamboo sticks.

In his diary entry for Jan. 1, 1938, Mr. Rabe wrote: "The mother of a young attractive girl called out to me, and throwing herself on her knees, crying, said I should help her. Upon entering (the house), I saw a Japanese soldier lying completely naked on a young girl, who was crying hysterically. I yelled at this swine, in any language it would be understood, 'Happy New Year,' and he fled from there, naked and with his pants in his hand."

In another entry, referring to the Chinese he had hidden, Mr. Rabe wrote that it was hard to sleep with 650 people snoring in his backyard. On Dec. 16, with water and power failing and the city ringed by fire, he noticed that his canary, Peter, sang in rhythm to the sound of gunfire.

Upon his return to Germany in February 1938, Mr. Rabe wrote a

But he was arrested by the Gestapo, interrogated for three days and ordered to keep silent on the subject.

From there Mr. Rabe's life headed into a downward spiral. Between 1938 and 1945, Mr. Rabe worked on and off for the Siemens Company, including a brief stint in Afghanistan.

As World War II intensified, Mr. Rabe wrote increasingly in his diary about hunger and the ravages of war; he and his family in Berlin had to eat nettles and acorn soup.

Because Mr. Rabe was one of the about 9 percent of Germans who were members of the Nazi party, he had to petition to be de-Nazified by the Allies after the war in order to hold a job. His first petition was denied, and Mr. Rabe had to appeal.

Ultimately, in June 1946, Mr. Rabe was granted de-Nazification status because of his humanitarian acts in China, according to Ms. Chang. But the investigation proved draining, and he died of a stroke in 1950.

"He was humiliated because he had to go through de-Nazification," Mrs. Reinhardt said in a telephone interview from her home in Berlin.

Mr. Rabe's diary may bolster the efforts of Chinese organizations like Mr. Shan's alliance, who contend that as many as 300,000 Chinese were killed in Nanjing massacres, to extract an apology, or possibly war reparations, from the Japanese Government. Unlike Germany, Japan has been perceived as resisting responsibility for wartime atrocities. Some high-ranking Japanese officials, including a former Minister of Justice, Shigeto Nagano, maintain the incident never happened.

Ms. Chang, whose book, "The Rape of Nanking: The Forgotten Holocaust of World War II," is to be published next year by Basic Books, said of Mr. Rabe: "I think he felt that he could make a difference, that if Germany knew what Japan was doing, then maybe Germany could have influenced Japan to stop it. It may have been naiveté. But to me, John Rabe is the Oskar Schindler of China, another example of good in the face of evil."

: Week in Review, Sec 4, P.7

THE NEW YORK TIMES, SUNDAY, DECEMBER 15, 1996

Word For Word / *The Rape of Nanking*

A Nazi in China Who Used His Swastika to Save Lives

RECENT works like "Schindler's List" and "Hitler's Willing Executioners" have stimulated public debate about what German civilians did and did not do during the Third Reich to lessen some of this century's signal horrors. Add to that discussion now the case of John Rabe, a German businessman and Nazi organizer in China who worked to protect Chinese civilians caught in the two-month rampage by invading Japanese soldiers known as the Rape of Nanking.

Last week in New York, Mr. Rabe's diary and other writings were made public by his family and a group commemorating victims of the Nanking atrocities. The writings chronicle the Japanese Army's frenzy of killing, rape and looting in the Nationalist Chinese capital (now transliterated as Nanjing) in the winter of 1937-38, and offer details of Mr. Rabe's humanitarian role, which in general terms has been corroborated independently.

His writings are a counterweight to Japanese efforts to whitewash the Nanking episode. Above all, his story embodies a rich paradox: an unarmed Nazi — a standard-bearer for notions of racial superiority — was defending Asians against the brutal army of a country edging closer to Germany as world war approached. Here are excerpts.

DAVID W. CHEN

• • •

As the Japanese advanced on the city, Mr. Rabe (pronounced RAH-bay), the top representative in China for the Siemens manufacturing concern, joined with other foreign businessmen and American missionaries to designate a square-mile area of the city a "safety zone" for Chinese refugees. They counted on the Japanese to respect the neutrality of foreigners. But it became clear early that this neutrality would be often honored in the breach. Mr. Rabe writes

vant's closet and the rest, about 100 people, are either in the foxholes or out in the open. . . .

In an entry soon after the Japanese have overrun the city, he encounters their atrocities:

I drove with some Americans to the southern part of the city . . . where I found out how much damage the fighting had inflicted. . . . We found many corpses of Chinese civilians. I examined them and determined that they had probably come from nearby and had been shot in the back while trying to flee. . . .

He mistakenly assumes that retreating Chi-

Ursula Reinhardt with her grandfather's diary last week.

these atrocities. One was powerless against these monsters. . . . They had respect only for us foreigners, but nearly every one of us came close to being killed dozens of times. We asked each other, "How much longer can we maintain this bluff?"

•

Still, he wrote, he couldn't refuse people's pleas to intervene on their behalf:

On the way to the zone's command center, my car would regularly be stopped by someone in the way who begged me desperately to protect either their wife, sister or daughter from being raped by Japanese soldiers. I then had to go, accompanied by a group of Chinese, to the place where the rape was occurring and chase away the Japanese, many of whom were caught in the act. I don't need to tell you that these incidents were quite dangerous. The Japanese had pistols and bayonets and I . . . had only party symbols and my swastika armband. One had to overcome the lack of weapons with a domineering presence and energy, which normally helped.

On New Year's Day, 1938, he recounted this incident:

The mother of an attractive young girl called out to me and, throwing herself on her knees, crying, said I should help her. Upon entering the house, I saw a Japanese soldier lying completely naked on a young girl, who was crying hysterically. I yelled at this swine, in any language it would be understood, "Happy New Year!" and he fled from there, naked and with his pants in his hand.

Soon Mr. Rabe and the other foreigners who formed the committee overseeing the safety zone devoted themselves to documenting the atrocities with photographs and accompanying descriptions, like this one written by Mr. Rabe:

A Japanese soldier demanded cigarettes from [this] employee of an enameled-goods shop. Because he didn't have

1996年12月13日，《纽约时报》刊登的关于发现拉贝日记的文章

张纯如

THE WOMAN WHO COULD

NOT FORGET

Iris Chang Before and Beyond *The Rape of Nanking*

无法忘却历史的女子

［美］张盈盈◎著

鲁伊 译

中信出版集团 | 北京

图书在版编目（CIP）数据

张纯如：无法忘却历史的女子 /（美）张盈盈著，鲁伊译 . —北京：中信出版社，2012.4（2025.12重印）
书名原文：The Woman Who Could Not Forget: Iris Chang Before and Beyond The Rape of Nanking
ISBN 978–7–5086–3237–7

I. 张… II. ①张… ②鲁… III. 张纯如（1968~2004）－传记 IV. K837.125.6

中国版本图书馆 CIP 数据核字（2012）第 026353 号

张纯如：无法忘却历史的女子
ZHANG CHUNRU：WUFA WANGQUE LISHI DE NÜZI

著　　者：[美] 张盈盈
译　　者：鲁　伊
策划推广：中信出版社（China CITIC Press）
出版发行：中信出版集团股份有限公司（北京市朝阳区东三环北路 27 号嘉铭中心　邮编　100020）
（CITIC Publishing Group）
承 印 者：北京通州皇家印刷厂
开　　本：787mm × 1092mm　1/16　　插　　页：12
印　　张：21.5　　字　　数：330千字
版　　次：2012 年 4 月第 1 版　　印　　次：2025 年12月第 19 次印刷
京权图字：01–2011–3285
书　　号：ISBN 978–7–5086–3237–7/K · 216
定　　价：49.00 元

服务热线：400–600–8099
投稿邮箱：author@citicpub.com

献给

我的先生绍进，

感谢他的耐心、支持与爱

献给

克里斯托弗，

希望他知道他母亲到底是怎样的人

目录

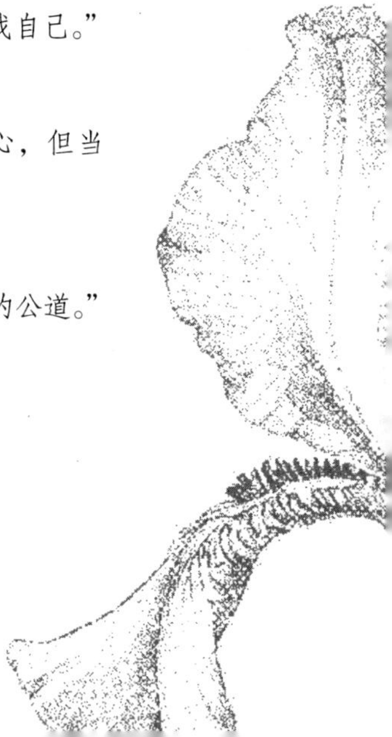

序一　献给一位卓越的年轻女士的生命颂歌

理查德·罗兹

普利策奖、美国国家图书奖及美国书评人协会奖获奖作家，记者和历史学家

这本书是献给一位卓越的年轻女士的生命颂歌。尽管她英年早逝，但这并不减损其值得歌颂的程度。英国诗人、教士约翰·多恩（John Donne）曾在他最著名的作品《丧钟为谁而鸣：生死边缘的沉思录》中写道："无论谁死去，我的一部分都在跟着死去，因为我是人类的一分子。"但是，每个人，无论男女，他们的人生也丰富了我们的人生，因为每个人的一生都是对人类创造和情感的无尽可能的一种展现。即使是那些被我们认为是邪恶的人、那些犯下恶行的人，他们也揭示了人类的某些可能——尽管我们不愿闻听究竟。

作为一位作家、一个年轻的华裔美国人，张纯如第一个站出来大声疾呼，揭发日本军队1937年12月到1938年1月间在中国南京对平民的大屠杀。我曾写过其他恐怖事件：1939年和1941年，德军入侵波兰和苏联后，大规模枪杀犹太人；日本广岛和长崎遭遇的原子弹攻击。我知道，翻阅历史档案、访问那些目击者和幸存者是多么令人痛苦的一项工作。继发性心理创伤是这种工作的一个危险因素。同张纯如一样，我也体验过噩梦连连、轻度抑郁的感觉，在保持适当距离和足够安全的前提下，我把这当成进入我所描写的角色的一种体现。

我知道我为什么要探索这些恐怖事件。我不知道张纯如为什么这么做，但我想，在她的内心深处，她想要切身体验对受害者的怜悯和对作恶者的愤怒。西方人对南京大屠杀的近乎遗忘，以及日本政府对这件事的轻描淡写乃至否认，都令她义愤填膺。张纯如的文化背景使她拥有讲述这一复杂历史事件的独特角度，因为她能熟练地运用中文和英文两种语言。

不过，仅仅提及张纯如最著名的作品其实忽略了她生命中更丰满的部分：作为一个人的一生——作为一个孩子、一个女儿、一个青年人、一个妻子及一个母亲。从生到死，我们扮演着多重角色。缺少了哪个角色，生命的其他部分都不完整；每个角色都是其他角色的组成部分。不管信仰为何，至少那些离开的人和过去的事会在我们的记忆中永生。在这本回忆录中，张纯如的母亲张盈盈分享了她对女儿生命中其他部分的回忆——那些更为私密的部分。张盈盈告诉我们，写这本书帮助她抚平了女儿去世的忧伤。对那些通过她的书知道她的人来说，张纯如的生平传记让我们更详细地了解了她到底是谁，以及她是如何写出那本最著名的作品的。

我只见过张纯如一次，主要通过她的作品和通信往来熟悉这个人，但那个下午的会面是多么令人难忘！当时，我还没有搬到加州，那次是我到旧金山进行图书签售。此前张纯如和我因为南京大屠杀的相关问题联系过，我邀请她和我共进午餐。我记得，那是个安静的周日，我们在我入住的旧金山市中心的酒店见面。张纯如应该一直是个能给人留下深刻的第一印象的人。初次见面，我自然也大感惊艳：她很高，引人注目，健谈又真诚热情。

我们那顿饭吃了大约三个小时。餐厅里的人走光了，餐桌也都清理干净了，连侍者都交班了。我们谈论对方的作品，抱怨各自的出版商。尽管读者或许期望我们见面时会更多地讨论文学，但几乎所有专业作家都像我们这样。当然，靠写作赚钱永远不那么靠谱。张纯如当时正因书受到攻击而烦心。我记得我当时认为她或许有些过分担心——她所描述的那些攻击不像是可能发生在21世纪初的美国的事。在这本回忆录中，我发现张纯如的担忧并非空穴来风。直至今日，互联网上对她的攻击依然存在。张纯如在世时，这些攻击直接针对她个人，在她的眼中，那是充满威胁的。

我曾与张纯如会面。现在，我也认识了她的父母，我能从他们身上发现张纯如的智慧与勇气的来源。在这本勇决的回忆录中，你将认识一位与众不同的年轻女性和她的家人，了解她的一生。正如法国结构主义人类学家克洛德·列维–斯特劳斯（Claude Lévi-Strauss）曾经说的，失去一位亲人，或是失去一个曾经感动过我们的作家或艺术家，那种无可弥补的遗憾就仿佛是蔷薇花永远灭绝、它的香气从此无从寻觅一样。一本回忆录无法挽回张纯如的离去，但它至少可以让我们再次感受到她的存在。这会是一种永远真切的存在，充满勇气，充满信念，充满活力。

序二　信奉“一个人的力量”的孤独行者

丁元

世界抗日战争史实维护联合会前常务副会长

“一个人的力量。”这是张纯如的人生信条。在她流星般绚烂的一生中，借助自己一丝不苟的作品和跨越美国东西海岸进行的数百次演讲，张纯如也常常与她的听众和崇拜者分享这一信条。

出于这一原因，张纯如满怀激情地投入她的使命中去，这个信奉“一个人的力量”的孤独行者，将其全部精力和所有清醒的时间都用于思考、筹划、推动、抗争和评估，周而复始，只为改变现状。

张纯如也是个优秀的团队成员。自从她走进我们的生活，尤其是1994年12月在丘珀蒂诺社区中心召开的那次国际会议，几年中，这个很多人已经在纪录片《张纯如：南京大屠杀》中见过的梳着马尾辫、窈窕美丽的年轻女性，一直与我们（世界抗日战争史实维护联合会积极的成员们）保持着密切的联系。她与我们分享她一丝不苟地收集、整理和研究的历史事实，参加在美国和加拿大举行的相关学术活动。不管是身在家中还是在机场旁边的某个酒店里，每当我们想要与她联系，她从不会令人失望。通话时，她记下我们说的每一句话，电话里传来的敲击键盘的清脆声响直至今日仍回旋在我的记忆中。在绝大多数美国人还不知“互联网”为何物时，她就已经向许多人发送了成千上万封电子邮件，这使她成为当之无愧的传播者和“网络斗士”。这本书的大部分内容都源自张纯如母亲的电子邮件档案。作为一名优秀的、严谨的学者，张纯如的母亲多年来一直保存着这些邮件。

张纯如经历了从一个羞涩少女到一颗耀目明星的转变。在因《南京大屠杀》一书成为畅销书作家后，张纯如迅速从学究式的记者转型为杰出的公众演说家。她的书揭露了1937—1938年日本人在8周的时间里对数万名中国平民进行的史无前例的血腥屠杀。在失守的古都南京，侵略者奸淫妇女，烧杀掳掠。张纯如成名后，即便是在“复兴周末”活动这样的场合，美国总统和第一夫人在场的情况下，她依然可以慷慨陈词。1997年12月，《南京大屠杀》刚出版时，张纯如通常要花一整天时间准备15~20分钟的演讲。但一年后，在PBS（美国公共广播公司）《新闻一小时》节目的直播现场，同日本驻美国大使齐藤邦彦进行公开辩论时，她只用了不到30秒便将对方驳得哑口无言。

我想传达给所有日本右翼分子一个信息：“张纯如既不是中国政府特工，也不是美国间谍，与你们的荒谬指控相反，她只不过是一个呼吁改变的使者。”

张纯如是一个全面的人权斗士。尽管为大多数人所熟知的是她出众的作品，但张纯如对其他问题也满怀激情，不折不挠地为之奋斗，例如替那些二战中日本帝国主义战争机器的受害者和死难者讨回公道。张纯如坚定地捍卫人权和公民权利，无论事件发生在美国还是其他国家。

例如，“9·11”事件爆发后，乔治·沃克·布什发动了针对伊拉克的不义之战，在美国境内大范围出现的针对穆斯林的恶意攻击曾令张纯如极度不安。她和犹太及阿拉伯人权活动家一道出席电视台举办的公众论坛，表达自己对此事的忧虑，尽管当时她非常忙，一方面要为自己的书做大量的资料收集工作，另一方面要应付不计其数的大学和全国性电视台、广播电台演讲活动。当她讨论历史是如何令人悲哀地一次次重演时（过去是对爱尔兰人、犹太人和华人移民的歧视，然后是对日裔美国人的非法拘禁，现在又是对少数族裔的恶性袭击），张纯如脸上凝重的表情反映出她内心对那些种族歧视和种族敌意受害者的深切同情。

她的言语发自内心。张纯如的写作风格激怒了一些人，他们批评她是一个带有偏见、充满愤怒的历史研究者。没错，出自张纯如笔下的字句，仿若她曾身临其境，与受害者一道经受折磨、面对厄运。张纯如是一个完美主义者，一直忠于历史事实，但她的叙述方式非常戏剧化，有时甚至是令人不悦的，这使得一些人拒绝接受在某种特定情况下人性居然如此邪恶的现实。

张纯如一直是一个有爱心、有责任感的人。出于人性，我们都可能被权力、财富和名望侵蚀。然而，张纯如从未让身外之名掩盖她亲切如邻家女孩的本性。在她过世几年后，她的读者（绝大多数是陌生人）仍会谈起他们收到的来自张纯如的电子邮件，她解答了他们提出的问题。许多高中生和大学生受到张纯如的信件的启发。一些同辈作家，包括知名畅销书作家，也对张纯如给予他们的慷慨帮助（无论是撰写书评，还是协助作品出版）表达了感激之情。

张纯如也曾直面恐惧，她的崇拜者称赞她为无畏的斗士，但这只是真相的一部分。张纯如是一名斗士，这毋庸置疑，但她越来越担心自己和家人受到来自历史否定主义者的不可预见的伤害。然而，张纯如从未让恐惧磨灭自己追求正义的决心。年轻的她像勇敢的战士那样，鼓起最后的勇气，毅然向前冲锋。

这是一本见解深刻的书。富有爱心的母亲以她的视角记述了张纯如的人生、事业、喜怒哀乐、对生活和文学的热爱，以及其生命最后一段旅程中与抑郁症的抗争。读者可以从中了解许多不为人知的真相，看到一个来自美国中西部小镇的女孩经历了怎样的人生起伏，终于成为美国现代文学界的一颗明星。正如张纯如所坚信的“人人皆有可能”，我们应当也必须追随她的脚步——追求卓越。

这本书对读者富有启迪意义。尽管对精神疾病的讨论仍属禁忌话题，通过对张纯如生命最后一段时光中经历的抑郁和精神崩溃的叙述，张盈盈忍痛逐日乃至逐小时地记下了每一件具有转折意义的事。这使得读者可以了解到，一个看起来积极外向、无所不能的健康女性在精神上可能遭受什么样的折磨。张盈盈细致地记录了张纯如的病情发展过程，以及家人应对这一艰难处境的做法。从突然接到张纯如精神崩溃的消息到几个月的治疗过程，他们绝望地试图学习和应对所有家庭成员此前完全不了解的突发状况，其他遇到类似问题的人或可从中得到某些启示。在这本书中，张盈盈记下了诊断结果、与医生的交流过程及使用过的各种药物。

此外，张盈盈还在后记中列出了张纯如过世后的一些科学发现和参考文献，她希望这本书可以提供有关精神疾病、相关疗法、药物选择和预警措施的一些信息，从而使读者从中获益，避免类似的悲剧重演。读者应当明白，对张盈盈来说，回忆犹如重温噩梦，投入数年时间整理相关信息实属不易。她能够这样做值得嘉勉。这是献给公众的一份重礼。而她之所以这么做，只是为了纪念她深爱的女儿——张纯如。

第一章

晴天霹雳

“我想过逃离，但我永远都无法摆脱我自己和
我脑中的那些念头。”

我想忘了那一天，但我永远都不会。

那是2004年11月9日，周二。早上8点半，电话铃声响起，女婿布雷特·道格拉斯打来说，我们的女儿张纯如昨天晚上悄然离家，她的车（一辆1999年出厂的白色奥兹莫比尔阿莱罗）也不在车库里。

我们匆忙赶到步行只需两分钟的女儿家中，圣何塞的一名警察已经在那里，他和布雷特稍作交谈后便离开了。布雷特递给我们一张打印出来的遗书，是他在纯如的电脑旁找到的。那是写给布雷特、我丈夫张绍进、纯如的弟弟张纯恺和我的，打印时间是凌晨1点44分。上面写着：

亲爱的布雷特、妈妈、爸爸和纯恺：

在过去几周里，我一直在为生或死的决定而纠结。

正如我跟布雷特说过的，当你相信你拥有未来时，你想到的是一年复一年、一代又一代；而当你不相信时，日子不是以天——而是以分钟来计算的。

你们不会希望一个人在她的余生如行尸走肉般活着……我想过逃离，但我永远都无法摆脱我自己和我脑中的那些念头。

我之所以这样做，是因为我太软弱，无法熬过未来那些令人痛苦和烦恼的岁

月。每一次呼吸都变得更加困难……就好像即将溺毙于汪洋大海之中。我知道，我的所作所为会把这种痛苦的一部分加于他人，尤其是那些深爱我的人。请原谅我。原谅我，因为我无法原谅自己。

爱你们的，纯如

我的心脏剧烈地跳动，我甚至可以听到它撞击胸膛的声音。我无法呼吸。我对绍进和布雷特说，我们得找到她，把她带回来。

过去的几周里，纯如常常说她不想再活下去了。从肯塔基州路易斯维尔回来后，她一直饱受抑郁症的折磨。纯如去那里是为了采访美国二战老兵，为她关于巴丹死亡行军的书收集资料。8 月 12 日动身前，她已经连续 4 天不眠不休，也几乎没吃任何东西。到路易斯维尔后不久，她就在旅馆房间里崩溃了。绍进和我坐飞机赶过去，把她带回圣何塞。这之后，她接连看了 3 个精神科医生，一直在服用抗精神病和抗抑郁药物。10 月，纯如的儿子、两岁的克里斯托弗被送到伊利诺伊州的爷爷奶奶家。

绍进和我无法理解纯如的生活怎么会这么快崩塌。那年春天，她刚刚为宣传她的新书《美国华人》（*The Chinese in America*）进行了一次为期 5 周的旋风式签售旅行。旅行开始前，她看上去还一切都好，但 5 月初结束签售回到家中后，她变得心事重重，认为有人将对她不利。在那次精神崩溃事件发生三个月后，她的恐惧症进一步恶化。

10 月 28 日，我在她的皮包里发现了一份持枪许可申请和枪支安全使用手册，并由此发现她曾去过圣何塞东部的一家枪店。当我质问她时，她意识到我在密切关注她的一举一动，于是开始疏远我，不回复我的电话和电子邮件。我买了鲜花和食物送到她家门口，但她甚至不让我进门或接近她。

现在，她就这么留下一纸遗言，然后消失不见了。但我仍抱有希望，或许她会回心转意，很快回家，就像 9 月时她曾跑到本地一家酒店住了一天，但晚上就回家了。我从来不信任何宗教，可那一刻我的双腿和双手都不禁瑟瑟发抖，我开始祈祷。

绍进和我回到家，开始准备外出寻人。但我们很快意识到，如果没有一个计划的话，我们不可能找到她。

“我们怎么办？”绍进绝望地问我。

“我不知道，”我声音颤抖地说，“我先问问警方。”

我按照布雷特留给我们的号码打电话给圣何塞警察局，询问警方是否有了关于纯如的消息。一位警官告诉我，警方已经将她的姓名和车牌号输入失踪人口数据库。

“没有新消息。”他告诉我，并向我们保证，一旦有进展，警方会立即通知我们。

我十分绝望，每隔半小时就给警察局打一个电话，得到的答复都一样。

“你觉得纯如会怎么做？”我问绍进。

他没有回答，他和我一样害怕。

我决定把这件事告诉我们的至亲。首先，我打给儿子纯恺。他是除了我们唯一知道纯如真实状况的人。纯恺是一名软件工程师，为硅谷的一家公司工作，他的办公室离我家很近。但不幸的是，他当时正在纽约出差。我打通他的手机，纯恺闻讯后震惊不已，马上决定搭最早一班飞机回来。

接着我又打给我的大哥张铮铮，他就住在附近的帕洛阿尔托，还有家在新泽西的弟弟张彬彬，以及身在马里兰的小妹张菁菁。与此同时，绍进也在给他的两个哥哥（住在新泽西的张绍远和洛杉矶的张绍迁）打电话，希望他们可以帮上忙。所有人闻讯都大吃一惊，因为之前纯如不让我们把她的精神状况告诉他人，甚至是至亲。我的兄弟姐妹中没人知道纯如患有抑郁症。他们试图安慰我，说纯如一定会回心转意，放弃自杀的念头，很快回家。但他们也拿不出可行的建议。

大家很快就又打电话过来，询问纯如的病情近况。光是一遍又一遍地重复那些细节就已经让我筋疲力尽。

2004年9月21日，这个我生命中曾经最糟糕的一天，此时却给了我希望。那一天，纯如失踪了几个小时。当时布雷特出差在外，我和绍进负责照顾纯如。

当纯如未能按照之前说好的那样在天黑之前回家时，我们向警察局报告了她失踪的消息。那时她正在服用一种新的抗精神病药物Abilify（安律凡），外加抗抑郁药物

Celexa（喜普妙）。她承受了药物的副作用，如肩膀和腿部疼痛、嗜睡，还有易激动。

尽管我反对，那天早晨，纯如仍旧坚持自己开车去图书馆。晚上 8 点，她终于回到家。她告诉我们，她买完东西之后实在太困了，只好住进附近的一家皇冠假日酒店，埋头睡了几个小时。我们当时只觉如释重负。

于是我想着或许这次纯如又住进了哪家酒店，我用颤抖的手翻开电话黄页，打给皇冠假日酒店和附近其他酒店，问他们是否有一个名叫 Iris Chang（张纯如的英文名）或 Iris Douglas（张纯如从夫姓的名字）的女性入住。答复都是没有。

我又开始查找附近海滨和山区的温泉度假村的电话号码。纯如喜欢按摩，之前经常和布雷特还有她的朋友一起去温泉度假村。但那里的工作人员告诉我，没有叫这个名字的客人，也没有符合描述的客人。不过，我仍寄希望于纯如或许会使用其他名字登记入住。

我忧心如焚，浑身战栗。我不断打电话给布雷特，问他是否有新消息。布雷特已经将纯如失踪的事告诉了他身在伊利诺伊州的父母，并忙着在纯如的书房寻找线索，他把能找到的所有信息都发给了负责此案的探员。

看着绍进在房间里踱来踱去，我眼前突然浮现出纯如在书店里闲逛的样子——这是她从小就最喜欢做的事。于是我一个接一个地打电话给当地的几家大书店，问他们是否曾在店里见到一个瘦瘦高高、披着黑色长发的亚裔女子。得到的答复还是没有。

我拨打纯如的手机，仍然是关机状态。我给她写电子邮件，求她回家。我想她即使躲在什么地方，或许也会偶尔查看一下电子邮箱。

接近黄昏时，我的嗓子因为打了太多电话已经变得沙哑。我已精疲力竭，而警方仍无新的消息传来。我对绍进说，我们得出去找找她的车，尽管我知道找到她的机会渺茫，但我们还是得去找她，我不能就这样坐在家里什么都不做。

绍进开车在附近几家纯如喜欢去的酒店和购物中心的停车场里转来转去，我在其中寻找她的车。我仿佛身在另一个世界，对周围的人视而不见。我的全部注意力都集中在搜寻车和车牌上，但依然没发现纯如的车。

我的心仍因焦虑而怦怦直跳，随着夕阳西下，夜幕降临，希望也逐渐破灭。在皇冠假日酒店停车场昏黄的灯光下，我们绕了最后一圈，然后放弃，开车回家。

我感觉自己身在悬崖边，马上就要坠入深谷。当我望向窗外的夜空时，越发恐惧。如果纯如把车开到陌生的地方，她可能会被抢劫，甚至被杀害，因为她在精神上是如此脆弱。从她打印出那张纸条到现在已经过去18个小时，没人能告诉我们她在哪里。

大约晚上8点，我打电话给纯如最近求诊过的精神科医生，告诉他纯如失踪了，还留下一份遗书。他让我把纸条上的字读给他听。

在这以前，这位精神科医生总是认为我这个母亲多少有些神经质，对纯如过度呵护。他一直不肯相信纯如有自杀倾向，直到我们告诉他纯如在浏览有关自杀的网站。不过，纯如也从未向他敞开过心扉。

我曾问过纯如，在接受治疗时她都说些什么。她说她和精神科医生花了很多时间讨论人生哲学。这对我来说太过抽象，我担心她并没有得到所需的帮助。

这时候，这位精神科医生告诉我们，应当到金门大桥这个自杀频发的地方去找找她，因为纯如在遗书中提到过“溺毙于汪洋大海之中”。闻听此言，我出了一身冷汗。他让我们尽快开车赶往金门大桥，查看那里的停车场。但是在一天毫无结果的找寻之后，绍进和我都已经身心俱疲，我们根本没力气开车去旧金山。

不过我找到了金门大桥巡警的电话，向一位警官提供了纯如的车牌号码及她的外貌特征。在接下来的几个小时里，我一直与这位警官保持联系，他十分耐心且亲切。

然而，他最终告诉我们，金门大桥附近没有长得像纯如的人，她的车也不在那里。一个令人毛骨悚然的念头冒了出来：如果纯如开车冲下悬崖，投身大海，那我们也许永远都找不到她了。

我还想到，最近几周，她一再谈到“逃离”。万一她跑到哪个偏远的角落，永远藏起来了呢？“哦，纯如，请你回家来吧！”我绝望地大喊。

我记不清那天晚上自己究竟几点才睡着，我只记得电话响起时那刺穿黑暗寂静的恐怖铃声。是布雷特打来的，他说他正和一位警官赶来我们这边。我望向墙上的钟。已经是半夜。

我们打开门，布雷特和一位便衣警官走进来，两个人的表情都很严肃。

“很遗憾地通知您，张纯如死了。”那位警官说，“今天凌晨，她开枪自杀，我们在洛斯加托斯附近她的车里找到了她的遗体。”

我只觉置身于风暴之中。雷声震耳欲聋，闪电灼目如芒，大地似乎都在摇晃。

绍进和我瘫倒在客厅的地毯上，感觉好像正坠入一个永无尽头的黑色洞穴。那一刻，我只听见自己的声音回荡在空中：

“纯如，纯如，你怎么可以自杀？你怎么可以就这样抛弃克里斯托弗，抛弃你的父母？”

“你怎么能这样对我？”

“没有你，我可怎么活下去？”

但我必须这样活下去，如今我所拥有的只是几十年的回忆，有些如噩梦萦绕，但绝大多数充满了爱。

张纯如是《纽约时报》1998年度最畅销图书的作者，去世时年仅36岁。1997年，南京大屠杀60周年之际，张纯如出版了《南京大屠杀》一书。这本书描述了第二次世界大战中最悲惨的一幕：在中国古都南京，数十万中国平民被日本士兵屠杀、轮奸、刑讯。它对全球范围内向日本二战罪行索赔运动产生了重要影响。

纯如的死举世震惊。没人相信这样一个年轻、美丽、正如明星般冉冉升起的畅销书作家居然会自杀，世界各大报纸的头版、广播、电视都迅速发布了这条新闻，华人社会反响巨大。

2004年11月19日，600人在突然得知消息后出席了在加利福尼亚洛斯阿尔托斯举行的张纯如的葬礼。天堂之门公墓的教堂太小，无法容纳如此庞大的人群，教堂门外的草坪挤满了吊唁者。出席者中有纯如的朋友和支持者，但绝大多数都是素未谋面的陌生人和仰慕者。信件、电报和花束从世界各地涌来。

葬礼上，畅销书《父辈的旗帜》和《飞行员》的作者詹姆斯·布拉德利（James

Bradley）对着纯如两岁的儿子致悼词。他的话部分摘录如下（全文见本书附录）：

克里斯托弗，你的母亲是张纯如……在你出生的5年前，我正致力于写一本关于照片中的6名旗手的书。

在两年的时间里，我一直试图找到一家出版商。27家出版商回信拒绝了我……《父辈的旗帜》最终成为《纽约时报》畅销书榜上排名第一的书。27家出版商说“不”，但你母亲说“去做吧”……

你母亲感动了数百万人，会在世界每一块大陆上以数不清的方式为人所缅怀。这里只是其中的一个……

最后，当你展开这段艰难却值得的心灵之旅，去发现你在宇宙中的独特使命，当你发现你的真我所在，我希望你会为你勇敢的母亲曾无所畏惧地把真相告知全世界的举动而自豪。

或许你会亲自写一封信感谢她，就像我曾做的那样。

一封以一个明亮而充满希望的名字开头的感谢信。

那个美丽的名字是：张纯如。

加利福尼亚州众议员迈克尔·本田（Michael Honda）在第108届国会上致辞，这一致辞被记入《国会议事录》。他说：“人们将会铭记张纯如为公众所做的工作和服务……我们失去了一位楷模、一位亲密的朋友，世界失去了最好的、最富激情的社会和历史正义倡导者。”

在《纽约时报》的讣告中，张纯如的代理人苏珊·拉宾娜（Susan Rabiner）说：“《南京大屠杀》在《纽约时报》的畅销书榜单上停留了10周之久，销量近50万册。这本书赢得了广泛的国际关注。”

《洛杉矶时报》的讣告中写道：“已故历史学家斯蒂芬·安布罗斯（Stephen Ambrose）评价张纯如‘或许是最优秀的历史学家，因为她知道，要讲述历史，必须把故事讲得令人感兴趣’。”

在 1998 年发表的文章中，《华盛顿邮报》专栏作家乔治·威尔（George Will）说：“美好的是，正义正在今天的美国得到伸张……因为张纯如的书，南京大屠杀不会再发生第二次。”记者理查德·罗斯塔德（Richard Rongstad）这样称赞纯如：“张纯如点燃了一支火把，并将它传递给其他人。我们不应让这火把熄灭。”

当然，大多数关于张纯如的描述都是她的公众形象。

她的书自 7 年前出版后便在日本引起轰动，日本右翼组织攻击这本书，试图掩盖并粉饰耻辱的历史真相。

纯如的非正常死亡引得媒体纷纷猜测。她一向看重自己的隐私，因此许多猜测与事实相去甚远。大多数人只知道那个在电视和报纸上看到的张纯如，对她的真实生活却并不了解。

张纯如是谁？她生长在一个什么样的家庭？她拥有怎样的文化传承？她是如何决定成为一名作家的？是什么促使她写出了《南京大屠杀》这本书？她有着怎样的理想、怎样的美国梦？她为什么要自杀？她的死是否可以避免？这些都是我试图在本书中回答的问题。

本书旨在还原纯如真实完整的生平故事，以及她生长的环境。大家将看到，这个年轻的作家是如何实现自己为历史真相和社会公正而战的人生目标的。张纯如是这样一个女子，她无法忘怀那些战争暴行的牺牲者所经受的痛苦折磨。她单枪匹马，无所畏惧，为那些被历史所遗忘的受害者的公正而战。

在本书中，大家还将了解到纯如在生命最后几个月中的悲剧经历。媒体上关于纯如的精神状况有着诸多猜测和大量谣言。互联网上的大多数新闻，甚至有一本出版物里的记述，都不过是猜测而已，其作者对纯如的私人生活一无所知。只有家人知道，在最后的时光里，她到底经历了什么。关于纯如精神状况的种种谣言对她来说是不公平的，我不能让她的真实故事一直被埋没。

本书将澄清这些传言，并呈现给大家一个家人眼中的张纯如，包括她经历过的艰难与困苦、成功与失败、爱恋与喜悦、悲伤与疼痛。这本回忆录是我必须为纯如做的事。我想，纯如也会希望我这样做。

第二章

呱呱坠地

“纯如”寓意纯洁、天真，

没料想到她的名字居然预示了她的一生。

普林斯顿高等研究院的校园里，苹果花和樱花粲然绽放。小纯如躺在一辆全新的婴儿车里，盖着我母亲刚刚寄来的粉色小被子。我看着她的小脸，甜睡的她看起来如此平静。这是 1968 年 4 月中旬，她出生两周后。

1968 年 3 月 28 日，纯如出生于新泽西州普林斯顿医院。那时候，我丈夫张绍进正在普林斯顿高等研究院做博士后研究，我则在一路之隔的普林斯顿大学生物学系进行我的博士后工作。我们都刚刚从哈佛大学毕业，绍进拿到了物理学博士学位，我取得了生物化学博士学位。

普林斯顿高等研究院对理论物理学家和数学家来说不啻于天堂。阿尔伯特·爱因斯坦是最早的一批教授之一，他在这儿度过了生命中的最后 20 年。这里的独特之处在于，来自世界各地高等学府的博士后纯为做研究而来，无须承担教学任务。这里没有学生，只有教授和博士后。研究院鼓励并支持能够推动知识进步的原创性思考。念了 5 年研究生之后，绍进终于可以将全部时间投入他最感兴趣的高能粒子物理领域。

1967 年夏，我们住在研究院的宿舍里。那是一间装修完备的一居室，美得令人难以置信。客厅很宽敞，窗户很大，附带的家具款式新颖美观。房子被高大的松树和正在开花的樱桃树及山楂树环绕，草坪足有数英亩[①]。在波士顿那样的城市度过5年研究生生活之后来到这里，简直会有“文化休克”之感。

我从 1967 年秋开始在生物学系教授约翰 · T. 邦纳（John T. Bonner）的实验室工作。邦纳教授在黏菌研究领域是世界知名的权威人士。我的研究方向是黏菌早期群集阶段阿米巴原虫释放的引诱剂的生化属性。就在我来到这里之前，这个实验室刚刚证实了这种引诱剂的化学成分。那是一个激动人心的时刻。邦纳教授希望我找出阿米巴原虫释放的引诱剂在细胞外浓度极低的原因，我最终发现原来是一种酶可以迅速降解引诱剂。这个结果来之不易。到普林斯顿后没多久，我就怀孕了。我需要尽快做出结果，因为这是我的第一份博士后工作。在我因为怀孕于 1968 年 1 月底辞职之前，我终于完成了研究的试验部分。这项工作成果后来发表在《科学》杂志上，其中既有努力工作的成分，也不乏幸运使然。

我的晨吐反应非常强烈。纯如比预产期晚两周才出生，这期间我一直十分焦虑。当我最终住进普林斯顿医院产科病房时，阵痛已经持续超过 14 个小时。纯如出生于 1968 年 3 月 28 日下午 1 点 12 分。我筋疲力尽，却非常快乐。看着她的小脸，生命令我感到惊奇。刚出生时的纯如头发不多，脸圆滚滚、红彤彤的，但在我心中，她绝对是最美丽的婴儿。

纯如出生之前，我们就给她取好了名字：英文名叫 Iris，中文名叫纯如。那时候，在婴儿出生以前还不能借助简单的检测手段判断其性别，所以我们经过好几周的思考准备了两套方案（一个为男婴的名字，另一个为女婴的名字）。我和绍进都觉得 Iris 是个好名字，绍进尤其如此，因为他深爱希腊神话。在希腊神话中，Iris 是彩虹女神，负责传递天堂和人间的消息，每当她经过，身后便会留下一道彩虹。希腊学者因此认为 Iris 和彩虹象征着天地之间的联系。与此同时，Iris 还有“虹膜”的意思，它是眼睛的重要组成部分，帮助我们看世界。不过那时候我们并没有意识到，Iris 还有一个含义是“鸢尾”。纯如的中文名出自我的主意，在中文里，这两个字是纯洁、天真的意思。我

---

① 1 英亩≈4 046.856 平方米。——编者注

们当时并没料想到，纯如的名字居然在某种程度上预示了她的一生。

普林斯顿高等研究院的房屋管理部门非常友好，他们听说我们添丁进口的事之后，便让我们搬进了一个面积更大的两居室，还送给我们一张全新的婴儿床。普林斯顿高等研究院懂得如何为知识分子和学者提供一个富有爱心的发展环境。

因为没有亲友可以帮忙，绍进和我完全按照斯波克医生那本著名的育儿手册来养育纯如。纯如胃口不大，开始时，她每顿只能吃几盎司[①]配方奶，我总是担心她吃没吃饱。出于科学家的严谨，我严格记录她每顿摄入的奶量，每天晚上，我都将这些数字加起来。我的朋友们都嘲笑我太过一板一眼。

纯如出生后的几个月里，绍进非常开心，整日喜气洋洋。下班回家后，他会主动要求抱着纯如，给她喂奶，他甚至还会给纯如换尿布。我一直都没意识到他是如此快乐，直到绍进的一位物理学家同事告诉我，纯如出生后，绍进在工作时都会笑容满面。

这位同事说："从那时起，我就没见他合拢过嘴。他睡觉时也会笑吗？"

尽管我们对新生命的到来感到非常快乐，外面的世界却一片混乱。越南战争就不说了，纯如出生一周后，1968 年 4 月 4 日，马丁·路德·金在田纳西州孟菲斯被刺杀。整个美国陷入震动，从洛杉矶到纽约，美国大城市里暴力事件频发。当我抱着纯如在电视上看到那些烧杀掳掠的情景时，我几乎无法呼吸。当我想到纯如将生活在一个怎样的世界时，心不禁沉了下去。那一周出版的《新闻周刊》寄来时，封面是马丁·路德·金躺在棺材里，一位老妇在他身旁哭泣。我对绍进说，我会替纯如留下这本杂志，这样当她长大后，她会知道在她出生时世界上发生了些什么。

6 月 5 日，纯如只有两个多月大时，罗伯特·肯尼迪在洛杉矶被刺杀，整个美国再次震惊。这让我联想起 1963 年约翰·肯尼迪在达拉斯被刺杀时的情景。绍进和我当时都在哈佛大学读研究生，我俩一年前才刚刚从中国台湾来到美国。整个美国当时都沉浸在哀悼之中。然而现在，除了悲伤，我还感到愤怒。当我抱紧纯如给她喂奶时，我看着她的眼睛，问自己：我怎么才能保护她，让她远离这个毫无意义的世界？

---

① 1 美制液体盎司 =29.57 毫升。——编者注

我仍保存着 1968 年 4 月 15 日出版的那期《新闻周刊》，它的封面和内页都已泛黄。当我写作本书时，纯如已经过世 6 年，美国陷入了另一场“越南战争”。

当时，我并不确定到底是该留在家中做全职妈妈，还是继续工作。一方面，我想留在家里照顾孩子，也相信母亲曾经对我说的话——没人比当妈的更擅长照顾自己的宝宝；另一方面，我刚刚拿到博士学位，我真心热爱自己的工作。除此之外，从一开始，我就梦想成为一名科学家，我希望将所学回报社会。当了 6 个月的全职妈妈后，内心的挣扎和纠结让我非常痛苦。看到我如此不开心，绍进鼓励我重返工作岗位。他说，他认为一个在家但不快乐的母亲比一个工作但快乐的母亲糟糕得多。于是，1968 年秋，我开始在普林斯顿大学化学系教授雅克 · 弗雷斯科（Jacque Fresco）的实验室里从事兼职博士后工作，每周上 3 天班。

20 世纪 60 年代的美国，绝大多数女性一旦有了孩子就会回归家庭，很少有为职业女性提供帮助的托儿所或互助机构，也没有在职母亲的榜样可供学习。我坚持兼职工作了 1 年，其间经历了种种体力和精神上的挑战。

每当我把纯如交给保姆，赶到实验室工作时，我都忍不住去想她会怎样。她停止哇哇大哭了吗？如果她还在哭，保姆会怎么做？这些念头非常折磨人。有时候，当我自问是否做了正确的选择时，我完全没法集中精力工作。

一个解决问题的办法是说服身在台湾的母亲过来帮忙。母亲很乐意这么做，她和我们一起住了 3 个月，但 3 个月后，父亲感觉孤单寂寞，母亲只好又返回台湾。

不过，在这 3 个月里，我跟母亲学到了很多。母亲告诉我，纯如看见我离开家去工作的时候就不哭了。她说：“你的车刚开走，她就转身冲我笑了，泪水还在眼眶里打转儿呢。”

作为一个生物学家，我一直对儿童的成长发育感兴趣，尤其痴迷于大脑功能的生化基础。绍进虽是物理学家，但他也对许多生物现象抱有兴趣。我们经常在餐桌上讨论，如何应用最新、最好的知识成果培养纯如。打个比方说，我们曾在一本儿童行为学杂志上看到一篇文章说，对儿童正常的大脑发育来说，爬行阶段是必不可少的。于是，在纯如能走之前，我们由着她在客厅满地乱爬。

绍进尤其急于开发纯如的大脑功能，他买了两套三维木头拼图，一个是球形的，另一个是正方形的。纯如还只有几个月大的时候，绍进就把它们放在她面前。除了放在嘴边乱啃，纯如对它们完全没兴趣，绍进便自己玩了起来。那些拼图足足花了他——一个物理学家——几个小时的时间才搞定，拆开后又拼回原状。在那之后，这些拼图被放到了绍进的办公桌上，用来测试他的研究生的智商。

纯如出生时，我和绍进约定，我们既教女儿说英语，也教她学汉语。掌握双语或多门语言有诸多好处，我们知道学习语言最好从幼时开始。对我们来说，教纯如汉语是自然而然的事，因为我和绍进在家里都说汉语。开始时，我们还不太确定是否要同时教她两门语言。一些中国朋友告诉我们，如果让小孩同时学习中英文，可能会出现缠夹不清的情况。他们说，在美国的中国移民生活得很艰难，所以强烈建议我们，为生存起见，一定要教下一代说完美的英语。然而，在我当时工作的邦纳实验室，一位来自荷兰的访问教授向我保证不会这样。他告诉我，在荷兰，每个小孩都从小学习多种语言，从来没遇到什么麻烦。他还补充说，学习多种语言的孩子比那些只学一门语言的孩子更聪明。我于是做了些研究，发现若婴儿从小学习多种语言，的确可以在大脑中形成新的语言中心。对此了然于心后，我们决定教纯如两门语言。我们在家中说汉语，出去时说英语。

1969 年，伊利诺伊大学厄巴纳-香槟分校物理学系给了绍进一个助理教授的职位。于是，1969 年夏，我们结束了在普林斯顿两年的生活。就在搬到伊利诺伊州之前，绍进受邀参加在意大利的里雅斯特举行的物理学学术会议。可以趁此机会游览欧洲，这令我们很兴奋。

那年 6 月，我们在欧洲待了两周，纯如才不过 15 个月大。我的朋友觉得带这么个小不点儿去异国他乡未免太劳顿，但我们决心已定。我们带了几十条纸尿裤和一个婴儿背包，轮流背着纯如。我们游览了的里雅斯特的米拉马雷城堡、威尼斯的圣马可广场，还游览了维也纳森林和多瑙河。漫步在维也纳夏宫附近景色壮丽的公园里，实在是一次令人难忘的体验。我们当时都很年轻，背着一个 18 斤左右的孩子毫无问题。一张照片上，我们一家三口坐在可以俯瞰王宫和维也纳市容的石头栏杆上，纯如坐在绍进和我的腿上，我们全都在笑，满脸望女成凤的期待。

第三章

童年光影

她的敏感经常令我吃惊，
我很少在其他孩子身上看到这种敏感。

纯如还不到1岁半的时候，绍进接受了伊利诺伊大学厄巴纳-香槟分校提供的教职，我们因此举家搬迁。但在新学期开始之前，那年8月，他还要去科罗拉多州博尔德参加一个物理学的专题研讨会。

1969年8月2日，我们跳进我们的第一辆新车，一辆绿色的道奇 Dart，一路西行。我们花2 400美元在新泽西州和宾夕法尼亚州交界处的一家汽车代理商行购买了这辆车，因为手头儿没什么钱，我们只买了最低配置的车型，既没有自动挡也没有空调。

我们先开到伊利诺伊大学，看一眼校园，另外找个住处。我们看中了一套新的双拼公寓，租了其中一间，买了些二手家具。安顿好这些之后，便继续驶往科罗拉多州。我们一路经过艾奥瓦州和内布拉斯加州连绵不断的玉米地，直到看见科罗拉多州境内美丽的落基山脉。到了博尔德之后，绍进又和他的物理学家朋友们投入研究。白天，绍进做他的物理学研究，而我边照看纯如边做家务。到了晚上，绍进会邀请朋友来我们的住处，举行非正式的聚会。周末，我们经常带着纯如在附近的山间小道上徒步旅行，一路上两人轮流背着她。我们探索了附近的几座国家公园，当然，少不了最壮观的落基山国家公园。我暗自希望，我们可以在这个美丽的地方度过余生。

在博尔德举行的研讨会结束后，我们开车返回伊利诺伊大学。17个月大的纯如生病了，半路发起高烧。这时候，车里没有空调的坏处就十分明显了。那时是8月底，车内酷热难耐。我们决定将剩下的路程改到晚上走，可以凉快些，白天则躲在有空调的汽车旅馆里。那天晚上，我们到了奥马哈附近的一个小镇。时间太晚了，没办法去看医生，但我们想办法打通了一个医生的电话并征求了他的意见。看不到纯如本人，他所能建议的只有尽量让她的体温降下来，而我们已经努力在这样做了。

我非常担心纯如，想尽早赶回厄巴纳。发着烧的纯如脾气很坏，哭个不停，我想尽办法安慰她，但我能做的其实不过是无助地在一旁看着她受苦。那时候，我突然体会到，30 多年前，在中国战时的艰苦岁月里，当我和我的兄弟姐妹生病时，我父母是怎样一种心境。在那个没有月亮、漆黑一片的 8 月的夜晚，当绍进开车经过艾奥瓦州时，我的思绪居然回到了 20 世纪三四十年代的中国。

1940 年，我出生在重庆。抗日战争期间，重庆是国民政府的陪都。1940 年是中国人民苦难深重的一年。日军偷袭珍珠港从而将美国卷入太平洋战争是一年之后的事。在此之前，从 1931 年“九一八”事变起，中国一直在孤军奋战。

我父母于 1937 年逃离南京，同大批难民一道，先是撤到长江边的武汉，然后坐火车到了衡山。他们在衡山待了一阵，因为我母亲即将生产，她当时怀着我的大哥张铮铮，他出生于 1938 年的大年初六。

1940 年，日军占领了华北、华东和华南大部分地区，又开始轰炸西南各省。作为战时首都，重庆成为头号轰炸目标。日军的飞机日夜轰炸重庆，希望可以迫使中国投降。据我父母回忆，当时每天都会遭受一两次空袭。一旦空袭警报响起，每个人都立刻放下手头儿的事，跑进防空洞。那时候，中国的空中力量薄弱，无力防御领空。20~50 架不等的日军轰炸机编队频繁出现在重庆上空，肆意轰炸。成千上万的平民丧生，房屋、学校和医院被夷为平地。后来，我父母向我讲述了他们在轰炸时经历的许多恐怖事件。总是火光四起，成片的房屋毁于一旦。父亲眼见尸横遍野，闻到血肉烧焦的味道。母亲见过一个严重烧伤的女人抱着一个已经烧焦的婴儿，还在试图救活他，全然不顾自己的身体仍在被灼烧。那些恐怖的景象，我父母永远都不会忘记：那些挂在树上或电线上的残肢，轰炸后死难者扭曲变形的尸体。

在我出生前几周，父亲把母亲送到江边的中央医院重庆一分院。他觉得这家医院看起来颇为坚固，母亲在那里会比较安全。几天后，日本人轰炸了那家医院，部分建筑被毁。幸运的是，我母亲被及时转移进了医院的防空洞。

为了躲避无休无止的轰炸，我父亲打算把家搬到附近的山村去，那里有许多天然的洞穴可以充当防空洞。在那个年代，生活极度艰难。物资严重短缺，药品、日用品全都成了奢侈品。日本人轰炸并切断了物资供应线，有限的物资都被供给前线。

就在那时，因为不洁的饮食，我得了阿米巴痢疾。父母告诉我，当时我高烧不退且大便带血。这种病放在今天，用现代药物很容易医治，但在当时，在那种条件下，它却可能致命。父亲绝望地在重庆各家药店奔走，试图找到所需的药物。几乎是个奇迹，他最终在一家藏在偏僻小巷里的小药店找到了药物，我得救了。

在那个没有月亮的暗夜，我们的车飞快驶过艾奥瓦州的玉米地。我抚摸着纯如的额头，真切地体会到了父母对子女的爱，那是一种牺牲、一种无条件的爱。我终于明白了那种感觉，并深深感动于此。

我们于 1969 年劳工节前夕抵达厄巴纳，搬进租住的双拼公寓。厄巴纳–尚佩恩是双子城（尚佩恩也被称为香槟），紧紧相邻，尚佩恩在厄巴纳西部。我们的房子位于尚佩恩西部。（伊利诺伊大学的主校区位于厄巴纳。）

安顿下来后，我开始找工作，我向生物化学系递交了申请。等了两个月后，洛厄尔·黑格（Lowell Hager）教授打电话给我，说他可以给我一份兼职工作。鉴于我当时的情况，这可以说是十分理想。11 月，我开始做研究助理，当时纯如 19 个月大。

我到处找保姆。非常幸运，有人把徐太太介绍给我。她丈夫是在校生，两人有一个和纯如年龄相仿的儿子。每天早晨，我把纯如带到徐太太家，到晚上再把她接回来。最开始的几天，我们把纯如送去时她还会哭，但她渐渐习惯，和徐太太的儿子玩得很好。这让我松了一口气。徐太太是个好太太，也是个好妈妈，她对纯如非常好。

有一天，我对徐太太说，我发现纯如最近总喜欢皱着眉头，也不像以前那么爱笑了。我问她为什么。

她说："你自己最近笑过吗？"

这个问题让我恍然有所悟。事实上，当时绍进和我在系里都遇到了点儿麻烦，我们非常不开心。徐太太劝我放松下来，享受生活。从那天开始，我经常望着镜中的自己，练习微笑。当我笑起来的时候，看上去是多么不一样！纯如会看到我脸上的表情，也会模仿她所看到的一切。

绍进和我那时已经在考虑再生个孩子。1970 年 2 月，我发现自己再次怀孕。我俩每天都忙得焦头烂额：绍进忙于教学和研究，还发表了几篇论文；我要兼顾实验室的工作、照顾纯如和打理家务，同样忙得不可开交。不在实验室的时候，买菜做饭占据了我大部分的时间。没人帮忙，实际上，我们也雇不起人，因为付给保姆的钱会占我们收入的一大部分。

1970 年 3 月，我母亲在台湾生了场重病，4 月，我自己也病了。怀孕、做研究、照顾小孩，这些让我身心俱疲。我迫切需要休息，还要回台湾探望我母亲。工作了 6 个月后，我递交了辞职申请。我决定当个全职妈妈，专心照顾纯如并等待第二个孩子的降生。

就这样，我开始留在家里照顾纯如。她非常开心，我也很开心。我甚至买了台缝纫机，为纯如和自己缝制一些简单的衣服。当我们穿着一模一样的衣服一起外出时，非常引人注目。人们夸我们是一对可爱的母女。这时候，纯如已经长成一个活泼漂亮的小女孩。她非常好动，喜欢用汉语和我交谈。

厄巴纳-尚佩恩是个中等规模的大学城，位于芝加哥以南约 225 千米处。大学在城正中，城里的每个人似乎都和学校有着某种联系。我和绍进的同事及他们的太太相处得很不错，我们还在城里认识了很多华裔，每个人都对初来乍到的我们十分友好，热心人带我们熟悉周围的环境。这种中西部大学城里的真诚和淳朴的气氛在我们之前住过的大城市里可找不到，这或许是我们在那里开心地住了许多年的原因之一。

1970 年 9 月 24 日，纯恺出生了。纯如花了几个月的时间才接受了自己有个小弟弟的现实。纯如对弟弟很着迷，但我想她的心情也许有些复杂。一直以来，她都是家里关注的中心，现在，我的注意力要分给她和纯恺两个人。

纯恺 6 个月大时，纯如 3 岁。我觉得纯如需要与同龄的孩子一起玩，于是决定每周有两三天把她送到附近的一家幼儿园。

1971 年夏，绍进到芝加哥附近的费米国家加速器实验室访问 1 个月，我和孩子们也跟了过去。这之后，我们开车到科罗拉多州阿斯彭参加一个物理学的学术会议和研讨会，我们在那个山野气氛浓郁的落基山麓的城市住了 1 个月。中国有句古话，百闻不如一见，这正是我们的处世哲学，我们总是尽可能地带着孩子到访各地。

1971 年春，我们在尚佩恩中心偏南一点儿的地方找到了一栋老房子。房子位于布罗德莫大道 1101 号，房屋面积不大，但有一个用篱笆围起来的巨大的后院。绍进开始在园子里种菜——西红柿、豆角、韭菜等。我们还为纯如和纯恺弄了一个秋千架。后院正中有棵高大的枫树，纯如经常在树下一玩就是半天，她喜欢荡秋千。她和纯恺还喜欢在后院门外水泥地上巨大的塑料浴盆里玩水。尚佩恩的夏天酷热难耐，草木繁盛的后院对孩子们来说实在是个理想之地。

尽管周围一片安逸的田园风光，1971 年却是我和绍进非常艰难的一年。绍进工作非常辛苦，物理系很欣赏他。他在颇具声望的物理学专业期刊上发表了多篇论文，被认为是他所在领域的学术带头人。他的学生也都认为他是位好老师。对绍进这样母语并非英语的外来移民来说，这实在是件值得夸耀的事。所以入校仅仅两年后，绍进就被系里任命为副教授，并享有终身教职。不幸的是，这段时期，由于伊利诺伊州政府出现财政赤字，依照政策，伊利诺伊大学的教学经费被冻结。那一年，全校员工工资都没有增长，绍进升了职却没有加薪。此时我们不仅要支付房屋的分期贷款，房子也需要重新装修。我们一家四口，包括两个幼年的孩子，手头儿一时非常拮据，我必须出去再找一份工作。

1971 年秋，我回到了黑格博士的实验室。我于 1970 年春离开实验室，这期间虽然一直没有工作，但若有我感兴趣的学者来学校开讲座，我偶尔还是会参加系里的研讨会。我时时提醒自己保持对我所在领域的关注，以免被时代落下。

我们把纯如送到家对面的一所蒙台梭利幼儿园，这样我早上上班前可以顺道送她上幼儿园。这也是我们买下这座房子的原因之一。

纯如在幼儿园似乎不太开心，她开始不停地吮吸手指，半夜频频醒来。我知道，对纯如来说，一个新家、一个新幼儿园，再加上我们忙乱的生活，使她觉得没有安全感。她晚上会做噩梦，她需要确认我们对她的爱。很早之前，我就发现纯如是个敏感的孩子。发生在她周围的事情对她所产生的影响远比对其他孩子要多。我也发现，我需要以一种特别温柔的方式对待她的情绪。

1972 年，我父母移民到美国，住在纽约。纯如和纯恺终于可以和他们的外公外婆见面了。尽管 1968 年纯如只有几个月大的时候，我母亲来过美国，但纯如完全不记得她。纯如和纯恺知道外公外婆在台湾，但面对面打交道是完全不同的体验。

这时候，绍进有一个在 1972 年夏访问纽约长岛布鲁克海文国家实验室的机会，那里离我父母的住处很近。

我父母住在一间我弟弟帮忙租下的房子里。我父亲那时已经 73 岁，我母亲 58 岁，这将是他们生命之旅的最后一站。他们在中国大陆长大，经历了抗日战争和解放战争，最终在台湾安家。他们从来不曾料想到有朝一日会来美国安度晚年，尽管他们的五个孩子都在美国。

1972 年夏，我们拜访我父母时，他们刚到美国几个月，还在努力适应新生活。我父亲尤其不适应，他一直抱怨越洋长途飞行让他头痛，他花了很长时间倒时差。但我母亲见到纯如和纯恺时喜出望外。纯如是母亲的第一个外孙女，而且正如前文提到的，纯如只有几个月大的时候，母亲曾在普林斯顿照顾了她几个月。正因如此，纯如在母亲心中占有特殊的地位。我母亲的厨艺很好，我们每次去看她，她的第一件事就是下厨为我们做顿大餐。对她来说，在充饥之外，这还是一种爱的表达。

我父亲从台湾带过来许多书，一箱一箱地堆在卧室里。看到这些，纯如很是惊奇。我告诉纯如，她外公是个大作家，读过很多书，也写过很多书。

我父亲利用一切机会教育纯如和纯恺。即使被严重的头痛折磨，他依然教育孙辈不要忘记中国文化，而且应该学习说中文、读汉语。我想纯恺并不理解外公到底在说什么，他总是中途开溜。然而纯如却求知若渴，她认真地听，之后总会问我为什么外公说话那么大声。我敢肯定，两个孩子私下都更喜欢总给他们做美食的外婆。

我父亲曾把我叫到他身边，特别关照我，务必教纯如和纯恺中文。他跟我说话时的样子就好像我们不会再见面一样，他错了，他一直活到95岁高龄。但在我们阔别十载后在美国重逢的第一天，他说："你是来美国学习西方现代科技的。你应该知道，中国拥有五千年的历史。说到哲学和道德，西方世界需要向我们学习！"

我父亲是个非常骄傲的人，他忠于故土，热爱中国文化。他总是提醒我中国文学和中国哲学的优美之处。他希望我不管走到哪里，都不要忘记自己的中国根。他对我强调说："你应该为身为中国人而倍感自豪。"

1972年春，绍进获得了斯隆研究奖。这使他有机会摆脱教学任务，他决定于当年秋天再度访问普林斯顿高等研究院，在那里待上一学年。他的计划是，对普林斯顿高等研究院的访问结束后，去欧洲访问位于日内瓦的欧洲核子研究中心。因此，1972年夏末，我们从布鲁克海文国家实验室返回尚佩恩后，把房子转租出去一年，动身前往普林斯顿。

如当时和现在的许多女性一样，我仍在事业和家庭之间艰难取舍。我既想拥有一份成功的事业，也想拥有一个幸福的家庭。

纯恺出生后，我有一年的时间没有工作，待在家里照顾孩子。尽管我深爱纯恺和纯如，但仍会忍不住感到厌倦和沮丧。可是重返工作之后，我又会感到另一种沮丧。保姆并不像我之前期待的那么尽职，当我回到家中，堆积如山的琐碎家务在那儿等着我。我极为疲惫。到普林斯顿的这段时间，我正好可以借此反思一下，在我的生活中，最重要的事情到底是什么。

搬到普林斯顿后，我再次成为全职妈妈。或许是因为这个新泽西小镇的优美风景会对我的一切有所改善，我很高兴重返普林斯顿。

纯如快5岁了，她的生日马上就要到了。我总是羡慕那些可以为全家做出美味佳肴，甚至还会烤饼干和蛋糕的家庭主妇，我想我或许应该为纯如的生日派对做点儿什么。碰巧，我在某人家里或某份女性杂志上看到了一张漂亮的姜饼屋的照片。就是它了，我对自己说。

我对纯如说，我要为她的 5 岁生日做一个姜饼屋，还会邀请她的朋友们一起来庆祝分享。纯如非常激动。生日的前一天，她在厨房里看着我操作，还自告奋勇担任警卫，以防纯恺偷吃准备用于装饰姜饼屋的巧克力豆。因为我不用外出工作，也不再整天忙忙碌碌、絮絮叨叨，纯如和纯恺都非常开心，变得很乖。家中气氛温馨，这份平和与安稳已经很久没有在我们家里出现了。

我们先是烤了一大张姜饼，然后按照比例将它切成墙壁和屋顶。我们把糖粉和水混合在一起，用作固定姜饼屋的胶水。此外，我还烤了几个手拉手的姜饼人，让他们站在房屋前充当篱笆。红白相间的糖棍、巧克力饼干和五彩的巧克力豆被用来装饰大门、屋顶和烟囱。最后，一个漂亮的姜饼屋完成了。纯如激动极了，完全被这个美丽的姜饼屋征服，她建议说，我们不该吃掉它，或者至少在派对后把它保留一段时间。

生日派对最终到来那天，所有孩子都爱上了那个姜饼屋。他们围在姜饼屋旁，小心翼翼地触碰，大声赞叹它的美丽。所有孩子都羡慕纯如的幸福。纯如非常开心，整个晚上，她都一脸骄傲地望着那个姜饼屋。我自己也深感自豪。

在普林斯顿的那一年非常快乐，尤其是我们已经对研究院和周围环境十分熟悉。大多数到普林斯顿高等研究院访问的人都是外国的数学家、物理学家、历史学家或经济学家，和我们交往的家庭来自德国、瑞士、法国、希腊、捷克斯洛伐克、爱尔兰……这种环境无疑可以增长一个人的见闻。有趣的是，这些家庭的孩子大多英语说得都不太好，由此可以感觉到，掌握两门语言或更多语言对孩子来说真的是一种优势。这进一步证实了我们之前的看法：教孩子中文和英文会让他们终身受益。

那时候，我开始准备教纯如阅读。我看到了一篇关于如何鼓励孩子读书的文章，它建议父母在索引卡片上写下某个东西的名字，然后把卡片贴到这样东西上。于是，我们家里到处贴满了索引卡片——“椅子”“桌子”“台灯”“沙发”“杯子”……我们的朋友不敢相信我们居然如此投入，经常取笑我们说：“哈哈，你们打算培养出一个爱因斯坦吗？”事实上，我们就住在爱因斯坦大道旁。普林斯顿高等研究院所在的地方，所有道路都以著名物理学家或数学家的名字命名。或许，说不定，我们家中真的有一个“爱因斯坦的大脑”也未可知。

纯如当时就读的幼儿园位于普林斯顿高等研究院的住宅区。她的老师是一个非常和蔼的太太，在课堂上，她鼓励孩子们表达自我。纯如依然十分害羞，在幼儿园里不太说话。老师对纯如格外关照，想要帮她打破沉默。她对我说纯如喜欢阅读，她建议我们引导纯如谈论我们一起读过的书，这样或许可以帮助纯如进一步谈论其他事情。

有一天，纯如看起来一副想要给我讲故事的样子，我建议说不如我们把它写下来。家里有许多用过的打印纸，我们把它们拿给孩子，让他们在反面写写画画。纯如开始用彩笔画出故事的情景，然后，在每一页上，我帮忙写下她口述的字句。这是一个“抓强盗”的故事。故事完成后，我把它们装订好，做成一本书的样子，我们在第一页上写下“张纯如所著的故事”。第二天，纯如把故事书带到幼儿园，展示给老师看。当我去接她的时候，老师告诉我，她让纯如在全班孩子面前朗读这个故事，效果非常好。这或许是纯如的第一本书，当然，也是她的首次“作品朗读会”。

普林斯顿离纽约不到一小时的车程。周末，我们经常带着两个孩子到纽约拜访父母。我姐姐菱舲比我父母先一步来到美国，也住在纽约。菱舲比我大 4 岁，以前在台湾是一名记者。和父亲一样，姐姐也是作家和诗人，此前出版过几本书。纯如对此印象深刻。我暗自好奇：或许纯如内心深处也希望成为一名作家？

1973 年春，在普林斯顿的访问期结束后，我们准备到欧洲过夏天。绍进要去访问日内瓦的欧洲核子研究中心，但我有个更大的计划：我想利用这次机会游览尽可能多的欧洲国家。

那年夏天，到达日内瓦之前，我们已经去过伦敦、阿姆斯特丹、比利时和巴黎。等到巴黎的时候，两个孩子都厌倦了这种吉卜赛人式的流浪生活，不想参观更多的博物馆或历史建筑。

最终，我们到了日内瓦。接下来的几个月，绍进在欧洲核子研究中心工作。我们住在日内瓦机场附近的一栋高楼里。纯如白天被送到附近一家名为 La Rond 的英法双语幼儿园。我们利用身在日内瓦的机会周游瑞士和邻国的大小城市，在欧洲 4 个月的旅居结束时，每个人都看够了城堡、教堂、博物馆、喷泉和雕塑，都盼着回家。

回到美国后，纯如被送到我们家附近的鲍腾菲尔德学校的附属幼儿园，纯恺则开始上街对面的蒙台梭利幼儿园——就是纯如以前去过的那家。

有一天，纯如回家时带回一张幼儿园老师的字条，上面说纯如有语言障碍。老师想征求我们的许可，将纯如送去参加幼儿园一个每天半小时的会话治疗课程。

我们的第一反应是："会话治疗？绝不可能！"

然而在和老师谈过话后，我们才知道，纯如在学校里非常害羞，在所有的课堂讨论中都一言不发。这与她在家里的表现截然不同，纯如在家里话比一般孩子都多，她没完没了地跟我说啊说，绘声绘色地描述学校里发生的一切。于是，我们同意每天送纯如去参加那个特殊的会话课程。我们还接受了老师的建议：邀请纯如的朋友到我们家来玩，加强她的社交技能。没过多久，纯如在学校开始活跃起来，在班上结识了不少好朋友。许多年后，纯如在电视访谈中侃侃而谈时，我对朋友们说，纯如小时候害羞得要命，在学校不喜欢说话。没人相信我的话。

1973 年秋，从欧洲回来后，绍进和我越发确信，不仅要教两个孩子说汉语，还应教他们阅读中文和以中文写作。我们在家里说汉语，即使两个孩子用英语跟我们说话，我们也用汉语回答。这个规矩有时难以实施，因为纯如和纯恺彼此用英语交谈。纯如上幼儿园时，我曾认真考虑过成立一个中文班，这样纯如可以系统地学习中文写作。

那时，厄巴纳-尚佩恩的华裔并不多，中国孩子很少，如果不对外招生，就凑不成一个中文学习班。此外，因为许多华裔家庭认为在孩子这么小的时候学中文会妨碍其学习英语的进度，所以招生就变得异常困难。不管怎样，在我和另外一些人的耐心劝导下，1973 年秋，中文学习班开课了。每周六上午，十来个孩子会到伊利诺伊大学校园里的一间教室上课。

来上课的孩子们看不了周六早上的卡通节目，而且要像上学一样早早起床，个个抱怨连连。当纯如问起为什么必须在周末上中文学习班时，我们告诉她，在这个日益变小的世界上，多学一门语言对她大有好处。我们还向她保证，如果她能熟练掌握中文，将来假若没有更好的工作机会，至少可以在联合国当一名译员。这个回答令早熟的纯如非常满意。

我们努力把这个中文学习班坚持了好几年，直到两个孩子都小学毕业。在教中文的时候，我们决定教孩子们繁体字（而不是中国大陆使用的简体字），不过我们也采用了大陆的汉语拼音来教他们发音。那时候，同时教繁体字和汉语拼音还是一种创新。时间证明我们做了正确的选择，这种教学方法显然对孩子们有利。幸运的是，这些孩子的第一任教师是伊利诺伊大学著名的语言学教授郑锦全。

回首往事，我们觉得，纯如身为在美国的少数族裔，并没有身份认同的问题，可能是因为她从小就开始接触中国文化，她深知自己的根源在何处，并为身为美国华裔而自豪。

对四口之家来说，布罗德莫大道上的这栋房子尽管后院很大，但实在显得局促。纯如和纯恺都长大了，需要自己的卧室。从欧洲回来后，我花了点儿时间寻找更大的居所。1974 年，绍进被提升为物理系正教授。看上去我们似乎会在厄巴纳-尚佩恩住上一段时间，找个好点儿的住处很重要。

我们在厄巴纳东南部买下了一栋在建房，该地区的小学教学质量相当不错。房子竣工后，我们于 1974 年 4 月搬入新家。纯如开始在新家旁边的扬基岭小学（Yankee Ridge Elementary School）就读。

那年夏天我一直忙于装饰新家，绍进也开始在后院打造新的菜园。我们再度为孩子们在后院搭起游乐设施。因为房子很新，所有的景观规划都是我们自己做的。草皮铺好后，绍进和我在前后院都种上了树和灌木，我们俩在炎炎夏日里连挖带刨，栽树种花。如此劳作让我体会到美国西部早期开拓者的生活，只不过少了牛。在那段时间，我们非常辛苦地工作，只求为孩子们提供一个美好的家，并且实现我们自己的美国梦。

我们的房子紧挨着这个小区最后一个地块。这块地还空着，旁边就是大片玉米田。纯如在人行道上骑着带有辅助轮的小自行车探索周围环境，纯恺则忙于在屋旁的空地上用纱网捕捉蝴蝶和其他昆虫。这片空地上满是野草，还长了一些苜蓿，因此吸引了大量蝴蝶。纯恺幼时一度迷上了捉蝴蝶，他和纯如分享这一爱好，我们经常看到两个孩子外出捕捉昆虫：纯恺捧着玻璃罐，纯如拿着纱网。有一次，他们居然抓到了一只婴儿手掌那么大的极其美丽的蝴蝶。

新学年开始前的那个夏天，我们终于在新家安顿下来。我们为纯如买了一架全新的鲍德温牌立式钢琴，让她开始学琴。我年幼时没有机会学习任何乐器，弹钢琴是我童年的梦想之一。正如之前提到过的，我在战火纷飞的抗日战争时期出生于重庆。1945 年抗战结束后，中国又深陷解放战争，我父母带着我们为躲避战乱而千里奔波。我的童年记忆充满了恐惧、忧虑、疼痛和惊吓。我父母一直在谋算如何才能活下来，根本无暇顾及基础教育以外的事。当然，也根本无法奢望什么钢琴课。当绍进和我终于有能力在 1974 年购买一架钢琴时，我把自己的童年梦想寄托到了孩子们身上。我热爱古典音乐，希望通过不断的熏陶，也培养起孩子们对音乐的爱好。

我们逐渐认识了其他华裔邻居，他们的孩子也都在扬基岭小学上学。我曾经算了算，在我家附近住着差不多 10 个华裔家庭，我们都是很好的朋友。这些家庭都与伊利诺伊大学有着某种联系，而且他们的家庭背景都与我们相似。

1974 年夏，8 月 29 日是绍进和我结婚十周年纪念日。我们对我们的四口之家和新房子心满意足，我们住进一个新的社区，孩子们有了个新学区，我们的生活进入一个充满活力、充满惊喜的新阶段。我们的美国梦梦想成真！

1974 年 9 月，纯如开始在扬基岭小学上学前班。对一个母亲来说，看着自己的孩子第一天上学去，实在是百感交集。

这个社区的大多数孩子都是伊利诺伊大学教职工子弟，因此，每个家庭似乎都对子女的教育非常在意。父母的期望值很高，孩子在学校里的竞争也十分激烈。

纯如回到家总会跟我分享学校里发生的事，她经常告诉我说，有人嘲弄她，或是故意找碴儿。纯如很容易受伤害，我们时时需要安抚她，劝她换个角度思考问题。这些日常谈心令我和纯如在她很小的时候就建立起非常亲密的母女关系。她的敏感经常令我吃惊，我很少在其他孩子身上看到这种敏感。我提醒自己，纯如是与众不同的，我需要极其耐心地对待她。

1974 年感恩节前，我计划像美国家庭一样庆祝这个节日。我们有一套里外一新的房子，我希望全家人感觉这里是个家——一个充满爱、喜悦和感恩的家。以往的感恩节，我们通常只是应邀前往美国朋友的家中，和他们一起庆祝，或者干脆什么都不做。我们之所以决定庆祝那一年感恩节，真实原因源自纯如——骄傲的学前班学生。她说，学校里的同学都问她，我们家会不会庆祝感恩节。

他们问："你妈妈烤不烤大火鸡或南瓜派？"

我们家不烤。她为此感到很羞愧。

于是，我跟她说："好吧，今年我们会有一顿感恩节大餐！"

感恩节前一天，我把家里的菜谱都翻了出来，想要弄清楚怎么烹制火鸡。即使对一个四口之家来说，这种禽类的块头也未免太大了，而且整只的烤火鸡也不合我胃口。我说服纯如，烤火鸡的肉老而无味，跟锯末差不多。我还告诉她，我在《美好家居》杂志的烹饪手册里发现了一个菜谱，既简单又很接近中式烹饪。具体方法是把火鸡的鸡胸肉切成小块，浸在融化的奶油里，然后滚上面包屑烤，直到肉质变嫩。看起来纯如接受了我的想法。我还"烤"了一个南瓜派、一个核桃派和一些面包卷，当然，所有这些都是从超市买来的冷冻半成品。纯如最喜欢南瓜派。

我记得那天异常寒冷，风特别大，甚至可以听见狂风呼啸着扫过玉米地的声音。而我们躲在温暖的家里，闻着奶油和肉桂的香气。纯如和纯恺在厨房里跟着我转来转去，期待着火鸡和派。纯如不停地给我讲老师在课堂上介绍给他们的关于美国印第安人和英国清教徒开拓者的感恩节故事。她说，感恩节晚餐上还应当有蔓越莓酱。哦，对不起，我们忘了买蔓越莓，我说道。她说，还应当有甘薯。哦，太抱歉了，这我也不知道，我说。叫我如何忘记那动人的一幕呢？我仍记得纯如和纯恺等待享用他们生平第一顿美式感恩节大餐时期待的目光——虽然没有蔓越莓酱也没有甘薯，他们依然兴致盎然。

圣诞节将近时，纯如和纯恺帮我装饰圣诞树。我们不是基督徒，但我们和这个国家里的所有人一样，都兴高采烈地庆祝这个节日和新年。我们买了一棵塑料圣诞树，因为我一向重视环保，不愿为任何理由去浪费树木。在互联网时代到来前，我们每年都给亲友们寄圣诞卡。我提醒纯如不仅要寄给外公外婆，还要寄给爷爷奶奶。在我们家，这是一个传统：我总是帮助纯如自己制作圣诞卡，寄给身在纽约的外公外婆。纯如希望用中文署名，炫耀一下她的中文水平。她把她的中文名字写得大大的，几乎占了卡片的一半空间。我父母收到卡片很开心，结果就是他们寄回来一大包中国糖果和点心。这是多么恬静祥和的家庭生活。

第四章

激情初现

她实在是个书虫，

这让我想起春蚕

在生长期日复一日地啃食桑叶。

1975 年 1 月，绍进暂时离开伊利诺伊大学一个学期，到芝加哥附近的费米国家加速器实验室访问，其间住在当地宿舍，周末回家。我父母正等着搬进一栋新建的公寓，物业位于纽约唐人街，名叫“孔子大厦”。我说服他们在等待新楼建成期间搬来与我们同住，不再续租原来的暂时居所。这个计划听起来合情合理，于是我父母搬来和我们一起住了 3 个月。

1975 年 2—5 月，我父母和我们住在一起，纯如和纯恺对外公外婆的生活和经历有了更深入的了解。看到我在社区开设了面向儿童的中文班，并且教纯如中文阅读和写作，父亲非常高兴。从他对孩子们说的每句话中，都能看出他对自己身为中国人的自豪，以及对中国文化的热爱。

这 3 个月过得非常快，父母要回纽约前，我们拍了许多张全家福。我将这些照片视若珍宝，在纯如和纯恺成长的这些年，它们一直挂在家里的墙上。1975 年的这次到访是我父母的最后一次长途旅行，也是他们最后一次和我们生活在一起。

纯如已经长成一个非常美丽的女孩，总是能吸引路人的目光。许多路人都会告诉我说纯如是多么漂亮，她已经习惯于这些夸奖。有一天，当一个好心的中国朋友再次当着纯如的面夸她漂亮时，我悄悄地把朋友拉到一旁，对她说不要再这样当面称赞纯如的外貌。我有点儿担心太多的夸赞会让纯如变得虚荣。

在这一时期，纯如很喜欢听我们给她讲童话故事。1975 年夏，纯如的学前班课程结束时，我们全家人开车到佛罗里达的迪士尼公园去玩。在那儿，纯如激动万分地看到魔幻王国里的王子和公主。当她穿上我 1973 年在维也纳买给她的瑞士传统民族服装，坐在一只和小船差不多大的荷兰木鞋里的时候，她看上去简直就像是《爱丽丝漫游奇境记》里的小爱丽丝。她喜欢《爱丽丝漫游奇境记》，长大后，她读了刘易斯·卡罗尔的原著，然后再度像一个小女孩那样爱上这本书。

1975 年秋，纯如开始上一年级，纯恺也进了幼儿园。在当了三年全职主妇后，我觉得孩子们已经长大，我该重返工作了。唯一的问题是幼儿园只上半天课，我需要找一个保姆照顾纯恺，直到下午 3 点我能下班回家为止。我在伊利诺伊大学生物化学系找到了一份研究助理的兼职工作。我以前共事过的黑格教授拿到一笔研究经费，用于研究可能导致癌症的猿猴空泡病毒 40，于是他又一次雇用了我。我过去的研究领域是细菌细胞膜，对人类病毒一无所知，但我还是接受了这份工作，因为我实在太想重返职场了。

要兼顾工作和养育年幼的子女这两件事并不容易，但我尽力做好。不用说，我的生活变得极为忙乱。从周一到周五，我专注于自己的研究工作，但到了周末，我的时间就全部被孩子们的活动支配：纯如的中文课和钢琴课、纯恺的小提琴课、去公共图书馆、冬天去溜冰场、夏天去游泳池，种种不一而足，更不用说还得经常开车买菜和接送小孩。我总是在记事簿上规划好我的时间，让一切有条不紊。

1975 年 4 月 5 日，蒋介石在台湾去世。1971 年，联合国大会决定恢复中华人民共和国在联合国的一切权利，承认中华人民共和国政府代表是中国在联合国的唯一合法代表，台湾当局的代表被驱逐出联合国。1973 年 3 月，美国从越南南部撤军。1975 年 4 月，西贡被解放。蒋介石去世后，台湾人对台湾的前途命运毫无把握。绍进的父母也开始考虑移民美国，因为他们的子女也都在美国。

1976 年 6 月，绍进的父母赴美访问。我们上一次见面还是在多年以前——纯如刚 1 岁的时候，现在纯如已经 8 岁。纯如和纯恺很高兴见到爷爷奶奶。尽管奶奶不懂英语，而且说一口江苏方言，两个孩子很难听懂她说的话，但能看出两位老人是全心全意地喜欢他们可亲的孙子孙女。

在绍进父母与我们同住的那几周里，我们全家游览了斯普林菲尔德附近的林肯墓园。我们希望此行或可对正在上一年级的纯如有某种教育意义——她热衷于了解美国总统的生平，尤其是林肯总统。绍进和我 6 年前递交了加入美国国籍的申请，1975 年夏，我们终于得到美国公民身份。10 月 15 日，我们在伊利诺伊州丹维尔宣誓入籍。我们对纯如和纯恺说，我们现在拥有了选举权，不过作为归化公民，我们无权被选为美国总统，但他们可以，因为他们出生在美国，一出生便是美国公民。

1976 年是美国独立 200 周年。7 月 4 日，我们全家（包括爷爷和奶奶）一起到厄巴纳城中心观看美国国庆日游行，纯如对此非常兴奋，全家人里就她对这类事情格外感兴趣。当游行队伍经过我们面前时，纯如兴奋得两眼放光。当晚，我们全家到伊利诺伊大学足球场观看了盛大的焰火表演。

借着送绍进父母去纽约探访长子绍远的机会，我带着孩子们去我父母位于纽约唐人街的家看望他们。那时候，我父母已经搬进新落成的孔子大厦。对纯如和纯恺来说，这是个新鲜的体验。唐人街的街道两侧遍布有趣的店铺：中国超市、中餐馆、中药铺、茶叶店、古董店，不一而足。橱窗和招牌上的中国文字给纯如和纯恺留下深刻的印象。街道非常拥挤，来自世界各地的各色人等来来往往。这种人头攒动、喧哗嘈杂的景象与安静的厄巴纳形成鲜明的对比。

绍进 1976 年回了趟台湾，带回许多中文儿童读物。其中有文学作品，也有著名的中国古代神话。因为纯如热爱西方童话，我们希望她知道中国也有类似的民间传说。一起吃晚饭时，我们给她讲了很多中国古代经典故事，比如《西游记》、《三国演义》和花木兰的故事。

那年 9 月，中秋节的时候，我们特意买了月饼庆祝。中秋节是农历八月十五。我小时候，全家人通常会坐在阳台上，一边欣赏皎洁的满月，一边吃月饼。在这个历史悠久的节日，在月亮最圆的时候，人们欢庆丰收。那天晚上，我们也依样行事，坐在阳台上赏月，给纯如和纯恺讲嫦娥奔月的故事。我们还告诉他们，14 世纪时，为了反抗元朝的统治，汉人约定在中秋月圆之夜举事。尽管这个故事不完全符合史实，但我们还是把它当成一个传说讲给孩子们听。纯如对我们讲的中国故事非常着迷。对她来说，中国遥远而神秘，具有某种特殊的魅力。她清楚地知道，她的先人就来自那个神秘的古老国度。

1977 年 2 月 18 日是中国农历春节，住在纽约的外公外婆和住在洛杉矶的爷爷奶奶给纯如和纯恺寄来了大包礼物。此外，他们还要求我们替他们给两个孩子发红包，装在红包里的压岁钱寄托着新的一年富裕吉祥的希望。不用说，纯如和纯恺非常喜欢这些礼物，他们是中西双重文化的受益者，自然很高兴庆祝中西两种节日。

纯如的老师希望班上学生学习了解世界上的不同文化，纯如因此有机会向同学们“展示和介绍”中国的春节，对此她非常骄傲。她把自己的中文笔记本带给同学看，上面整整齐齐地写着中文字。

绍进不仅从台湾给孩子们买回了中文书，还带回来一张蚕卵纸，上面满是芝麻粒大的蚕卵。我们小时候，在中国，养蚕是所有中国小孩的爱好之一。绍进特别珍视自己童年时养蚕的记忆，他很高兴能从一个台湾朋友那里弄到这些蚕卵，这样就能教纯如和纯恺如何养蚕了。

1977 年春来临时，绍进在伊利诺伊大学物理系附近的墓场溪（Boneyard Creek）两岸发现不少已经萌芽的桑树。他小心地把冬眠的蚕卵从冰箱里取出，放在温暖的厨房里。一两周后，蚕卵便孵化为黑色的幼虫。全家人都忙着养蚕。每天晚上，绍进下班回家时总会带回给蚕宝宝吃的桑叶。纯如和纯恺围着养蚕的盒子转来转去，看那些蚕宝宝吃桑叶。它们昼夜不停地吃啊吃，我们每天晚上都要用新鲜的桑叶替换那些吃剩下的叶子，还总得清理盒子里的蚕沙。蚕宝宝长得非常快，变成白色的毛虫，尾部慢慢长出尾角。

纯如和纯恺每天放学后都兴奋地去查看蚕宝宝的情况，他们还请朋友到家里看蚕宝宝，分享他们的喜悦。蚕会蜕四次皮，最终长到 5~7 厘米长。它们消耗的桑叶逐日增多。在最后一次蜕皮一周后，蚕的身体开始变得半透明，里面充满了丝。这时候，它们便开始找地方作茧了。

纯如和纯恺兴趣盎然地观看蚕结茧的过程。它们的头前后左右晃动，蚕丝源源不断地从口中吐出。它们夜以继日地用蚕丝包裹住自己的身体，直至完全包裹住为止。据养蚕专家说，构成一个蚕茧的蚕丝至少有300米长。

我们第一年得到了50个蚕茧，绝大部分是白色的，也有一些黄色、金黄色和粉红色的。在我们家里，养蚕成为一个持续多年的传统。

一天晚上，绍进在起居室里兴奋地招呼我们赶快过去。纯如、纯恺和我连忙跑进去，绍进指给我们看几只正在努力破茧而出的蚕蛾。雄性蚕蛾开始与雌性蚕蛾交配，交配后，雌性蚕蛾便开始产卵。纯如和纯恺目睹并了解了蚕的整个生命过程。基于这一体验，纯如在几年后写的小诗中数次提到春蚕。有趣的是，纯如的第一本书也叫“蚕丝”[①]，而这很可能并非偶然。在那本书中，春蚕是指钱学森发展的“蚕”式反舰导弹，同时也被用来比喻书中的主人公、“中国航天之父”钱学森。

1977年春的一天，纯如的二年级教师亨普太太寄信给班上学生的家长，邀请大家前去观摩一堂名为“美国英雄”的公开课。纯如是个勤奋的学生，课前一两周，她就到公共图书馆找到了一本与此相关的书。最后，她选中了“克拉拉·巴顿：战地天使”作为读书报告的题目。通过纯如，我了解到克拉拉·巴顿是美国南北战争期间致力于照顾伤病员的一位女性，后来成为美国红十字会的创建人。家长们受邀观摩教学的那天，我看到纯如戴着一顶老师给的美国早期殖民地风格的白帽子，扮作护士的样子。那顶帽子再配上我之前买给她的中世纪风格的长袍，令她看起来完全像19世纪美国南北战争期间的女性。纯如告诉我，她之所以选择巴顿女士，是因为她的“勇气”和“关怀之心”。

1977年夏，绍进到科罗拉多州阿斯彭参加一场夏季物理学会议。我们把纯如和纯恺也带了过去，一家人经常在附近风景优美的山间小路上徒步旅行。会议结束后开车回家的路上，我们沿途游览了犹他州的拱门国家公园、大峡谷和亚利桑那州的化石林国家公园。美国的这部分国土拥有我们所见过的最美丽的景色，壮观的砂岩拱门令人

① 《蚕丝：钱学森传》已由中信出版集团于2011年4月出版。——编者注

屏息，太阳下的红色砂岩比我们见过的任何风景照片都更鲜艳夺目。我有种感觉，自然界的这些奇观尤其能给纯如带来灵感。她总是对周遭世界充满好奇，而这里的风景远超人们最大胆的想象。

纯如10岁的时候，正在上三年级的她开始体会到写作的乐趣。纯如不仅爱看书，还喜欢写东西。她把自己写的故事和诗编成一本自制的书，然后将自己署名为作者。她的三年级教师教班上的学生制作“诗集”。纯如兴致盎然地给我看她在自制的书里写下的东西。那本书的封皮用棕色木纹墙纸制成，上面写着“诗集作者：张纯如”。在扉页上，她的自我描述是一个热爱诗歌创作的三年级学生。书的每一页都以纯如最工整的字迹写就。每首诗和每个故事都注明了题目和创作时间。

在1978年3月21日创作的一首题为《我曾……》的小诗中，纯如写道：

我曾拥有蝌蚪，
现在我有了小青蛙……
我曾写过故事，
现在我开始写诗……

其后是一篇名为《猫的奇妙世界》的散文，然后是“俳句”和“打油诗”。我想，这或许是写作课老师的课堂练习吧。

书中还出现了一段关于“孤独”的描写，纯如这样写道：

孤独是湖那边传来的蟋蟀叫声，
日落时树叶发出的沙沙声。
它有紫罗兰的味道。
它是风掠过草原的声音。
…………

读着纯如的文字，我可以想象浮现在她眼前的那些景物。1978 年夏，我们搬进扬基岭小区一栋崭新的大房子，它位于谢尔文大道 309 号，远离闹市喧嚣，周围环绕着森林、草场和玉米地。从二楼纯如的卧室开阔的前窗望出去，溪边美丽的橡树和枫树及绵延数英亩的玉米地尽收眼底。事实上，这般景致的确可能令人心生孤独之感，尤其是在远离自己熟悉的环境的情况下。那时，令纯如倍感孤独的另一个原因是中文学习班上的一个女孩总是排斥纯如，尽管她有许多朋友，但这个女孩的尖刻仍深深地伤害了她。幸运的是，我完全理解纯如的感受，她也可以尽情向我倾诉。我们一聊起来就没完没了，我相信这有助于缓解她的孤独感，带给她力量。

有趣的是，在这期间发生的所有事，纯如都写进了她的故事和诗中。举例来说，扬基岭小区里有一个藏在树林里的小湖，离我们家很近。春天时，湖里满是蝌蚪。纯如和纯恺对蝌蚪超级着迷，我们帮他们抓了一瓶子小蝌蚪回家，然后放到鱼缸里。这些蝌蚪最后都变成了小青蛙——只有青豆那么大点儿的小青蛙。从蝌蚪到青蛙的演变过程让两个孩子深感惊奇。

纯如从小爱猫。我们搬进扬基岭小区的新家后，有只狸花猫总是跑过来跟纯如和纯恺玩。开始时，我们不知道为什么这只猫会对他俩那么友好，一到晚上就耐心地等在我们家后玻璃门外。直到后来我们才发现，原来两个孩子都从餐桌上偷偷拿一些肉去喂猫。纯如求我们收留这只猫，我最终同意了，但有一个条件：这只猫必须住在院子里，而不是家里。纯如起初为这只猫起名叫“Cat”（猫）——实际上是“凯瑟琳”这个名字的简称，虽然她后来又给这只猫改名为“Tash”（塔什），但给我留下印象的一直是“Cat”这个名字。

在纯如当时写的许多故事和诗中，她都提到了猫。放学后，Cat 是她最好的伴侣，她给它拍了好多照片。写作业或读书时，Cat 总是陪在她身边，虽然我告诫过纯如不能让 Cat 进屋，但纯如总是想方设法背着我偷偷把 Cat 带进她的房间。10 岁时，她不再对猫过敏——至少不对 Cat 过敏。有一天，当我打开纯如的卧室门时，发现 Cat 居然睡在她的床上。这只猫成为我们家的一员，一直活到 1999 年，那时它已经 22 岁或 23 岁了。

我们对阅读纯如作品表现出的兴趣给了她某种成就感，进一步鼓励她往文学写作的方向发展。有时候我们甚至都未意识到，父母对子女的态度居然会有如此深远的影响。

纯如对写作的热爱在她 1979 年的一份课堂笔记上体现得更为显著："写作是我最喜欢的消遣。它能提高我的英文水平，让我思考，加深对事物的理解。我从未将它视为任务，而总是把写作当成一种享受，因为那是我真心喜爱做的事。"

1978—1979 年，纯如写了许多诗，并把它们抄写在自制的小册子里。她上四年级时，扬基岭小学举办了首届少年作家征文比赛。听纯如读过她的一些诗歌和作品之后，我鼓励她参赛，我还自告奋勇地替她把她的作品打印出来。纯如提交了几首小诗和一篇名为《老鼠一家》（The Mouse Family）的短篇小说，这些诗都选自她自己命名为《百合花盛开之处》（Where the Lilies Bloom）的作品集。

纯如的诗歌和小说全都获了奖。这之后，她的两篇作品又代表扬基岭小学参加了厄巴纳学区的征文比赛。纯如的诗作和短篇小说再次获奖，随后，她被选中参加在布卢明顿举行的伊利诺伊州中部地区青年作家大会。

《老鼠一家》讲述的是老鼠一家七口的故事：老鼠爸爸、老鼠妈妈，还有五个老鼠孩子。故事里面详细描述了一份老鼠镇出版的《老鼠公报》，刊登的新闻包括"老鼠先生赢得建房大奖"、"老鼠镇银行遭抢劫"、"读者来信"和"鼠小妹专栏"。

1978 年秋，当我们刚刚搬进扬基岭小区的新家时，纯如对报纸产生了强烈的兴趣。她不仅阅读厄巴纳-尚佩恩的都市报《新闻公报》，还会"出版"自办的报纸。她和同样热衷办报的好友伊莱恩放学后经常在我们家一待就是几个小时，为自办小报工作。她们用绍进废弃不用的物理学讲义的背面精心制作报纸版面。《老鼠公报》的原型便是她自办的这些报纸。饶有趣味的是，从提问回答式的"鼠小妹专栏"中还能看到纯如非常热心于帮人解决问题，这个专栏的灵感很可能来自《新闻公报》上的专栏"亲爱的艾比"。

1979 年春，一名男子来到纯如的学校，说他打算出版一份名为《那个报》（*That Newspaper*）的面向儿童的报纸，他希望从学生那里收集一些作品。纯如马上就把自己的作品投给那份报纸，她的两首小诗及一份广告，还有伊莱恩的作品，都被发表在《那个报》的试刊号上。纯如非常激动，她和伊莱恩甚至在伊利诺伊大学校园中沿街叫卖这份报纸。两人请求学生们买下报纸，支持这份报纸的继续发行。她们在校园里的活动吸引了伊利诺伊大学学生自办报纸《伊利诺伊日报》（*The Daily Illini*）记者卡伦·布兰登（Karen Brandon）的注意。布兰登在1979年4月19日出版的《伊利诺伊日报》上发表了一篇文章，她写道："张纯如，扬基岭小学四年级的学生，希望这份报纸可以继续发行下去，并且包含更多漫画、诗歌和星座内容。张纯如不仅为《那个报》撰稿，还与朋友一起创办了一份内容保密的私人报纸。"在这篇文章里，布兰登还写道："谁知道呢？《那个报》的作者或许可能成为未来的艾尔玛·邦贝克，或是阿特·布赫瓦尔德，甚至是地下报纸的出版人呢。"事实上，谁能预想到，不过八九年后，纯如就成为《伊利诺伊日报》的主要撰稿人之一，随后又成为畅销书作家。或许所有这一切都始于老鼠先生！

1980年4月26日，周日，我们开车送纯如前往布卢明顿，参加在那里举行的伊利诺伊州中部地区青年作家大会。对纯如来说，这是一件令人兴奋的大事。我们到的时候，那里已经聚集了许多和纯如同龄的年轻作家。大会为每个学区的代表颁发了证书。作为厄巴纳学区的代表之一，纯如上台接过了获奖证书。大会还请来了一位畅销书作家发表演讲并举行作品签售。整个会议期间，纯如都兴奋得两眼放光。从那时起，成为一名作家、享受富有魅力的作者生活的念头就在纯如的心中扎下了根。

当纯如的诗作和小说被扬基岭小学选中参加青年作家征文比赛时，她的一个朋友对她说，她母亲不相信纯如可以写诗。"一定是纯如妈妈写的。"据那个女孩称她母亲是这样说的。纯如很不开心地把这件事告诉我，我大笑着告诉纯如，实在无须为这些人言而烦恼，应把它们看作夸奖与肯定。"我倒希望是我写的呢！"我这样说。

1978—1983年，纯如自制了所有的贺卡——圣诞节、我的生日、绍进的生日、母亲节、父亲节，她自己构思卡片上的词句，还以手绘图案点缀。每当读到这些自制卡片上的字句，我总是忍不住感动流泪。下面就是1980年6月我收到的生日贺卡上的话：

愿这张卡片让你开心快乐，

因为我想告诉你，你就是我最好的妈妈！

纯如喜欢利用一切机会制作贺卡，甚至希望把这当成自己的职业。她给美国最大的贺卡公司贺曼公司写信，询问他们是否需要兼职的贺卡写手。令纯如失望的是，这家公司回复说已经有很多这样的写手了。

1979 年对纯如和我都意味着巨大的转变。纯如发现了自己对写作的兴趣，她就像一朵盛放的鲜花。而我呢，此时对自己究竟想要什么样的生活有了更多的把握：不仅是孩子们的妈妈、先生的太太，还要在我所热爱的科学领域有一席之地。

1979 年 2 月 27 日，我接到母亲从纽约打来的电话，她告诉我不久前刚在左胸部发现了一个肿瘤。我立即飞往纽约。3 月 26 日，我们兄弟姐妹在纽约会齐，送母亲去纪念斯隆–凯特琳癌症中心做活体组织检查。几个小时后，医生走出来告诉我们说，活体组织检查显示肿瘤是恶性的，必须马上做手术切除。我母亲那时已经 65 岁。

母亲的病让我开始考虑自己的未来。回到家后，我一直在思索一个问题：人生苦短，我到底想做什么？我不喜欢自己在生物化学系做的和猿猴空泡病毒 40 有关的研究工作。在黑格博士的实验室干了近 4 年后，看起来我一无所获。我想掉回头去做此前做过的细菌膜脂特性研究，我曾就此发表过几篇论文。那时候，我找到了刚刚从耶鲁大学来到伊利诺伊大学微生物学系的约翰·克罗南（John Cronan）博士，他从事的研究与细菌膜脂有关。4 月，我跟他见了面。令我吃惊的是，他对我说，他记得我在哈佛大学医学院时与尤金·肯尼迪（Eugene Kennedy）博士合著的博士论文，而他本人非常景仰肯尼迪博士。他刚好有一笔研究经费，可以雇用我。1979 年 9 月，我加入了克罗南博士的实验室，开始了一段长期合作。我们共同发表了多篇相当不错的研究论文，这段合作持续了 21 年，直到我于 2000 年退休才结束。

尽管我们鼓励纯如培养对书的爱好，但她未免太过爱书：她的眼睛近视了，从四年级开始戴眼镜。她的阅读速度很快，而且博览群书。每周末我们开车带孩子们去当地的公共图书馆时，纯如一次至少要借 10 本书。她实在是个书虫，这让我想起春蚕在生长期日复一日地啃食桑叶。在那个阶段，它们的唯一目标就是吃。而同春蚕吐丝一样，在那些年里纯如看过的书最终也转化为她作品里的一字一句。

虽然年龄尚小，纯如却从不放弃一切阅读或写作的机会。我还记得她对学校设立的“书海大战”活动极为上心，学校希望通过设立一个读书大赛的方式鼓励孩子们多多阅读。孩子们每读一本书，家长们就得捐出相应的奖金。学校为这笔钱设立了一个专项基金，专门用于购买教学用的视频设备。每本书的捐款额度是25美分。纯如总会把她正在看的书的内容告诉我。她读得飞快，而且数量庞大，以至于我们开玩笑说简直会因此破产。

纯如和纯恺是一对好玩伴。他们很合得来，但像所有兄弟姐妹一样，也相互竞争甚至打架。纯如总是扮演纯恺的大姐姐的角色。在这段时间，纯如对魔术很感兴趣，她被深深地吸引，而且总是好奇魔术师到底是怎么玩弄戏法的。她买了很多关于魔术戏法的书看，在自己的屋子里偷偷练习。她喜欢左手拎一条飘飘然的丝手帕，右手拿着一根魔杖，她经常假装像魔术师在舞台上那样快速地挥舞魔杖，嘴里念着：“变！”“请看！”然后把魔杖指向我。纯恺则想方设法破坏姐姐的魔术。纯如在大家面前成功变过几次魔术。一旦纯如对什么事情产生兴趣，在好奇心的驱使下，她可以热情地投入自己的全部时间和精力。这是纯如的特点。

纯如还喜欢弹钢琴，她很享受自己的钢琴课。这时候，她已经可以弹奏莫扎特、巴赫和贝多芬的许多经典曲目，聆听她在客厅弹奏钢琴绝对是件赏心乐事。当她弹起贝多芬的《致爱丽丝》或《月光奏鸣曲》时，我通常都会停下手头儿的工作专注倾听。她坐在钢琴前的样子——长长的黑发披在肩上，后院里婆娑的树影透窗映入客厅，这一幕将永远存留在我的记忆中。

纯如在家里活跃健谈，但在公众场合缄默无言。我不知道这是否因为纯如认识到自己在美国是少数族裔，或者只不过是因为她在家里感觉更自在。纯如是个喜欢不加掩饰地表达自己好恶的人，她不会掩藏自己的感受。有时候她非常天真，相信每个人都像她一样毫无保留。

纯如喜欢刨根问底，做出许多发人深省的评论。当我们无法回答她的问题时，我们鼓励她到百科全书或参考书中自己寻求答案。在家庭讨论中，我们都非常开明民主，每个人都可以在晚餐桌上畅所欲言，表达自己的看法。对于每件事情，纯如显然是看法最多的人。她非常健谈，经常主宰整个谈话过程。我们有时必须打断她，给纯恺一个说话的机会。因为纯如在晚餐桌上的大部分时间都在说话，她吃得很少很慢。有时候别人都吃完了，思如泉涌、全神贯注的她却还几乎没动筷子。不过，因为纯如的表述总是既流畅又生动，每个人都喜欢听她说话。

我想大约就在1979—1980年，纯如上五年级时，她开始对“寻根”产生兴趣，她对我们的家族历史与背景极其好奇。1975年，在我父母与我们同住的那3个月里，纯如还太小，无法理解历史的意义。但到这时候，她开始向绍进和我提出许多问题，比如我们分别来自何方，为什么我们一定要来美国，以及我们像她这么大时，中国是什么样子的。我们通常在晚餐桌上向她讲述我们父母的故事：我父亲在9岁时就成了孤儿，尽管家境贫寒，他仍克服一切困难，向自己的命运发起挑战，最终通过努力工作而出人头地，声名传扬。[①] 我告诉纯如，我父亲非常注重道德及教育。我也告诉她，我父母常对我们说的话，例如“金钱可能会遗失或被人偷掉，但我们头脑中的知识是永远不会被别人偷走的”。

我们还告诉纯如，在抗日战争期间，我们双方父母所遭受的苦难，以及之后的解放战争。在我给她讲过的许多故事里，我父母在1937年日军入侵南京期间几乎失散的故事给她留下尤其深刻的印象。在我们成长的岁月里，我父母把这个故事重复讲述了无数遍，所以我们也反复对孩子讲起这个故事。

1937年7月7日，日军袭击了北平近郊的卢沟桥，开始全面侵华战争。8月13日，日军飞机轰炸了上海和杭州，我父母当时仍住在国民政府的首都南京，所有的南京政府部门都在准备撤往内地。父亲收到通知，他和他的家人将可以搭乘一艘由政府

---

① 我父亲、纯如的外公张铁君（1899—1994）是个传奇人物，他是儒家思想的忠实信徒，热情拥护孙中山的“三民主义”思想，希望以此为基础建立一个民主的新国家。他也是一名忠诚的国民党员。他著作等身，其中包括一部两卷本的自传。此外还为中国大陆和台湾的多家报纸撰写政治评论。他从来没当过将军，国内一些媒体的报道是错误的。

提供的轮船，由长江逆流而上，迁往湖南。11 月 14 日，就在南京沦陷前一个月，我母亲带着姐姐菱舲回到宜兴附近的老家。因为我外公那时刚去世，母亲打算把她母亲和弟弟接走，同我们全家人一道逃难。菱舲当时只有 1 岁，我母亲还正怀着我哥哥张铮铮。当父亲得知他的部门将要撤退到芜湖时，立即托人捎信给我母亲，叫她回来后即刻由水路前往芜湖，而不是返回南京。之所以选择曲折的水路，是因为当时的陆上公共交通——无论是汽车还是火车——都经常因日军轰炸而中断。

父亲在芜湖即将登船出发那天，母亲和她的家人还没赶到。他们本应于 4 天前就到达芜湖的。父亲每天都在岸边焦急等待，他在码头上跑上跑下，查点每艘进港的难民船，却不见母亲的踪影。最后一天，当官船即将开走之际，我父亲几乎急疯了。在绝望中，他开始对着每艘驶近的船呼喊我母亲的名字："以白！以白！"奇迹便在此时出现了，母亲从其中一艘小船中探出头来，回答道："是我，我在这里。"从我幼时起，父亲就一遍又一遍地对我们讲述这个故事。他说，他为此感谢上苍，否则母亲和她的家人不可能在抗日战争中幸存下来。

我们还对纯如讲述了接下来的南京大屠杀，并对她说每个中国人都应铭记日本帝国主义在战争期间犯下的残酷罪行。我们从来没想到，这些在晚餐桌上随口说来的故事有朝一日会促使纯如写下畅销全世界并改变全世界人民对二战看法的《南京大屠杀》一书。

第五章

中学时代

“亲爱的母亲，有朝一日，

当你四肢僵硬，衰老虚弱……

那就是轮到我照顾你的时候。”

1980 年秋，纯如通过了伊利诺伊大学实验中学（简称伊大附中）的入学考试，顺利入学。学校隶属于伊利诺伊大学教育系，是一所实验中学，初中和高中被并成 5 年。这所学校规模不大，每年只招收不到 50 个学生，但它相当有名——毕业生中包括诺贝尔奖得主（1977 年物理奖得主菲利普 · 安德森、1978 年医学奖得主汉密尔顿 · 史密斯和 1981 年经济学奖得主詹姆斯 · 托宾）和普利策奖得主，如专栏作家乔治 · 威尔。

纯如刚进伊大附中时非常开心，满怀期待，但接下来的几年，她的日子却过得不怎么样。后来，每当我们提起她在伊大附中求学的中学时代，纯如的情绪就会立时变差。事实上，中学最初的一两年几乎是纯如一生中最不开心的一段时光。我相信这和伊大附中本身无关，而只是纯如生命中的必经阶段。毕竟，中学时代对许多人来说都充满烦恼，纯如也不例外。

纯如和她的一些小学同学一道进入伊大附中，她们彼此已经认识相当长时间，最终却发生了一些摩擦。有一天，纯如告诉我，她最好的朋友不再跟她说话了。纯如说这个朋友凡事对她评头论足，她实在受够了。我试着安抚纯如，充当她的参谋，试着给她建议，我告诉纯如，她应该分析一下自己的行为，扪心自问有没有冒犯到别人。我告诉她应当通过自省来自我改进，与此同时忘掉那些不愉快的事情，继续前进。当纯如再大一点儿的时候，她对我说，她认识的许多女孩和她一样，在这个年龄阶段都很不开心，但最终她们都克服了成长的烦恼。

纯如与小学时代最好的朋友闹掰是一件非常遗憾的事。她变得更沉默了，完全沉入自己的世界。纯如越发喜欢读书，她经常跟我们说，在书本中可以找到自由，书可以帮她忘记烦恼和痛苦。在书本和想象的世界中，纯如感到舒适和放松，令她自由自在。

纯如说起过她在伊大附中所享受的这种自由。伊利诺伊大学和伊大附中主校园附近的格林街上有好几家书店，纯如最喜欢的一家颇受欢迎的二手书店叫“百亩书田”（Acres of Books），只要花上25美分或40美分，就可以买到一本二手的世界文学名著。

纯如小学毕业后有一段很短的时间，她抱怨找不到可看的好书，但这没有持续多久，进入伊大附中后，纯如很快便一头扎进文学名著的世界，她又开始像一个书呆子那样一本接一本地看书。房间里的书架上很快就塞满了从“百亩书田”、厄巴纳公共图书馆或伊利诺伊大学图书馆旧书特卖会上买来的二手书。公共图书馆和伊大图书馆通常每年都会举行一次旧书特卖会，将那些多余、破损或别人捐献而来的书廉价卖出。如果用10美分就买到一本自己喜欢的书，纯如就会像在垃圾桶里拣到金币一样兴奋。

这时候，纯如宁可不睡觉也要看书。我们家里有个规矩——每个人都得在晚上12点之前上床睡觉，但我们发现纯如早上总是起不来，后来我们才意识到，在本应上床睡觉的时间，她仍在看书。我们抓到过她一次，半夜熄灯之后，她偷偷把卧室门打开一条缝，借着走廊里微弱的灯光看小说。在她的高中时代，每天早上叫她起床上学成了一个没完没了的大麻烦。

大量读书的结果是纯如的近视程度加深了，她的眼镜片越来越厚。幸运的是，1981年，市面上有了隐形眼镜，纯如和纯恺都开始戴隐形眼镜。我们每年都要频繁地去配镜师索金医生的办公室，以至于他成了纯如的好朋友。索金医生也喜欢看书，纯如前去就诊时，除了试戴隐形眼镜，他们也经常谈起书本和其他问题。

在伊大附中就读期间，纯如认为自己很丑，尤其是那时她一直戴着镜片厚厚的眼镜，牙齿上还戴着牙箍。她觉得难过而孤独。在此期间，我尽可能给她安慰和支持。也就是在这期间，我们俩之间形成了一种持续终生的牢固的母女感情纽带。纯如向我倾诉她的悲伤和忧虑，我理解她，她信任我。我觉得这种关系体现在1981年6月她为祝贺我生日而写的一首诗中：

我的母亲

张纯如

是谁给了我那么多的爱与关怀？

是谁总是能为我抽出时间？

我的母亲。

是谁，经历了爱与欢笑，时间与眼泪，

在这么多年后终于把我养大？

我的母亲。

是谁值得让我用一生去回报？

是谁哪怕用亿万财宝也无法被取代？

我的母亲。

亲爱的母亲，有朝一日，当你四肢僵硬，衰老虚弱……

那就是轮到我照顾你的时候。

纯如去世后，每个母亲节和我的生日，我都要诵读这首诗，情难自禁地潸然泪下。

伊大附中的课业负担很重，所有学生的学习成绩都非常好。大多数伊大附中学生的父母都是伊利诺伊大学的教授，他们非常看重教育，学生之间的竞争自然也极为激烈。然而纯如总是凭着兴趣学习，当她喜欢哪门课的时候，她会非常用功，拿到很高的分数。但如果她不喜欢那门课，或是不喜欢教那门课的老师，她就根本不在上面用心。

纯如喜欢数学和英语。整个中学期间，她都作为班上的代表参加数学竞赛，还曾独自或作为小组一员在多项竞赛中取得好成绩。在美国，传统观点认为女孩不擅长数学，但在纯如这里却全不适用。在我们家里，我们从未想过性别差异会影响数学方面的成就。当然，绍进的数学非常棒，遇到问题时，纯如总是会去请教父亲。每当数学竞赛结束后，纯如都会把考题带回家给绍进看。纯如和父亲一起检查考试中的每个问题，看她到底做对了没有。当发现自己正确解答了一个难题后，纯如总是非常开心。她喜欢接受挑战，非常要强好胜。

后来，纯如对我们说，她非常感激我们对待竞争和获胜的态度。她说，她朋友的妈妈曾对这个朋友说："如果你赢不了，干脆就不要参加。"而我们只是要纯如尽力就好。最后，她的那个朋友索性不参加任何竞赛了。

但在另一方面，纯如对自己感兴趣或正在做的事常难以自拔。思考问题或是沉浸于自己的念头和想象中时，她仿佛在另外一个世界，那种时候她根本听不见课堂上老师在讲什么，同学们又是如何回答的。为了这个，她的同学经常嘲笑她，叫她"神游客"，说她在课堂上做白日梦。纯如很介意别人叫她"神游客"，正因如此，她越发躲进自己的世界，与班上其他人保持距离。

纯如的体育成绩很差。在体育课上，她经常是最后才被选中参加某队的人。这很伤她的自尊，令她更加讨厌体育。在此之外，纯如总体上很用功，喜欢各门功课：英语课、数学课、科学课，以及巴特勒老师教的古代历史课。纯如也喜欢音乐课，她喜欢唱歌，还加入了合唱团。

学期结束，暑假到来时，我们带着孩子去探望分别住在东海岸和西海岸的外公外婆和爷爷奶奶。1980 年夏，我们到纽约看望了我父母。1981 年夏，我们去西海岸，看望绍进的父母。这和绍进的暑期计划正好合拍，按计划，他将到加州大学圣巴巴拉分校物理系访问。

在圣巴巴拉，我们拜访了绍进的父母，然后一起去了圣巴巴拉古修道院，了解加利福尼亚的早期历史。纯如和纯恺对圣巴巴拉狂欢节非常着迷。我们很幸运，到那里时正是时候，他们看到了令人目眩神迷的加利福尼亚马术表演，还有游行队伍中穿着西班牙或墨西哥民族服饰的盛装女子。这让他们了解到美国中西部和加利福尼亚之间巨大的文化差异。

1982 年 1 月，绍进有一学期学术假（教授每 6 年有一学期的学术假）。他到普林斯顿高等研究院访问了 1 个月，然后计划到台湾清华大学物理系访问。纯如、纯恺和我留在家中，因为两个孩子都要上学，我也需要工作。春季学期结束后，1982 年暑假，我们到台湾跟绍进会合，在那里待了 6 周。

在台湾，一场声势浩大的工业革命正在进行中：台湾可以制造非常廉价的计算机。我们买了一台台湾制造的苹果 II 计算机的仿制机，花费只是在美国所要花的一小部分。这是一个非常激动人心的时期，我们耳闻目睹着计算机可能创造的种种奇迹。

在台湾的时候，我替纯如和纯恺分别在一所初中和一所小学报了名。台湾学校的学期比美国学校的要长，纯如和纯恺在那里上了一个月学，这对他们来说是一次重要的人生体验。

在台湾的学校里，学生必须穿校服，头发也得剪短。我们得到校长的许可，保留了纯如的长头发——她很喜欢自己的一头长发，不想只为了在台湾学校读一个月书就把它剪掉。在上百名短发齐耳的学生中，纯如格外引人注目，尽管她和其他人一样，都穿着统一的校服。

从伊大附中到台湾中学的转变对纯如颇有震动，新的环境帮助她打破沉静，纯如很受其他同学的欢迎，每天面对各种有趣的问题。她一边练习中文，一边教班上同学英文，对此十分享受。同学们对纯如在美国的生活非常好奇，她也逐渐了解到台湾教育体系的弱点。纯如对我说，一个班五六十个学生坐在指定的位子上，安安静静地听老师讲课，从不表达自己的观点，这对她来说太被动了。她也不喜欢学校的制度，例如迫使学生剪短头发、每天都要穿着校服。纯如告诉我，她觉得能在美国上中学很幸运，有了这段在台湾中学的短暂经历，她更珍惜自己在伊大附中所拥有的自由了。

我还带纯如和纯恺参观了我在台北郊区住过的地方，那时是 1951 年，我和他们差不多大，还是个小女孩。我告诉他们，我父母 1949 年从大陆搬家到台湾后住在这个地方，当时周围几乎没有什么人，现在却已经成了人口稠密的市区。此外，我还告诉他们，我母亲一度养了 50 只鸡，这样我们就有鸡蛋吃了，她还在我们家的院子里种菜种花，春天花朵盛开的时候，景色非常美丽。但如今，在我们眼前，污染严重的家庭作坊取代了小院。纯如和纯恺还陪我重访了我当年上过的小学和中学，但他们永远无法领会我走在那条路上时心底涌起的乡愁。

纯如在伊大附中上三年级时，期中成绩报告显示她的法语非常糟糕。这并不出人意料，因为我从没见她听过法语磁带。就在这时，除了原有的法语、德语和拉丁语选修课，伊大附中新设了一门中文课。纯如立刻放弃法语，改学中文。我们知道这有点儿投机取巧，因为她已经学了6年中文，但我们找不出劝她改学其他语言的理由。我们知道，有朝一日，她终将认识到自己需要直面问题并克服它。

在纯如中学三年级的第一学期，我唯一能记住的就是她迷上了智商测试。她听说有个由高智商人群组成的门萨俱乐部，于是订阅了这个俱乐部每月发行的出版物。纯如仔细阅读这些出版物，想要参加智商测试，看看自己到底能得多少分。最后，1982年12月的一个周六上午，她让我开车带她到一个地方，接受智商测试。事实上，我从来都不担心纯如的智商，所以也不在意她能得多少分。那时候，她对这件事的痴迷让我很心烦。我告诉纯如，我不认为一个人智商高就能证明什么，我认为勤奋是一个人实现人生目标最重要的条件。正如我母亲以前对我说过的，成功，七分靠努力，三分靠天分。那时候，我反复向纯如强调这一点。

一进伊大附中，纯如就发现了一份名为《滴水兽》（*Gargoyle*）的校报，她立刻想要加入编辑团队。但她不知道的是，校报编辑中其实存在等级制度。五年级或四年级的学生才可以当编辑，而纯如作为一年级新生，必须等着轮到自己。纯如很失望，但她说还好这份小报并非文学杂志，只不过登些学校里发生的新闻事件。1982年，纯如又发现了一份名为《特立独行》（*Unique*）的杂志，它创办于1961年，但因为伊大附中没人对此感兴趣，近年来不再发行。纯如喜出望外，马上告诉我们，她打算将这本杂志复刊。

发现《特立独行》杂志并决心将其复刊占据了纯如放学后的大部分自由时间。纯如终于找到了一个释放能量的出口。我记得她一天到晚都在谈论这本杂志的事，从找老师寻求资助到召集文学爱好者小组为杂志撰稿。她制订了一个工作计划，四处召集同学加入。

纯如请到了她的英语教师阿黛尔·萨斯里克（Adele Suslick）女士担任杂志顾问。放学后，纯如多次找萨斯里克女士谈论杂志复刊的事。因为《特立独行》杂志，萨斯里克女士成为纯如的好朋友，两人的友谊一直持续到纯如从伊大附中毕业离开。1983年，纯如上四年级时，《特立独行》杂志终于正式复刊。

那时候，纯如班上的一个女孩被同学冠以“怪物”的绰号，总是被残忍地拎出来当成嘲弄的对象，或是当着全班的面被叫外号。纯如对我说，她非常同情那个女孩，感觉愤愤不平。她还告诉我说，她也不喜欢伊大附中的另外一个特点——学校太小了，每个人彼此都认识，一举一动都在别人的眼皮底下，此外，如果已经彼此相识，再结识新朋友就变得很难。纯如告诉我，她永远都不要做那种随大流的人。她说，与绝大多数跟从潮流时尚或保持“政治正确”的人不同，她有自己的见解和主张。比如说，她永远都不觉得买一件名牌上衣或经典限量版牛仔裤就能提升自己的身份地位。从很早开始，纯如就给我一种特立独行的感觉，我有种感觉——她的大多数同学都不清楚她的潜质。

除忙于《特立独行》杂志的事，纯如还把放学后和周末的大量时间花在计算机上。她上小学时就爱上了计算机。每周日上午，绍进带纯如和纯恺去物理系大楼，把他俩放在办公室附近的计算机教室。绍进准备自己下周的讲义时，两个孩子开心地玩着 PLATO 系统——伊利诺伊大学研发的计算机辅助教育系统，这在使用计算机作为教学工具领域实属先驱。

这时候，纯如发现了一个名为“顶峰”（Summit）的计算机俱乐部，成员都是伊利诺伊大学校园里的计算机高手。纯如发现这个俱乐部充满挑战，想要通过考试成为其一员。纯如努力学习，通过了所有考试，却发现俱乐部更改了规则，她不得不通过更多的考试才有资格加入。后来，她发现原来顶峰俱乐部的成员都是男性，当听说有一个女孩想加入后，他们召开了一个紧急会议，他们不想接纳女生，因此更改了规则。纯如认为这完全不合情理，她说他们不能在她已经通过所有考试之后才更改规则。她立刻对我们说，她对这个俱乐部再也没兴趣了，通知他们“这事儿算了”。

尽管有这么一段插曲，中学四年级和五年级时，纯如仍旧作为初级程序员加入了伊利诺伊大学校园的计算机工程研究实验室（CERL），参与 PLATO 系统的研究工作。在那里，纯如结识了一些计算机工程系的学生，并和他们交上了朋友。纯如对计算机的热爱与日俱增，她觉得计算机会在她的未来生活中占据一席之地。

1983年夏，在中学的第三个学年结束时，我发现了纯如的另一个变化：她逐渐开朗起来，尝试各种新鲜事物。例如，她发现在布拉德利大学有一个为期一周的计算机学习班。布拉德利大学是一所位于伊利诺伊州皮奥里亚的小型大学。纯如的性格就是这样，她总是有特别强的主动性。她告诉我们，她想参加那个学习班，这样就可以学到一种新的计算机语言——Pascal语言。

1983年6月的一天，纯如告诉我，她发现了一个名为“彩条糖”（Candy Stripers）的青少年志愿者服务机构。她说，“彩条糖”是一个全国性的志愿者组织，本地的分支机构正在为厄巴纳的卡尔医院提供志愿者服务。我从来都没听说过“彩条糖”，于是打电话给当地的几家商场，询问他们是否销售纯如所需的制服。后来我才知道，这个组织之所以叫“彩条糖”，是因为它的制服是带有红白条纹的学生裙。纯如申请加入这个项目并获得批准，在成为志愿者之前，她需要接受几周的培训，然后才获准在医院工作。纯如相当喜欢那里，一些病人称赞她是个非常漂亮的姑娘。毫无疑问，在度过这么多年信心缺乏的中学时光后，听到这些夸奖令她大为振奋。我不再像她小时候那样担心她会有虚荣心了。

回首往事，作为她的父母，我们感到非常幸运拥有纯如这样的女儿，她主动发现了那么多我们根本一无所知的活动。如果没有她的介绍，我们可能永远都不知道门萨俱乐部、《特立独行》杂志、布拉德利大学的计算机暑期学习班或者是“彩条糖”，我们的生活因她的存在而丰富多彩。

后来，纯如经常告诉我，15岁时，她写下了自己的人生目标，事实上这成为她人生中的一个转折点。她说，令她大为吃惊的是，到年底时，她实现了为自己设定的每项目标——学习成绩、课外活动、奖项。她说，这些语句就好像被施过魔法。从那时起，她意识到自己可以控制自己的命运。

1983年秋，纯如升入伊大附中四年级。有一天，纯如骄傲地把她已经为之工作很久的《特立独行》杂志拿给我们看。复刊号终于出版了，尽管这期杂志很薄，但在学校紧张的课业之外，纯如和她的团队足足花了一年时间来筹备和编辑它。这期杂志上刊登了纯如的两首小诗：

肥皂泡

张纯如

一层彩虹色的薄膜
为球面增色
它让滑溜溜的表面光彩夺目
变得水晶般清澈透明……
大自然中脆弱的典范
优雅地飘摇上升
反射着太阳的光芒
溅出点点星辉……
入迷的我带着惊奇凝视
一个近在咫尺的奇迹
但完美总是那么短暂
转瞬即逝……

日出

张纯如

玫瑰色的光出现于
大地的边界
驱逐所有黑暗
带来新的一天……
金光万道
蚀刻着粉色的天际
一轮红日浮现
冉冉上升的同时抛射火焰……

太阳，越发清晰
发出金色的光晕
它将红色的天空
变成一片湛蓝……

当我今天重又读起她写的诗，仿佛她的一生都在诗中道尽了：她的生命正如日出一样灿烂辉煌，然而也像肥皂泡一样转瞬即逝。

这期《特立独行》杂志上还刊登了一篇纯如写的故事（不过署名为无名氏），内容是一棵小蒲公英与旁边一棵大树的对话。蒲公英问大树能否看到天际线那边的景物，蒲公英迫不及待地想要了解更多有关宇宙的事，它在寻找自己存在的意义。我觉得，这篇文章贴切地表现出纯如那个时期的所想所思。

纯如在这几年中培养起对科幻小说的兴趣，读了大量此类作品。她说起自己读过的那些书（比如赫伯特·乔治·威尔斯的《时间机器》和《星球大战》）时的样子，是我和绍进的美好回忆之一。纯如也喜欢阿瑟·克拉克的《2001：太空漫游》（2000年后的一段时间，她与克拉克曾保持通信），还喜欢看电视连续剧《阴阳魔界》。绍进曾介绍她看乔治·伽莫夫写的《从一到无穷大》，以及埃尔温·薛定谔写的《生命是什么》，我相信这两本书对纯如影响巨大。

纯如对自然和科学也十分感兴趣，我记得她滔滔不绝地说起洛伦·艾斯利写的《永无尽头的旅程》及刘易斯·托马斯的《细胞生命的礼赞》。绍进和纯如也喜欢讲述著名物理学家理查德·费曼生平的《别闹了，费曼先生》，当他们谈论起费曼的故事时，两个人都兴致盎然。直到今天，纯如那清脆的笑声仍回荡在我耳边。

纯如中学四年级的第二学期要开始准备大学入学考试SAT和ACT。我知道ACT和SAT的分数对于能否被好大学录取至关重要，但我并没有过多地插手。纯如看上去似乎知道自己应该做些什么，她可以自己处理好一切。纯如希望进入哈佛大学或斯坦福大学，但她也知道自己在伊大附中的成绩和SAT分数还不够高。伊大附中的学生都是经过千挑万选的，他们的学习成绩都十分优异，正因如此，想要在班上考第一并非易事。

SAT 考试过后，到了申请大学的时间。1984 年 5 月，伊大附中学生们的家长受邀与一位申请大学的顾问见面，她为每个学生提供申请大学的建议。我们和纯如一道去见顾问，顾问看过纯如的成绩后立刻告诉我们，纯如没必要申请任何一所常春藤盟校。在她看来，纯如根本没有被录取的可能。她这种生硬的态度及对纯如潜力的低估令我们十分吃惊，在我看来，不管怎样，她都应该给纯如放手一试的机会。不用说，纯如感到很受伤害。

纯如知道她父亲和我都是哈佛大学的博士毕业生，但我们从来都不曾试图说服她非要进入常春藤盟校不可。绍进和我总是对纯如强调，一个人一生中能否成功取决于他自己，而不是他上过什么学校。正如我们跟她讲过的，历史上的名人或成功人士从来没拿到过大学文凭的例子比比皆是，而且许多名校毕业生最终一事无成。不管怎么说，尽管顾问并不鼓励，纯如还是申请了一些常春藤盟校。她同时被康奈尔大学、密歇根大学、芝加哥大学和加州大学伯克利分校录取，此外还有伊利诺伊大学。

纯如想上康奈尔大学或芝加哥大学，但我们告诉她，伊利诺伊大学一点儿都不比那两所大学差，并且提醒她，她比一般的大学新生小一岁，离家近些可能对她来说比较好。最后，纯如选择了伊利诺伊大学。事实上，她在伊利诺伊大学受到了非常好的教育，而且毕业后成为一名忠实的校友。

1984 年夏，我们开着崭新的蓝色道奇 Aries 轿车，取道黄石国家公园前往洛杉矶。尽管纯如只有 16 岁，纯恺也还不到 14 岁，但他们俩都已经比我高了。纯恺和他姐姐差不多高，当我跟他俩说话时，感觉好像被两个巨人夹在中间。当他们坐在车后座上时，看上去完全是两个成年人。

绍进从伊利诺伊州开车前往黄石国家公园的路上，我们不仅可以欣赏车窗外移动的风景，一路上还能听到纯如的点评。她谈起自己看过的书、读过的新闻，或者是学校里发生的事。她非常健谈，而且是个讲故事的高手，看起来她从来就没有说累的时候。我很喜欢听纯如说话，当她说话时，她脸上的表情很丰富。她也喜欢讲笑话，每次听到一个笑话，她总是比其他人笑得都大声。纯如在公共场合或在学校里缄默内向，但私底下与我们聊天时可是毫无保留。只有在高速公路上找不到方向或是我需要睡一会儿的时候，我们才会请她停止讲话。

游览了黄石国家公园后，我们开车南下，直至盐湖城。我们参观了宏伟的摩门大教堂，听了对摩门教历史和信仰的介绍。当教堂里播放的录像中说，美国印第安人的艺术和文化可以追溯到离开以色列寻找新世界的犹太人时，我看到纯如怀疑地皱起了眉头。我们不是基督徒，但我们并不反对任何一种信仰。作为科学家，我一直在追寻真理。我们的看法或许也影响了纯如，当她朋友问她是不是基督徒，或者信不信哪种宗教时，纯如总是说自己是个“不可知论者”，却并非“无神论者”。

那年夏天，奥运会在洛杉矶举行，中华人民共和国第一次派队参赛。在电视上观看那一年的洛杉矶奥运会在华裔美国人圈中十分流行，纯如和纯恺对此也十分兴奋。自然而然地，我们谈起了海峡两岸的政治制度和历史渊源。这时候，正好有一场中国队和美国队之间的比赛。电视机前，绍进和我希望中国队能赢，纯恺却支持美国队，纯如看上去举棋不定，她说她不知道到底希望哪个队赢。这让我想起纯如上小学时曾跟我说起的一件事，她的一个同学问她，如果中国和美国开战，她到底会站在哪一边，纯如回答她希望中美之间永远都不会爆发战争。回家后，她跟我说她有些困惑，不知该怎么回答，她说她两个国家都爱。1984 年，她仍热爱两个国家，纯如并不怎么关心哪个国家能赢得奥运会奖牌。

在从洛杉矶回家的路上，我们再次经过犹他州，这一次不经意间游览了锡达断层国家保护区。那天正好在下雨，到了保护区的时候，太阳突然穿破云层，阳光让雨水洗刷过的砂岩发出耀目的红光。这一景象美得惊人，令人难忘。这么多年来，纯如在我们从西海岸到东海岸的多次旅行中看到的这些景色，是否令她更能欣赏大自然的美丽？ 1984 年的那次家庭旅行跨越了几乎半个美国，我们看到了中西部广阔平坦的平原，怀俄明州雄伟壮观的蒂顿峰、盐湖城雪白的沙漠、锡达鲜红的砂岩、里诺闪闪放光的霓虹灯，还有圣莫尼卡碧蓝的海湾……

1984 年秋，纯如进入在伊大附中的最后一学年，她成了《特立独行》杂志的资深编辑。既然 SAT 和 ACT 都已经考完，高中的最后一年对所有五年级学生来说都十分轻松。纯如从她的校友那里征集了许多供《特立独行》杂志发表的稿件，她自己也写了一些。1984—1985 年度的《特立独行》杂志比以前几期厚了一些，纯如在上面发表了四首诗。

五年级那一年，纯如的英语课组织了一次高年级学生的辩论赛，纯如非常仔细地为这场辩论赛做准备。辩题是美国的社会改革，纯如为此跑到伊利诺伊大学的主图书馆收集资料。我记得她每天都捧着一个灰色的金属索引卡片盒去上学，她在卡片上逐一写下自己的论点。她经常跟我提到，在伊大附中的辩论赛是个很好的训练，这为她日后职业生涯中的公众演讲和辩论奠定了基础。

1985 年 2 月，纯如将满 17 岁，拿到了驾照。她就像一只小鸟一样，准备展翅单飞了。作为中学五年级生，纯如交下了很多文友，她很享受自己的生活，社交活动繁忙。毕业舞会将近时，我们一起去给她买舞会上穿的礼服和必要的首饰。事实上，纯如已经长成一个美丽的姑娘，但她还没完全认识到这一点。

6 月，纯如从伊大附中毕业了。对所有五年级学生来说，这是一个重要的日子，纯如也不例外。所有五年级学生都收到一本附有全体毕业生照片的伊大附中毕业纪念册，每个毕业生都要用简短的语言介绍自己，或是引用自己最欣赏的名人名言。纯如选择了马修·阿诺德和阿尔伯特·爱因斯坦，一个是诗人，另一个是科学家。引自马修·阿诺德的名言是："诗是描述事物最美丽、最动人、最老幼皆宜的方式，它的重要性正是因此而来。"爱因斯坦的名言则是："想象力比知识更重要。"

毕业那天，所有学生都忙着在彼此的纪念册上留言。五年级学生格外兴奋，因为他们马上就要进入人生的崭新阶段。纯如在《特立独行》杂志的朋友们对她的文学天赋和刻苦用功大加赞美，也有一些人并不熟悉纯如，他们表示为没能尽力了解纯如而感到遗憾。

这是一个矛盾：一方面，纯如尽力让同伴们接受自己；另一方面，她又非常独立，她有自己的见解和主张，拒绝"随大流"。纯如的一些同学认为她是个迷失在自我世界中的孤独者。事实上，纯如一直在自我反省，努力把任何事情都做得尽善尽美，她极为争强好胜。

毕业那天，纯如班上的一些同学被投票选举为未来最可能成功的人。她感觉自己被忽视了，非常沮丧。她知道这不过是在比谁人缘更好而已，但仍深受困扰。她内心无法平静，那天晚上，她跟我谈了很长时间。我能感受到她的雄心壮志，那种一定要成功、证明自己的信心和决心。我告诉她，我相信她终有一日必定成功，她所要做的只不过是努力再加上一点儿耐心。不用说，我一定会全力支持她。这是我们两个人相互的承诺。

纯如的英语教师阿黛尔·萨斯里克与纯如很熟，正是她资助了《特立独行》杂志的出版发行，两个人相处过很长时间。2004 年 12 月 2 日，在伊利诺伊大学校园举行的纯如的追悼仪式上，萨斯里克女士的致辞准确地展现了纯如的中学时代。她在仪式上说："（如果我们）用'多姿多彩'一词来描述张纯如，那还是不够的。她是我所认识的人中最有激情的一个：非常热情，非常专注，全身心地投入自己的事业……"

纯如第一篇公开发表的作品可能是下面这首俳句（刊登在 1980—1981 年出版的《特立独行》杂志上）：

> 时间，规律的运动，
> 摧毁、神秘、征服，
> 绝无可能停止，
> 是为永恒。

萨斯里克女士接着说："纯如那时候或许不知学问的重要性，但她在最后一年英语课上的出众表现，显示了她对众多话题的广泛了解。此外，她还拥有与生俱来的在公众面前讲演的天分，总是能用令人信服的证据直击问题的核心。我记得她一丝不苟地记了大量笔记。她学习不是为了成绩，而是为了满足自己彻底理解某件事情的好奇心。当她说话时，总是直视着你的眼睛。毫无疑问，她相信她所说的一切，她希望你也相信。"这些话是我们所熟悉的那个张纯如的真实写照。

1985 年 8 月，纯如高中毕业后，我们全家前往美国东部度假，顺道看望住在纽约的外公外婆。我们经由安阿伯开往纽约，然后又从多伦多一路开到波士顿。抵达剑桥时，我们带纯如游览了查尔斯河畔的哈佛校园。我们带她去看了哈佛校园内的纪念教堂，绍进和我就是在那里结婚的。还有霍顿-格林大楼——已婚学生的宿舍，我们曾在那里生活过。我们还带她参观了哈佛医学院，我曾在那里求学五年。此外还有著名的已有百年历史的法林地下商城（波士顿著名的服装折扣店），在那里我总能找到买得起的漂亮衣服。这是一次对绍进和我的大学时光的重访之旅。现在，20 年后，纯如也要住进宿舍，开始体验自己的大学生活了。

第六章

出类拔萃

她宁可过一种多姿多彩的冒险生活，
也不愿要安稳和长久。

纯如 1985 年被伊利诺伊大学录取，攻读数学和计算机科学双学位。第一学年开始前，纯如就注册了伊利诺伊大学的夏季微积分课程。夏季课程时间短、课业重，她每天都要非常勤奋地学习。因为用功，纯如拿到了 A 等成绩。夏季结束时，我们从东海岸度假回来后，纯如搬进了亨德里克斯大楼，这是位于厄巴纳的一栋私人所有的高层建筑，离校园很近。大楼和物理系大楼同在一个街区，与我位于莫里尔大楼的实验室也仅一街之隔。

纯如搬家的那天，我们都去帮忙，纯恺也不例外。校园里满是学生和帮忙的家长，小镇被嘈杂声唤醒，与夏季的宁静形成巨大的反差。终于，纯如离开了我们的家——她现在是独立的个体了。事实上，她只需开车 10 分钟就可以回家，离她父亲的办公室或我的实验室也只有 5 分钟的步行距离。然而，她现在自己生活了。

第一个周末，纯如是回家过的。她非常开心，兴高采烈。她把所有的脏衣服都带了回来，洗衣服的时候，她向我们描述在亨德里克斯大楼里的生活和她的学业。和她同住的女孩们都不错，但远没纯如那么用功。大多数住在那里的学生来自芝加哥或附近地区，她们相处得很好。纯如美丽而幸福的笑容仿如一朵盛放的鲜花。当我看见她笑的时候，我和她一样开心。

纯如告诉我，她喜欢伊利诺伊大学庞大的规模，这样她可以见到许多不同的人。

她也喜欢校园里自由的气氛。她说，在这么大的学校里，人们互相之间都不怎么了解，因此不会像在小学校园里那样彼此评头论足。她在这里如鱼得水。

在注册和选课的过程中，就第一学期该选什么课的问题，纯如征求了绍进的意见。毕竟，绍进在物理系担任了多年选课顾问。绍进告诉纯如，如果她想主修数学和计算机科学，就算学校只要求她上物理学 101 和 102 这两门基础课程，但他仍建议换成物理学 106 和 107 这两门相对难度较高的课程。数学和计算机科学隶属于文理学院，只有工科学生才需要选修较难的物理学 106 和 107 课程。但绍进告诉纯如，对主修数学和计算机科学的学生来说，物理学是基础。纯如听从了爸爸的建议，注册了物理学 106 这门课。

纯如学习很用功，只有当要钱付学费、房租或膳食书本费的时候，她才会到我或者绍进的办公室来。此外，我们还给了她一笔置装费。这时候，纯如已经对自己的美貌有所了解，她开始喜欢买衣服。她在格林街上发现了一家小店，专卖从印度进口的带有异国风情的花衣服，价格相对便宜。因为纯如又瘦又高，什么衣服穿在她身上都好看。她曾给我看一件从印度进口的五彩细棉布裙，还有一件黑色的长袖上装。穿上这些衣服，再配上一头长长的黑色卷发（高中最后一年，纯如在校园里的一家美发店烫了头发），她看上去如同一个来自古老中东国家的华贵少女。

除了买一些必需品，纯如通常不会花很多时间购物。她穿着 T 恤衫和牛仔裤去上课。只有参加派对时，她的那些漂亮衣服才会派上用场。她买东西时总要先看看价签，我想在这方面她是受了我们的影响。绍进和我都是靠奖学金来美国求学的，没什么钱，所以精打细算，非常节俭。虽然后来我们的经济条件有所改善，但这已成为习惯。我们总是告诉纯如，不该在并不真正需要的东西上浪费时间和金钱。

纯如告诉我们，在校园里，她经常受到男同学的关注和赞美。她似乎很喜欢这种成为关注中心的感觉。我知道，学习之外，她也会去参加派对、去电影院，她很享受大学生活。她不仅和计算机系的同学交往，还认识了许多工程系和英语系的同学。

每到周末，纯如把脏衣服带回家洗，顺便看一眼她的猫——她非常想念 Cat。同时，她也向绍进请教一些在课堂上没听懂的数学或物理问题。纯如在大学第一学期结束时的平均成绩很高，为此还受到系里的嘉奖。

1986年也是我职业生涯中大有收获的一年。1986年1月，我发现此前已研究多年的一种细菌酶的蛋白质序列与另外一种酶的蛋白质序列极其相似，关于两种蛋白质序列同源性的发现解释了它们的许多特性。我在两次全国性学术会议上报告了我的研究成果。3月，我到华盛顿特区参加美国微生物学会年会，6月，我又去了华盛顿，参加生物化学年会。我忙于自己的研究，无暇分身。1984年，纯恺在伊大附中上二年级，从那年起，我开始全职工作，因为我觉得孩子们放学回家后不再需要我。我在学术期刊上发表了几篇论文，几乎每年都有一篇论文发表。

1986年春，纯如进入大学的第二学期，她在物理学107这门课上遇到了些麻烦。她经常回家请绍进帮忙，但我能看出她的心不在物理学上。那时候，纯如告诉我，她准备成立一个名为“伊利诺伊文学会”的学生文学社团。她发现，只要提交一份组织活动经费预算，就有可能申请到学校的资金支持。最终，纯如用这办法筹到了一些钱，她后来用这笔钱办了一本名为《大开眼界》（*Open Wide*）的杂志。她跟我们谈起如何向学生中的文学爱好者征集诗歌、小说或原创的乐曲及艺术作品，然后在杂志上发表。和高中时代一样，她对新杂志充满热情，总是兴高采烈地谈论它。

第二学期的最后几周，纯如埋头苦读物理学107，可最终这门课只得了C，这让她很不高兴。或许她会暗自抱怨绍进劝她修了这门为工科学生开设的较难的物理课。第一学年结束后，那年夏天，纯如打算修一门夏季课程——微分方程。我们觉得这是个好主意。在我们家，读书上课总是受到鼓励的，这次也不例外。

1986年夏，我们的房子需要进行一些整修和维护，木质的外墙需要重新粉刷，车库上方烂掉的木头层板也有待更换。我忙于利用这为期一个月的暑假完成房屋维修工作。我们告诉纯如和纯恺，既然住在同一屋檐下，已经长成大学生和高中生的他们也应承担一部分责任。

和一般十来岁的少年一样，纯如和纯恺都不愿意做家务，除非被强迫并能得到好处。我们在外面粉刷房屋侧墙或修剪草坪的时候，纯如反复跟我们说，人类应当发明出更多的可以取代体力劳动的机器。显然，纯如相信她是个更好的脑力劳动者，而非体力劳动者。那个夏天是纯如在家里待的最后一个夏天，从那之后，她就开始找只要求她动脑、不要求她动手的工作了。

1986年秋，纯如的大二第一学期开始后，她搬进了伊利诺伊大学的学生宿舍ISR。这里离校园非常近，去上课只需要步行几分钟。

大学二年级，纯如开始思索自己到底真心喜欢什么。那年秋天，她修了一门数学必修课——抽象代数。从第一堂课起，她就学得十分艰难。上了几堂课后，纯如回家对绍进抱怨说，她花了一整个下午想要理解教科书第一页上的内容，结果还是一窍不通。往轻里说，她非常沮丧。绍进拿教科书看了看，表示同意纯如的看法，他说他也不明白为什么数学家要把话说得如此佶屈聱牙，让学生们看不懂。绍进开始用自己的话为纯如解释那个数学理论的含义。纯如看上去终于理解了第一页的内容，但随着课程继续，新理论源源不绝。第一次考试的时候，纯如考得很差，她立即放弃了这门课。这件事让她大为灰心，开始重新考虑自己是否真的想成为一名理论数学家。她告诉我们，以前她觉得数学有趣，但现在她再也不那么想了。

在我看来，纯如数学挂科的一个原因是她手头儿同时在做太多的杂事——她的兴趣太广泛了！她加入了合唱团，为自己的文学社团招募新人，阅读自己感兴趣的书，还像其他大学女生那样喜欢参加各种派对。她告诉我，她想要体验大学生活的方方面面。她给我看过几张她在万圣节派对上拍的照片，她穿的就像个夏威夷女孩一样，摆出跳草裙舞的姿势。她说，住在ISR里，如果你想参加的话，每天晚上都有派对。

放弃抽象代数这门课后，纯如有点儿动摇，她开始问自己是否还要继续读数学和计算机科学。有一天，她回到家，非常严肃地与我们谈起此事。她说，她喜欢数学和计算机科学，但她更喜欢写作和心理学，她想要转到英文系或是心理学系去。那天晚上我们谈了很久，我们告诉她，如果她想转系，我们并不反对。我们知道，只有一个人真心爱上一件事，才愿意为之投入时间，最终获得成功。纯如如释重负——她一直以为我们会反对她转系。绍进和我都喜欢科学，毫无疑问，我们鼓励自己的孩子也走同一道路，但我们对纯如强调说，我们相信只有攻读她真心喜欢并愿意投入时间的学科，她才会有所成就。在后来的岁月，纯如表示她感谢我们让她自由选择自己喜欢的职业。纯如说，相比之下，有些中国父母强迫自己的子女学医学或法学这样的专业，而不是孩子自己真心喜欢的专业。

接下来，纯如开始考虑到底该学文学、新闻学还是心理学。我鼓励她收集各方面信息，和每个系的学生及教授都谈谈。在与英文系和新闻系的一些朋友聊过之后，纯如最终选择转系到新闻系。她说，学新闻不仅让她有机会写作，还能与各种各样有趣的人打交道，从而丰富她的人生阅历。

决定转到新闻系后，纯如去拜访了传播学院院长。纯如告诉我们，他们见面时，传播学院院长建议她转系前三思。他对纯如说，新闻系的学生毕业后很难找到工作，计算机系的学生却十分抢手。他让纯如从长远考虑，如果仍旧坚持转系的话，再去找他。纯如又花了一个学期的时间才最终决定到底要不要转学新闻。事实上，纯如大学第一年的成绩很不错，两个学期都是受嘉奖的高分学生。她不光选了数学课和计算机课，还选修了修辞学、心理学、哲学和音乐课，她选修的科目比毕业所要求的多得多。

1987 年 1 月，约翰 · 克罗南教授提拔我为客座助理教授的提议在系里大会上获得通过。全家人都把这当成一件大事，纯如尤其替我开心，她认为我早就该得到提拔。很久以前，纯如和我就探讨过女性在社会中的角色。我们一致认为，虽然在这个国家女性已经在许多方面赢得了与男性同等的权利，但仍存在许多不公平的待遇，例如工作报酬。女性的薪水和升职机会远远落后于男性，更不用说对女性来说，兼顾家庭与事业更加困难，而男性通常不会做出类似的牺牲，也不会被要求在两者之间做出选择。

纯如读过许多女权主义的书，她受贝蒂 · 弗里丹的影响很深。她告诉我，她与弗里丹的看法一致。她认为，在过去，社会中对女性存在诸多不公。每当谈及女性话题，我们便会就此展开讨论，我也得以获知纯如的观点。从很早的时候开始，纯如就对这一切看得清清楚楚，她不想落入绝大多数女性都会深陷其中的陷阱。她极其渴望拥有独特的自我，她雄心勃勃，决意一定要有自己的事业。

1987 年 5 月，纯如的大二学年结束。还在 1 月时，她就已经开始着手寻找暑期工作。她告诉我们，她在计算机课上认识了一个叫“詹姆斯”的同学，詹姆斯曾于此前的一个夏天在芝加哥郊区的一家计算机公司工作。詹姆斯对纯如很好，愿意介绍她到那家公司去。这家名为“微系统”（microsystems）的公司位于芝加哥郊区的霍夫曼庄园。就这样，1987 年 1 月的一个周六，纯如请求我们带她去芝加哥。经詹姆斯介绍，她将接受微系统公司一名主管的面试。几周后，微系统公司接受了纯如的暑假实习申请。她非常激动，马上开始在公司附近寻找暑假时的临时住处，她在宿舍楼的公告板上张贴了广告。没过多久，一个住在同一栋宿舍楼里、父母家离霍夫曼庄园不远的伊利诺伊州帕拉丁的学生就给纯如打来电话，她家里有一个空房间可以出租。纯如从未想过居然会如此幸运，对于自己可以在这么短的时间内解决所有问题大为吃惊。

这是纯如为了工作第一次离家独自生活。她对此非常兴奋，每周工作 40 个小时，报酬是 300 美元。如果加班的话，还会有额外的补助。在微系统公司工作了 10 周后，纯如攒下了差不多 1 400 美元。她每个月都把工资存起来，非常骄傲地向我炫耀她的银行存折。

微系统公司的这份暑期工作的主要任务本来是编写计算机软件，但没过多久，他们就发现纯如也很擅长写作。纯如发现，指导员工如何使用该公司软件的说明书编写得非常糟糕，理解起来很困难。纯如抱怨过后，公司请她改写这份说明书。纯如先全面理解了整个系统，然后假设自己是一个从来没用过计算机的新人，从这个角度改写了说明书。她非常努力，下笔如飞，按计划完成了第一项任务。公司总裁对此印象深刻，他请纯如再改写另一份说明书。纯如努力在暑假实习结束前完成了第二份说明书。回家后，她把那份经她改写的厚厚的说明书展示给我们看。那家公司很欣赏她，公司总裁为纯如写了一封高度赞扬她的推荐信，还告诉纯如，随时欢迎她再来工作，并愿意在她毕业后聘用她。

在微系统公司工作的这 10 周时间里，纯如也和同事们一道享受生活。她给我们看过她在总裁家参加派对时拍摄的照片，她在游泳池中游泳，开怀大笑。纯如不再是从前那个羞涩的女孩，她非常开心，和每个人都相处得很好。

8 月 7 日，纯如结束了在微系统公司的实习工作。两周后，她搬回 ISR 宿舍大楼，开始上大三。纯如已下定决心转到新闻系，她发现自己真正热爱的还是写作。在微系统公司的工作经历让她相信自己可以做到。

此外，1987 年 8 月，纯如创办的杂志《大开眼界》终于正式出版，这更坚定了她转系的决心。在整个大二学年，除了功课，纯如一直在对外宣传自己创办的伊利诺伊文学会，为杂志征集原创稿件。她认识了不少其他系的笔友，最终在伊利诺伊大学学生活动办公室的资助下，出版了第一期《大开眼界》杂志。

在《大开眼界》的创刊号上，纯如写下一首题为《镜子隧道的终点》的诗。这首诗反映出她的急切不安：

> …………
> 我在寻找一个世界
> 在那里任何皆有可能
> 在那里无穷止于
> 平行线相互接触
> 时间是一个滚动的车轮
> 在那里
> 生命是一幅全息图像
> 是变幻盘旋的彩虹
> 有着无穷可能
> 无限维度
> 和无限的感知方式
> …………

纯如还有许多东西需要学习、理解和体验。看起来她似乎一直在和时间赛跑，希望学到新的东西，体验不同的事物。

1987 年秋季学期开始时，因为纯如已经下定决心转学新闻学，她再次拜访了传播学院院长。这一次，看到纯如的决心，院长同意了。纯如告诉他，她热爱写作，并且已经在暑假的 10 周时间里为一家计算机公司写了两份技术说明书。她说她希望将科学与写作结合起来，并认为新闻学的训练可以帮助她在未来走上科学写作之路。院长被她说服了。为了正式转到新闻系，纯如必须等到1988年春季学期，即大三的第二学期。

纯如决定转学新闻学之后，立即前往伊利诺伊大学学生的官方报纸《伊利诺伊日报》的办公室，拜访了该报主编，并向那里的工作人员做自我介绍。大多数在这家报社工作的学生都来自新闻系。纯如告诉他们，自己也想为《伊利诺伊日报》撰稿，而且下学期就会成为新闻系正式的学生。纯如还告诉他们，自己就是伊利诺伊文学会的创办者，出版了《大开眼界》杂志。听说纯如之前主修数学和计算机科学双学位，大家似乎立刻肃然起敬。纯如由此加入《伊利诺伊日报》并成为主要撰稿人之一。

纯如为《伊利诺伊日报》写的第一篇文章发表于1987年10月12日，标题是“跳跳糖：真好玩，还是真要命”。这是一篇做了大量资料收集工作的深度报道，主题围绕一种名为Pop Rocks的吃到嘴里吱吱有声、跳来跳去的糖果。我在实验室里接到纯如极度兴奋的来电，她告诉我文章已经发表，让我去读。我们的实验室里有这份报纸，所以我马上拿起来看。看到纯如的第一篇文章发表，我和她一样兴奋。这篇文章还配了一张巨大的卡通插图，画着一个嘴巴大张的男人，跳跳糖从口中蹦将出来。

没过多久，纯如就开始写乐评。11月6日，周五，她对我说，马上要到大讲堂去看惠特尼·休斯顿的演出。说实话，我们从来没带孩子们听过美国流行音乐演唱会，我们通常只是在家听听中国民歌或西方古典音乐。纯如既喜欢古典音乐也喜欢流行电影插曲，但我从来没想过有一天她居然可以写乐评。周一，我在《伊利诺伊日报》上读到她写的题为《惠特尼·休斯顿将听众的热情引向新的高度》的文章后，惊讶于她居然可以写得这么好。

纯如一直喜欢歌剧，也一直在选修伊利诺伊大学音乐系的演唱课。她的嗓音非常优美，每当我听她唱起普契尼歌剧《贾尼·斯基基》中的咏叹调“哦，我亲爱的爸爸”时，都会感动得落泪。纯如要她的声乐老师教她这首咏叹调，是受了电影《看得见风景的房间》的启发。我们一起去看了那部电影，两个人都深为由普契尼歌剧改编而来的电影配乐而感动。

因为纯如写乐评和剧评，同时还义务担任引位员，一天，她打电话给我说手头儿有一张当晚的音乐会门票，她想请我去看伊利诺伊大学音乐系排演的莫扎特歌剧《费加罗的婚礼》。纯如知道我也喜欢歌剧。这是一个值得纪念的夜晚，歌剧结束后，我以为接下来就该回家了，可纯如把我带到演出中心著名的咖啡店，享用她最喜欢的巧克力蛋糕。一边品尝巧克力蛋糕，她一边和我说起歌剧：不光是歌剧本身，还有歌剧中描述的那种令人作呕的封建制度——古代欧洲的封建领主享有的对手下女仆的所谓初夜权。这就是纯如，她总是对她所见的一切不平之事反应强烈，尽管那只是存在于一部200年前的歌剧中。

一天，纯如告诉我们，她发现美国杂志编辑协会资助了一个暑假实习项目。该项目为期10周，在暑期送新闻系学生到三四十家美国本土商业杂志社接受训练，包括《新闻周刊》《时代》《读者文摘》等。通常每个大学的新闻系只有一个学生可以入选，这个学生要得到院长或系主任的提名推荐。如果提名被接受，这个学生就会被派往参与这一项目的杂志社。纯如说这个暑期实习项目对她来说是最好的锻炼机会，她打算申请。下一年暑期实习的申请截止时间为12月。

到12月，纯如还未正式转入新闻系，要等到下学期开始才行。考虑到系主任只能推荐本系的学生，纯如担心自己是否有资格，于是她打电话给美国杂志编辑协会，询问是否还有其他可能。孤注一掷之下，她甚至找到了英语系主任。纯如之前选修了几门英语系的课程，和那里的几位教授很熟，而且她的英语文学和修辞学课程成绩很好。不知到底用了什么办法，纯如居然成功说服英语系主任为她向美国杂志编辑协会写了一封推荐信。纯如将申请表和一篇解释自己为什么想要申请这一实习机会、为什么这件事对她如此重要的文章一同寄出。

在此期间，纯如对自己的未来并不确定。她雄心勃勃，但缺乏耐心。1988年1月，大三寒假期间，纯如请求我们开车送她到芝加哥参观《芝加哥论坛报》报社。走在芝加哥市中心凛冽的寒风中，纯如一直在抱怨。她抱怨我们住在厄巴纳而不是芝加哥这样机会众多的大城市，她问我们为什么如此满意自己平静的生活，一点儿风险都不肯冒。这是绍进和我第一次跟纯如吵架，因为我们很惊讶她居然会说这些话。纯如以前从来没有批评过我们，即使是现在，我仍不明白那时候是什么让她如此不开心。后来，纯如向我们道了歉。但是现在我回想起来，她那时就像蚕蜕皮一样，长大成熟了，走向人生的另一阶段，但她太过急躁了。

拜访《芝加哥论坛报》报社后，纯如说服编辑，让她担任伊利诺伊大学的校园通讯员。大三第二学期，纯如不仅为《伊利诺伊日报》撰写新闻和评论，还要替《芝加哥论坛报》写校园新闻。

1988 年 2 月 1 日，我一到实验室，学生们就拥上来告诉我，纯如写了一篇题为《神秘崇拜者》的小说，发表在当天《伊利诺伊日报》的特写版面上。这个故事很长，标题字号很大，文章旁边还画了一颗巨大的红心，这是一个校园爱情故事。当时，纯如的文章经常出现在《伊利诺伊日报》上，她不光写新闻、剧评和短篇小说，还写书评——这可是她的至爱。这时候，我实验室里的学生和同事都知道我有个正上大学并为《伊利诺伊日报》撰稿的漂亮女儿。一些学生告诉我，他们喜欢看纯如的文章，非常想一睹她的真容。

1988 年 2—5 月，作为校园通讯员，纯如为《芝加哥论坛报》发去无数关于伊利诺伊大学的校园新闻。其中最感人的要数玛丽亚·卡莉尔的故事。玛丽亚是伊利诺伊大学兽医系的一年级女生，1988 年 3 月 6 日被人谋杀。那天一大早，一向是个夜猫子、很少早起的纯如异乎寻常地打来电话，她声音颤抖着说，刚刚接到《芝加哥论坛报》的来电，让她收集关于这名被害学生的信息。因为厄巴纳–尚佩恩是个相对安全的地方，我们对这个消息也深感震惊。纯如告诉我们，她得马上开始工作，想要借用我们的车。她作为一名记者的投入和热情已经显露无遗。关于这起谋杀案的文章发表在 3 月 8 日的《芝加哥论坛报》上，纯如作为供稿人之一，名字也出现在文章结尾处。多年后，杀害玛丽亚·卡莉尔的凶手仍未找到。玛丽亚的父亲是芝加哥著名的美容医生，他悬赏重金征集找出凶手的线索，但直至今日这桩案子仍未告破。纯如在许多年后仍会偶尔提起玛丽亚·卡莉尔这桩案子。

4 月 19 日，纯如兴奋地打电话过来说，她收到了美国杂志编辑协会的回信，通知她已入选当年暑假的实习项目。更棒的是，她被分配到了《新闻周刊》！纯如高兴得几乎尖叫出来。她后来告诉我们，美国杂志编辑协会实习项目录取了伊利诺伊大学的两名学生，一名来自新闻系，另一名就是来自英语系的纯如。纯如后来说，美国杂志编辑协会很少会在一年里从同一所大学选中两名学生，因此这是一件破纪录的事。对我来说，纯如被分配到《新闻周刊》也是一个惊喜，这可是全美最热门的两本杂志之一，简直是每个人梦想中的实习机会。当绍进告诉我们的一个中国朋友，纯如得到暑期去《新闻周刊》实习的机会时，这个朋友重复了两遍："《新闻周刊》？《新闻周刊》？"一幅怀疑自己听错了的表情。

纯如得到这份暑期实习机会并非偶然，这是努力的结果。申请过程中，纯如展示了自己的文字水平和对新闻的热爱。到此时，她已经在校报上发表了许多文章，而且担任《芝加哥论坛报》校园通讯员的经历也为她加了分。英语系之所以推荐纯如，因为她成绩优异、专心致志且好学不厌。纯如目标明确，而且努力工作以实现目标。她非常坚定，这是她的长处。当然，最重要的是，她从不畏惧向命运发起挑战。

6月5日，纯如飞往纽约，开始为期10周的实习。所有实习生都住在纽约大学的学生宿舍里，纯如和另外一个实习生同住一屋，有机会与被派往其他杂志的实习生谈天说地。纯如说，她和另一个被分到《时代》杂志的实习生最受大家关注。纯如被分到《新闻周刊》的商业报道组，认识了许多记者和编辑，而且学到了杂志出版发行的第一手经验。

6月14日，纯如给我们寄来一张明信片，上面是纽约著名的水畔天际线，以及"我爱纽约"的句子。纯如在卡片上写道：

大家好！

祝爸爸父亲节快乐！我在纽约一切都好，认识了其他实习生，还有《新闻周刊》和《时代》杂志的人。大家都很好相处，因为每个人兴趣相近。我为《新闻周刊》做采访和事实核查工作，或许还能署名呢。《纽约时报》昨天安排我参观了这家报纸，他们非常友好，希望我能替他们撰稿。想念你们，我会很快给你们回信的。

爱你们的，纯如

纯如经常给我们打电话，告诉我们她在《新闻周刊》的经历。她对我们说，替杂志写稿与替报纸写稿极为不同。《新闻周刊》每周只发行一期，所以那里的职员不会写那些只为填版面的东西，他们很挑剔，从一大堆选题中选择故事。只有很少的选题能被选中并最终出版，而且只有很少一部分记者能成为撰稿人。在《新闻周刊》上署名是一件很难的事，除非你身在少数撰稿人之列。纯如告诉我们，她努力向编辑提出许多选题建议，但只有一个被采纳了。不幸的是，当发现这个故事一年前已有报纸报道过之后，就连这一个选题也被取消了。

尽管如此，纯如说她学到了很多东西，这些经验是她永远无法在新闻学的课堂上学到的。纯如对《新闻周刊》的人把她当成员工之一的善意之举深感高兴，她说《新闻周刊》还有一些福利，比如，商业报道组的人每周五可以以加班的名义公款外出吃晚餐。她还受邀到华尔道夫酒店和第五大道及公园大道上的一些高档餐厅用午餐和晚餐。

暑期实习的最后几周，纯如设法与《新闻周刊》的几名编辑交谈，就自己的职业规划征求他们的意见。7 月 4 日，纯如打电话告诉我们，为庆祝美国国庆而燃放的绚烂烟花在天空中绽放时，纽约那些摩天大楼被瞬间照亮的景象蔚为壮观。她说，在大城市生活该多么令人兴奋啊，她想在毕业后生活在纽约这样的大城市，当然，除此之外，也因为纽约是出版业的中心。

在纽约时，纯如也去探望了住在孔子大厦的外公外婆。纯如到纽约后不久，纯恺和我就飞到那里庆祝我父亲的九十大寿。纯如和我们一道庆祝了这个大日子。

在纽约实习时，纯如还拜访了《纽约时报》报社并与该报编辑探讨了担任该报的校园通讯员的可能。他们被纯如说服，给了她这个机会。整个大三期间，纯如为《芝加哥论坛报》和《纽约时报》发去了许多校园新闻。这是纯如的另一个特点：她从不放弃任何可能帮助自己实现目标的机会。纯如非常频繁地向《纽约时报》发送伊利诺伊大学的校园新闻。《纽约时报》校园生活版面的编辑一度一篇接一篇地采用纯如的新闻稿，但最后他对纯如说，不能再这样下去了，否则读者会以为《纽约时报》的校园生活版面是专为伊利诺伊大学而设的。

1988年，纯如继续努力为《大开眼界》杂志工作。她在学校里交了一些文友，他们也为杂志提供诗歌和故事。《大开眼界》的第二期出版于纯如大学生活的最后一年。在这一期上，纯如写了一个故事——《万圣节王子》，内容是一场辩论，抓到癞蛤蟆后到底是应当放生，还是应该放进玻璃鱼缸。最后，女孩和男孩决定将癞蛤蟆放回小溪，在那里"或许会度过危险而短暂的一生，可能遇上一百万种危险"，但仍好过在玻璃鱼缸中的一生——"安全而漫长，年复一年，同样的石头、同样的食物、同样的水，可以看见外面的世界，但永远都不可能接触到它"。很明显，这是纯如的人生哲学，她宁可过一种多姿多彩的冒险生活，也不愿要安稳和长久。

如果能从紧张的课业中抽出一点儿时间，纯如会阅读小说和非虚构作品。有时候，她会跟我说起正在读的书和作者的姓名。我记得她提到过一些美国著名作家、诗人和剧作家，比如亨利·朗费罗、埃德加·爱伦·坡、华盛顿·欧文、欧·亨利、马克·吐温、沃尔特·惠特曼、威廉·福克纳、卡尔·桑德堡、欧内斯特·海明威和田纳西·威廉斯。

当纯如喜欢上某位诗人或作家的作品时，她就会变得特别热情投入，充满激情地向我描述他的生平和作品。有一次，她被卡尔·桑德堡的诗作《雾》征服了。她告诉我，她喜欢那句"雾来了，踮着猫的细步"。当她背诵这首诗的时候，她会模仿猫走路的样子，后背拱起，像一只猫一样走近我。纯如喜欢猫，我能看出她也喜欢桑德堡的这首诗。桑德堡出生于伊利诺伊州盖尔斯堡，纯如很想到那里凭吊一番。一个夏天，她和她的朋友到底还是去了那里。我希望我可以像纯如那样欣赏这些文学作品，但那时候我忙于自己的研究工作，无暇跟纯如讨论更多。现在当我回头去看的时候，我突然意识到自己失去了向纯如学习的最佳机会。

1988年秋，纯如的大四第一学期开始了。她搬到了厄巴纳林肯大道上的Phi Beta Chi姊妹会宿舍楼。她一直对校园里这种带有希腊遗风的兄弟会、姊妹会制度深感好奇，她说既然现在已经是大学最后一年，不妨看看姊妹会中的生活到底是什么样的。Phi Beta Chi是一个相对低调的姊妹会，成员比绝大多数姊妹会的成员都更学术化。纯如的入会申请被接受了。尽管已经是大四学生，作为新加入的成员，纯如也只能住在姊妹会宿舍的地下室里。绍进帮她把一些杂物搬了进去，其中包括她一直在用的苹果 II 计算机。纯如用它给《芝加哥论坛报》和《纽约时报》发稿。她比许多新闻系的教授都更早使用计算机作为日常发稿工具，毕竟她之前学的可是计算机科学啊。

住在姊妹会宿舍里和住在学生宿舍里完全不同，在姊妹会中，大家就像一个大家庭一样，每个女孩都要承担一定的责任，比如打扫房间。纯如一向不喜欢清洁打扫，但她不得不做。纯如跑回家，拿走了我们的便携式吸尘器，并说服我将它捐献给姊妹会。我把这台吸尘器送给了纯如，希望她可以让自己的房间保持干净。

总的来说，纯如喜欢住在姊妹会的宿舍里，这给她机会认识一些家庭背景完全不同的学生。例如，她曾和一位来自小镇蓝领工人家庭的姊妹会成员谈心，那个女孩的第一目标是在毕业后找个好丈夫，组建家庭。对纯如来说，这是不可想象的事。但在其他女孩看来，纯如又太理想主义了。

纯如继续给《伊利诺伊日报》写稿，但她的文章现在变得很长且很有深度，更像是调查性报道或评论文章。1988 年 10 月 12 日，纯如在《伊利诺伊日报》上发表了一篇题为《如何不受批评左右》的文章，这是一篇书评，评论玛丽·琳恩·赫尔德曼（Mary Lynne Heldmann）的书《话能伤人：别让批评伤害了你的自尊》（*When WordsHurt*：*How to Keep Criticism from Undermining Your Self-Esteem*）。纯如在文章中写道，按照赫尔德曼的说法，我们必须给自己洗脑，坚信自己必将成功。赫尔德曼强调“积极的自言自语”，她正是用这个技巧与那些针对《话能伤人》一书的批评意见做斗争。赫尔德曼还强调说，“做白日梦”，幻想自己在一切尽在掌握的情况下实现目标，这些都非常重要。赫尔德慢还讨论了在听到令自己受伤的话后反唇相讥的几种方法，她介绍了四种对付批评的技巧：沉默观察、缓和紧张局势、真诚探究，以及陈述自己的立场。

赫尔德曼的书对纯如影响巨大。纯如也教我这些技巧，用来对付来自同事或亲友的令人受伤的批评意见。在高中时代，纯如曾被同学取笑，批评她总是爱做白日梦。现在，纯如发现做白日梦并没有什么不好，她也知道该如何对待这些批评了。在纯如的写作生涯中，尤其是在写第二本书《南京大屠杀》时，她受到了大量的来自日本右翼组织的攻击，但她一一从容应对。毫无疑问，她应用了这四个技巧帮自己渡过难关。几年后，我看到纯如在一张又一张的记事卡片上写下“积极的自言自语”和“洗脑”等字样，让自己坚定信念，继续向前，不因那些尖锐的批评而自我怀疑。

1988 年 10 月，纯如告诉我，她要参选校友返校节的王后。这又是一件出乎许多人意料的事。对我来说，这事并不太意外。纯如经常跟我提起，她想要尽可能地体验大学生活，更何况她又那么好胜。不管她想要做什么，只要是正当行为，我总是支持她的。我以前从不关心校园里的体育活动，尽管我知道许多学生和厄巴纳–尚佩恩的居民都对在体育场举行的橄榄球比赛十分狂热，尤其是在校友返校节的那个周末。我们对体育场的唯一印象是多年前在那里看过 7 月 4 日的焰火表演。

当纯如告诉我，她是 10 个入选女学生之一时，我为她激动不已。筛选标准包括 GPA 成绩良好，以及积极参与校园活动，此外，还需要提交一篇描述申请者人生目标的文章并接受面试。10 个女生要与另外 10 个男生配对，组成 10 对，每对代表十大联盟中的一所学校。在这 10 对中再选出校友返校节的国王和王后。纯如最终未能当选王后，但她和她的拍档所代表的普渡大学仍然参加了游行庆典。

我和绍进也受邀观看了第二天在体育场举行的橄榄球比赛，并欣赏了纯如在中场休息时的表演，我们既兴奋又紧张。我为自己对橄榄球或校友返校节一无所知而羞愧，赶快替绍进找出一件胸前印有巨大的白色“Illini Dad”（伊利诺伊爸爸）字样的海军蓝色圆领衫，这是纯如送给他的圣诞节礼物，绍进一次都没穿过。至于我自己，我想那件万圣节时买的橙色毛衣应该可以对付过去，因为我记得战斗伊利诺伊人队（Fighting Illini）的队服颜色是橙色和海军蓝！

纯如没有游行所需的黑色正装，当时也没时间去买，幸好她的一个姊妹会好友好心地借给她一套。但是游行的时间是在傍晚，天气相当冷，纯如需要一件体面的大衣，因为她特别容易感冒。我告诉她，我刚刚买了一件漂亮的绿色大衣，可以借给她穿。纯如从上高三起，就经常和我换衣服穿。

1988 年 10 月 21 日，周五，我迅速结束实验室的工作，前往怀特街。大多数兄弟会和姊妹会的宿舍都在那条街上。我从《伊利诺伊日报》上看到，游行将从怀特街开始，然后转向格林街。我带着相机，等在街边。这时候，街边挤满了成群的学生。音箱里传出的音乐声震耳欲聋，带有“Fighting Illini”字样的彩旗在空中飘扬。我看见几辆花车载着“返校节宫廷”逐渐接近，他们在车上向人群挥手。从听到的歌声和口号中，我意识到第二天橄榄球赛的参赛队伍将是战斗伊利诺伊人队和密歇根州立大学队，我还发现密歇根州立大学队的队服颜色是绿色，我马上后悔借绿色大衣给纯如，她应该穿海军蓝或其他颜色，而非绿色。

当我看到游行队伍里纯如坐着花车逐渐接近时，她也在人群中看到了我。我替她拍了几张照片，纯如微笑着向我挥手，我敢肯定她并没有意识到自己穿错了颜色。

游行结束后，我找不到纯如，后来发现她和整个“返校节宫廷”成员都集结在体育场前面的方庭里。他们当晚演练到很晚。纯如太兴奋了，以至于忘了告知我她在何处。我试着给她打电话，建议她不要在第二天中场休息时穿那件绿色大衣。第二天一早，我终于联系上了纯如。纯如和我立刻赶到购物中心，我为她买了一件新的黑色大衣。

那天下午，绍进穿上了他的海军蓝色套头衫，我也穿上了橙色的毛衣，骄傲地陪纯如走向体育馆。纯恺也来了，他当时是伊利诺伊大学电子工程系大二的学生。作为返校节公主的父母，我们受邀在前排就座。这是我们 19 年来第一次看橄榄球比赛。我们离球员非常近，只有几英尺远。尽管不懂比赛规则，但置身于不断发出欢呼声、情绪高昂的人群中，我也感到同样的激动与兴奋。

中场休息时，返校节国王和王后的名字被宣布出来。整个“返校节宫廷”成员与伊利诺伊军乐队都出现在体育场中央。当成千上万的学生与观众开始欢呼挥手时，我感动极了，而且深感自豪。我相信这一经历增强了纯如的自信心，她更渴望受人瞩目了。

返校节后，纯如告诉我，她受到许多男学生的关注，他们都想和她约会。返校节几周后的一天晚上，纯如打电话给我们，说她在学校兄弟会的派对上认识了一个叫“布雷特·道格拉斯”的电子工程系学生。从她的描述来看，纯如似乎对这个高高瘦瘦的年轻人颇为动心。于是，我们让纯如邀请布雷特到家里来吃晚餐。

12 月，纯如把布雷特带回家，我为这个特别的客人准备了几道不错的中国菜。我们了解到，布雷特是电子工程系的研究生，比纯如大两岁。正像纯如向我们描述的，他的确又高又帅，而且彬彬有礼。布雷特的家人住在厄巴纳西边约 97 千米处的小城曼森，他的父亲是农场主，母亲是小学教师。布雷特在曼森长大，以班上第一名的成绩从高中毕业。他准备攻读电子工程学的博士学位。我能看出布雷特对纯如充满爱慕之情。

后来，纯如给我看了许多她参加校园活动时拍的照片，其中一些是她和布雷特在兄弟会或姊妹会派对上的合影。有一张摄于 1989 年的情人节，布雷特正在把一大盒心形巧克力和一束红玫瑰送给纯如。另外一张照片上，布雷特把纯如搂得紧紧的。当我看到这张照片时，脸都红了。纯如一边把照片给我看，一边跟我分享她心底的想法。有时候我甚至希望她最好不要什么都告诉我。毫无疑问，纯如爱上了布雷特，尽管她以前曾对我说她想以事业为先。

大四那年秋季学期结束时，纯如开始积极寻找下一年的暑期工作机会。因为转系的缘故，纯如认为自己可能需要再多上一年才能毕业。她告诉我们，她向许多报社提出了实习申请，但报社的职位空缺总是很少。有时候纯如很失望，但她还是努力找工作。她向我们借车开去芝加哥几次，到《芝加哥太阳报》和《芝加哥论坛报》面试。

至于我们，1988—1989 学年的第二学期，绍进又到了六年一次的学术休假。他要到圣迭戈附近的拉霍亚理论研究所访问半年，我因此也申请到加利福尼亚大学圣迭戈分校生物学系访问。米尔顿 · 赛尔（Milton Saier）教授给我答复，邀请我以访问科学家的身份在他的实验室工作。于是，我们都忙着准备搬到拉霍亚住半年。并把自己的房子租给一名到伊利诺伊大学访问的教授，他答应照顾纯如的猫。两学期之间会有一个月的寒假，纯如和纯恺也就利用这段时间和我们一同到加利福尼亚度假。

因为赶着为搬往拉霍亚做准备，1988 年圣诞节，我们的礼物都准备得很仓促。我送给纯如的礼物包括一年期的《纽约客》和《大西洋月刊》订阅，她则送给我们一套古典音乐 CD 合集。在拉霍亚那段时间，我和绍进工作都很努力。在赛尔的实验室，我在几周的时间里用基因融合技术帮他们找出了几种他们感兴趣的细菌基因的表达特征。两个孩子都经常与我们通电话。

纯如 1989 年 1 月 25 日给我们写了一封信。这是她在伊利诺伊大学度过的最后一学期了。

亲爱的妈妈和爸爸：

希望你们俩此刻正享受加州的明媚阳光。厄巴纳不怎么冷，但总是下雨。

今天是开学第三天，我的大部分时间都在写作，发申请信，学习或是参加会议。布雷特和我昨天决定一起自修，结果我们两个都收获不小，因为我们把约会变成了学习。我们准备每周这么做一两次，这样两个人或许都会变得比较能自我约束。因为我们在布雷特的电子工程系办公室里自修，几乎没有什么干扰。

回家的时候，每个人都向我表示欢迎……一些人叫我“公关小姐”，我可没时间应付这些事，所以我一概不理……

至少我在伊利诺伊大学不孤单了，尽管你们不在。现在有 7 个人住在地下室，两个人感冒了，然后传染给所有人……

这些天，整栋宿舍楼都情绪低落。似乎姊妹会里一半的女生都在假期和她们的男朋友闹了分手，另外一半则订了婚。Phi Beta Chi 的每个人都为自己的将来担心。每天我都能看见女孩边打电话边哭，要么就是对着彼此尖叫。不过，我这些天可挺开心。我比较幸运……

爱你们的，纯如

纯如随后告诉我们，新闻系通知她，她已修够学分，四年就可以毕业。这对她来说是个意外，她还以为得再选几门必修课才能毕业，但新闻系承认了她所选修的数学、计算机科学和英语学分。但这也让纯如陷入忧虑，因为这意味着她需要立刻开始找工作。2 月 7 日，纯如的来信看起来很沮丧，她写道：“每天我都收到报社的回绝信，我非常失望。”她还说：“我尽力兼顾学业、写作、约会和找工作。就在这一刻，我特别想你们俩，但说实话，大部分时间，我都太忙了，以至于想不起你们。这个学期会比上学期更忙。”

1989 年 2 月 12 日，纯如打来电话，跟我们聊了两个小时。她很不开心，因为迄今为止没有拿到任何聘书，而她 5 月就要毕业了。

纯如还告诉我们，她和布雷特打算 3 月春假期间来看我们。1989 年 3 月 16 日，他们来了，很快纯恺也回来了。我们一起去了著名的圣迭戈动物园，甚至还一起去了墨西哥边境小城市蒂华纳，在那里买了许多墨西哥的手工艺品。我们还去了洛杉矶看望纯如的爷爷奶奶，他们也是第一次见到布雷特。加利福尼亚的好天气让纯如和布雷特振作了精神，回到厄巴纳时，他们都很开心。

1989 年母亲节将近时，我收到了一张寄出日期为 5 月 12 日的卡片，纯如用它来向我表示感谢。她选了一张很滑稽的卡片，卡片正面写着：“妈妈，孩子越聪明，就越难养。”画面上是一个吓呆了的妈妈，旁边一个淘气坏笑的小男孩站在一堆书本里，手里拿着一条蛇。卡片里面写着：“爱你的，爱因斯坦（又名纯如）。”在这张卡片里，纯如还写道：

亲爱的妈妈：

母亲节快乐……这或许是我第一次在母亲节时和你离得这么远。

今天我交了一份 30 页的论文，现在要准备 4 门课的期末考试。其中一些课真的很无聊……希望你尽快好起来……听说你现在只能吃寡淡的米饭和青菜，我真的很难过、很担心。务必注意身体。有时候我们对一些过一两年就会忘个精光的事情太担心了！或许我们该养成大大咧咧的性格，放下压力……

爱你的，纯如

这时候，纯如知道我的胃经常会灼痛。事实上，在拉霍亚的最后那段时间，我病得很重。后来，我被诊断为胃食管反流病。

纯如仍继续给《伊利诺伊日报》写稿。1988 年 11 月到 1989 年 4 月，她写了几篇介绍伊利诺伊大学正在进行的顶尖科学研究的文章。她将科学背景和文字技巧结合起来，写了不少好文章，比如《思想会说话 / 计算机：有口难言者的新希望》。她采访了心理学系的研究生和教授，详尽描述了现有的可以帮助失去说话能力的人通过计算机交流的技术。在采访过绍进的物理系同事史蒂文·埃里德（Steven Errede）教授后，纯如还写了一篇题为《第五种力》的文章，她成功地将艰深的物理学定律转化为易懂的日常语言。

纯如还写了三篇关于艾滋病的系列报道，她跑到图书馆查找资料，了解这种疾病，然后采访了该领域的研究人员和医生。纯如还去了当地一家医院采访一位艾滋病患者，了解他的痛苦与挣扎，以及当时对艾滋病患者的歧视。纯如告诉我，她采访那位艾滋病患者时既没戴口罩也没戴手套。我对此有些不安，但纯如告诉我，只要没有和病人亲密接触，就不会传染上。她说艾滋病毒通过血液传播。“你不会因为握手传染上艾滋病。”她向我保证。

当我读到这三篇关于艾滋病的系列报道时，我真的为纯如在理解这一疾病和唤醒公众认知上的投入而感动。

但对我来说，纯如为《伊利诺伊日报》写的这些稿件中，给我留下最深刻印象的还是一篇题为《第三王国》的关于原始细菌创新分类的文章。纯如采访了微生物学系的卡尔·沃斯（Carl Woese）教授，他将原始细菌定义为第三种生命的国度。纯如还采访了其他从事这一领域研究的教授，她深入了解了这些教授所从事的研究，以及他们所采用的破译这种神秘生命体密码的方法。在这篇文章发表后，纯如收到了校长莫顿·W. 韦尔（Morton W. Weir）写来的一封信：

亲爱的张女士：

我刚读完你发表在 1989 年 3 月 1 日出版的《伊利诺伊日报》上的特稿。

祝贺你如此出色地完成了这项任务。你让卡尔·沃斯及其同事所做的工作变得通俗易懂。我读过许多介绍沃斯教授研究工作的文章，也经常与他展开讨论，而你的文章是我读过的文章里最简洁易懂的一篇。

纯如非常高兴地给了我一份信件的副本。任何让她感觉自豪的事，她都不会忘记和我们分享。

尽管在《伊利诺伊日报》、《芝加哥论坛报》和《纽约时报》上发表过这些写得很好的文章，纯如找工作时仍遇到了麻烦。幸运的是，新闻系的教授们，尤其是1987年就发现了纯如在写作方面的天赋的罗伯特·里德（Robert Reid）教授，替她写了很多非常棒的推荐信。

里德教授给纯如和其他学生最好的礼物就是他的耐心倾听。我猜，在这个时候，除了我们，里德教授是倾听纯如最多心事的人。每当纯如需要有关新闻学方面的意见和建议，她都会去找里德教授。1989年4月15日，他在帮纯如写的推荐信上这样说："张纯如是我在伊利诺伊大学任教10年来见过的最聪明、最有活力、最有天分的学生之一。她思路明晰，文笔出众，独立性强，坚忍不拔……"

有了这么好的推荐信，再加上纯如在报纸上发表过的多篇文章，她终于获得了一个在美联社芝加哥分社实习的工作机会。这份工作从1989年6月1日正式开始。

纯如的毕业典礼于1989年5月21日举行。尽管那时候我觉得身体不太舒服，但我们还是决定回家参加这场典礼。从1988年夏开始，因为吃辣椒灼伤了胃黏膜，我得了胃病。从那时起，胃食管反流病一直困扰着我，并在拉霍亚变得越发严重。5月14日，我到新奥尔良参加美国微生物学会大会。在那里吃的东西让我旧病复发，但我仍飞回厄巴纳。见到我和绍进前来参加她的毕业典礼，纯如很高兴，但在我和纯如在大礼堂前拍的照片上，我看起来病恹恹的。

毕业典礼后，绍进和我飞回圣迭戈，为我们为期半年的学术休假收尾，然后在6月4日开车回家。那时候，纯如已经开始在芝加哥为美联社工作。1989年夏，纯如高兴地告诉我们，亚裔美国记者联合会颁给她一笔1 000美元的奖学金。她的勤奋努力又一次得到了回报。

1990年，纯如在美联社和《芝加哥论坛报》短暂工作一段时间后回到伊利诺伊大学校园。"巴伦全美50所顶尖大学：走进美国最好的大学"的丛书编辑找到了纯如，这位编辑正在寻找毕业于某所大学并愿意分享自己对这所大学的个人体验的写手。纯如很高兴地接受了邀请，为伊利诺伊大学写了一章极好的介绍。许多人都不知道她曾经替伊利诺伊大学写过这篇文章。我认为她对伊利诺伊大学的描述十分准确生动，富有启发性。纯如不仅从总体上介绍了伊利诺伊大学的学生生活，还将自己为期四年（1985—1989 年）的个人学习生活插入了这篇叙述。

纯如是这样写的：

选择，选择，选择！我被伊利诺伊大学所提供的所有这些选择震惊了。在我读本科的这四年中，我修了“新闻写作”“微分方程”“莎士比亚”“计算机科学”“社会学”“声乐”课程。这里的教授得过诺贝尔奖和普利策奖。我记得有一个学期，我试图在一位《纽约时报》前记者、一位百老汇和好莱坞明星以及一位世界著名的人工智能专家之间做选择。我创办了自己的杂志，加入了东方文化组织，听了英国历史俱乐部请来的嘉宾的演讲。除了在伊利诺伊大学，再不可能有这样超级市场般琳琅满目的选择。

我开始时主修数学和计算机科学，后来转到新闻系。这让两个领域的人都大惑不解。在宿舍和食堂里，我的计算机系的朋友劝我恢复理智：“至少先拿个理科学位作后备呀。”在我的创意写作课上，我的老师和同学则嘲笑我太过理性：“你的幽默感在哪里？”像伊利诺伊大学这样的学校，很难用单一角度得来的印象概括，而这正是我喜欢它的地方——可以同时听到不同的意见主张。

纯如描述了她在伊利诺伊大学上的新闻课：

在我去上新闻系教授罗伯特·里德开设的深度新闻写作课之前，我已经听说了所有关于他的恐怖故事。他的作业截止日期从来不延后，他以给那些要交一篇 40 页的论文而晚到教室几分钟的学生不及格而著称。

当我和另外 14 个人第一天上这门课时，我既意外又开心。里德希望我们不仅是记者，更能成为作家。像小说家一样，创作非虚构作品的作家也可以捕捉到细节，让故事活色生香地展现在读者面前。里德痛恨那种硬把事实和数据往冷冰冰的新闻模板里套的记者。“如果我的采编室里有这样的机器人，我一定会开除他们。”他总是这样说着，将粉笔在黑板上“啪”的一声折断以示强调。

后来，里德教授成为我的导师，我下课后常常花几个小时的时间跟他讨论写作技巧、新闻伦理，以及汤姆·沃尔夫、莉莲·罗斯和约翰·麦克菲等纪实文学作家的作品。因为他坚信他班上的每个学生日后都会取得重大成就，他告诉我们，不要担心自己的成绩，而是努力做到最好。

在社交生活这部分，纯如写道：

我和我的朋友们每周至少聚一次，宿舍房间里堆满中餐和比萨盒子。我们常常一聊就聊到凌晨3点。话题视参与者而定，从男生到漫画，再到热动力学。

我特别喜欢和新闻系的朋友待在一起，我们读彼此的作品，提出修改建议，讨论各种选题。我们交换书看，讨论约翰·斯坦贝克、莫泊桑和卡夫卡。我们指摘当地报纸上的烂文章，有时还重点标出关键段落。这些彻夜长谈是我在伊利诺伊大学度过的最美好的时光之一，我从他们身上学到的东西和在课堂上学到的一样珍贵。

纯如描述了她的课外活动：

我仍记得我为《伊利诺伊日报》写的第一篇文章。我被派去采写一篇关于跳跳糖的特稿，据说就是这种糖果导致了在Life麦片广告中饰演小麦奇的演员的死亡。在用10包跳跳糖做过实验后，我把它们撒在舌头上，体验它们在嘴里吱吱作响并炸开的感觉，我又请朋友参与了实验，审慎地调查这种糖果的历史，然后在《伊利诺伊日报》的计算机系统上把这个故事敲出来。

几天后，我从屋门下抽出塞进来的《伊利诺伊日报》。足足一整版文章，旁边配着一个卡通人物，嘴巴像火山一样喷出跳跳糖！这是我写的！我的文字正式变成出版物了！我的胃里好像有10袋跳跳糖一起炸开来一样。1个小时后，我的电话开始响个不停，是我的朋友们看过文章后兴奋地打来的。尽管我后来为《纽约时报》这样的大报写过许多稿件，但第一次看到自己的名字出现在《伊利诺伊日报》上的那股兴奋劲儿是无可比拟的。

接下来，纯如开始描述在伊利诺伊大学的另一段经历：

我上大三时第一次走进新闻系学生的实习导师斯蒂格曼（Stegeman）教授的办公室，向他征求一些进入新闻业的建议。斯蒂格曼教授笑了，摸着他的白胡子跟我讲他当记者时的第一项任务是去采访伊利诺伊州南部一个以煤矿开采为主业的小镇，他还讲了自己在非洲的探险故事，甚至提到了在圣路易斯东部的调查性新闻写作的同行。

正是斯蒂格曼教授建议我向50家报纸和杂志申请实习机会，他给了我一大摞申请表，甚至替我审阅了简历和求职信，确保没有错字。他给了我伊利诺伊大学的校友名录，还经常在走廊里把我拦下来，告诉我新的工作机会。和我在某所十大联盟大学见到的模式化的学生就业中心不同，伊大新闻系的就业办公室非常人性化。

从纯如对她在伊利诺伊大学的经历的所有描述中，我们可以对她充满激动、充满乐趣的大学生活有更好的了解。她什么都想学，对光明的未来充满希望。

纯如真心喜欢伊利诺伊大学。在对伊利诺伊大学的概要介绍中，她总结道：

没有几所学校能在学术水平、规模和学费低廉方面与伊利诺伊大学相媲美。这所学校世界一流的学术地位和优秀的教职人员吸引着世界各地最聪明的学生，许多人漂洋过海来到伊利诺伊接受教育。这所学校拥有全美国第三大的学术图书馆、最大的校友网络、最大的兄弟会组织、最好的科学技术中心，而要享受所有这些，你只需要支付很低、很低的州立大学学费。

纯如从这本书的编辑那里收到一张 200 美元的支票作为奖励，她对此很开心。一两年后，她告诉我们，她那篇关于伊利诺伊大学的文章中的一段后来被用在了某年的 SAT 阅读试卷里。她感到十分荣幸。

第七章
初出茅庐

“要获得与男人平等的权利，

女人必须首先让自己接受教育。”

1989年，美联社聘用了纯如，她周末经常从芝加哥回家来看我们和布雷特。布雷特仍在伊利诺伊大学攻读电子工程学博士学位。纯如告诉我们，她在美联社的工作要求很高，她必须一篇接一篇地交稿。因为纯如写得快，她总是能在截稿前及时交稿。但新的任务源源不绝。纯如几乎没空好好吃饭，大多数时间只能在路上匆忙吃点儿快餐。这引起了我的注意，我告诉她一定要争取时间吃些健康的食物。我不知道她到底听进去多少。她还告诉我，她不知道是要马上嫁给布雷特，还是该再等几年。我知道这是她必须自己拿主意的事，因此对两种意见都不置可否。

纯如成年之后，我从不替她在一些关键的人生抉择上拿主意。与此同时，我也强调了作为女人，不管是否准备结婚，都应和男人一样，拥有可以养活自己的一技之长，实现经济独立。纯如对此表示同意，她对我说：“要获得与男人平等的权利，女人必须首先让自己接受教育。”

就在纯如替美联社工作两个月后，她打电话告诉我们，《芝加哥论坛报》提供给她一个为期4个月的实习机会，美联社也提出将她转正为全职新闻记者。纯如说，她决定为《芝加哥论坛报》工作，这样有机会写一些深度报道；在美联社，绝大多数工作都不过是写硬新闻而已。

8月29日是绍进和我结婚25周年纪念日。那个周六，纯如从芝加哥赶回家，为我们庆祝。布雷特和纯恺与我们一起到一家中餐馆吃了晚餐。晚餐后，我们照了张全家福。纯如已经21岁，照片上的她看上去非常开心，无忧无虑。因为在美联社疯狂的工作节奏，纯如瘦了一些，但她依然美丽而快乐。

纯如9月1日开始在《芝加哥论坛报》实习。作为一名实习生，她为这家报社的所有部门工作——国内新闻部、都市新闻部、特稿部、体育部。纯如特别喜欢撰写特稿，通常不喜欢写本地新闻。她说她痛恨到市政厅参加新闻发布会，因为大多数与市政相关的新闻都很无聊。

纯如的文章包括《火灾迫使博物馆关门》和《年轻壁画家眼中的城市》。她报道了伊利诺伊大学被迫放弃自己的美国印第安人吉祥物的事，在圣诞节前还为美食版赶出了一篇题为《把记忆加入糖和面粉》的稿子。纯如在即时新闻版发表的一篇长文章《是昆虫让你起鸡皮疙瘩吗？了解一下》充分显示了她极强的科学写作能力。

纯如为《芝加哥论坛报》撰写的文章中，最受欢迎的是《科学家眼中的爱因斯坦，公众眼中的那谁谁》，这是一篇关于两次获诺贝尔物理学奖的约翰·巴丁教授的故事。自1951年起，巴丁便在伊利诺伊大学担任物理学教授和电气工程教授，直至1975年荣休。20世纪80年代初，还是少年的纯如曾经在家中见过巴丁教授，因为他和绍进在同一个系工作，我们知道他在科学界是如何大名鼎鼎。在那次聚会上，纯如请巴丁教授在一份厄巴纳-尚佩恩的《新闻公报》上签名，因为这期报纸刚好刊登了一篇介绍巴丁教授闻名世界的科学发现的文章。纯如对巴丁的成就十分敬佩，并且对有机会见到他深感自豪。每当有人向她问起伊利诺伊大学，纯如总会提到两度获得诺贝尔奖的巴丁教授是该校教授。然而，那个提问者真正感兴趣的往往不过是伊利诺伊大学的橄榄球队——战斗伊利诺伊人队。

纯如对巴丁教授关于晶体管和超导理论的研究十分着迷，于是我们建议她采访一下他。我们还提醒纯如，巴丁教授已经81岁高龄，如果想要采访他，必须抓紧时间。

纯如马上联系了巴丁教授，通过电话采访了他几次，还在他的办公室里进行了一次长时间的专访。纯如的文章发表于1990年1月，巴丁教授去世1年前，后来这篇文章被几本纪念巴丁教授生平的伊利诺伊大学出版物重新刊发了好几次。

因为纯如的科学背景和她严谨充分的调查考据，这篇文章既准确又生动。巴丁教授一向以少言寡语和谦虚著称，很少在公开场合表露感情。但纯如告诉我们，她觉得巴丁教授既温和又慈祥。或许是纯如让他想起了自己的孙女吧。

在校园里，纯如还采访了物理系和电子工程系巴丁教授从前的许多学生和博士后研究生，其中就包括尼克·霍洛尼亚克，他是物理学和电子工程学教授。纯如告诉我们，尽管已经多年没有上过物理课，但从霍洛尼亚克那里，她仍得到许多关于物理学的深刻见解。霍洛尼亚克也对纯如的好学和在科学写作方面的天赋大为欣赏。

作为巴丁教授的第一个研究生，霍洛尼亚克后来发明了在电子表和便携式计算器中广为使用的发光二极管。纯如的文章发表后，我们在校园里偶遇过霍洛尼亚克几次，他告诉我们，他非常喜欢和纯如谈话。后来，他还告诉我们，他一直在关注纯如的事业进展并阅读她的著作。纯如也总是对生长在厄巴纳-尚佩恩这样一个学术气氛浓厚的环境中深感幸运。

9 月底，我弟弟张彬彬从他曼哈顿的办公室打电话给我们，告诉我们 PBS 将播出一部长约两个小时、名为《中国革命：1911 年至 1949 年》的纪录片，我父亲作为那段中国历史的见证人接受了该节目的采访。我们拿到节目录像带，给纯如也复制了一份，她对此表现出很大的兴趣，并对我们说，有朝一日，她也想采访一下绍进和我，了解我们的家族历史。

PBS 的这部纪录片播出 3 周后，我母亲从纽约打来电话，说当天她咳出了两块豌豆大的血块。我们兄弟姐妹都极为担心，劝她尽早去看医生。不久传来消息，医生说她的肺部有肿瘤，可能是恶性的。

这个诊断结果震惊了全家。我请假飞到纽约照顾母亲。11 月 27 日，我姐姐菱舲和我陪她去了纪念斯隆-凯特琳癌症中心进行活体组织检查，医生发现她体内的肿瘤的确是恶性的，但癌细胞来自乳腺而非肺部。这事实上是个好消息，因为已有可以抑制乳腺癌细胞生长的药物，但肺癌相当难治。活体组织检查后，医生决定不切除肿瘤，而代以抗癌的处方药物。在一段时间里，我们为有药可救感到欣慰，但我们也知道，母亲的乳腺癌已经转移到其他器官——这是预示总体健康状况不佳的一个坏征兆。我从纽约回到家，精疲力竭。

这时候，纯如从她办公室楼下的一个公用电话亭打来电话，带来更多的坏消息。她说，《芝加哥论坛报》决定在她12月底实习期满后不再继续聘用她。这是一个巨大的打击，纯如一直希望能够在一家主流报纸找到一席之地，并以此为基础开拓自己的新闻事业。她的梦想破灭了。我们问她《芝加哥论坛报》是否留聘了其他同时期的实习生。“是的，他们留下了。”纯如小声回答。我能听出她颤抖的声音中那深感羞辱之意。

绍进和我跟纯如聊了很长时间，她开始反思自己的工作和生活。她告诉我们，在报纸这行，她很难写自己想写的东西。她还意识到，她并不是那种喜欢听从指挥或是只要遇到被认为有新闻价值的选题就埋头去干的人。

绍进告诉她，在任何一行，都必须从最底层做起。“你不可能入伍第一天就当上将军，”绍进告诉她，“你必须先从小兵开始。”但纯如过于雄心勃勃，也极其缺乏耐心，在这通电话中，纯如告诉我：“你知道，妈妈，我不是那种愿意随大流的人。”她承认自己太过独立、太个人主义，而且并不真正喜欢成为团队的一部分。

纯如对我讲述了一些她与编辑们的冲突。她说，有一次，一个编辑要求她给一个刚刚不幸失去一位亲人的家庭打电话。纯如告诉那位编辑，她已经试了几次，但这个家庭拒绝接受采访。那位编辑几乎没有表现出半点儿同情之意，让她再试。于是，纯如当着其他同事的面，拨通电话后把电话递给那个编辑，说：“你跟他们讲吧。”那位编辑当然很不高兴。纯如告诉我们，她觉得那个家庭有权不公开自己的伤痛。她说，那要比获取一两句报道中可以引用的话重要得多。

还有一些原因是关于纯如的社交圈和标准的“办公室政治”的。比如，纯如不喜欢在人背后说闲话，她说她觉得这事既无聊又浪费时间。

尽管如此，纯如仍为没能留在《芝加哥论坛报》工作而伤心，因为在那里的工作还有很多是她真心喜爱的。我安慰她说：“我们要从自己的错误中学习。总还有其他机会。”

一连几天，纯如都情绪低落，但她最终还是缓了过来，变回原来的自己。她催我们赶紧到芝加哥去看她，趁她还在那里。她说她很快就会搬回家，重整旗鼓，思考清楚自己到底想干些什么。

两天后，纯如打电话过来说，《芝加哥论坛报》半夜给她打电话，说有一架飞机在芝加哥米德韦机场因温度过低而滑离跑道。纯如立即开车赶往现场，希望能够采访到当事人，得到完整的消息。

我的母性直觉立刻占了上风，我记得我当时一直在想做个新闻记者的生活一定十分不易，我能想象她在一片漆黑的凌晨时分，在寒风呼号、漫天冰雪中独自开车的样子。在厄巴纳，纯如一直生活在我们的呵护之下。绍进和我立刻决定尽快去看她。

圣诞节前 11 天，我们冒着严寒开车到芝加哥去看纯如。她的小公寓位于市中心繁华地带的一栋高楼里，因为她只在那儿生活了很短一段时间，房子里几乎没什么装饰。看起来纯如只在那儿睡个觉而已，厨房里空空如也，证明她根本就不做饭。我买给她的电饭煲还是崭新的，没有任何用过的痕迹。我很伤心，我不能想象一个人居然可以忙到如此地步，或者她根本抽不出时间好好做饭、好好吃饭。纯如告诉我们，她甚至没时间去考虑吃的问题。她全身心地投入她的职业生活中去。

几天后，布雷特也来看纯如了。不幸的是，当他为圣诞节购买礼物时，隐形眼镜里进了东西，导致眼睛发炎，以至于不得不住进急诊室。纯如后来在自己的公寓里照顾布雷特。他决定最好回家休养，于是 12 月 21 日，布雷特坐上了美铁（美国国家铁路客运公司）列车。不过，由于极度严寒，火车中途停了下来，他被困在车上好几个小时。与此同时，纯如则决定不回家过圣诞节。《芝加哥论坛报》指派纯如假期当班。除此之外，她对我们说，她需要独处一段时间，考虑离开《芝加哥论坛报》后到底何去何从。

圣诞前夜那晚，当我打电话给纯如时，她说她觉得孤单。我尽力安慰她，但很难找到合适的话。一想到我的女儿就这样在一个大城市里孤独地度过圣诞节，再想到我们家以前共同庆祝的那些快乐的圣诞节，我就十分难过。

纯如告诉我，她刚刚到密歇根大道上走了走，欣赏夜景。她知道，可能要再过很久，她才会重新在寒冬中走过这条大街。

纯如快冻僵了，但她很享受站在建筑物旁仰头望向夜空中的摩天大楼尖顶的感觉。她喜欢密歇根大道两旁闪烁着小而明亮的黄色灯光的树木。她说，街道上满是拎着大包小包的圣诞礼物的人。她告诉我们，她会怀念芝加哥的。当她走过城市街道，寒风扑面袭来，她想起了我在厨房里做烤鸭、绍进蒸馒头、纯恺拨着壁炉里的柴火时的情景，她说她想念这一切。

我告诉她，等她搬回厄巴纳，新年时我们就能见面了。是的，纯如回答说，她想要回家，重新开始。

第八章

22 岁再启程

“谢谢你，妈妈，谢谢你对我的爱，

让我成为我自己。”

1990 年 1 月 2 日，布雷特前往芝加哥帮助纯如把东西搬回家。这时候，纯如已经决定重返校园，而不是找一份新工作。我们同意她的想法，高一级的学位的确可以增加她找工作的机会。

纯如是个雷厉风行的人，她马上跑到伊利诺伊大学寻找注册入学的机会。这时候已经来不及注册学位课程，于是纯如作为非学位学生注册了一学期的课。她决定选修历史系的课。此外，她还积极地在校园里寻找公寓。纯如坚持住在校园里而非家中，这或许对她来说更方便一点儿，她也想要独立一些。我们答应头一学期给予她经济上的支持，让她有时间考虑接下来要做什么。

不过几天时间，纯如就在斯托顿大街上找到了一间公寓，步行就能到学校。纯如很幸运，因为这间房子是被转租给她的，房租打了折。1 月 9 日，纯如搬了进去，重新成为一名学生。

回到熟悉的校园，纯如很开心。她的许多朋友还在这里，除此之外，她和布雷特现在也可以每天见面了。

自 1988 年认识布雷特后，纯如再没和其他人约会过，尽管许多人一直在追求她。纯如在《芝加哥论坛报》工作时，她告诉我们，经常在火车或公交车上遇见一些专业人士或生意人找机会跟她搭讪，留名片和电话号码给她。纯如说她收到的名片足有

2.5厘米厚！

纯如和布雷特已经开始谈婚论嫁有一阵子。1989年感恩节后的第二天，就在他们1988年10月初次见面的地方，布雷特向纯如求婚。1990年1月13日，布雷特和纯如一起去一家礼品店，布雷特为纯如买了一枚钻石订婚戒指。纯如就这样订婚了。我们对此并不吃惊，把它当成顺理成章的事。

几年后，纯如告诉我们，她的一个犹太朋友曾问她，我们是否反对她嫁给白人。纯如对她的朋友说，她和布雷特的父母对此都没意见。她的朋友评论道："你真幸运！我父母想要我嫁给犹太人！"事实上，我们不会干涉纯如的选择，只要对方真心诚意并真的爱她就行。

纯如认识布雷特前，在讨论恋爱和婚姻问题时，我们曾告诉纯如，通常而言，一段成功的婚姻需要双方拥有相似的文化背景。绍进和我希望纯如可以嫁给华裔美国人或亚裔美国人，这样他或许可以对纯如身为移民后代的经历产生共鸣。但纯如告诉我们，她没什么机会认识华裔美国人，除此之外，在她的想象里，她的男朋友永远是白人，她补充说这或许是受到她所看过的书和电影的影响。我们被说服了——这是她自己的选择。

新学期开始后，纯如告诉我们，她选修了几门历史和哲学课程。纯如很刻苦，在《芝加哥论坛报》实习后没有被续聘的经历并未浇灭她追求梦想的热情。事实上，挫折反而增强了她的决心，纯如非常自信。我从不怀疑她的潜力，我相信她，我知道终有一天她将有所成就。

纯如不仅上非学位课程，她也在申请读研究生。纯如认为写作和出版是她真心喜欢的东西。与新闻记者相比，她更想成为一名作家。在《芝加哥论坛报》实习后，纯如意识到她希望自己为自己做主。我从来都没问过她到底申请了多少所学校，但我知道她申请了一些。后来，约翰·霍普金斯大学的写作研讨项目给了纯如一个助教奖学金，这是个为期一年的硕士研究生课程。那时，我专注于自己的研究，而且获得了很好的成果，所以同时也在担心自己的研究基金申请问题。那是一段对我们俩来说都很伤脑筋的时期。克罗南教授告诉我，我的头衔可能会由"客座助理教授"变为"资深研究员”，因为根据系里的规定，我不能“客座”太长时间，3年已经是极限。

纯如告诉我们，她已经与历史系的莉莲·霍德森教授谈过。霍德森教授原本是位物理学家，曾在物理系与绍进共事。因为主要研究科学史，她后来转入历史系。纯如告诉霍德森教授，她对撰写约翰·巴丁的传记颇感兴趣。纯如关于巴丁教授的文章曾发表于当年1月的《芝加哥论坛报》上。纯如向霍德森教授表示，她还有更多关于巴丁教授的资料，而且希望通过采访巴丁教授本人、继续收集资料等方式将这一项目继续下去。纯如说她可以将这些资料扩展成一本书，霍德森认为这是个好主意，但她建议为了给这个项目申请到研究基金，她和纯如都动手写一份申请报告。这只是当时纯如众多想法中的一个。

霍德森教授后来确实写了一份约翰·巴丁传记的基金申请报告，但当她获得这笔基金时，纯如已经拿到约翰·霍普金斯大学的助教奖学金，抵达巴尔的摩。许多年后，2002年，霍德森和维基·戴奇终于出版了《旷世奇才：巴丁传》一书。这本书面世时，我们仍住在厄巴纳，有一天遇见了霍德森教授，她告诉我们，她觉得这本书本应由纯如完成。她夸奖了纯如，说她真是一个非常好的科学作家！霍德森教授这么说实在很谦虚。绍进读过巴丁的这本传记，据他说棒极了。

1990年，纯如在伊利诺伊大学校园中度过的那个春天不仅让她有机会选修自己一直想要学习的课程，还让她得以和不同院系的几位教授交谈。我们的许多在物理系、微生物学系和电子工程系担任教授的朋友都认识纯如，他们告诉我们说，纯如非常好学，她提出的问题总能发人深省。在这些教授中，新闻系的罗伯特·里德教授给纯如的鼓励最大。纯如与里德教授同样坚信好的记者也应该是好的作家，而且纯如下定决心成为一个好作家。进入约翰·霍普金斯大学的写作硕士班是通向成为好作家的第一步。

春假临近时，纯如打算前往纽约探望外公外婆。她一直喜欢和他们见面，这一次，她的目的是将布雷特介绍给他们，因为她和布雷特已经订婚。之前那一年，他俩到圣迭戈探望我们时，我们一起开车去洛杉矶看望过纯如的爷爷奶奶。纯如喜欢大城市，纽约是她的最爱之一。于是，我们决定春假的时候，全家都去纽约一趟。纯如的外公外婆看到他们非常高兴，我母亲一直笑得合不拢嘴，这是她最开心的一天，不仅因为看到了自己的外孙和外孙女，而且得知了她心爱的外孙女纯如订婚的消息。纯如、布雷特和纯恺借此机会到自由女神像游览，还观看了一场百老汇的演出，对向来喜欢百老汇节目宏大场面的纯如来说，这个节目必不可少。他们在纽约玩得很开心。

当纯如获知自己得到了约翰·霍普金斯大学写作硕士班的助教奖学金后，为了给即将于1990年秋季开始的新学期和助教工作做好准备，她忙碌起来。这个项目要求入选者通过一门外语考试才能拿到学位，要么是德语，要么是法语，纯如选择了法语。因为她拿到的是助教奖学金，她的学费被减免了。她打算在一年内拿到学位，这就意味着她必须在项目一开始外语就达到标准。5月中旬，伊利诺伊大学的春季学期结束，纯如搬到校园里的法语学生宿舍，在那里不允许讲英语，只能说法语。我仍记得当年纯如在伊大附中没能通过法语考试的事，她放弃了法语，选择了对她来说比较容易的中文。现在为了在1年内拿到约翰·霍普金斯大学的写作硕士学位，她投入了3个月的时间强化学习法语，甚至住进了法语学生宿舍。当她进入约翰·霍普金斯大学时，纯如顺利地通过了法语考试，达到了这个学位对外语的要求。这表明只要她下定决心去做某件事，就一定会努力实现目标。

1990年6月16日是我的50岁生日，正好赶上是周六。在芝加哥做暑期工作的纯恺特地赶回来，绍进送了我20枝红玫瑰，约翰·克罗南教授当晚在他家里为我举行了一场盛大的生日派对。所有在实验室里工作的人都出席了，布雷特和纯如也去了。克罗南教授的妻子贝特斯为我烤了一个大生日蛋糕。那天早上，我们还在一家专业影楼拍了一张全家福，这张照片一直挂在我们家的墙上。这是纯如结婚前我们拍的最后一张正式的全家福，照片上的纯如和纯恺看上去天真无邪，充满快乐，绍进和我幸福无比。

每个人都送了礼物给我，纯如写在生日贺卡上的话最让我感动。显然，她颇花了一番时间，精心挑选最能表达她心意的卡片：

我们在不同的世界长大，在各自的生命中做出不同的选择。我知道你或许不会赞成我的每个选择，但我感激你教会了我自己做主。这对我来说是无价之宝。谢谢你，妈妈，谢谢你对我的爱，让我成为我自己。

此外，纯如还写道：

谢谢你不仅是我的妈妈，还是我最好的女友。

5月底，布雷特的论文指导老师李华教授决定离开伊利诺伊大学，前往加州大学圣巴巴拉分校执教。布雷特还有两年才能读完博士学位，为此，他也要追随他的论文指导老师一道转往圣巴巴拉。纯如则要前往位于巴尔的摩的约翰·霍普金斯大学。没有其他选择，两人只能分开1年。在8月告别之前，他俩决定来年结婚。选日子很重要，因为教堂和婚宴举办地点都需要提前1年预约，所以他们必须做好计划。纯如和布雷特在各奔东西之前就讨论了婚礼方案，他们决定在伊利诺伊大学校园里的联合卫理公会教堂举行婚礼，婚宴则在教堂旁边格林大街上的学生活动中心大楼里举办。婚礼日期定于1991年8月17日。

婚礼日期已选定，我就开始做计划。毕竟，我听人说，按照西方的传统，新娘家要带头筹备婚礼。7月29日，布雷特的父母肯和卢瓦恩来拜访我们，这是我们第一次见面。肯又高又壮，是曼森的农场主。卢瓦恩和布雷特一样，都是一头红发。她在一所小学任教，比肯健谈一些。我们开心地讨论了来年纯如和布雷特的婚礼计划。

纯如准备8月中旬前往巴尔的摩，我知道她这一走，我们就没时间一起买结婚礼服和饰品了。于是7月间，纯如和我去婚礼用品店选好了礼服和所有必需品，包括伴娘礼服、鞋子、头纱等。我们效率很高，花了一个下午就买好了绝大多数东西。

我们一起买礼服的时候，纯如看起来有些心不在焉，好像有点儿想速战速决的意思。纯如一向不喜欢购物，但我觉得这毕竟是为了她自己的婚礼啊，结果是我反而比她本人更关心这场婚礼。我感觉纯如那时候一心想着自己的事业，而且满心期待接下来的巴尔的摩之旅。能在一所东海岸名校就读令她兴奋。对她来说，婚礼的事越快解决越好，这样她才能迈步追寻自己成为一名作家的梦想。或许婚礼仪式在她心中不过是个形式，对纯如来说，真正重要的是两个人对未来期待和共同梦想的相互承诺。

纯如告诉我，她不想像大学里的其他女孩那样在谈恋爱上浪费时间。她 1988 年认识布雷特，那时她只有 20 岁，他们从那之后一直在一起。纯如有许多男性朋友，但都是学业上或工作上的朋友。她认识布雷特之后，据我所知，她再没和别人约会过。我的一个朋友对我说，纯如是一个一见面就能给人留下深刻印象的人。从她描述的那些异性追求者对她的赞美之词来看，纯如很清楚自己的美貌，但她并不真的关心自己的外貌。事实上，她更关心自己一生中能否有所成就，她的人生价值观同芸芸众生有很大不同。

8 月 11 日，纯如把自己的东西从法语学生宿舍搬回家。8 月 13 日，绍进和我帮纯如把她的行李箱、结实的苹果 II 计算机、书和其他日用必需品放进汽车后备箱，载她前往巴尔的摩。我妹妹张菁菁住在马里兰州波托马克，离巴尔的摩不远。我们先拜访了她，然后在 8 月 15 日那天把纯如的东西搬进她的宿舍霍姆伍德大楼。我们在宿舍里刚安顿下来，布雷特就从圣巴巴拉打来电话。他也刚刚搬到圣巴巴拉，找到了一套公寓，和 3 个女孩合住。3 个女孩？我有点儿吃惊，但纯如说我过分担心了。事实上，我太老派，跟不上这个年龄的年轻人的想法。当我 1962 年做研究生时，据我所知，还没有男女混住宿舍这回事儿，更不要说是男生和女生住在同一套公寓里了。

我们为纯如买了一些必需的家具，认识了她的室友，一个很不错的华裔美国女孩，之后便游览校园。纯如带我们去看了巴尔的摩湾区。5 月，她曾来巴尔的摩参加学校面试，因此比我们更熟悉这里。她甚至还带我们去了港口附近一家著名的餐馆品尝当地特有的海鲜菜肴，我们吃饭的时候可以欣赏海湾的美景。我们祝纯如一切顺利，然后第二天离开了巴尔的摩。纯如就开始独自追寻自己的梦想！

离开巴尔的摩没多久，纯如就给我们打来电话，说她感到孤独，非常想家。毕竟，这是她第一次离家这么远。1990 年 8 月 27 日，我们分别 10 天后，她给我们写了一封长信，描述她在约翰·霍普金斯大学的生活和对周围的观感：

亲爱的妈妈和爸爸：

很抱歉昨晚在电话里哭了，弄得那么伤感，但我很孤独。

事实上，我自己在这儿时常还是挺开心的。我很自由，可以全身心地投入阅读中去。在过去的几天里，我看完了将近30篇1981年度短篇小说选里的小说，还有几部尤金·奥尼尔的话剧、约翰·麦克菲（《纽约客》杂志的著名撰稿人）的几篇非虚构作品、一本关于某个黑人喜剧演员和人权斗士的自传、麦迪逊·斯马特·贝尔（Madison Smart Bell）写的《沉默岁月》（*The Year of Silence*）、乔伊斯·卡罗尔·欧茨的《女作家》（*Woman Writer*）、约翰·巴思的《迷失在游乐场》（*Lost in the Funhouse*），以及卡夫卡、赛珍珠、厄普代克、卡波特、斯坦贝克的短篇小说，还有杰克·伦敦的《白牙》、蒂娜·豪（Tina Howe）的四部戏剧（她明年春天将到约翰·霍普金斯大学任教）、《贝奥武夫》、詹姆斯·乔伊斯的《都柏林人》。每天一睁眼，我就开始看书、做家务、学法语。我觉得我的室友可能担心我自己在屋里待太久了，她偶尔会敲我的门，看我是不是还活着。

我得承认，从霍普金斯图书馆借书（而且可以一借就是4个月！）是个令我激动的体验。我还去本地的二手书店，花了不到10美元就买了一堆经典名著。你在书店里有没有过那种极度兴奋的感觉，就好像小冰粒儿噼噼啪啪地打在腿上，一股寒气生自体内，弥漫全身，仿佛几万只小蚂蚁在皮肤上爬过，几乎忍不住要跪下来。其他人一定也有过类似的感受……（我肯定不会是唯一一个！）一定有其他人，比如说经营这家书店的夫妇俩。我喜欢和这家旧书店的老板聊天，他们和我认识的其他人不一样（那些人除了都市小说和爱情喜剧什么都不看），这些经营书店的人和英国文学教授一样博览群书。

他们可能读过你能叫得上名字的任何一个作家的任何一本书，在你走出书店之前，他们会向你推荐至少10本书。他们的好奇心很强，胸怀宽广，关心政治，见解独特。我跟柜台后面的年轻人打听是否有玛格丽特·阿特伍德编辑的《1989年度最佳短篇小说》，他马上兴奋起来，问我有没有读过阿特伍德写的《使女的故事》，我回答说读过，然后他突然就在书店里狂奔起来，喊着说他喜欢阿特伍德的《猫眼》，这是一本必读之作。接下来，另一位店主——一位40多岁的犹太妇女问我是否喜欢女性文学，我回答说喜欢，然后她就跑到下面的书架去，回来时手上拿着一本毛泽东的著作。她说她是20世纪60年代女权运动的参与者，在旧金山，一些大型女性活动中心都以毛泽东的著作作为教材。“那时候，每个我认识的女权主义者都读毛泽东的著作——这是必修课！”

接下来，纯如继续描述巴尔的摩的人和街景：

另外，不得不说，巴尔的摩人比芝加哥人和气多了。有时候，当我走过一条两旁都是联排住宅的街道，感觉就像又回到厄巴纳-尚佩恩。郊区的住宅看上去几乎没什么不同，除了这里所有的房子都是连在一起的。每个街区都被树木、草坪和灌木丛包围，街道宁静得有时甚至有点儿吓人。有时候，桑德拉和我走过一个街区，一个人、一辆车、一只猫都看不见。好像人们一夜之间都消失了，只剩下房屋。

巴尔的摩的阶级结构令我好奇。在我住所西边的那个街区的人，说话的方式和住在东边那个街区的人完全不同。如你所知，查尔斯北大街穿过西边的街区，通向约翰·霍普金斯大学的校园，那里的人讨论马克斯·韦伯、存在主义和哈勃空间望远镜。而东边的那个街区都是便利店或杂货店，那里的售货员嚼着口香糖，满嘴方言。

三条路交会在某一点上，形成一个星形的路口。如果你站在正中间，可以看到一条路通向白人高级住宅区，满眼是别墅和玻璃彩窗；另一条路通向黑人专业人士的住宅区，你能看到穿西装、打领带的黑人男性和推着婴儿车、衣着得体的黑人女性；还有一条路，路两旁的人行道上满是垃圾，坐着黑人乞丐，房子都是联排组屋，窗户都破破烂烂的。三个截然不同的世界就这样挨在一起，这是我见过的最奇怪的事情了。

纯如拥有敏锐的观察力，读她的信是一件很快乐的事。毫无疑问，她在约翰·霍普金斯大学的那一年看了很多经典名著和当代英语文学作品。她就像一块海绵，尽力吸收各种知识。

写作研讨项目的功课很多，除此之外，作为助教，纯如还得帮忙批阅学生的论文。尽管课业负担沉重，纯如告诉我们，她仍在向一些主流杂志提交选题，逐渐积累已发表的片段作品，借此寻找职业机会。

感恩节将近的时候，纯如决定到加利福尼亚看布雷特，她说她会回家过圣诞节。她的助教奖学金并不够维持生活，当她抱怨宿舍的伙食很差时，我们立刻给她寄钱，让她买些健康的食品，以补充营养。感恩节后，纯如重返约翰·霍普金斯大学，她写了一封诙谐幽默的信给我们："人们带着感冒回到约翰·霍普金斯大学，我只希望我可不要再生病了。事实上，我觉得自己是个挺小心谨慎的人，但约翰·霍普金斯一年到头都有一堆生病的人（或许这是他们的医学院特别棒的原因吧）。"

11 月，我也感冒了，服用了抗生素氨苄西林。一个月后，12 月 3 日，我发现自己大便带血。我非常担心，以为自己得了结肠癌，所以马上去看医生，进行检测。结果不过是肠道发炎，这让我放下心来。不过，我感觉很疲惫，经常肚子痛，还会腹泻。纯如圣诞节假期从巴尔的摩回家时，我的健康状况并未改善。布雷特也从圣巴巴拉回到他的家中过圣诞节。1990 年圣诞节和 1991 年元旦，因为我在生病，没法做饭，也没法打扫房间。即使在这种状况下，我还是勉强撑着陪纯如和布雷特一起去购物，帮他们采购结婚礼物目录上的物品。

圣诞节后的假期里，布雷特带着纯如回到曼森的父母家，还去拜访了纯如一直没有见过的祖父母。纯如还去参观了卢瓦恩的课堂，孩子们热情地欢迎她，夸赞她的美貌。纯如感觉卢瓦恩的妈妈得知她并非基督徒时有些疑虑，不过布雷特向他的外祖母保证，尽管纯如不是基督徒，但她品德高尚，这使外祖母大为宽慰。

寒假期间，纯如在为《国家地理》杂志准备一个名为"唐人街"的选题，她还一直在考虑写书的事。这已经成为纯如的习惯，不管在什么地方、什么时间，她总在惦记着写书的事。1991 年 1 月 15 日，寒假结束，纯如返回约翰·霍普金斯大学，布雷特则回到加州大学圣巴巴拉分校。

尽管看了不少医生，我的肠胃不适依然在接下来的几个月里时好时坏，未能痊愈。最后，我又做了一次大便化验和结肠镜检查，被诊断为假膜性小肠结肠炎。这是因艰难梭菌感染导致的一种疾病，细菌释放的毒素破坏了肠道保护膜，导致肠道发炎和血便。我得的这种病当时被认为是很严重的一种肠炎，最终用上新发明的强力抗生素万古霉素才治好。我又用了差不多半年时间才完全康复。

因为生病，1991 年上半年，我一直非常虚弱疲倦，最初几个月找不到真正的病因令我倍感焦虑沮丧。更糟糕的是，纯如的婚礼临近，有很多事要做，这使我在那几个月更加紧张。

1991 年 2 月，布什总统下令轰炸巴格达，海湾战争成为头条新闻。纯如立刻给我们打电话，说她在约翰·霍普金斯大学的同学都在电视间观看新闻，对此十分关注。我们也密切关注这一新闻，但那时我最关心的事是纯如的婚礼。因为我的肠胃不适并没有改善，我非常担心，害怕不能帮纯如筹备一个完美的婚礼派对。不过，纯如看起来根本不担心自己的婚礼，她逼着我休息，注意自己的身体。

情人节的时候，纯如给我们寄了张卡片，正面是一只小猫正在舔猫妈妈的脸，而母猫闭着眼睛享受着这一刻。纯如在卡片里面写道：

> 我很想你们，简直等不及 5 月再见面了！布雷特今天送了我半打玫瑰，说他或许有机会下到潜水艇里去——他的关于声呐成像的研究将被海军采用。我在忙着写小说和非虚构作品、教课，还有读小说和诗歌。（巴尔的摩有着深厚的文学传统，你们知道吗，爱伦·坡、H. L. 门肯、斯科特·菲茨杰拉德都是这儿的人！）实话实说，我觉得在约翰·霍普金斯的这段时间相当激动人心，和布雷特分开 1 年也是值得的。他 3 月来看我的时候一定会爱上这里。他对历史事件的记忆力惊人，但他还从没去过华盛顿呢！

读到这封信后不久，纯如就兴奋地给我们打电话报告一个好消息。她的导师芭芭拉·卡利顿（Barbara Culliton）教授对她说，她朋友苏珊·拉宾娜是哈珀柯林斯出版社的图书编辑，拉宾娜正在为一本有关中国科学家钱学森的书寻找作者。卡利顿教授似乎颇为欣赏纯如的写作风格，认为她会是一个不错的作者。卡利顿教授是著名的科学作家，曾在《科学》和《自然》等知名科学杂志担任编辑。据卡利顿教授说，苏珊·拉宾娜在 1990 年的一次学术会议上听到钱学森的故事后，觉得他的生平颇有可写之处。

纯如说，因为她的华裔身份和科学写作能力，卡利顿把她推荐给苏珊·拉宾娜。但纯如对钱学森一无所知，她在电话中问我们："你们知道这个中国科学家吗？"绍进说："我当然知道了。他在中国非常出名。"事实上，1980 年，绍进作为海外华人物理学家受邀参加一次物理学术会议时，曾在北京见过钱学森。绍进把他所知的关于钱学森的一切都讲给了纯如听，此外还告诉她，家里的书架上就有一本关于钱学森的中文著作。纯如非常激动，说她一定要把这些告诉苏珊·拉宾娜。几天后，纯如告诉我们，苏珊发现绍进和其他许多当代中国科学家都知道钱学森后颇受震动，要求纯如尽可能地收集关于钱学森的信息。这是纯如生命中的一个重大转折点。

钱学森是杰出的中国科学家，曾在麻省理工学院和加州理工学院求学。他在火箭研发领域做出大量贡献，并帮助美国进入了太空时代。在他职业生涯的上升期，钱学森筹划回国，此时美国麦卡锡主义横行，他遭到了美国政府杯弓蛇影式的指控，称其为美国共产党员、窃取机密企图带回中国。在经历了关押和软禁后，钱学森终于返回中国，成为中国航天事业的奠基人。

纯如在她短暂的一生中完成了三本书，它们全都与中国有关。许多人认为这是她自己的主意，事实上，纯如的第一本书完全缘于苏珊·拉宾娜的建议。我记得纯如告诉我，她和苏珊谈过关于两度获得诺贝尔物理学奖的美国科学家约翰·巴丁的图书选题，但苏珊认为钱学森的生平更有吸引力，以此为素材写成的书会更成功。

3 月，布雷特在纯如春假期间飞到巴尔的摩探望她。他们去了华盛顿特区，不仅是为了参观那里的博物馆，还因为纯如要到美国国家档案馆寻找有关钱学森的文件。1991 年 3 月 19 日，纯如给我们寄了一张明信片：

亲爱的妈妈和爸爸：

布雷特和我今天去了国际间谍博物馆！

另外，哈珀柯林斯出版社的苏珊·拉宾娜今天跟我聊了聊，她希望我写一份关于钱学森的图书选题报告……她对这个项目极为感兴趣，尤其是我把爸爸告诉我的那些信息告诉她之后。回头再写给你们……

爱你们的，纯如

3 月 24 日，她又给我们寄了一张明信片：

亲爱的妈妈和爸爸：

布雷特和我周五去了华盛顿，这样我就可以收集一些关于钱学森的资料。美国航空航天局（NASA）有一份关于钱学森的文件，足足有 2.5 厘米厚！我花了 1 个小时复印所有关于他的文章，然后跑去美国国家档案馆。因为钱学森仍然在世，那里没有任何关于他的信息。我还得依照《信息自由法案》填写表格，这样才能拿到关于钱学森的联邦调查局档案，而这可能需要 2~5 年的时间！！不管怎样，苏珊·拉宾娜周五早晨给我打电话，告诉我芭芭拉·卡利顿教授对这个选题非常感兴趣，如果能够出版，《自然》杂志可能会刊登一篇书摘或是介绍文章。回头再跟你们详细说吧……

爱你们的，纯如

纯如努力工作，利用春假收集各种有关钱学森的信息。几周后，她向苏珊·拉宾娜提交了一份书面报告，这给苏珊留下了深刻的印象。

尽管肚子不舒服，我仍在实验室工作到 5 月 1 日。5 月，我病得很重，不能再继续工作，最后只好请病假。那时候，我差不多瘦了 14 斤。5 月下旬，医生最终确诊，我得了假膜性小肠结肠炎，给我开了万古霉素，然后我就开始逐渐恢复。

为了准备纯如的婚礼，卢瓦恩来拜访了我们几次，带来一本关于如何准备完美婚礼的书。我们讨论了婚宴的各项细节。因为纯如和布雷特分别身在东海岸和西海岸，筹备工作只好落在双方父母肩上。

母亲节那天，纯如寄给我一张贺卡：

真希望可以和你一起过母亲节……尤其是现在你大多数时间都在家里休养。计划婚宴一定让你很劳神吧，我觉得很内疚，因为还要再在东海岸多待上几周，而不是尽快回厄巴纳。不过这段时间我和外婆相处得很好！她今晚给我讲了一个有趣的故事（中国版的罗密欧与朱丽叶），讲的是一个女扮男装上学的女子爱上了一个穷学生，最终那个女子跳进那个男子的坟墓，双双化蝶飞上天空。你该知道这个故事的名字吧？希望再见到你时，你会感觉好一些。

爱你……

纯如

因为生病，我错过了 5 月 12 日纯恺的大学毕业典礼，只有绍进出席。纯恺从伊利诺伊大学电子工程系毕业，获得了加利福尼亚大学圣巴巴拉分校电子工程系的助教奖学金。和布雷特一样，他也要到圣巴巴拉读书。我很高兴，因为从 5 月起，纯如、布雷特和纯恺就可以在同一个地方了。

5 月 24 日，纯如终于完成了为期一年的写作研讨项目，拿到写作硕士学位，从巴尔的摩返回家中。她并没有在家里住多久，两周后，6 月 9 日，她就去圣巴巴拉和布雷特会合了。因为钱学森毕业于加州理工学院，而且曾在洛杉矶待过几年，纯如想尽快到加利福尼亚收集有关钱学森的资料，为自己的图书选题做准备。此外，她也想在西海岸停留的这段时间采访钱学森的朋友和同事。当然，另外一个原因是她想与布雷特团聚。分隔两地的这段时间，她和布雷特都极其思念对方。

纯如直到 8 月 7 日才回家，这时候距离婚礼只有 10 天了。那时，婚礼仪式和婚宴的准备工作几乎已经完成。

1991 年 8 月 17 日，一个周六的早晨，天气预报说多云可能有雨。婚礼仪式定在下午 5 点开始。中午刚过，下了一场小雨，我和纯如在下雨前几个小时赶到了教堂。纯如和伴娘们在教堂后面的休息室里忙着换衣服、做发型。纯如不想化浓妆，坚持要看起来自然些。尽管纯如相当放松，我却紧张得不行。

仪式即将开始时，我被引到教堂前排就座，绍进和纯如则等在教堂入口处，纯如将挽着绍进步入教堂。宾客们各就各位后，楼座上，纯如请来的伊利诺伊大学音乐系的学生唱起舒伯特的《圣母颂》。这首歌非常优美，打动了每个人的心。就在此时，太阳突然冲破云层，阳光从教堂的彩绘玻璃窗投射进来。联合卫理公会教堂非常大，尖顶足有三层楼高，窗户也宽敞巨大。整个教堂安静而明亮，乐声在空气中回荡，庄严肃穆。我屏息静气，聆听着优美的音乐，沉浸于这一时刻。

伴娘埃米·奥菲尔德（Amy Orfield）、凯茜·索克（Kathy Szoke）和卡罗琳·吴（Carolyn Wu）及女傧相贾尼丝·卡洛维奇（Janice Karlovich）穿着优雅的紫红色礼服，鱼贯而入，走向圣坛。她们是纯如最好的朋友。当教堂古老的管风琴演奏起《婚礼进行曲》时，我们看见纯如挽着绍进缓缓走过红地毯，走向圣坛。一直微笑着的纯如最终走到已经等在牧师前面的布雷特身边。帕尔默牧师主持了婚礼仪式，此时响起了安德鲁·劳埃德·韦伯的名曲《别无所求》。

仪式结束时，所有人都对我们说，这是他们见过的最美好的婚礼。婚礼结束后，我很高兴——还有点儿如释重负，我用了差不多 1 年的时间筹备，最终一切完美无缺。纯如和布雷特在婚礼后随即动身前往圣巴巴拉，他们决定先休息一阵再去度蜜月。

对我们两代人的亲朋好友来说，这就像个童话：美丽的公主嫁给了英俊的王子。

第九章
新人作家

“人们有时候不理解为什么我会这么没有耐心，
但当时间飞逝时，我怎么能不着急呢？”

婚礼后，纯如和布雷特住到了圣巴巴拉附近的戈利塔小镇上。布雷特继续攻读电子工程学博士学位。

1991 年劳工节的那个周末，纯如和布雷特去拉斯维加斯度蜜月，住在了凯撒宫。后来，她寄给我们一张他们在里维埃拉酒店看秀时拍摄的大幅照片。照片上，两个人看上去都特别年轻漂亮，这是他们两人最好的一张照片，纯如笑得很开心，眼里闪着智慧和勇气的光芒。这张照片在我们厄巴纳的家中挂了很多年，纯如和布雷特一起住过的地方也一直挂着这张照片。

10 月 6 日，纯如寄给我们一封 3 页半纸长的打印出来的信，讨论了好几个话题。她说她已经同苏珊·拉宾娜谈过，苏珊认为纯如的书应当“会引来大量评论”，但“到底能卖得多好取决于多个因素：能够收集到的细节、叙述的质量、话题能否引起关注、出版时间及宣传力度”。纯如还提到：“这本书的受众应该包括三类人：科学界人士、华裔美国人及政治圈内部人士，尤其是那些对 20 世纪 50 年代麦卡锡主义盛行时期感兴趣的人。”纯如非常专注，还没拿到合同，就已经希望她的第一本书可以大获成功。在收集有关钱学森的资料的同时，她也在学习图书出版领域的各种知识。

在这封信里，纯如还告诉我们：

如果你想找本好书看的话，我强烈推荐理查德·普雷斯顿的《美国钢铁：钢铁工人和传统制造业地区的复兴》，这本书是文学性新闻写作的卓越典范。我还抽空读了玛乔丽·金南·罗林斯的《十字小溪》和埃德蒙·莫里斯的《领袖的崛起：西奥多·罗斯福》。那天我看到新闻，一位女性获得了诺贝尔文学奖——南非的纳丁·戈迪默。我准备有机会的话多读些她的小说。诺贝尔文学奖的评奖标准在某种程度上比美国最好的现代文学作品都高，却很少有人把诺贝尔奖得主的作品列入自己的书单。如果不是诺贝尔奖评委会的推荐，我可能永远都不知道哈尔多尔·拉克斯内斯写过的那些冰岛史诗小说，或者是艾萨克·辛格写的意第绪语短篇小说，更别说是波兰诗人切斯瓦夫·米沃什的那些诗了。

我真的很欣赏纯如对阅读和学习的热情，虽然她手头儿有那么多的事情要做。在同一封信里，纯如还写道：

我很想你们。这些天我考虑了一下我自己的家事，尤其是看望过在洛杉矶的爷爷和奶奶之后……想到布雷特现在看起来这么年轻、强壮且英俊，再想到60年后他弯腰驼背、咳嗽气喘的衰老样子，真的让我有些沮丧。我生命1/4的时间都已经过去，对布雷特来说，也快过了1/3。人们有时候不理解为什么我会这么没有耐心，但当时间飞逝时，我怎么能不着急呢？不过，大多数人看起来都对此无动于衷。

接下来，纯如谈起了她的新书选题：

每天我都能想到一个新的图书选题。例如，美国的通勤历史，它是怎么开始的？因为高速公路，出现了郊区住宅、近郊居住区、社区学校、通勤学校、大型购物中心、连锁店、拖车式活动房屋和尾气污染。许多作家都试图寻找美国的灵魂中心，而我们必须从高速公路网络开始。通勤的存在如何影响了美国社区？它是否导致了城市中心的衰败？它是拉近了人们彼此之间的距离，还是迫使人们到彼此相距更远的地方生活和工作，从而不仅给美国人带来物理上的距离，更引起心理上的疏离。每天一两个小时的上下班时间对我们的心理造成了什么样的影响？在洛杉矶高速公路上发生的机枪扫射事件或在圣路易斯东部街道上发生的火并到底反映了这个社会的何种问题？

显然，纯如不仅忙着写图书选题报告，还在看其他书，思考新的图书选题，反思自己的生活。

1991年10月10日，纯如完成了她的图书选题报告，将它寄给苏珊·拉宾娜。当天，她还写了封信给我们：

亲爱的妈妈和爸爸：

我刚把图书选题报告的最终版本提交给哈珀柯林斯出版社，用不了多久，我就要进入讨论合同细节的阶段了！不过，在签约之前，我准备到图书馆看几本与此相关的书。你们能相信吗？这份选题报告足有102页，还有6页引文出处。迄今为止，我的最佳投资之一就是激光打印机了。

布雷特和我都很忙，但他晚上回家后，我们可以倾心长谈。这个周末，我们俩会好好放松一下。有时候布雷特直到晚上九十点钟才从实验室回家，有时候我在电脑前一直打字到凌晨两三点甚至四点，偶尔还会把他吵醒，但他一点儿都不介意。不管怎么说，我十分想念你们。

爱你们的，纯如

然而，纯如提交图书选题报告后的那段空闲时间却充满了寂寞，她给我们打电话抱怨在圣巴巴拉感觉很孤单。当然，一个主要因素是她在等待哈珀柯林斯出版社的回复。纯如告诉我们，苏珊·拉宾娜很喜欢她的选题报告。苏珊对她说，根本没想到纯如可以把图书选题报告写得这么好。“太棒了！”苏珊说。苏珊还向纯如保证，如果这份选题报告通不过，她自己都会十分震惊的。苏珊要纯如耐心些，因为审批需要时间。与此同时，纯如担心即使选题通过了，在预支稿费之外，她仍要寻找其他生活来源。她积极地寻找和申请研究资助基金。她说她跑到了加州大学圣巴巴拉分校，寻找基金会的名录，然后着手申请。接下来，她又说道，虽然已经在城里认识了一些人，但她仍感孤独，她甚至找到了两个厄巴纳来的人和她一起共进午餐。纯如怀念芝加哥或纽约那样的大城市，痛恨圣巴巴拉这种满是“不是刚结婚，就是快要死”的居民的小地方。她说她觉得自己陷在这儿了。纯如想住在洛杉矶，但布雷特讨厌那里的堵车和尾气。纯如怀念芝加哥、密歇根大道、水塔……我安慰她，要她耐心些。结束通话前，她告诉我，这不过是她心情比较差的一天罢了，她承认她实在应该为自己所拥有的一切而庆幸。

在电话里，纯如还提到她讨厌做饭和打扫房间，原因不在于做饭和打扫本身，而是这种每日的例行公事。她说，打扫完毕后，她能感到某种成就感，但问题是还会再变脏，这种定期的清洁打扫真让人绝望。纯如说，如果以后有了足够多的钱，她宁愿雇人来打扫房间。

这时候，纯如很缺钱，但在我们 1991 年年底圣诞和新年假期去看她之前，我们并没有真正意识到这一点。

1991 年 11 月，在纯如即将和布雷特前往旧金山参加一次学术会议时，她又开心起来。布雷特要在会议上提交一篇论文。11 月 3 日，纯如从旧金山寄给我们一张明信片，上面的字写得极小，我不得不借助放大镜才能看清楚：

亲爱的妈妈和爸爸：

布雷特和我在旧金山，我们住在彼得·金（Peter Kim）的公寓里，我超喜欢这里！从来没有在西海岸到过这么浪漫的城市。（忘了圣巴巴拉和洛杉矶吧！如果有机会的话，我想住在这儿！）……今天我们坐有轨电车下山，在渔夫码头吃螃蟹三明治、炸鱿鱼和虾。那些密密麻麻的海鲜店、廉价首饰店和 T 恤衫店让我想起了台湾街头。布雷特和我喜欢用来装海鲜杂烩汤的“面包碗”：把面包掏空，里面装上奶油浓汤，上面再盖上脆面包片。我们爬进一艘二战时期的潜水艇里，还透过望远镜瞭望了阿尔卡特拉斯岛（那里的联邦监狱关押过许多重刑犯，比如阿尔·卡彭）和安琪儿岛（那里羁留过许多中国移民）。后来我们就在街上走上走下，每个角落都有惊喜：卖迪士尼原版动画草图的画廊、一家按摩小店、一个蜡像馆、一场街头魔术表演。可以说，在某种程度上，这个城市是把芝加哥、巴尔的摩和纽约揉在了一起，但要温暖和干净得多。

明天我们去蒙特利……回头再写给你们！

爱你们的，纯如

11 月初，绍进去台湾两周，参加学术会议。纯如和纯恺都在圣巴巴拉，如果我不到实验室上班的话，家里就剩下我一个人。纯如经常打电话和写信问候我。离开旧金山后，她和布雷特到蒙特利参加电子工程学会议。纯如在 1991 年 11 月 8 日寄给我一张明信片，上面写着："在阿西洛马开会的这 3 天，我无所事事，每天看书、买书、在海边散步、吃海鲜杂烩汤。等到我们的这'二度蜜月'快结束时，我已经等不及要重返工作了。盼望圣诞节再见到你！"

我告诉纯如，我们打算圣诞节后去看他们，然后到夏威夷休个期待已久的假期。我刚从病中恢复，纯如的婚礼也已结束，绍进和我觉得需要一些自己的时间。纯恺很乖，回家过的圣诞节，自打纯如婚礼后，我们就一直没见到纯恺。于是，12 月 30 日，圣诞节后，我们一起飞到圣巴巴拉，随后开车到戈利塔看纯如。纯如和布雷特住在埃伍德海滩大道 312 号的一套小公寓里，过着典型的研究生生活。纯如带我们游览了加州大学圣巴巴拉分校的校园及附近的海滩。海滩和建筑物非常美丽，圣巴巴拉的学生文化也十分自由。我们五个人开车到洛杉矶，拜访了绍进的父母。在那里，我们住在绍进哥哥绍迁的家里。

启程飞往夏威夷的前一天，1992 年 1 月 3 日清早，布雷特对我们说，纯如花钱没有节制，花掉了他们俩的大部分积蓄。布雷特建议说，纯如应该去找一份稳定的工作。因为我们急着去赶飞机，以至于没有机会探究到底发生了些什么。

纯如以前从不在意钱的问题，她通常只在买书和其他与写作出版相关的事情上花钱。比如，她会买电脑、激光打印机和文件柜。她从来不在衣服或化妆品上浪费钱，所以虽然她常常花大笔钱买书，我还是没法说她浪费。

我们后来才知道，布雷特希望纯如找一份朝九晚五的正常工作，比如高中或大学教师。她的确曾向加州大学圣巴巴拉分校英语系和附近其他一些小型大学提出过申请。她抱怨说，在圣巴巴拉工作机会不多，与巴尔的摩和芝加哥没法比。

1991 年 12 月，纯如找到了在柯蒂斯 · 布朗公司工作的图书代理人劳拉 · 布莱克（Laura Blake），这家公司是美国知名的文学作品代理机构之一。哈珀柯林斯出版社通过了纯如的选题报告后，由劳拉代理纯如的版权事务。据我所知，纯如从哈珀柯林斯出版社拿到了 3 万美元的预付稿酬。考虑到她可能要花两三年的时间来写这本书，这笔钱可不够维持生活，更不用说搜集资料所需的经费了。正因如此，纯如承受了巨大的压力，迫切需要寻找其他收入来源。她向大大小小的基金会提出资助申请，例如美国国家科学基金会、美国国家人文基金会、约翰和凯瑟琳 · 麦克阿瑟基金会、伍德罗 · 威尔逊国际学者中心及美国和平研究所等。纯如还和她以前在伊利诺伊大学的教授取得联系，请他们替她写推荐信。其中最特别的要数罗伯特 · 里德教授，他给纯如写了大量推荐信。

1992 年上半年，纯如不仅继续为这本传记做研究工作，还要申请各类奖学金，以及寻找教学工作。在等待期，她想尽一切办法寻找为商业杂志或报纸担任自由撰稿人的工作。有一次，她给我们打电话说，她遇到了一个在当地开普兰教育服务机构工作的人，那人说如果纯如愿意，可以在开普兰担任教师，指导学生准备各类入学考试，那里有很多职位空缺。还有一次，纯如提到可能会替一家产品公司担任电话推销员。当她没有收到基金会的任何回复，或是回绝信接踵而来时，纯如变得很绝望。听说她居然干起了送比萨外卖的活儿，我的心沉到了底！我们不敢相信纯如居然会干这种工作，立刻表示了我们的关切。幸运的是，这种情况并没有持续多久。绍进和我，还有布雷特，立刻要求纯如停止。我们并不反对这份工作本身，但我们担心纯如的安全，我们都听说过比萨外卖员（尤其是女性）被绑架甚至被杀害的恐怖事件。然而，尽管在这种情况下，纯如依然保持乐观，专注于为撰写传记收集资料。因为前一年我一直生病，所以有超过一年时间没见过我父母了，他们也因身体状况不佳没能参加纯如的婚礼，于是我决定在1992年5月母亲节期间去看望他们。5月18日，我到了我父母在纽约的家，纯如已经在那里。她的这次东海岸之旅有多重目的，要在纽约和哈珀柯林斯出版社的苏珊·拉宾娜见面，还要在华盛顿的国家档案馆做一些资料收集工作。纯如还想去趟波士顿，看看麻省理工学院，1947—1949年钱学森曾在那里执教，纯如希望可以采访到钱学森在麻省理工学院的同事和学院图书馆及档案馆的管理人员。纯如也想去趟罗得岛的普罗维登斯，纯如婚礼上的伴娘凯茜·索克要从布朗大学毕业了，她俩的关系一直非常亲密。纯如细心地安排行程，希望这一趟把这些事情都搞定。

我很高兴看到纯如，尽管我们刚刚在新年见过面，而且她几乎每周都给我们打电话，但纯如仍有数不清的事要告诉我。她现在不仅是我的女儿，还是我最好的朋友，我们无话不谈。我清楚地记得1992年5月19日那个晚上，我们在我父母家中过夜，两个人睡在一张床上，一直聊到后半夜。纯如很高兴，兴致勃勃地告诉我，她和苏珊·拉宾娜已经讨论过书的结构，看上去苏珊对这本书的期望值很高，她的激情也感染了纯如。纯如还跟我讲到她在美国国家档案馆里找到的关于钱学森生平的最新资料，以及对钱学森朋友和同事的采访内容。纯如是个优秀的调查记者，发现任何线索，她都紧抓不放，追根究底。

后来，我们的话题又转向纯如的第二本书。那时候，纯如刚刚开始写自己的第一本书，离完成还差很远，但她已经开始考虑下一本的事。她甚至给我看了一张备选题目清单，这些选题从工业深海潜水到拉斯维加斯城市的崛起。我坦率地对纯如说，她给我看的这些选题，我个人都不感兴趣，而且恐怕别人也差不多。然后我们又谈起小说，纯如说，她想有朝一日写出一本像玛格丽特·米切尔的《飘》那样的小说——以历史战争为背景的爱情故事。

我对纯如说，中国在20世纪经历的历次战争中，涌现过许多英雄事迹和爱情故事。我觉得她既然拥有双语能力和两种文化背景，或许可以以中国为题材，这对英语世界的读者来说可能会比较有新鲜感。如果要写常见的西方故事题材，她将面临太多竞争。我对她说，至今仍很少有用英语描写抗日战争期间中国故事的史诗性著作，这实在是一种遗憾。她于是想起了我父母在 20 世纪 30 年代的经历，我们谈起了南京大屠杀。

我又跟她讲了一遍我母亲几乎与我父亲就此失散的故事，那刚好发生在 1937 年南京沦陷前 1 个月。纯如说她记得这个故事，一旦有空闲时间，她或许会做点儿相关的研究工作。这便是《南京大屠杀》这本书的缘起——虽然我们当时并不知道这一点。我永远都忘不了那个晚上，我们聊了那么多，以至于嗓子哑得几乎说不出话来。

这一行之后，纯如返回圣巴巴拉。布雷特和纯如立即搬进了帕特森南路 50 号的一栋新公寓。据纯如描述，这栋公寓要新一些，而且周围更幽静一些。在这栋二层楼的小公寓前面有一个小区专属的游泳池，仅供住户使用。纯如说这个房子要比之前的那个宽敞明亮得多，她喜欢这里。

1992 年 6 月 17 日，纯如给我们写了一封长信，汇报她的近况：

亲爱的妈妈和爸爸：

我按照《圣巴巴拉新闻报》和《洛杉矶时报》上的广告投了许多简历，幸运的话，或许我可以为一本全国发行的商业双月刊做兼职编辑。我写信告诉他们，我家里有电脑、激光打印机和调制解调器，而且我可以收发电子稿件，不出家门就能工作。我还申请了另外一些职位：制作教育录像、速记员、基金申请写手、邮购目录写手、技术文件写手……

从明天开始，我每晚工作 4 个小时——17 点到 21 点做电话推销员。这家名叫 Tri-County Productions 的公司刚刚雇用了我，它与我住的地方只隔一个街区，可以很轻松地走路上下班。

与此同时，我也在忙着为准备这本书写信和回信，推进资料整理工作。苏珊·拉宾娜和我通过电子邮件保持联系，现在她终于得到了麻省理工学院媒体实验室的许可。我拿到一批采访联系人名单，准备在 7 月 7 日到 8 月 7 日给他们一一打电话（那个月我打电话不花钱），而且要不了多久，斯普林特公司就会寄给我一封确认信，这样用我的斯普林特电话卡打出的所有电话都是免费的。接下来的几天，我还要和本地的中国研究生见面，他们可以帮我口头翻译一下《人民日报》上关于钱学森的文章及上海交通大学的毕业生纪念册。我还请到圣巴巴拉的退休科学家鲍勃·梅格莱布里安（Bob Meghreblian）帮我整理钱学森发表的大量科学论文，找出其中对航天工程领域影响最大的文章。

接下来的几个月，我的目标是每天至少整理一盘录音带。在过去几天里，我都实现了目标，但谁知道之后几个月会发生些什么呢？6月底，我希望可以完成提交给美国国家科学基金会的研究经费申请的大部分，以及为7月7日到8月7日的采访做些基本准备。美国调查报道中心打算出资拍摄一部关于钱学森或中国导弹项目的纪录片，或许我可以给他们当顾问或合作作者，因为我有足够多的背景资料和照片。

这些日子我经常下厨，做些鱼丸汤、盐焗鸡、胡萝卜片和烤鸡腿、杏仁酪、牛油果火腿苜蓿苗三明治什么的……

爱你们的，纯如

显然，纯如已经把她的全副精力投入为这本书收集资料中去，但与此同时，她也在疯狂地找工作，虽然在信里表现出一副没事的样子。就在这段时间，终于传来了一个好消息。纯如从约翰和凯瑟琳·麦克阿瑟基金会得到了一笔15 000美元的研究经费。这笔钱来得正是时候，她终于可以去参加她期盼已久的当年8月底在华盛顿召开的国际空间大会了。

7月28日，纯如参加了第一届国际空间大会。纯如说这是有史以来最盛大的太空领域的学术会议，这届大会吸引了全世界的太空科学家。纯如在那里认识了许多来自中国的太空科学专家，并向他们表明自己正在撰写一本钱学森的传记。很多人都对她的项目很感兴趣，也愿意帮忙。纯如在会议中心和附近的酒店采访了一些举足轻重的中国导弹专家，他们还给了纯如一些在中国可以联系的人，如果她去中国的话可以找这些人。事实上，纯如接下来确有前往中国的计划，约翰和凯瑟琳·麦克阿瑟基金会提供的经费最终帮她圆了这个梦。

在此期间发生的一个小插曲显示出纯如对自己的研究工作到底有多入迷：一天晚上，纯如从华盛顿的国家档案馆给我们打来电话，说她被锁在档案馆里出不去了。我问她到底发生了什么事，纯如说，她一直在看有关钱学森的文件和档案，专注得竟然忘了闭馆时间。显然，档案管理员也没意识到纯如仍在里面，下班回家的时候就锁上了出口大门。纯如用走廊里的公共电话打给我们，我们告诉她说，我们身在厄巴纳，没办法去营救她，叫她赶快打当地的救援电话。就在她给我们打电话这工夫，纯如听到了脚步声，她说或许是正好有夜班警卫经过。她马上大声呼救，最终得以脱身。另外一次，她坐火车从华盛顿去巴尔的摩，因为专心看书，一直坐到了特拉华才下车。这些小插曲很快在纯如的朋友圈里传开了，她成为大家餐桌上的笑料，但玩笑归玩笑，所有人都承认纯如实在是非常努力。

1992 年 10 月 5 日，纯如给我们写了一封信，详细描述了她的生活和研究工作：

亲爱的妈妈和爸爸：

附件里是一本介绍中国著名科学家的书里关于钱学森的传记文章，这本书是曾经和你们在台湾共进早餐的柏实义寄给我的。或许你们可以帮我看一下这篇文章里面有没有什么新东西，如果有的话，下一次给你们打电话时拜托跟我说一下具体的页码，我好让加州大学圣巴巴拉分校一个来自中国的学生帮我口头翻译一下。

我觉得有必要多给你们写信，好记录下我在做的事。我经常和我的朋友们这么做，但还没在你们身上试过，因为打电话太方便了。在为这本书做了一年的资料搜集工作后，我领悟到要想控制历史怎么书写，最好的办法就是强迫自己大量写信，或是比自己的敌人活得久。

这么说主要是因为当我试图连缀起钱学森一生中发生过的事时，主要有两个信息来源：书面记录和口头记录。钱学森最好的朋友弗兰克·马里纳（Frank Marina）是个超级通信狂人，他去世时留给美国国会图书馆的档案超过 4 万份。尽管他的文件就保存在弗兰克·马里纳特藏部，但据我所知，没人仔细读过它们。20 世纪 30

年代，在马里纳和钱学森一起用从垃圾堆里捡来的零件研制火箭时，他每周给他父母写两三封信。多年后，当他在巴黎退休，有大量闲暇时间的时候，他把这些他在担任"敢死队"火箭研究小组带头人时写下的信件摘录编纂成一本书，却从来没有正式出版过。弗兰克·马里纳非常想成名，还在加州理工学院求学期间，他就积极地向外界发布关于自己的火箭试验进展的新闻稿，召集《洛杉矶时报》的记者开新闻发布会，甚至在加州理工学院的俱乐部请美联社的科学记者吃午饭。（这是我的幸运，正因如此，留下了很多关于马里纳、钱学森、帕森斯和福尔曼在沙漠里发射火箭的高质量的新闻照片。）马里纳晚年写了许多关于加州理工学院那段岁月的回忆文章，小心地为"一百年后的"历史学家保存这些历史记录。真不幸他于10年前过世了……我想他要是还活着的话应该会很乐意跟我谈谈。

每天晚上，我都整理记录两三盘录音带的录音，看见故事生动地展现在纸上，真令人激动。工作量很大，但我现在打字非常快。当我看见文字在显示器上随着手敲击键盘和脚控制录音机开关的节奏一行行地移动时，就想起小时候上过的钢琴课！这正好是把弹钢琴的过程反过来：不是按着乐谱试图创造音乐，而是聆听着声音将它转化为纸上的符号！

布雷特和我算了一下，我们每周工作50~100个小时。布雷特每天早上8点起床，骑自行车去学校，晚上六七点再骑车回来吃饭，然后开车返回实验室，工作到半夜。和布雷特一样，我也一醒来就工作，直到睡觉才停止。最近布雷特睡了几天懒觉，因为他太累了……我一度担心我怀孕了，这让我们压力很大，直到今天才证实不过是虚惊一场。

在确立我作为一名作家的地位之前，我可不想要小孩。布雷特也一样，他也需要自由，可以换换工作，冒点儿险开拓自己的事业……

我一有时间就会写信给你们。

爱你们的，纯如

我很高兴纯如详细地写信告诉我们她当时的生活状况。正如她在信中说的，她的信成为历史记录。因为钱学森的很多资料都是用中文写成的，纯如总是将这些文件转发给我们，想听听我们的评论。她自己逐一整理了许多采访录音，她没钱雇人帮忙整理，这使她练就了打字飞快的本领。有时候，无意间，某个人生阶段的不如意之处反而会让你锻炼出将来用得上的技能。

1993 年 1 月，布雷特完成了博士论文，和他的论文指导老师一道回到伊利诺伊大学，进行论文答辩。1 月 11 日，他到了厄巴纳，和我们住在一起。我们很高兴布雷特终于拿到了博士学位，答辩结束后，我们邀请他和他的父母及弟弟杰夫共进晚餐。纯如没有和布雷特一起回家，她说她忙着收集资料，而且回家一趟路费开支太大。但她后来告诉我们，主要原因还是她当时一边要养活自己，一边还要应付写书的各项开销，她拿到的预付稿酬和小额研究经费无法满足两者兼顾的要求，他们夫妻俩只能靠布雷特的奖学金过日子，这使得纯如必须兼职工作，她的日子很窘迫。直到那之前，我们对她的财务状况都不太清楚。

刚认识布雷特的时候，纯如对自己期许很高，自信满满地跟布雷特说，她有九成把握能成为一名畅销书作家！她或许还打过包票，结婚后可以养活布雷特。事实上，那时候她连自己都养活不了。因为纯如一直非常骄傲又非常独立，她不得不工作得格外努力以证明自己。

1993 年发生的最大的一件事是绍进在 2 月接受了心脏病手术。2 月初，他在铲雪时感到胸口疼痛，我立即开车送他到急诊室检查，检查结果表明绍进的心脏血管有栓塞。第二天，他接受了心脏疏通手术（将末端带有可充气球囊的导管插入心血管，然后充气扩张，使阻塞的血管畅通）。不幸的是，手术失败，绍进需要立即接受开胸手术。听到这个消息，我几乎昏了过去——在这么短的时间内就要做这么关键的大手术。

在医院休息室等待绍进从手术室里出来的几个小时里，我给纯如和纯恺打了电话，告诉他们当时的情况，他们都很震惊。回想起来，当时周围的一切一片模糊。谢天谢地，绍进挺过了手术，但那仍是一段痛苦的经历。尽管当时暴风雪肆虐，纯如和纯恺还是马上坐飞机赶回来帮忙。

1993 年 3 月 7 日，纯如回到圣巴巴拉后给我们写信：

亲爱的妈妈和爸爸：

得知爸爸现在感觉好多了，我真是喜出望外。当时听说他必须动手术，真是吓人。布雷特和我现在决定吃得健康点儿了，我从今天起戒掉所有的软饮料和快餐，而且决定每天至少运动一次。昨天，费利丝·朱（Felice Chu）邀请我跟她一起上健美操课，很有意思。今天，布雷特和我在海边走了很长一段路。

海潮百年不遇地平缓，今晚的月亮则是百年不遇地圆满。我们看着人们乘着摩托艇在海面穿梭，跃过海浪，在空中突然转身，后面留下雪白的弧状泡沫。

光是在海边走走就已经很令人愉快了。海浪涌上来的时候，发出动听的水泡翻腾之声，好像是在贪婪地吮吸我们的脚趾头。海浪退去，留下一片光滑的沙滩，平坦坦的，闪着光，好像镜子一样。脚下的沙子十分温暖，每走一步，它们就好像糖一样在脚底融化开来。这样走着的时候，时间仿佛停止了，我被沙滩上那复杂的波纹图案深深吸引。

许多事情涌上心头，但它们又马上消失了，就像海浪袭来前写在沙地上的字。我想文字到底是什么呢，不过是试图留住流水一样转瞬即逝的生命瞬间——哪怕是只有一刻也好。

爱你们的，纯如

绍进的心脏病发作和紧急手术似乎令纯如意识到生命的另一面：人生苦短，稍纵即逝。

在接下来的几个月里，我专注于绍进的健康状况，这耗费了我的全部时间和精力，对纯如的生活和她写作的进展不那么关心。我所知道的是，有了约翰和凯瑟琳·麦克阿瑟基金会提供的经费，纯如正在忙于准备她的中国之行。尽管经历了一场大手术，绍进仍给了纯如不少建议，他把他在中国的研究物理学和工程学的朋友或同事的名单给了纯如，看看能不能帮上什么忙。我给纯如列了张需要携带的物品的清单，毕竟这是她第一次一个人离开美国。我最大的担心是饮用水问题，我告诉纯如在中国绝对不要直接喝自来水。她对我们的爱护和关心十分感激，上飞机前，她给我们寄了一张很搞笑的卡片，上面倒写着："别担心，老爸！一切我都能搞定。父亲节快乐！"

事实上，纯如精心准备了中国之行。她把行程单寄给我们，列出一长串她准备在杭州、上海和北京见的人的名单。这份行程单上写明了日期，以及那一天纯如将要去的地方。

5 月 31 日，纯如飞到了杭州——钱学森早年生活过的城市。6 月 6 日，她坐上火车，从杭州前往上海。那时候，美国国家科学基金会的经费审批人员试图就纯如的基金申请报告联系她，结果找到了我们。纯如的报告被批准了，但她得修改申请的经费数额。纯如一到上海住进预订好的宾馆，我们就把这个好消息告诉了她。她既高兴又意外，立即将申请数额做了相应修改。尽管耗时甚久，但纯如精心撰写的经费申请报告终于有了回应。

在电话里，纯如告诉我们，一到上海，她就发现上海交通大学招待所的房费涨了一倍，远远超出她此前的预料，她很担心这一路上钱不够花。后来，纯如告诉我们，一个北京的教授愿意让纯如住在他家里，这解决了纯如的问题。

1993 年 6 月 10 日，纯如从上海寄来明信片：

亲爱的妈妈和爸爸：

谢谢你们告知我美国国家科学基金会的消息！在和你们打过电话后，我给布雷特打了电话，他把相关信息发了份传真给我。我到喜来登酒店把修改后的经费预算和开支明细传真回去，我把经费总额从 7 万美元减到了 6 万美元。

正如我跟布雷特说的，杭州本地的历史学家帮我找到了钱学森童年时的故居、钱氏宗祠、他父亲的故居，甚至还有他父亲的母校和工作地点。6 日那天，我坐火车到了上海。当我透过车窗看风景时，不禁为中国人口之多而震惊，甚至在农村也有那么多的人。在布雷特家的农场，玉米和大豆田一眼望不到边，根本看不见别的谷仓或人家。在中国，农民的房子很小很简陋，田地也是一小块一小块的稻田和玉米地。

今天，我在上海交通大学里走了走，拍了些照片……钱学森住过的宿舍、老图书馆和教室……明天，一个历史系的学生会帮我在上海交通大学的档案馆里寻找资料。我会尽快给你们写信。

爱你们的，纯如

纯如去了上海，因为钱学森在上海交通大学度过了他的大学时光。在那里，纯如参观了校档案馆，找到钱学森当年的毕业纪念册和照片，甚至还有他的班级排名和成绩单。纯如雇用了上海一家出版公司的助理编辑帮她寻找20世纪30年代关于上海交通大学和上海市的相关资料，这名编辑还陪同她对仍然生活在上海的钱学森的大学同学做了非常重要的采访。

除了收集钱学森大学时代的相关资料，纯如还参加了在上海举行的环太平洋地区国际空间会议。她在1992年的华盛顿国际空间大会上听说了此次会议的信息，并获得出席那次会议的中国导弹科学家的邀请。在上海的会议上，纯如认识并采访了许多导弹科学家及钱学森的同事，还得到了许多在北京的采访联系人的名字。作为会议代表，纯如随队参观了中国的发射器和卫星模型。

6月15日，纯如坐上开往北京的火车。我们连续几天都没有听到她的消息，于是就给她准备入住的宾馆打了个电话。纯如很好，很开心，她说她在北京见到了能帮上大忙的人。我们后来收到一张她于1993年6月20日寄出的明信片，上面用很小的字写着：

亲爱的妈妈和爸爸：

谢谢你们昨天打电话给我……我很吃惊你们居然能够找到我。今天我搬到了清华大学宾馆的3202房间。曾担任钱学森秘书的王寿云的儿子和儿媳带我游览了长城和十三陵（王寿云在外开会，他帮忙安排了一辆专车和司机）。真是不可思议，几百年前居然可以仅凭人力和石头筑起这样宏伟的墙。我花了很多时间去想，到底有多少人在建造过程中失去了生命，当那些苦工背着沉重的石块爬上山又下山时会是怎样一种感受。我还在想，除了象征着建造它的那个时代对外来思想发自内心的猜疑和不信任，长城是否也反映了惊人的官僚机构组织管理技巧。当王寿云的儿子向我问起美国的自然地标时，我感到有点儿尴尬……大峡谷、黄石国家公园、希尔斯大楼、迪士尼乐园……和中国一比，美国显得多没文化啊！

爱你们的，纯如

纯如在北京待了两周半，那是钱学森度过大半生的城市：20 世纪 10 年代末到 20 年代作为学生，50 年代后作为中国导弹项目的奠基人和管理者，直到他于 2009 年以 98 岁高龄去世。纯如在北京停留期间，参观了钱学森上过的小学和中学（她在那儿得到了许多 20 世纪 20 年代珍贵的学生集体照）、清华大学档案馆，以及钱学森 1955 年回国后工作和生活过的地方。

纯如对钱学森以前的同事和曾经与他十分亲近的人（比如秘书、朋友、高中和大学同学）进行了一系列口述历史式的录音采访。纯如说，她收集到了许多未发表的与钱学森有关的文件和回忆录，还有 50 多个小时的采访录音。然而，她一直没能采访到钱学森本人，也没能采访到钱学森的夫人，虽然他们当时都在北京。据纯如说，钱学森是个非常注重隐私的人，他拒绝接受采访并不出人意料：回到中国后，钱学森从未接受过任何美国作家的采访，或许是因为他仍对美国政府在麦卡锡主义盛行时期对他的虚假指控耿耿于怀吧。纯如告诉我们，据钱学森的秘书说，他不允许任何人在他依然在世时撰写他的传记（除非是他指派的人）。

在北京时，纯如之所以有机会采访到钱学森的秘书及一些政府高官和军方人士，是因为他们以为纯如会按照他们的想法撰写这本传记。然而，纯如明确地向他们表示，她必须收集到所有资料，整理出来，然后进行撰写。她告诉我们，她的坦诚和不妥协的态度让这些人很不自在。

1991 年夏，在苏珊·拉宾娜向纯如提及这本关于钱学森的传记的几个月后，纯如设法找到了钱学森的儿子钱永刚。纯如能够找到钱学森的儿子并在美国成功采访到他，这件事给苏珊·拉宾娜留下了深刻的印象，她很欣赏纯如作为新闻记者的能力和投入精神。

中国之行使纯如圆满完成了对钱学森相关资料的收集工作，这让她可以全面地了解钱学森的生平，深入了解他的工作对中国导弹研发事业的影响。1993 年 7 月 4 日返回美国时，纯如收集的关于钱学森的资料对她所要写的书来说已相当充足。1993 年 9 月，美国国家科学基金的研究专项基金终于批下来，这对纯如的帮助极大。

1994 年 1 月 14 日，我们飞到洛杉矶，参加绍进的侄子伯尼的婚礼。在洛杉矶时，我们遇上了 1994 年 1 月 17 日清晨的那场地震，震级高达里氏 6.7 级，震中就在北岭附近，那儿距离我们所在的圣莫尼卡只有 32 千米。幸运的是，我们逃过了这场劫难，安全地回到家。

不幸的是，1994 年，更多的悲剧接踵而来。3 月 14 日，周一，我接到弟弟从纽约打来的电话，他说父亲当天凌晨去世了。在过去几年里，父亲一直病得很严重，我们都知道他时日无多，但这个消息仍让我感到难以言喻的悲伤和失落。父亲活到 95 岁，这是我第一次经历家人的辞世。此前，我从未真正感受过死亡的打击。我的祖父母在我父亲年轻时就不在了，我的外公大约在我母亲 20 多岁时去世，所以他们从来都没有成为我们生活的一部分。我的外婆活到很大年纪，但她留在中国大陆，因为政治原因，我们从来没见过她，也没参加她的葬礼。正因如此，直到 1994 年我父亲去世前，家里近亲都健在。我立刻飞往纽约，在飞机上，我止不住地流泪，空乘人员都用好奇的目光看着我。

父亲所有的孩子及其配偶子女都飞往纽约参加葬礼，也包括纯如和纯恺。3 月 18 日，周五，葬礼在曼哈顿下城唐人街的一家殡仪馆内举行。除了家人，一些华人社团领导人和中文报纸的记者也出席了葬礼，因为我父亲作为作家在纽约的华人圈里颇有名望。仪式上，我、我哥哥和弟弟及小妹都简短致辞，回顾父亲对我们的养育教导之恩。在父亲临终前几年中负起照顾责任的大姐菱舲过于悲痛以至于失声。家庭成员致辞时，我留意到纯如在一张小纸条上快速地写着些什么，葬礼最后，她站起来，请求发言。她在葬礼上说的话后来被收入我哥哥张铮铮编纂的纪念父亲的文集：

外公度过了令人难以置信的一生。他生于 1899 年，义和团运动风起云涌的那一年。清朝结束长达200多年的统治走向灭亡时，他12岁。中华民国成立，一战爆发，那时候他不过是个十几岁的少年。日本发动侵华战争时，他38岁。二战结束时，他46岁。中国共产党开始执政时，他50岁。当他第一次踏上美国的土地时，已经73岁高龄。就是在那一年，尼克松对中华人民共和国进行了历史性的访问。

我所叙述的不过是他这一生中的惊鸿一瞥。当我还是个小女孩的时候，从母亲在晚餐桌上的讲述中，我第一次听到这些故事：外公如何被土匪劫持、如何因为写下的文章而被逮捕入狱、如何在监狱里发动暴动、如何遭受酷刑。这些故事在我心中描绘出外公的样子：一个桀骜不驯、大声疾呼、强调自我精神的男人，一个决定即使在政治上有风险的时期也要畅所欲言的男人。

…………

我的外公已经离开人世，但我永远都不会忘记他的勇气、他献身教育的精神，最重要的是，他对生命的热爱与乐观。他是作为一名斗士而死去的。

这段悼词给我留下了深刻的印象。纯如后来告诉我，她是最后一刻才想要说点儿什么的，并很快在一张购物小票的背面写下大纲。她居然可以在这么短的时间里就按时间顺序写下外公一生中经历的重大历史事件，这一定源于她最近为写书而做的准备工作，以及她此前作为记者的职业经验。这相当惊人，不仅因为她可以将外公的一生与社会历史事件联系起来，更因为她能够如此流畅又深情地说出这些话来。我记得纯如那天穿着一件长袖黑色织锦礼服，凸显出她苗条的身形，她端庄地站在人群中致辞，长长的黑发直披下来。

仪式后，几辆小汽车载着一大家人，护送灵柩前往新泽西玫瑰山公墓。到达墓地时，已经是傍晚时分，开始下雨，很快，雨就变成了雪。家里人全都撑开雨伞，遮挡雪花。我们环绕在刚刚挖开的墓穴周围。大片雪花像棉花糖一样洒落在黑色雨伞联成的伞海上。我们在湿冷的风中拥抱彼此，看着父亲的灵柩降入墓穴。冰冷的雪花打在我脸上，温暖的泪水模糊了我的双眼。

葬礼后的那个晚上，我们四个围坐在曼哈顿温暖的旅馆房间里。绍进和我开始给纯如和纯恺讲我们童年的故事，告诉他们，我们是如何在中国大陆和台湾长大，我们还讲了我们刚刚到美国留学时的经历。

我们向纯如和纯恺强调，和他们不同，我们来到这个国家时一无所有，所能凭仗的无非是一笔奖学金。我们必须自食其力，到了美国之后，我们的父母就无力继续资助我们。那时候，毕业后如何找一份工作并在这个国家活下来是头等目标。我们和他们不一样，他们可以冒险，根据自己的兴趣尝试新的人生路径。毕竟，即使失败，他们还有我们可以投靠。我们之所以把这段人生经历讲给他们听，主要是因为他们有时候说绍进和我太胆小，不敢冒险。我们仍记得在芝加哥密歇根大道上，纯如曾经批评我们生活太保守，总是顾虑重重，不肯尝试新鲜事物。这次谈话非常坦诚，真情流露，或许是父亲的离开让我格外感伤。最后得出的结论是，我父亲的那一代是努力在贫困和战争中求生存的一代，我们这一代要强过他们那一代，而纯如和纯恺这一代比我们更幸运。“机会就在这里，”我们告诉他们，“在这个国家，如果你足够努力，就一定会有所成就。”

葬礼后，我们立即飞回家，但纯如在纽约多待了几天。她去和苏珊·拉宾娜见了面，苏珊给了她一份时间表，催纯如尽快完稿并交给她，这样她才可以着手进行编辑，帮助纯如修改润色。纯如还给苏珊看了她为这本书收集的照片，她们一道讨论了书的标题和副标题。纯如还在考虑在封面上署什么名字：到底是张纯如、纯如·道格拉斯，还是纯如·张·道格拉斯呢？她深思熟虑了一段时间，后来她说，既然她在以前发表的作品里一直都用“张纯如”这个名字，那就还是按老样子好了。

不过，最重要的事情是，苏珊要纯如在 1994 年 8 月前将全部书稿的第一稿交给她，仅剩 4 个半月到 5 个月的时间。纯如说，苏珊对她写的东西连连夸奖，认为截至那时收到的稿件“棒极了且动人心魄”。这给了纯如极大的自信，让她有了最后冲刺的动力。

第二天，纯如去拜访了柯蒂斯·布朗公司的图书代理人劳拉·布莱克。劳拉·布莱克对书稿的进展非常满意，对纯如的写作风格大加赞赏。劳拉告诉纯如，下一本书的预付稿酬会远远高于这一本，或许有 5 万美元之多。事实上，纯如的第二本书《南京大屠杀》拿到了 6 万美元的预付稿酬，几乎是第一本书的两倍。这使得纯如在财务上有了些保证，可以不为琐事分心，保持高水平的研究和写作。

这时候，纯如向我透露了她的隐忧：她可能有点儿太物质主义了，或许是过去几年里紧张的财务状况使她养成了这个毛病。她告诉我，她并不真正看重金钱，但看重金钱所能带来的体验和冒险。她说她受不了别人因为她没钱而嘲笑她。我问纯如，是不是加利福尼亚不太适合他们，因为在厄巴纳的时候，纯如从来都没考虑过钱的问题。事实上，我担心布雷特和纯如是受到了加利福尼亚那种“物质至上”文化的影响。

纯如告诉我，她最近加入了一个当地的作家组织，认识了许多有趣的人，其中一些人是退休的企业家、教授或小说作家，也有一些人甚至是电影明星。她说，和这些人谈话增长了她的见识。她对我说，她 3 月应邀参加了一次当地的著名作家午餐会，那儿的人都因她居然这么年轻而意外，当听说她手头儿已经有一份出版合同时更觉惊讶。此外，那里的人也对她的图书选题和观点印象深刻。纯如还认识了圣巴巴拉附近地区的一些著名作家，她向他们征求了许多关于出版和描写“人生”的意见和建议。

纯如告诉我，她还看了许多书，如史景迁的《追寻现代中国》、戴维·布林克利（David Brinkley）的《华盛顿走向战斗》（*Washington Goes to War*），还有沃尔特·麦克杜格尔的《天与地》。

对我来说，父亲去世后的那几个月，我都沉浸在悲伤中。4 月 22 日，美国前总统尼克松去世；5 月 22 日，杰奎琳·肯尼迪去世。我对“死”这个字眼超级敏感，我无法忘怀父亲，任何人的死亡都能触发我的怀念。

为了摆脱忧伤，我决定 5 月中旬和绍进一起去台湾。绍进受台湾“中央研究院”之邀在一个物理学研讨会上做报告。我们在台湾待了一个月，这是自 1962 年离开台湾后我第二次回去。第一次返乡是在 1982 年，当时纯如在上中学，全家人到台湾待了两个月。那一次台湾行后，12 年匆匆而过，周遭一切早已面目全非。我们去看台北郊区我以前住过的老房子，屋子已然无存，周围几乎已经认不出来。我没把新的景象拍成照片，因为我想永远保留记忆中那个儿时住过的地方。

1994年5月27日，我们还在台湾时，纯如给我们写了一封很长的电子邮件：

亲爱的妈妈和爸爸：

收到你们的电子邮件真开心……

你们动身去台湾的那个周末，卡罗琳来看我们了。我们5月14日一起去了海峡群岛……一日游……

上周，我一直在写多出来的那几章，然后看苏珊·拉宾娜编辑过的章节。她认为我写得“很棒”“太好了”“引人入胜”，她开始时几乎没法编辑——她完全被故事吸引住了。最近，她一直在夸奖我的书，当然，或许这是她的手段——让我在完成余下章节时保持自信和动力。

阵亡将士纪念日那个周末，我计划到洛杉矶参加美国书商协会大会。我听说，会有3万~5万人参加这次会议，其中有作家、版权代理人、编辑、出版商、书店店主及大型图书连锁店的代表。多么令人激动啊！我敢肯定我会在那里学到许多有关图书行业的东西。我在圣巴巴拉的作家朋友都会出席。

保持联系——我下周找个时间再写信给你们。希望尽早收到你们的消息。

爱你们的，纯如

在台湾，我们在会议后的一场晚宴上遇到诺贝尔物理学奖得主杨振宁教授，他向绍进打听纯如新书的进展。我们很意外，他居然还记得纯如在写一本关于钱学森的书。纯如1991年写信给杨振宁教授询问钱学森的情况，那是3年多前的事了，那时她的写书计划才刚刚开始。我们把在台湾与杨振宁教授见面的事告诉纯如，鼓励她尽快把书写完，因为“全世界都在等着看这本书，包括一位诺贝尔奖得主”，我们在电子邮件里这样开玩笑说。

台湾之行结束后，我们前往天津参加一场物理学学术会议，然后又到了北京。这是1949年我随父母到台湾后第一次重回大陆，而那已经是45年前的事。离开大陆时，我不过是一个9岁的小女孩，回来时却已经54岁。

20 世纪 30 年代，日本侵华期间，我们全家从南京搬到重庆，又在 40 年代解放战争期间继续流亡，一直辗转在中国南部，所以我之前从来没有到过北京。绍进应中国物理学研究机构的邀请去访问过几次，但这是我们第一次一起到北京。在北京停留的那一周，我们游览了长城和故宫等历史景点，向我们伟大祖先留下的壮伟遗产致敬。我的心情尤为激动，因为北京是古都，我父亲经常跟我谈起北京，谈起他对茶馆和剧院的热爱，但他再也没机会到访北京，我也无法将我对现代北京的观感告诉他，这实在让我悲欣交集。

我们从中国回来后，纯如打来电话，告诉我们她的写作进度。她说她工作得非常努力，通常白天睡觉，晚上写作。布雷特获得博士学位后开始在圣巴巴拉的 Sonatech 公司工作。他们的工作时间截然相反，纯如要上床睡觉时，布雷特刚醒。她到下午才起床，为布雷特准备晚餐，这之后他们会一起外出散步。

有时候，纯如也会感到沮丧。有一天，她给我打电话说她非常累，不能保持理想的工作进度。我安慰她，让她睡上一小觉。我对她说第二天情况会好起来的，我觉得写作并非轻松的职业。纯如还告诉我，在洛杉矶参加书展时，她的汽车被人破窗盗窃，她放在车里的眼镜、隐形眼镜药水和包里的其他东西全都被拿走了。她新配的眼镜还没寄到，在已经很紧张的这段时间里，这实在是最糟糕的一周。

9 月 28 日，纯如打来电话，兴高采烈地宣布她已经把书写完了。我对她说，这是个里程碑，我为她感到激动。但纯如非常累，她说她要休息一段时间，她的恢复计划是狂看电影，吃点儿好的，然后再读几本好书。

1994 年 10 月 18 日，纯如给我写了一封电子邮件：

亲爱的妈妈：

昨天我用激光打印机把书稿打印出来，一共有 574 页，然后把文件存到了两张软盘上。我用联邦快递把书稿寄给了苏珊·拉宾娜。到今年年底，我将可以根据苏珊的修改意见拿出终稿，还有脚注及引语、图片的引用许可。从 1 月到 2 月底，我要和一个文字编辑密切合作，加工润色文稿，之后再印成样书，供其他作家和媒体评论。与此同时，我还要申请教职，提交其他图书选题。所以在接下来的几个月里，实在有好多工作要做。我原本打算安排一次泳池派对，但现在恐怕没那么多时间了。布雷特和我决定减少社交活动，偶尔和一些有家眷的朋友一起共进晚餐或午餐，这样更亲密，也不用浪费那么多时间。或许等到书最终出版时，我再开个大派对吧。

你在邮件里讲到“返校节”的事触动了我温暖的回忆。难以置信，那已经是5年前的事！这5年里发生了多少事啊：在《芝加哥论坛报》和美联社工作，在约翰·霍普金斯大学求学，嫁给布雷特，现在又出了书。感觉上只不过是眨眼间……

爱你的，纯如

纯如请我们年底时去看他们，但不要在感恩节期间，因为她和布雷特要去夏威夷毛伊岛度假。这对她来说是一个必要的放松，我听到这个消息后很开心。

一两周后，纯如就写信告诉我们，她刚刚给自己的版权代理人写了一封长达16页的信，里面描述了她未来可能着手写的一些图书选题。她不止一次把她的图书选题说给我们听，例如抗日战争、女性的生物钟、中国移民史（从偷渡到卖淫，再到获得像诺贝尔奖这样的最高成就）。我惊讶于她能在第一本书刚完成后就提交未来的写作计划，不给自己留一点儿休息时间。

与此同时，纯如说，加利福尼亚州立大学的一名教授面试了她，请她在该大学的文图拉校区负责教学工作，因为他们需要一个熟悉中国古代史和现代史、女性历史、加利福尼亚历史及美国华裔移民历史的教师。圣巴巴拉城市学院也表示有兴趣雇用纯如担任兼职教师。此外，加州大学圣巴巴拉分校也想请纯如做该校写作项目的讲师。但当纯如在1994年12月前往丘珀蒂诺参加一场会议，并参观了南京大屠杀主题图片展后，所有计划都被搁置在了一边！

第十章

改变一生的照片

“这是一种道义上的责任，
也是受害者们应得的公道。”

尽管在写她的第一本书时，纯如与我们谈到过许多关于下一本书的选题构想，但动手写《南京大屠杀》的决定来得十分突然。那是1994年12月，正如纯如后来在书中描述的那样，1994年12月13日，在参加加州丘珀蒂诺举行的一次会议时，她下定决心去书写这一历史上最残忍的篇章。那年11月，纯如听说一部描述抗日战争和日本军队在20世纪30年代犯下的战争罪行的纪录片在获取资助时遇到问题，她对此十分好奇，随即联系了几个与这一项目有关的人。她被告知在丘珀蒂诺将举行一次与此相关的会议。他们对她说，如果纯如对这个话题感兴趣，她可以去趟湾区，参加会议。纯如当时不仅在寻找新书的选题，也对这段历史极其感兴趣，她从小就从我和绍进这里听到了大量与抗日战争有关的故事。当时的时机也正好：她刚刚完成钱学森的传记。

会上展出了20世纪30年代日军侵华期间拍摄的许多反映日本战争罪行的照片。纯如在书中写道：“尽管我在孩提时代就听到过许多关于南京大屠杀的事情，却从未做好准备看到这些照片：被砍掉的头颅，被割开的肚腹，赤裸的女性被强奸者逼迫着摆出各种色情的姿势，她们的脸扭曲变形，显露出让人永远无法忘记的痛苦和耻辱的表情，所有这些都毫无遮掩地呈现在黑白图片上。”纯如接下来写道：“在这个极度痛苦的时刻，我醒悟到不仅生命是脆弱的，人类的经验本身也是脆弱的。”她后来在电话里告诉我们，她必须把“南京大屠杀”作为下一本书的题目，这是一种道义上的责任，也是受害者们应得的公道。

1998 年，《南京大屠杀》一书出版后，日本记者德留绢枝（Kinue Tokudome）采访了纯如：“是什么促使你决定写这本书？”

纯如回答说：“当我还是个小女孩时，我父母讲述的南京大屠杀就令我震惊。他们告诉我，日本军队在中国南京屠杀了数十万计的中国平民，甚至连小孩都不放过。这给我留下了深刻的印象。我去图书馆试图了解更多细节，却找不到丝毫与此相关的信息。在我们学校的图书馆里，在市区的公共图书馆里，在我的世界历史教材里，什么都找不到。更糟糕的是，我的老师们居然对这件事一无所知。”

“这件事在我的记忆中作为一个问号存在了许多年，直到 1994 年我在图片展上看到相关照片。那些照片之恐怖激发了我写这本书的念头。”事实上，在那之前，纯如一度认为，我们在向她讲述那些陈年旧事时或许夸大了 1937—1938 年发生在南京的事。

在丘珀蒂诺的那次会议上，纯如了解到，直至当时为止，还没有一本用英语写成的关于南京大屠杀的专著。她还了解到，许多美国传教士、记者和军官都曾在日记、电影或照片中记录下他们的见闻，而这些都保留在档案馆和图书馆中。在世界抗日战争史实维护联合会（简称史维会）和湾区一些热切关注这段历史的活跃分子的帮助下，纯如马上被介绍给东海岸的一些活动家。她想要去华盛顿的国家档案馆和耶鲁大学神学院图书馆查找相关资料。

1995 年 1 月 4 日，我们飞往洛杉矶看望绍进的父母，然后开车到圣巴巴拉看纯如和纯恺。这几乎成为每年圣诞节后的某种惯例，因为现在两个孩子都不回家过圣诞和新年了。除此之外，加利福尼亚的冬天气候宜人，正好借此躲避厄巴纳的寒冬。不过，1995 年 1 月，洛杉矶天气不好，我们一到那里，就遇上了有记录可查的最糟糕的雨季。整个旅途中，几乎每天都在下雨。

纯如告诉我们，她准备去东海岸几天。在湾区活动家们的协助下，每件事都安排好了。纯如 1 月 8 日那天动身前往华盛顿，当时我们还在洛杉矶。我们到家后，我给纯如发了封电子邮件，问她是否已安全抵达华盛顿。1 月 24 日，纯如用耶鲁大学神学院图书馆的计算机回信说，她一切都好，只不过太忙，无暇详述。5周后，她于2月12日返回家中，等着她的是一堆近1米高的信件和包裹，其中包括她从东海岸寄回的大箱影印文件。耶鲁之行极为成功，她发现了大量素材。纯如说她还欠我们一封汇报这次旅行经过的长信，只要一有工夫就马上写给我们。

3月12日，纯如寄给我们一封长达25页的信，讲述这次旅行的经过，这封信本身简直就可以扩展为一篇宏文。纯如描述了旅行中的种种细节，诸如她住过的房子、见过的人及每个人的特征。她说她之所以给我们写这样一封细致入微的长信，也是起到记日记的作用，日后提醒她那些细节。事实上，正如她以前说过的，这封信让我们全面了解了当时她的想法和她的生活。这是她为《南京大屠杀》一书收集资料时的忠实历史记录。

在这封信中，纯如提到，她于1月8日飞抵华盛顿，当天晚上11点30分到达李圣炎博士的家。纯如此前根本不认识李博士，是通过湾区的朋友介绍才找到的他。李博士和他的妻子非常热情，让纯如在国家档案馆搜集资料期间住在他们家。纯如写道：

> 李博士和他的妻子是在华盛顿住了几十年的华裔美国人。谈起两人早年在中国的经历，他滔滔不绝，直至午夜。那时，他是大二的学生，他所在的大学在抗日战争期间迁往内地。和许多美国华裔的专业人士一样，李博士和妻子在1949年飞往中国台湾，后来又移民到美国。在取得化学博士学位后，李先生在政府的一些研究机构（如美国航空航天局）从事化学方面的工作。
>
> 退休之后，李先生夫妇将他们的时间投入出版《美华论坛》这本杂志上。杂志创办的初衷是向外传播各种职业和各个年龄层华裔美国人的观点与故事。李博士非常希望我今后可以为这本杂志撰稿。他告诉我，看到有人能为这样一本关于南京大屠杀的书而工作，他深感欣喜。他说至今还没有一本类似的英文著作，他还说就算是用中文写成的书，也有很多不实之处。

接下来，纯如描述了她在华盛顿特区的生活：

我在李博士家住了一周，睡在二楼的客房里。房间里有个木质写字台，上面有几本李先生夫妇特意为我准备的有关抗日战争的书，其中一些文章便是讲述南京大屠杀的。除了晚上，李先生夫妇很少能见到我，因为我几乎一醒来就一头扎进国家档案馆。

我惯常的一天是这样的：早上七八点起床，坐公交车到银泉地铁站。幸运的是，李先生家对面就有一个公交车站。乘坐公共交通工具去国家档案馆大约需要45分钟，国家档案馆大楼早上8点45分开门。我上午在档案馆13层的军方资料区查找相关文件，填写所需的各类报纸的存档索引卡片。接着，几十个大箱子被从档案架上取下来，放在小推车上，送到二楼的阅览室供我查阅。那里每周二、周四和周五一直开到晚上9点。我通常在那里一待就是一下午或一晚上，浏览文件，把那些和南京大屠杀相关的贴上标签，尽快复印下来。

一天工作结束后，李先生在银泉站把我接上。如果我工作到很晚，就必须靠他开车载我回家，因为公交车到时间就停运了。开始时，我为如此麻烦他而深感不安，但他坚持说没什么，因为他反正也没什么事做。此外，李先生还对我每天在档案馆找到的东西非常感兴趣，他很享受开车回家的路上与我就抗日战争展开深入的讨论。例如，令他疑惑的一件事是，为什么日本军人在本国时文明有礼，到了国外却如此凶残。他相信，答案或许藏在日本的武士道历史中，在他看来，这种武士道文化几乎就是一种邪教。

纯如还详细地写到了国家档案馆和那里的档案管理员约翰·泰勒（John Taylor）：

国家档案馆里关于南京大屠杀的资料浩如烟海，而且散布在各处。指点我找到这些资料的人正是我以前写钱学森传记时帮过忙的人——约翰·泰勒，他是一个白胡子老头儿，脸颊上的肉耷拉着，总是穿着鼓鼓囊囊的衣服，拥有百科全书般的记忆力。在档案馆工作了50年后，泰勒已经升至军事文献部门的最高级别。他一直不辞辛劳地帮助我和所有来办公室找他的学者，他向我介绍了一些新近解密的美军截获的日本外务省情报、远东国际军事法庭（也称东京国际军事法庭）的全部审讯记录和起诉过程中的调查文件、上海市警察局的记录，以及1937—1938年来自美国国务院和军方的情报信息的微缩胶片。

尽管已过退休年龄，泰勒却是联邦政府最勤勉的雇员之一。他每天总是第一个到办公室，又总是最后一个离开，他甚至在办公桌前吃午饭，免得漏接了电话。我清楚地记得他一手接电话一手拿着三明治的样子。我住在玛丽安·史密斯（Marian Smith）家里的时候，有一天生病了，泰勒先生注意到我没有出现在办公楼旁边的公交车站，开始担心起来，他把电话打到了玛丽安的家中。这让我知道了两件事：首先，泰勒真的很关心我，所以打来电话；其次，他早上8点就到了国家档案馆，所以才会察觉到我不在那里！（在这个城市，许多政府雇员每天早上10点上班，下午3点下班，中午还要花两个小时出去吃饭，每当你打电话过去，他们的秘书不是答复“还没回来”就是“正在开会”，要不然就是“今天不在”，居然还有约翰·泰勒这样的人存在，真是让人难以置信。）

我太忙了，没机会参观国家档案馆里面最珍贵的历史文件：《独立宣言》和《美国宪法》。不过，我见到了一个有趣的人并和他保持了通信联系，他的名字叫阿诺德·克拉米什（Arnold Kramish），原来是核物理学家，后来转行当了作家。

接下来，纯如又谈起了阿诺德·克拉米什，这个人后来在钱学森传记出版时为纯如写了书封上的推荐语。

几年前，克拉米什在一份供情报人员参阅的新闻通讯上看到关于我的书的介绍，他就开始写信给我。我对他所知不多，只知道他是个科学家，还是个受人尊敬的作家，最近在写一本名为《鹰首飞狮》的书，内容是关于德国施普林格出版公司科学编辑保罗·罗斯鲍德的，这个人是许多德国顶尖核物理学家的好朋友，也是纳粹党的骨干。在第二次世界大战中，罗斯鲍德还是丘吉尔最有价值的间谍。在多封写给我的信件中，克拉米什邀请我，若是到华盛顿的话，和他一起吃午饭。

1月11日，我在城里著名的意大利餐厅Luigi's见到了克拉米什，他是个胖乎乎的白发老头儿，精力旺盛，口若悬河，而且脾气很好，他让我联想起没有胡子的圣诞老人。

和爸爸一样，克拉米什以前也曾师从于哈佛大学的朱利安·施温格。他在二战期间曾为"曼哈顿计划"工作，后来又就职于兰德公司、美国原子能委员会和其他政府机构。有一段时间，他还在加州大学洛杉矶分校和伦敦政治经济学院担任副教授。他写了至少6本书，还得了几项大奖……他收集了许多关于科学间谍的内幕，还认识一些间谍呢。

克拉米什超级爱写信，他有很多联系人……克拉米什是"曼哈顿计划"的参与者中唯一一个还在国家档案馆中详细进行"曼哈顿计划"的历史研究的人。从很多方面来讲，他都是研究二战历史的历史学家的劲敌：首先，他是这些事件的亲历者；其次，他懂科学；最后，他熟悉历史研究的模式和技巧。这使他成为一个具有科学精神的历史学家。

纯如又提到了她在纽约与独立制片人汤美如的会面：

在华盛顿特区待了一周后，我坐火车前往纽约。1月15日，马丁·路德·金纪念日那天，我花了一上午在贝特曼档案馆寻找南京大屠杀的照片，这是全世界数一数二的图片档案馆。然后我和汤美如见了面，她是一个美国华裔独立制片人，之前制作了时长60分钟的关于南京大屠杀的纪录片《以天皇的名义》。我们一起在一家中国面馆吃了午饭，互换资料和采访联系人信息。

汤美如曾在一家香港电视台当过很短一段时间的记者，但她对那里的气氛很厌恶，于是决心到纽约以独立制片人的身份打天下。我发现汤美如很健谈，而且和蔼可亲，我一下子就喜欢上了她。

喝完炖汤之后，汤美如告诉我，1993年8月，她独自去南京采访南京大屠杀的幸存者……1位历史学家给了她1张采访联系人名单，还推荐了1个学生陪同，帮她将南京本地方言翻译成普通话。他们搭乘出租车到访了4位幸存者的家，与他们谈话，其中大多数人都不愿接受采访。

“他们的居住条件恶劣，甚至没钱买药！”汤美如说，“他们家徒四壁！你应该去看看那些日本老兵住在什么样的地方，和中国受害者的境遇形成怎样的反差。他们住在漂亮的房子里，屋内陈设着美丽的艺术品和家具，还有花园。他们从日本军方那里得到巨额补助。这些人是罪犯，被他们伤害的人仍因他们的罪行而受苦。”

读完纯如对汤美如在南京所遇的描述后，我跟她说或许去南京采访幸存者不是个好主意。

在同一封信中，纯如继续简要地向我们介绍她与图书代理人和编辑在纽约会面的经过：

第二天，我见到了我的代理人和编辑，早上跟劳拉·布莱克见面，下午是苏珊·拉宾娜。在阿斯特大楼10层柯蒂斯·布朗公司的办公室里，劳拉和我讨论了可能转载钱学森传记的几个出版物：《大众科学》杂志、《纽约时报》杂志、《华尔街日报》、《美国新闻与世界报道》等。她对《南京大屠杀》这本书十分感兴趣，告诉我一些专门出版学术和文学图书的出版社，比如基本书局、阿尔弗雷德·克诺夫出版社和FSG出版公司都有可能出版此书。

和劳拉见面后，我去了哈珀柯林斯出版社……到纽约前，基本书局已经为钱学森的传记开了一次大规模的图书推广会议，为销售代表们鼓劲儿。

我把苏珊要的那份厚厚的作者调查表给了她，里面包括我的个人信息和将来可能登出这本书的书评的一些出版物：太空领域的一些期刊、杂志和报纸，与中国研究、历史、间谍有关的其他出版物。这次会面的主题是如何为这本书做宣传。苏珊告诉我，出版社面临的挑战是如何从书店获取订单，这样我才能在这本书正式出版前尽可能多地提升知名度。我们讨论了提升知名度的三种策略……

苏珊和她的团队还决定让我参加一次六城巡回图书推介活动：旧金山、洛杉矶、圣迭戈、纽约、波士顿和华盛顿。

我有没有跟你说过苏珊和我最终为这本书选定了书名？《蚕丝》。会议后，苏珊带我去了设计部，给我看了书的封面，上面是一枚中国火箭，背景是一块绣着龙的红丝缎。封面很好看，我很喜欢。我们接着又去了苏珊的办公室，花时间讨论稿件的修改问题。之后的谈话就比较家常了，我们讨论了未来把当妈妈和当作家这两者结合起来的方案。苏珊说她像我这么大的时候已经有两个小孩，她告诉我，小孩长得飞快，等他们一上学，做母亲的就可以恢复正常的工作节奏了。她说，要个小孩并不会荒废之后20年的事业，最多也就是4年光景。

离开办公室前，我问苏珊什么样的作家才能拿到报纸上说的高达6位数的预付稿酬，是不是得特有名。苏珊说不一定，如果题目够大，而且写得又好又快，就可以拿到那么多钱。正因如此，许多预付稿酬都伴有严格的条件。如果作者没法在截稿日期前完成（有时写作时间距离合同签订只有9个月），他们就必须把钱退回去。一些选题时效性很强，如果作者没办法在短时间内完成，书就卖不出去。苏珊说，通常拿到这种高额预付稿酬的都是男性，因为“女性顾虑太多，没法彻底投入”。她说，女性作家喜欢慢悠悠地写书，而男性更愿意冒险。

纯如的下一站是耶鲁大学神学院的图书馆。有人介绍纯如认识了住在康涅狄格州拉伊的邵子平先生，他们约好了在纽约中央车站见面。世界真小，我后来发现原来自己认识邵子平。在台湾时，他们家和我父母家是邻居，两家大人彼此熟识。我虽然不怎么了解他，但根据纯如的介绍，邵先生是美国东海岸抗日战争史实维护联合会的积极分子。纯如在信里写到了她和邵先生及其家人的会面：

邵先生让我在接下来的两周里住在他家，这样我就可以在耶鲁大学做资料收集工作了。他比我晚到了一些，我们一起坐上开往拉伊的通勤火车。邵先生坐在我对面，戴着一顶棕色的俄式帽子，抱着一个黑色文件包……

拉伊是个富人区，火车上的乘客看上去都像华尔街的专业人士。

火车只开了半个小时就到了，之后邵先生和我坐上开往购物街的公交车。那是拉伊的小型城中心，遍布高档的小时装店、咖啡馆和餐馆。这座城看上去古雅又宁静。

邵先生的房子在恩典教堂街上，离教堂只有几步路。乔治·H.W.布什和芭芭拉·布什就是在这儿结的婚。邵先生的房子始建于19世纪，是一栋白色的木头和石材混合结构的3层小楼，从外面看上去非常吸引人……

在大约两周的时间里，我晚上睡在他们家阁楼的客房里，白天则在耶鲁大学神学院图书馆专心研读那些传教士的日记和信件。邵先生把他的车借给了我，那是一辆有些年头的灰色别克，这样我就可以每天从拉伊开车去纽黑文了。这段路单程大约要花50分钟。到达校园后，我把车停在坎南街，爬上通往学校的台阶，穿过图书馆，绕过圆形中央大厅，然后就到了档案馆。我绝大多数时间都在约翰·莫特厅里，坐在两堵墙之间的一张书桌前，旁边是灰色的文件柜。复印机旁边的窗户正对天井。这里的档案管理员玛莎·斯莫利（Martha Smalley）和琼·达菲（Joan Duffy）与加州理工学院的档案管理员不同，她们都是平和、友好的人，而且信任像我这样的研究人员。我在一大堆敞开的档案盒和复印文件中一直工作到晚上五六点，然后开车回拉伊，和邵先生一家共进晚餐，然后上床睡觉。

我在耶鲁查阅到的资料包括与这些人有关的文件：牧师约翰·马吉，他曾用一台摄像机拍下种种暴行；南京鼓楼医院的医生罗伯特·威尔逊；芝加哥大学的前社会学教授史迈士，曾在金陵大学执教；魏特琳曾在金陵女子大学教书，设立了中国妇女难民营。这些只是一小部分当时身在南京的外国人，他们的日记和信件最终保存在耶鲁大学。这些外国人面对日本军队的暴行，不由自主地带着感情详细地记录下所发生的一切。这些神职人员冒了很大的风险留在南京，帮助那里的中国人。所有这些人在南京停留期间都被日本人掌掴或是殴打过，其中一个甚至在扭打中从楼梯上滚落。当然，这和发生在南京城里中国平民身上的遭遇没法比。当我将一张又一张泛黄变脆的信件放在复印机上复印时，我的眼前匆匆闪过那些句子，内容关于成千上万被机枪扫射致死的男人，被用刺刀、碎瓶子或球杆蹂躏下体的女人和女孩。

只是看着这些对暴力的叙述就已经让我很难受了，想象一下，它们又会对那些目睹这些暴行的神职人员产生怎样的影响。约翰·马吉的儿子戴维·马吉告诉我，这导致了他父亲的过早离世。一位修女疯了，魏特琳后来没多久就自杀了。（正如我之前跟你在电话里提到的，魏特琳留下了500多页日记，足可以同《安妮日记》比肩。我准备将来编辑并出版这些日记。）

不去耶鲁的日子，我就到拉伊经营邮政业务的公司mailbox或Staples去，替邵先生复印文件（他之后给我钱）或是复印邵先生借给我看的那些论文，要么就是把大箱的资料寄回圣巴巴拉。我复印了上万页文件。

在我的空闲时间里，通常是周末，我会开车绕着拉伊转转，欣赏一下那些大别墅和皇宫一样的乡村俱乐部。拉伊住满了大公司的首席执行官、华尔街的管理人员和投资银行家，绝对是东海岸成功和财富的大本营。走到哪里都能看见戴着格子毡帽、穿着双排扣粗花呢风衣的年长的东部白人绅士，要么就是披着昂贵的毛皮镶边羊毛大衣的老太太。这个小镇比圣巴巴拉还要财大气粗，等级森严。

在我停留期间，我尽量不麻烦邵先生一家。我主动洗碗，在大人外出时帮忙照看小孩，动身去华盛顿特区前还送给小姑娘们一张30美元的巴诺书店购书卡。两周结束后，我觉得我已经和这家人混得很熟了。

1月28日，邵先生和孩子们送我到拉伊火车站，跟我告别。我坐车到纽约中央车站，然后又搭乘美铁列车到了华盛顿的联合车站。我朋友玛丽安·史密斯在那儿接我，我在接下来的两周里住在她家。

纯如在耶鲁大学神学院图书馆挖掘出了很多文件和记录。当然，我永远都忘不了她在那儿给我们打来的那通电话。看完魏特琳的日记后，纯如深受感动，当场哭了起来，并当即打电话告诉我们这个故事。纯如说，魏特琳出生在伊利诺伊州西科尔，和她一样，也毕业于伊利诺伊大学。魏特琳的日记生动而悲伤地记录了她在南京担任金陵女子大学校长期间目睹的奸杀掳掠。因为她令人敬仰的勇气、人道主义和坚持，魏特琳在安全地带庇护了上万名中国女性和儿童，使得他们免受日军的奸污和凌辱。然而，在魏特琳于1940年返回美国后，她因身体极度衰弱和精神上的折磨而自杀身亡。或许是因为魏特琳是一位如此勇敢的女性，或许是因为她也和纯如一样毕业于伊利诺伊大学，这引起了纯如的强烈共鸣。不管怎样，在此后几年中，纯如反复提到魏特琳在南京大屠杀中的遭遇。在耶鲁大学神学院图书馆打来的那次电话里，纯如告诉我们，她希望在《南京大屠杀》这本书完成后将魏特琳的日记出版。魏特琳所经受的折磨和最终自杀的结局极具悲剧性，她的生平事迹一直在纯如心中萦绕不去。魏特琳也是南京大屠杀的受害者之一。

在接下来的两周里，纯如和她的朋友玛丽安·史密斯住在一起。玛丽安是一位历史学家，为美国移民归化局工作，纯如几年前为钱学森一书搜集资料时认识了她。纯如在信中写道：

> 从1月28日到2月12日，我和玛丽安住在一起，继续在国家档案馆收集资料。这一次，我把绝大部分时间花在查看位于4层的微缩胶片记录上。周末的阅览室里坐满了研究家谱学的人，我能听见他们谈论祖先在美国内战中的参战经历，或者讨论寻找房契记录到底有多复杂。我偶尔也会去国会图书馆复印1937年的南京城区地图，查看老报纸的微缩胶片，或是翻检被制成微缩胶片的日文记录的编目。我在美国大屠杀纪念馆里待了一天，同档案管理员和学者们一道工作，从讲述犹太人大屠杀的书籍以及对战时刽子手的心理分析文章中摘抄段落。我甚至还去拜访了美国国家航空航天博物馆馆长弗兰克·温特尔，他要给我一份未发表的介绍钱学森在中国航天项目中的领导作用的文章，此文作者是钱学森的一位学生。
>
> 我在华盛顿见到的最重要的人是芭芭拉·卡利顿，她是我在约翰·霍普金斯大学时的教授。2月8日，我和她在国家出版大楼的《自然》杂志社办公室见了面，还一起在底层的咖啡厅喝了杯咖啡。
>
> 芭芭拉似乎很高兴见到我，我们用了一两个小时的时间交流近况。她仍在约翰·霍普金斯大学任教，同时为出版《自然》杂志的出版方创办了一本名为《医

药》的新杂志，她已经正式从《自然》杂志辞职，专注于这本新杂志。

芭芭拉想要听到更多关于《南京大屠杀》这本书的消息，因为她说与二战欧洲战场相比，她一直对亚洲战场的事情更感兴趣。

她督促我继续写书，表示她的学生里还没有人像我一样这么胸怀大志，在这一行如此成功。她很想知道其他学生的发展情况，希望有一天可以组织大家聚会。

纯如在东海岸待了5周，成果斐然。她说她拿到了许多素材，可能将来得用几年的时间才能好好消化。

在此期间发生的最重要的一件事是纯如与苏珊·拉宾娜在纽约的会面。纯如跟苏珊提到打算写一本有关南京大屠杀的书，她告诉苏珊，她非常想写这本书，有必要的话甚至甘愿自费出版。苏珊问起南京大屠杀到底是怎么一回事，为什么纯如想写一本与此有关的书。连苏珊都不知道有南京大屠杀这回事，这让纯如越发想要把这本书写出来，告诉世界更多真相。纯如向苏珊描述了她在图片展上看到的那些照片，还有她在国家档案馆和耶鲁大学图书馆收集到的资料。苏珊被这段历史吸引，要纯如马上写一份图书选题报告给她。

纯如后来对一位采访者说起她写这本书时强烈的情感："我是在非常愤怒的状态下写出《南京大屠杀》的。我不关心能不能赚到钱，让全世界知道1937年发生在南京的那些事对我来说很重要。"

1995年3月13日是我父亲的周年忌日。姐姐菱舲忙于准备到新泽西州父亲的墓地拜祭的事时，母亲在纽约的寓所里跌倒，摔坏了骨盆，她立即被送往医院。

母亲1979年被诊断出患有乳腺癌，1989年癌细胞转移扩散到了肺部。现在，1995年又发生了骨转移。

因为母亲的病情，我那年到纽约看了她4次。一收到她跌倒并摔伤骨盆的消息，我马上于3月23日飞往纽约，在那里待了1周，帮助菱舲照顾母亲。那时母亲已经出院，但我回家后，她的情况又恶化了，再次入院。2周后，我又飞去纽约，这一次住了2周。那时候，我的所有兄弟姐妹都有工作，我也得完成自己的研究，频繁的飞行和母亲状况的不稳定让全家人都很抓狂。5 月，母亲被转到位于布朗克斯区的 Calvary 医院，这家医院专门收治癌症晚期的病人。

纯如经常给我们打电话，了解外婆的情况。她想要给住院的外婆打电话，我劝她尽量长话短说，因为外婆需要休息。纯如继续跟我们汇报《蚕丝》那本书的进展：

1995 年 5 月 14 日

亲爱的妈妈：

我刚把所有的脚注写完——多么漫长而无聊的过程啊！

将来我准备多写点儿基于自己个人经历的书，那样就不用再写什么脚注了……

记得跟爸爸提一句，魏特琳的家人已经授权允许我编辑她的日记。这项工作只会占用我几个月的时间。如果幸运的话，某家商业出版社或许有兴趣出版这本日记，但我觉得还是大学出版社接手的可能性大些。我的代理人希望我完成自己的第三本书后再做这件事，因为她不想让这本书同《南京大屠杀》竞争。

下周三我要去采访一位国民党前将军，他在南京时曾装扮成一个僧人，目睹了大屠杀。他已经 90 多岁，住在洛杉矶蒙特利公园。

母亲节快乐——我明天或许会给你打电话。

爱你的，纯如

接下来，奇迹般地，我母亲的状况居然稳定下来。在 Calvary 医院住了 3 周后，本来以为将在那里辞世的她居然恢复过来，可以回家了。我认为这很大程度上归功于姐姐菱舲在此期间对母亲的悉心照料。

5 月 20 日，我必须在华盛顿的美国微生物学会大会上提交一篇研究报告。会议后，我转道纽约，于 5 月 25 日赶到 Calvary 医院，和菱舲一起接母亲回家，母亲很高兴见到我。事实上，她比上一次在纪念斯隆-凯特琳癌症中心时看起来好多了。那天晚上我也住在医院，我和菱舲坐睡在母亲的床边。出去上厕所的时候，在医院昏暗的灯光下，我听见从其他病房传出各种各样恐怖的呻吟声。实在太可怕了，怪不得姐姐和母亲坚持不管怎样都要回家。她的情况现在又稳定了，母亲说她更想在自己家里离开人世。

纯如写信给我说，她和布雷特将在阵亡将士纪念日那个周末回厄巴纳，庆祝从伊大附中毕业10周年。此外，布雷特也可以探望一下他父母。5月28日，我从纽约回到家时，他们已经回到厄巴纳。纯如告诉我们，她在中学同学聚会上遇见了许多同学，一些人变化很大，不仅是样子，还有态度。纯如说，他们对于纯如居然成了一名作家且著作即将出版大为惊讶。听到纯如现在在同学面前恢复了自信，我非常高兴。

1995年6月4日，纯如给我们写信汇报了一些好消息，其中最重要的一条就是，她已经收到哈珀柯林斯出版社寄给她的撰写《南京大屠杀》一书的正式出版合同：

亲爱的妈妈和爸爸：

我一回家就有好消息在等着我了！太平洋文化基金会给了我一笔经费，资助《南京大屠杀》的写作计划。虽然因为“经费有限”，最终批下来的数目比我之前申请的12 000美元少了些（一个人最多只能申请这么多），但这笔2 000美元的经费足够买一张飞到台湾的机票了。此外，哈珀柯林斯出版社的代表还给我留言说，中国一家出版社有意翻译出版钱学森的传记……

在电话里，我授权天下文化出版社出版我的书的繁体中文版……

第二本书的合同已经寄到，劳拉·布莱克和苏珊·拉宾娜推进这个项目的速度比我预期的要快。我开始严肃考虑，是否要在你们去哥本哈根和印度时把你们的家变成一个“作家隐修地”，这样我可以安静地在厄巴纳工作几个月。你可不知道上周对我来说是多么的放松惬意……

爱你们的，纯如

绍进1995年秋又可以休一次学术假，我们想要先后到哥本哈根大学的玻尔物理研究所和印度访问，绍进在这两个地方都有一些以前合作过的物理学领域的好友。我试图在哥本哈根大学分子生物学系寻找工作机会。我们俩忙着准备访问哥本哈根和印度的同时，纯如也在忙于安排她自己接下来的中国大陆和台湾之旅，去为《南京大屠杀》这本书收集资料。纯如打算采访仍生活在南京的南京大屠杀幸存者。纯恺也打算去中国！他在加州大学圣巴巴拉分校选修了一门中文课，有机会随一个语言文化旅行团访问中国。

我们后来放弃了去印度的计划，转而选择了墨西哥。绍进的一个学生在墨西哥梅里达担任物理学教授，他邀请绍进去那里开设系列讲座。于是，最终方案定为绍进在学术休假期间先于8月21日到10月30日访问哥本哈根，然后回家过感恩节，感恩节后，我们再去墨西哥访问3周。我很幸运，哥本哈根大学分子生物学系的本贾尼·霍夫–杰森教授（Bjarne Hove-Jesen）允许我在绍进访问玻尔研究所的这段时间在他的实验室继续进行我的研究工作。

与此同时，纯如告诉我，她每天工作到凌晨时分，修改钱学森传记的引用和参考文献部分。她想要在中国大陆和台湾之行前完成这本书，同时还要花大量时间为旅行做准备工作。她告诉我，她已经打好各种疫苗，还带了家用摄像机、笔记本电脑、录音机、许多磁带……看起来纯如准备得十分充分。

7月18日，纯如飞往香港——她此行的第一站。她抵达的当夜在旅馆房间里给我们打电话，抱怨街上太吵，睡不着。她说她第二天要去深圳，在那里坐火车去广州。

这次旅行之前，我曾对纯如的路线安排提出异议，我觉得坐飞机过去更直接，也更安全。然而，纯如想要先飞到香港，然后坐火车从深圳到广州，再到南京。她说1993年第一次去中国的时候，直接飞到了上海，她一直遗憾没有像钱学森当年从美国回到中国时那样坐火车。这一次，既然已经完成那本关于钱学森的书《蚕丝》，她也想体验一下钱学森曾经见过的乡村景色。

纯如从香港给我打电话时，我叫她多加小心，一到广州马上告知我们。然而，我们等了又等却没有她的消息，我开始担心起来，一两天后给布雷特去了个电话。布雷特告诉我们，纯如在广州坐上火车，应该已经到南京了，但她生病了。知道纯如已经抵达南京，我们直接把电话打到她住的地方。此行之前，纯如已经在南京大学校园里预定了专门提供给外宾的招待所（原来的金陵女子大学，魏特琳曾在那里保护上万名女性免受日本士兵的凌辱）。

我们最终联系上了纯如，追问她到底发生了什么事，她告诉我们事情的经过。到了广州之后，她几乎不敢相信，上万人挤在火车站的周围，如果不在人群中推搡前进的话，她甚至找不到买火车票的地方。纯如能说普通话，但在广州这一点儿用都没有，因为大多数人都说粤语。纯如跟许多人打听售票窗口在哪里，结果答案全都不一样。原来排队买票的人太多，没人清楚到底该站到哪里。最终，既困惑又沮丧的纯如看见了一个在那里维持秩序的警察，向他求助。她以为不管怎样，警察总能帮到她。在努力解释了半天之后，纯如问这个警察是否可以帮她买一张到南京的头等车厢软卧车票，她愿意付双倍的价钱。警察说他可以试试，走到售票窗口，回来的时候手里拿着一张车票。纯如非常高兴，给了他事先承诺好的钱。最后，她终于拎着大大小小的行李穿过站台上拥挤的人群，登上了火车。

在火车上，纯如开始寻找自己的铺位。她先是到了头等车厢，但那里的人告诉她应该到另一个车厢去。在走过了好几节车厢后，纯如终于到了那个车厢，然后意识到她的票原来不是软卧车票，而是二等票，根本没有床，只是车厢一边上下放置的两层硬木板，其中一张硬木板就是纯如的床。

纯如很生气，用中文嚷嚷着说："他骗了我！我买的是头等车厢的票！"许多人把纯如围了起来，问她到底发生了什么。这时候，列车长来了，是位女士，她说的第一句话就是："请出示你的身份证件！"纯如把护照给她之后，列车长说："哦，你是个美国人！"纯如感到自己的身份被泄露了，很后悔之前的大喊大叫。纯如对列车长解释了发生的一切：她给钱让人帮忙买头等车厢的车票，拿到的却是二等票。列车长说，虽然她对此十分同情，却无能为力，叫纯如安顿下来。

纯如屈服了，她不得不爬上自己上铺的硬板床休息。她环顾周围，发现车厢里根本没有隐私可言。十多个人挤在一处，男女老少都有，有些人还在盯着她看。纯如想："现在他们都知道我是美国来的了，我得千万小心……"可怜的纯如，她几乎连睡觉时都睁着眼睛。两个晚上，她都这样躺在硬板床上，把钱包和证件捂得紧紧的。

二等车厢没有空调，车窗大敞着以便风可以吹进来，但灰尘、煤烟及牛粪和垃圾的臭气也随之飘进来。天气又热又潮，从大敞的车窗外传来的噪声几乎刺穿纯如的耳膜。每当要去上厕所的时候，纯如都不得不从上铺爬下。她没带任何食物，只好从车上的小贩那里买吃的。不用说，终于到南京的时候，她病了。

电话里，我告诉纯如，我很担心她的病情，让她马上去看医生。我们还给绍进在南京的表亲打了电话，她是护士，我们请她替纯如买些抗生素。纯如待在南京的那段时间，我们几乎每天都给她打电话。我们当月的电话费账单超过了600美元！

前往哥本哈根前，因为担心母亲可能会在此期间去世，我决定再去看她一次。7月27日，我在纽约看望母亲时，绍进打来电话说，纯如从南京来电，说她的腹泻已经止住了，但肚子还在痛。此外，她的嗓子发炎了，咳嗽不停，她不知道到底是感冒还是对南京的灰尘和污染过敏。

我坐在母亲的病床前，面前是被骨骼中的癌细胞折磨得疼痛不止的母亲，太平洋的那一端，我能想象纯如一边咳嗽一边腹痛的样子。身处两者之间，我觉得心痛极了。

刚从纽约返回，我就给纯如打电话，听说她好多了，我立感如释重负。她说她已经采访了一些南京大屠杀的幸存者，现在忙着把采访录音和录像整理成电脑文档。她在南京请了个翻译帮忙将幸存者的中文采访内容口头翻译成英语，尽管纯如可以听懂幸存者的一些话，但南京方言还是令她无法全部明白。纯如说她非常努力地工作，如果没什么大事发生的话，她几乎没有时间给我们打电话。

纯如对我们讲述了她采访幸存者的进展："每个我见到的幸存者都极其渴望讲述他们的故事。每个采访，我都要花上几个小时，用录像带录下故事的细节。一些人在接受采访时情绪过于激动，甚至流下眼泪。所有这些人都想在离世前讲述大屠杀的事。"

当她发现这些幸存者都住得很差的时候，纯如的心碎了。她深为这些受害者鸣不平，表示写这本书既重要又急迫。她还告诉我们，她希望有朝一日成为一名律师，这样就可以帮助这些贫苦的受害者在国际法庭上讨回公道。纯如说，幸存者的证言以及目击者的叙述证实了她所读到的那些档案文件的准确性。

与此同时，我也获知，纯如和她的向导前去查看南京郊区的大屠杀现场时，被蚊子咬了一身包。她说那些行刑场现在遍布荒草，早已荒芜，虽然其中一些立有纪念铭牌。

当纯如回到自己的房间时，她发现腿上满是红肿的蚊子包，实在太痒了，她晚上根本睡不着。我很担心她会因此得上疟疾，于是马上登录疾控中心的网站查看中国是不是疟疾疫区，幸运的是南京不在疟疾危险区内。纯如很后悔没听我的建议带上驱蚊液。

我试图想象纯如在电话里告诉我的情景。在南京的炎炎夏日里，她和向导一起走进南京郊区的荒草丛中，寻找那些有标记和没有标记的行刑场。汗水浸湿了她的头发和衣服，那是一个热得不能再热的下午。当她看到刻在石碑上的死亡数字和日期，想到无辜的中国人就是在这里被屠杀后又被遗忘，巨大的悲痛涌上心头。纯如和向导看完遍布南京郊区的大小行刑场后，已经是傍晚，站在无名死难者的石碑前，看着西边美丽的落日，纯如陷入了沉默。晚风拂过她的长发，悲哀吞噬了她的心灵……

纯如遇到的另一个问题是寻找可以复制采访录像带的机器，她担心这些采访幸存者的录像带（她这一行最宝贵的收获）有可能被机场安检人员没收。后来，我们很高兴听说她已经在南京找到复制录像带的机器。纯如请她的翻译替她在家里保存了一份录像带的副本（我们后来知道，这个人是杨夏鸣教授），然后告诉他，如果她那份丢失了，至少他还有备份。幸运的是，纯如的录像带顺利通过安检，没有出任何问题。

我们 8 月 21 日动身前往哥本哈根，纯恺于 8 月 19 日抵达南京，而就在同一天，纯如离开南京前往台北。

在哥本哈根住了 1 周后，我们收到了纯如 8 月 29 日从台湾发来的电子邮件：

亲爱的爸爸和妈妈：

对不起没有早点儿给你们写邮件……今天我参观了台北“国史馆”，如果一切顺利的话，明天会去采访两个曾在南京日本军队里干过的台湾人……我听说台风就要来了。

国际妇女大会马上要在北京召开……很遗憾赶不上去参加了。关于杀害女婴、女性人口不足和慰安妇的问题想必会成为辩论的焦点，但我不知道中国政府会如何回应这些话题……

此外，我还是有点儿虚弱，虽然看起来我只是过敏，而不是感冒……每个我见到的外国人，甚至我采访的中国人都有同样的毛病——我们怀疑这或许是空气污染、花粉、粉尘及糟糕的空调所导致的。回头再跟你们联系……

一切都挺顺利的。

爱你们的，纯如

9月2日，纯如启程回家前四天，她再次给我们写信：

亲爱的爸爸和妈妈：

有一些好消息，也有一些坏消息。好消息是这儿根本没刮台风，只不过下了点儿毛毛雨，坏消息是现在台湾的1937—1938年曾在南京日本军队中服役的老兵全都不在人世了。我在当地的军方联系人疯狂地打了一圈电话试图找到一位幸存者，结果一无所获。原来我打算采访的两个老兵那时候根本就不在南京，他们当时驻扎在上海近郊，大屠杀发生几年后才到了南京。

巧合的是，学术活动中心正在举办一场关于二战历史的学术会议（9月1—3日），我见到了许多有意思的人……两个研究南京大屠杀的中国专家（其中一个叫吴天威，他是南伊利诺伊大学的教授。他帮我写了一封很好的推荐信，用于申请太平洋文化基金会的研究经费）。我的健康状况有所好转，期待早日回家……回头再写封长信给你们汇报这一趟的各种细节。

那些老兵仍在寻找有可能曾于1937年在南京的日本军队中服役的人，但我可不敢指望……如果他们找到的话，我会试着联系。到目前为止，我采访了超过10位大屠杀的幸存者。

爱你们的，纯如

9月15日回家后，纯如显然已经完全恢复过来，她给我们写了一封长信，汇报钱学森传记的进展，以及在写作《南京大屠杀》时的一些安全顾虑：

亲爱的妈妈：

……昨天我和苏珊·拉宾娜谈过了，她说普利策奖得主、《天与地》一书的作者沃尔特·麦克杜格尔在我的书正式出版时会为我写书封推荐——我现在已经有3个非常棒的书封推荐了［另外两个来自阿诺德·克拉米什和约翰·布卢特（John Bluth）。克拉米什是一系列二战历史著作及间谍小说的作者，是参与过“曼哈顿计划”的物理学家；布卢特则是喷气推进实验室的官方历史学家］。此外，苏珊还跟我说，《出版人周刊》登出了一张印有我名字的书的封面照片（9月4日那期，第40页）——封面很漂亮，是个火箭的剪影，背景是一幅绣着龙的红丝缎。

…………

现在轮到坏消息了。我有点儿担心基本书局/哈珀柯林斯未来作为一家学术图书出版公司的前景。我在中国的时候，基本书局经历了重大结构调整，许多编辑都被解雇了。幸运的是，苏珊不仅保住了职位，还得到了晋升，所以她比以前更忙了。新的基本书局会更关注商业出版物，虽然宣称依然会继续出版严肃出版物。显然，没法给基本书局赚钱的编辑或作者将被淘汰。苏珊说我应当没事，因为我总是挑选那些不仅有文学性也有商业价值的选题，而且想找到一个兼顾文学性和商业性的作者并不容易，她这么说……

我觉得爸爸和罗伯特·里德教授是对的，我该像他们说的那样在进研究生院前（如果我这样做的话）尽可能多写几本书，因为出版社的大门不见得会一直向我敞开。出版业变得越来越像一个“赢家通吃”的市场。9月18日的《新闻周刊》宣称：“百万美元预付稿酬综合征是一个产业为了满足大型连锁书店对超级畅销书的需要和娱乐业巨头改编影视剧的造梦过程而逐渐发疯的标志。现在不再有时间让一个作家通过三四本小说逐渐自我完善，希望他最终可以找到自己的读者群了。今天的出版商举着钞票争着抢着签下下一本《廊桥遗梦》。”这篇文章写到，45岁的不知名的英国编剧尼古拉斯·埃文斯居然把自己的处女作《马语者》卖出了615万美元的高价（315万美元的图书版权费，300万美元的电影改编权费），而这本小说甚至还没完成！在我听到这个新闻后，唯一让我没有马上挖个坑把自己埋了的原因就是，转念一想，或许新千年的尼古拉斯·埃文斯就是我呢！

爱你的，纯如

第二封电子邮件紧接着上一封：

亲爱的妈妈：

忘了跟你说，等到有时间，布雷特和我要搬到一个两居室的公寓里去。搬家的原因是我们需要更多的空间，而且我想让我们的新家不那么容易被一些日本狂热分子找到。有人对我的安全问题表示了担忧（我的大部分朋友都觉得一旦这本书出版，我就会安全得多，因为南京大屠杀的“秘密”已经大白于天下），我不知道他们是不是有点儿疑神疑鬼，但我知道中国政府不建议学者撰写关于南京大屠杀的著作，因为担心日本右翼极端分子会威胁他们的人身安全。

今天我在电话里跟几位私家侦探聊了聊，看看有没有什么办法躲避公众的视线，他们曾帮助本地名人和他们的女朋友“消失”。得知人们可以从你的名字和电话号码中掌握那么多有关你的信息，真是令人吃惊……一个侦探用我的名字和电话号码找出我的社会保险号码和过去5年中用过的所有地址……他们在电话里给了我很多建议……

保持低调的基本准则是：在所有的表格和通信往来中都使用邮政信箱地址，尽可能避免使用真实住址。哈珀柯林斯出版社和我的新代理人都只有我的邮政信箱地址和电话号码，除非他们打算来看我……

布雷特对这些事情很烦，因为他不认为有什么人会来找我麻烦……布雷特的妈妈之前劝我取消中国之行，现在她认为或许我根本就不该写这本书。

与此同时，我还是对私家侦探和联邦调查局在电话里跟我说的那些事深感好奇：你知道吗，有时候从一张纸片就可以追踪到源头的公司，用DNA分析的方法可以凭借一张邮票上的唾液找到嫌疑人。

爱你的，纯如

在回信中，我提醒她，作为一个负责任的作家，她应该展现真理、美丽和人性。对于日本右翼狂热分子可能造成的威胁，我建议她听从私家侦探的建议，做好自我保护。然而，我不觉得她有必要过于恐慌甚至疑神疑鬼。

虽然我们身在哥本哈根，但仍能通过CNN（美国有线电视新闻网）的英语频道收看美国新闻。9月底，最热点的新闻就是审判O. J. 辛普森。10月2日，宣判前一天，我收到纯如的电子邮件，她说她坚信陪审团会判定辛普森有罪。10月3日，法庭宣布辛普森无罪。纯如马上写信给我们：

亲爱的爸爸：

我崩溃了……陪审团居然裁定O. J. 辛普森无罪。怎么可以这样？

妈妈或许会告诉你我昨天写的那封过于乐观的电子邮件，当时我绝对相信陪审团会判定辛普森有罪……

新闻说辛普森今年在监狱里赚到的钱比他是个自由人的时候还多……辩方的分析令人震惊：有人因为比这桩案子少得多的证据便被裁定有罪并处决……

怎么可以这样呢？怎么可以这样呢？

纯如

在紧接上封信的另一封电子邮件中，纯如写道：

亲爱的爸爸：

……或许我太天真了，居然认为O. J. 辛普森会被宣判有罪。显然种族问题在这个国家已经变得如此极端，核心的谋杀反而都不被当回事了。

听到宣布陪审团裁定时我真的很恶心。到底陪审团还要多少证据才够呢？……

人们当然可以说证据是捏造的，但过了某一点之后，这就变得荒谬了。辩方的战术让我想起那些仍在顽固否认南京大屠杀曾经发生过的日本人。即使面对堆积如山的照片、文件和目击者证言，一些日本人仍相信大屠杀是中国人编造的谎言。他们说，照片可以涂改，文件可以伪造，目击证人可以被收买。那么西方人拍下的纪录片和报纸上的文章呢？全都是政治宣传和追求轰动效应的假新闻。当有人相信这不过是美国和中国合力陷害日本的一个大阴谋时，连中国档案里的掩埋记录和美国截获的日本外务省电报这样的一手资料都可以被驳回。一些日本历史学家于是试图用玄虚抽象的辩论来迷惑众人：真相是什么？难道不是视你站在哪一边而定？或许根本就没有所谓的真相，你如何能够相信你所见到的就是真相？如此等等，真让人恶心。一些人甚至暗示，没人能把南京大屠杀写成书，因为这是大规模的暴行，没人知道准确的死亡人数。这是否意味着因为不可能一一清点尸首，历史学家就不能书写美国内战或第二次世界大战或任何一场战争了呢？简直荒谬！

爱你的，纯如

我们从哥本哈根回到家，正好赶上过感恩节，纯如和纯恺也都赶回家来过感恩节。纯如和布雷特此行还为了参加布雷特弟弟的婚礼。对纯如来说，还有另外一项重要活动：她的新书《蚕丝》将在尚佩恩老少咸宜书店（Pages for All Ages Bookstore）举行签售仪式。1995 年 11 月 22 日早晨，纯如接受了 WILL-AM 电台的杰克 · 布赖顿（Jack Brighton）的采访。晚上 7 点，当绍进和我陪着纯如一同到书店签售时，遇到了许多老朋友、纯如的高中同学、大学好友、老师和教授……事实上，这就像是一个盛大的欢迎派对！

对纯如来说，她的第一本书就像她的“头生子”。对我来说，1995 年 11 月 22 日那天，拿着那本书，就好像抱着我的“外孙”一样！纯如和我们花了多少时间来讨论这本书啊：从申请经费支持到中国之行，从翻译有关钱学森的中文文章到把锁在国家档案馆里的纯如救出来。绍进和我一直是纯如的拉拉队队员。这是纯如的一段人生经历，也是我们的！

第十一章
生物钟

“我刚刚可以要求6位数的预付稿酬，

却不得不把节奏调慢准备生孩子！”

图书签售和感恩节后，1995年11月26日，纯如和布雷特返回圣巴巴拉。我和绍进前往墨西哥，继续休假。绍进以前的一个学生现在已经当上梅里达物理研究所的教授，他开车到机场迎接我们，然后把我们送到一栋很不错的公寓楼。接下来的3周，我们将住在那里。在此期间，绍进为研究所的学生们做了几场物理学报告，而我一直在认真地读纯如的书。尽管在写作过程中，纯如跟我们讲过钱学森的生平故事，我们甚至还帮她翻译了一些中文的文章和信件，但直到出版前，我们一直都没见过书的底稿。当我读这本书的时候，每发现一个错误之处，我就记下来，这样加印时纯如可以让出版社修正。

我们于12月17日动身回家，那时我已经读完纯如的书，并做好了发表意见的准备。毫无疑问，我被这本书打动了，不是因为作者是我的女儿。客观地说，《蚕丝》是本功课做得很到位、写得也很不错的书。我们听到许多赞赏之词，其中一些出自研究航天工程和物理学的教授朋友之口，他们一向是“有话直说”的人，而且从不轻易赞扬一本书。他们惊讶于纯如虽然没有学过工科，却能理解并准确地描述航天学和火箭科学的内容。纯如为这本书的资料收集和写作花了超过3年的时间。纯如说，她的图书编辑苏珊·拉宾娜和其他一些朋友都对此书大加赞赏。我们一直知道纯如是个有天分的作者，《蚕丝》的出版恰恰向外界证实了这一点。

1996年1月21日，一个周日的早晨，纯如从圣巴巴拉打电话给我们，激动地说，华盛顿的约翰·泰勒刚刚打电话通知她，《华盛顿邮报》书评版头版刊登了一篇关于她的书的评论！纯如非常兴奋，听上去简直有点儿上气不接下气。她要求我们替她多买几份周日的《华盛顿邮报》，替她留着，因为她刚刚四处打过电话，得知周三之前《华盛顿邮报》都不会在她那边上架销售。绍进和我马上开车到巴诺书店，买下那里所有的《华盛顿邮报》。我们立刻开读，评语很坦率、很正面，一点儿批评的话都没有。我们可以想象到大报可不会轻易评论一本书，更不用说是《华盛顿邮报》这种全美发行的主流报纸了。

那之后不久，许多主流报纸和杂志都发表了关于纯如的书的书评。3月5日，《芝加哥论坛报》刊登了一篇评论。3月14日，《自然》杂志上的书评也称赞了此书。接下来，《科学》杂志也发表了关于《蚕丝》一书的评论，书评中还附带刊登了一张明显为摆拍的钱学森在黑板前的照片。《自然》和《科学》是全球最重要的两本科学杂志，在美国发行量极大。纯如告诉我们，她为自己的书居然可以被如此受尊重的两本杂志评论而深感荣幸。

纯如的书之所以可以赢得如此广泛的关注及媒体报道，与当时两岸关系十分紧张、大陆进行军演有一定关系。1996年3月23日，台湾地区即将举行领导人大选。中国政府坚持一个中国原则，担心台湾地区领导人候选人李登辉可能鼓吹台湾独立。于是，3月8日，中国政府举行了一次台海军事演习，包含导弹射击演习。

中文和英文的新闻报道我们都会看，因此我们对大陆和台湾之间的紧张局势十分清楚。我打电话给纯如，提醒她务必在接受媒体采访时指出，中国大陆在台海军事演习中所使用的导弹正是由“中国导弹之父”钱学森研发和改进的。很快，东海岸的一些广播电台就为纯如的书采访了她。3月14日，纯如受美国全国公共广播电台《事事关心》节目邀请，到他们位于千橡公园的演播室接受专访。所有这些活动都与台湾海峡的紧张局势有关。3月23日，香港英文报纸《南华早报》刊登了一篇关于纯如的书的文章，里面附有一张巨大的钱学森身着军装的照片，而他参与研发的导弹的照片被放在文章上方最显眼的地方。当然，这对纯如的书是种绝佳的宣传，并进一步帮她确立了在文学圈中的地位。

2月，纯如告诉我们，她在圣巴巴拉当地的书店举办了一场图书签售会。3月，在圣巴巴拉的著名作家午餐会上，她也接受了采访。当地报纸刊登了关于她和她的书的深入报道。人们发现纯如是个很好的公众演说家，应对采访时如鱼得水。事实上，她已经成为当地的名人。

然而，当基本书局告诉纯如，虽然这本书在主流报纸和杂志上反响不错，但销量平平时，她显得有些失望。

1996年3月11日，纯如写信给绍进：

亲爱的爸爸：

今天我接受了主流纽约电台WOR访谈节目的采访，他们只提前了3个小时通知我关于采访的事……WOR电台昨晚收到我发给他们的传真，临时决定通知我参加那个节目。因为台湾海峡的紧张局势日益升级，现在我上电台比以前容易多了。

苏珊说，尽管我的书比基本书局一般的书赢得更多的媒体关注和评论（而且都是好评），但销售量实在一般（或者还比不上一般的书）。换句话说，这本书颇受书评人的关注和赞赏，但读到这些书评的人不会蜂拥购买《蚕丝》这本书。相反，基本书局另外一些书在短短几个月里就卖出去几万本，却没有收到任何书评。不过苏珊说，一个作者想要扬名，好的口碑还是重要的……

爱你的，纯如

纯如还向我们抱怨说，基本书局出尔反尔，没有让她参加六城巡回图书推介活动。纯如说，签订下一本书的合同时，她会记住约定这件事的。

有了这种知名度，纯如对自己的“作家”生涯信心满满：她已经出版一本书，还有一本书正在进行。在这段时间我们无数次的电话交谈中，纯如显示出想要成为一名大名鼎鼎的世界级畅销书作家的野心。就像传教士苦读《圣经》一样，她读了很多名著，细心研究这些书的写作风格。她说：“我不去教堂，我去图书馆。我崇拜书本。”

她还说："书是作家实现不朽的终极道路。"她想要赢得身后之名。

纯如还回忆起她的小学和中学时代："小学和初中时，我是个独行客，可我并不介意。读书时，我能找到无尽的乐趣。"她还记得在图书馆卡片目录上找到一本自己想看的书时的愉快心情，她说："我随手抄下目录卡片上的索引书号，跑过通道。我的心怦怦跳，我是那么兴奋，几乎无法呼吸，好像马上就要晕过去似的。"

除了读书和写书，纯如还在闲暇时间看了很多电影。她是个电影迷，她说她对剧本写作也感兴趣。她很早就认识到，电影越感人，对观众的影响力就越大。她系统观看了大量奥斯卡获奖影片，逐个片段地研究电影中的场景。"我喜欢那种结构紧凑、画面优美、讨论永恒不变的人性主题的电影。"她说。她喜欢的电影包括《终结者》、《阿波罗 13 号》、《狂野之河》和《证人》。"我最喜欢的电影里的主人公总是目的明确，将命运掌握在自己手中，克服种种障碍，与命运做斗争，最终取得胜利！"

纯如还提到过自己喜欢的一些关于阶级斗争、阶级歧视或战争的史诗片，比如《飘》、《郎心似铁》、《巨人》和《原野奇侠》等，她说自己将来要写的书也将围绕这些永恒不变的主题。纯如总是跟我说起下一本书的构思，看起来她的灵感和好奇心简直是无穷无尽的。

1996 年 2 月 12 日，纯如看完《新闻周刊》上一篇关于婴儿大脑的封面文章后惊慌地给我们打电话，她原本想写一本关于如何提高婴儿智商或如何培养天才的书，但这个想法被《新闻周刊》的那个封面故事推翻了。我们告诉她："你有上百个点子，但只能实现其中很少一部分。你不能同时写两本书。"绍进还补充说："想要一下抓两只兔子的人最终只会两手空空。"我们奉劝她，她目前正在写的那本书是一本重要且严肃的书，她需要全神贯注地完成它。"你可不要分心哦。"我们对她说。

在纯如生命中的这个阶段，她感觉已经接近自己为自己设定的目标，或者至少已经成为自己想要成为的人——一个作家。现在，她也想帮助布雷特在职业生涯中更进一步。纯如说布雷特非常聪明，应当去上商学院，拿个 MBA（工商管理硕士）学位，她说他完全可以成为一名首席执行官。接下来，我们便知悉，纯如说服布雷特申请了美国最好的商学院——哈佛商学院，而且全力帮助布雷特完成了申请手续。5 月 19 日，布雷特收到哈佛商学院的录取通知，纯如喜出望外，但布雷特同时也收到一些高科技公司的聘书，而他本人也想在硅谷工作。纯如坚持认为布雷特应当去上哈佛商学院。最终，布雷特同意，如果纯如的下一本书拿到很高的预付稿酬，他可以推掉那些高科技公司的工作，因为在他读书期间，他们的财务状况可以得到保障。

如何确保拿到一大笔预付稿酬成了纯如 1996 年的头等大事。在《南京大屠杀》这本书的写作之外，她一直在琢磨下一本书的选题。纯如反复在电话里对我说，她感到作为一个像她这样有梦想、有事业心却要受自己生物钟支配的女人来说，生活实在很不公平——该生孩子的时间正好与生命中最有创造力的时间重合，她感觉被身为女人这一点所束缚。“我刚刚可以要求 6 位数的预付稿酬，却不得不把节奏调慢准备生孩子！”她喊道。一本关于女性生物钟的新书构想由此而生，她说这本计划中的书将为职业女性和女性知识分子寻找一个兼顾家庭和事业的解决方案。纯如相信，如果女性没有生物钟的问题，她们就可以与男性平等竞争。现代科技已经可以帮助有需求的女性延缓或推迟她们的生物钟。纯如开始积极地为这个题目搜集资料，准备写一份完美的选题报告。

令她失望的是，当纯如将这个主意告诉苏珊·拉宾娜时，苏珊当时对此并不感兴趣。就在此时，纯如更换了自己的代理公司。纯如对我们说，她委托威廉·莫里斯代理公司的梅尔·伯杰（Mel Berger）作为她下一本书的代理人。据纯如说，梅尔是个很有能力的图书代理人，有几个著名的客户。纯如说梅尔曾是《阿波罗 13 号》的作者的版权代理人，并推动将这本书搬上银幕，大获成功。纯如相信梅尔可以帮她为第三本书拿到高额预付稿酬。当纯如联系上梅尔而梅尔又答应做她的图书代理人时，纯如喜出望外。梅尔告诉纯如，她可以向他提交图书选题。显然，他对《蚕丝》一书印象颇深。纯如向他提及了生物钟这个选题，梅尔要求纯如把它写出来，将选题报告发给他。母亲节那天，纯如给我打来的一个祝贺电话，最终却以她的哭诉结束。纯如坦承自己感到进退两难：是靠实现自我价值而达到成功，还是通过嫁给一个成功的男人而成功。她觉得被自己的生物钟所束缚。

1996 年 5 月 18 日，我去新奥尔良参加一个全国性的微生物学会议，并计划在此之后到纽约看望我母亲。我母亲的身体状况日渐恶化，从频繁打给她的电话中，我觉察到她的声音变得虚弱，由于癌症，背痛也变得严重起来。她不良于行，卧床不起。我把外婆的情况告诉给纯如和纯恺，当纯如听说我要去纽约时，她把东海岸之行的计划稍作安排，正好和我的时间一致，这样我们可以在纽约见面。纯如说她要再去一趟美国国家档案馆，查看一些文件。此外，她还得去纽约找苏珊谈谈。5 月 23 日，当我赶到母亲位于孔子大厦的公寓时，纯如已经等在那里。

在这栋大楼前的小花园里，纯如把她的担忧全都告诉了我。她显然瘦了不少，写作《南京大屠杀》消耗了她不少精力。她说她的头发掉得厉害，而且晚上睡不好。除了《南京大屠杀》里面的内容让她情绪低落，纯如还为其他一些事而不开心，其中一件便是她不确定第三本书可以拿到很高的预付稿酬。她压力极大。我说我很吃惊她居然会这么拼命，问她为什么要折磨自己，我劝她应当专注于完成《南京大屠杀》这本书。我试图帮她振奋精神，提醒她去想一想其实她已经获得了许多成就，她父亲和我都为她深感骄傲。我能看出我的话让她释然了一些。

6 月，布雷特接受了位于森尼韦尔的应用信号技术公司的职位，他们准备 7 月从圣巴巴拉搬到北边的森尼韦尔。

搬家前，纯如保存着好几箱她在过去几年中为《蚕丝》一书收集的资料。纯如对每件文字记录都视若珍宝，她收集到的资料档案总是整整齐齐地归类好，放在文件柜里的档案夹中，仔细做好标签。纯如从来不会扔掉自己的任何一张研究资料，但现在书都已经出版，没什么必要再搬走这些文件。加利福尼亚大学圣巴巴拉分校图书馆的档案管理员非常想拿到纯如的研究资料，并告诉她可以以纯如的名字单独为这些文件设立一个保藏区。最终，纯如决定将关于钱学森的研究资料捐献给加利福尼亚大学圣巴巴拉分校图书馆的多元文化中心，这些资料被保存在一间以纯如名字命名的屋子里。但纯如承认，与这些陪伴了她三四年的资料分开，在情感上还是相当难以接受的。

1996 年 7 月 15 日，纯如通知我们，他们已经搬进森尼韦尔橡树南大街 655 号的一套公寓。此地在旧金山以南约 50 千米处，位于硅谷正中心。纯如向我们描述了他们的公寓，那是一栋围合成四方庭院的大公寓楼，住户都是年轻人，职业、文化和民族各异。纯如说，她迫不及待地想让我们去看她。

纯如还提到，就在搬家前，她完成了生物钟一书的选题报告，并会寄给我们一份以征求意见。纯如还把它寄给了她的一些朋友。没过多久，我们就收到了纯如的选题大纲，题目是“拨转生物钟：新千年的生育革命”。纯如请我们在她把这份报告寄给梅尔前坦诚地将看法告诉她。

这份选题报告有 24 页，分成三部分。在综述部分，纯如指出：“女性的生育时钟或许是女性解放的最终障碍，它让女性在职业发展的关键时期饱受折磨，迫使许多最优秀、最聪明、最有事业心的女性做出不情愿的抉择，要么从快车道上退下来，要么索性放弃做母亲。此外，女性比男性更早失去生育能力这一事实也令她们在择偶游戏中处于劣势。”但纯如也指出：“在新千年将近之时，科学家已经可以消除这一古老的障碍。”在第一部分，纯如表示她将“回顾女性生物钟的历史，即在农业时代和工业时代，它如何令女性处于从属地位。第二部分将调查在当今全球社会中生物钟的影响继续存在的现实——它仍在工作和与男性的两性关系中压制着女性。第三部分用来预言现有技术力量对于未来消除生物钟及将我们的社会推进到一个新时代的种种可能的影响”。

因为我当时忙于自己的研究，绍进比我更仔细地阅读了纯如的选题报告。不过，我还是尽可能地详读了这份报告，并给出了自己的意见。我对纯如说，这本书是面向大众读者的，因此不应牵涉太多科学细节，比如卵子如何在液氮中保存的技术细节。我还建议纯如不要在书中劝人太晚生孩子，最晚到 45 岁。我告诉她，根据我的经验，如果一个母亲业已年过六旬，就算有一个正常且健康的孩子，带孩子也会变得很困难，因为小孩总是精力充沛，而年纪大的人做不到。

一两个月后，纯如说梅尔告诉她这个选题被大多数出版商拒绝了，这对纯如来说是个很大的打击。纯如告诉梅尔，她想重新修改选题报告，再试一次。梅尔说他愿意重新替她提交修改过的选题报告，于是纯如努力做出必要的修改。那时，我们并没有意识到这个选题居然对纯如如此重要。每次她打电话来谈及此事，我们都转而跟她说《南京大屠杀》的事，我们建议她先专心完成《南京大屠杀》那本书，然后再考虑其他。但事实上，是书和出版之外的一些事正在困扰纯如。

在纯如的内心深处，一直藏着不甘雌伏的念头。有一天，她抱怨说："要是我能再多些时间就好了！如果我可以不被自己的生物钟拖后腿……"另一次，她告诉我，布雷特和她各自写下未来20年的目标。她说，看到无论是在职业上还是在生理上自己只剩下寥寥几年"高产"的日子，就十分难过。我告诉她，她不该这么拼死拼活，把人生计划订得如此严格，她应当放松。我跟她说，这些事情总能找到两全其美的办法，许多女性可以把事业和家庭都处理得很好。

1996年9月12日，纯如把修改后的生物钟一书的选题报告寄给我们。我和绍进又仔细看了一遍，给她提了些建议。在那之后，我们再没怎么听她说起过这件事，因为在我们的生活中，一件更重要的事情发生了：在德国，拉贝日记被发现了，并且成为国际新闻，纯如和即将出版的《南京大屠杀》现在成了媒体关注的焦点。

第十二章
重大突破

“作为一名作家，

我要将这些受害者从遗忘中拯救出来，

替那些喑哑无言者呼号。”

1996 年对纯如来说事务繁杂，她得尽快完成《南京大屠杀》的写作，因为该书计划于 1997 年出版，还要忙于为 1995 年 11 月刚出版的《蚕丝》一书做宣传。与此同时，纯如也在积极地修改关于生物钟的下一本书的选题报告。但最激动人心的事还是那年春天拉贝日记的发现——这是纯如职业生涯的一个巨大突破，它极大地帮助了纯如完成对南京大屠杀这段历史的圆满叙述。当时，由于纯如分心于生物钟一书的选题报告，《南京大屠杀》的写作几乎被搁置。

1995 年 1 月，在耶鲁大学收集关于南京大屠杀的资料时，纯如第一次听说约翰 · 拉贝其人。在大屠杀期间留在南京的传教士的日记和书信中，拉贝的名字频频被提及。

1937 年 12 月 12 日，日军攻占南京后，在 6~8 周的时间里，日本军人就屠杀了 26 万 ~35 万名中国平民，并极其残忍地强奸了 2 万 ~8 万名中国女性。在这场大屠杀中，一群西方人——来自欧洲和美国的传教士、学者和医生选择留下来，在南京设立了一个约 5.2 平方千米的安全区，保护了大约 25 万名难民。安全区的负责人是德国商人约翰 · 拉贝，他也是纳粹党南京分部的副部长。

纯如告诉我们，她一直对约翰 · 拉贝这个人充满好奇。美国的抗日战争史实维护活动家和中国的历史学家都跟她说，自 1938 年 2 月返回德国后，拉贝这个人就销声匿迹了。他现在在什么地方？是不是还活着？如果他去世了，还有后人留下吗？拉贝回到德国后发生了些什么？在好奇心的驱使下，纯如动手搜集了更多关于拉贝的资料。

1995 年夏，纯如从台湾回来时，从台北“国史馆”带回了一些关于南京大屠杀的档案，里面是德国政府关于南京屠杀一事的外交报告。因为这些报告都是用德语写的，纯如需要一个既懂德语又懂英语的人帮忙翻译，她的一个朋友把会说 5 种语言且德语流利、也住在圣巴巴拉的芭芭拉·马辛（Barbara Masin）介绍给了她。

1995 年 12 月，芭芭拉对着录音机口头将文件翻译出来，纯如则在一旁记笔记。“当她开口讲述的时候，客厅里回荡着数以百计的罪行。”纯如从报告中得知，约翰·拉贝在自己南京家中的院子里收留了两三百名妇女，让她们住在暂时搭建的棚子里。关于他保护难民免遭日本士兵强奸和杀害的事例在报告中数不胜数。拉贝走遍了南京城内外，记录下大屠杀的规模。报告中还记录了他于 1938 年 2 月动身返回德国的事，拉贝对他的中国朋友承诺，一定会告知德国政府发生在南京的一切。他准备向戈林和希特勒呈交一份关于南京暴行的报告和纪录片。（纪录片出自传教士马吉之手，其中一份后来被偷偷带到美国，《生活》杂志刊登的引起轰动的关于南京大屠杀的照片即来自其中。）南京人祈盼拉贝的陈情或可令纳粹掌权者向日本政府施压，阻止暴行。纯如非常好奇：纪录片和报告最终被送到希特勒手上了吗？在递交了纪录片和报告之后，拉贝又有怎样的遭遇？

根据停留在安全区内的美国传教士的日记和信件可知，拉贝是个不知疲倦的守护者，他一次又一次地给日本官方写信，要求停止暴行。因为他的纳粹党党员身份，日本士兵在他在场时总是忌惮三分。在中国难民的眼中，拉贝简直就是救世主——南京的辛德勒。

纯如告诉我们，她收集的资料越多，就越想知道拉贝离开中国后的命运。毕竟，与曾和他在安全区内并肩作战的其他西方人不同，拉贝没有在远东国际军事法庭上指证日本人的罪行。在他返回欧洲后，人们也再没他的音信。纯如联系了一些学者、政治活动家和南京安全区委员会成员的后人，但没人知道拉贝此后到底经历了些什么。于是，纯如决定一边写书，一边寻找拉贝。

纯如告诉我们，她先是写信给德国西门子公司总部，拉贝曾经是该公司的员工。西门子公司的档案管理员回信说，他们的确有关于拉贝的文件，但遗憾的是关于他的最后一条信息是他于1931年被调往西门子驻南京的办公室。档案管理员表示，没有任何关于拉贝1938年后行踪的信息。不过，文件显示，1900—1903年，拉贝曾经在汉堡的一位商人那里当学徒。纯如于是开始尝试从那里找起，她认为拉贝或许与汉堡有某些瓜葛。

纯如告诉我们，她准备在汉堡当地的报纸上登广告寻找拉贝。与此同时，她也找到了美国国家档案馆的档案管理员约翰·泰勒。在纯如为《蚕丝》和《南京大屠杀》两本书收集资料时，泰勒帮了她很大的忙。泰勒人脉很广，似乎认识世界上每一个历史学家。泰勒建议纯如联系一位身在加州的德国历史专家，这个人又把纯如介绍给了一位对汉堡城市历史十分了解的德国女士。1996年4月26日，这位女士写信告知纯如，她已经找到约翰·拉贝的外孙女乌苏拉·莱因哈特（Ursula Reinhardt）。所有关于如何找到拉贝后人的细节都被写进了《南京大屠杀》一书的第9章。

纯如与我们分享她的每一点进展和每一个发现，每当有大的发现时，她都会立即打电话给我们，有时甚至是在深夜。纯如找到乌苏拉·莱因哈特后与她保持了密切的书信往来。纯如和乌苏拉之间的信经常长达数十页。5月的一天，纯如兴奋地给我们打来电话，她说乌苏拉告诉她，拉贝在南京大屠杀期间写了日记！据纯如说，乌苏拉是拉贝最宠爱的外孙女，乌苏拉的妈妈在拉贝去世后将拉贝的日记和其他一些文件转交给了她。乌苏拉小心地保存着外公的文件、日记和照片，其中就有极其宝贵的南京大屠杀的记录文献。乌苏拉非常慷慨，在写给纯如的信中，她将拉贝最后的几篇日记翻译成了英文。乌苏拉会讲英语，纯如经常给她打电话，还在电话里采访她。有时候直到加州时间凌晨3点，纯如还在跟乌苏拉通电话。纯如还寄给我们一份乌苏拉的来信的复印件，分享她的兴奋之情。

我们意识到，约翰·拉贝的日记及与他相关的报告和文献都极其珍贵。日本右翼政客否认南京大屠杀真实发生过，而拉贝日记是驳斥这一主张的最强有力的证据。就如何处理这份日记的问题，纯如和我讨论了很多次。纯如的书将于1997年出版，那是1年半之后的事，我们都认为将拉贝的日记及他的事迹公之于众的时间最好和《南京大屠杀》的出版时间离得越近越好。然而，直觉告诉我，我们或许没办法将这个新闻掩盖那么久。我们一直担心发现日记的消息可能外泄。我是那种小心谨慎的人，因此为纯如担心。

纯如从图书馆和档案馆找到了大量与南京大屠杀相关的史实材料。在写《蚕丝》时，纯如曾跟我们说起她希望可以拿到更多关于钱学森的资料。但在写《南京大屠杀》时，纯如却感觉自己被大量的材料淹没了，她说信息太多和信息太少都是问题，她手头儿有美国传教士的书信和日记、美国情报部门的战时报告、远东国际军事法庭的审讯记录、中国目击证人的证词、日本士兵的忏悔，如此等等。此外，纯如还有众多中文、日文和德文的相关记录文献及专著，以及她亲自采访南京大屠杀幸存者的录音。

在此期间，纯如总是夜里工作，可以不受打扰地专注于写作。布雷特白天上班，朝九晚五，而纯如直到中午才起床，下午先做些家务才坐下来工作，直到布雷特回家。晚饭后，纯如和布雷特一起外出散会儿步，等布雷特上床睡觉后，她继续写作。这是一个十分孤独的日程安排，有时候纯如一直写到早上四五点，上床睡觉之前给我们打个电话。因为伊利诺伊时间比加州时间早两个小时，当她于加州时间早上 5 点打来电话时，我们都已经起床。有时候，纯如还会在我们晚上 12 点睡觉前打来电话，那时正是她创作的高峰时间。

我们一直期待纯如的来电，愿意听她说话，不管是几点。纯如之所以愿意跟我们分享她内心的感受，还有一个原因就是她找不到时间跟布雷特讲这些。布雷特的工作也非常忙，此外，纯如说他也听烦了一个又一个关于暴行的恐怖故事，而且两人之间亦有文化上的差异。纯如发现我们更能理解她的痛苦，因为我们都是中国人，发生的悲剧与我们息息相关。

纯如告诉我们，最困难的事要数阅读一桩又一桩的日军暴行记录。1937—1938 年，日本军人在南京对无辜的男女老幼残忍地加以奸淫、折磨和杀害。她读到上百桩这样的案例，一段时间之后，她甚至感到麻木了。纯如说她有时必须起身远离那些文件，深吸一口气，她觉得痛苦万分，几乎要窒息。

1996 年 3 月的一天，纯如看到的一份文件中描述了一位年仅 9 岁的女孩，她尖叫着被日本军人拖进卧室加以强奸。纯如义愤填膺，怒不可遏。

4 月的一个晚上，纯如打电话来说，她最近总是睡不着，经常做噩梦，体重也减轻许多。洗澡的时候，她的头发一掉就是一大团。听到这些，我很担心忧虑，作为纯如的母亲，她的健康在我看来最为重要。我问她是不是真的还想继续写这本书。“是的，妈妈。我现在所承受的这些与大屠杀受害者的遭遇完全无法比拟。”纯如说，“作为一名作家，我要将这些受害者从遗忘中拯救出来，替那些喑哑无言者呼号。”

我深深为纯如的决心和毅力所感动，但我也担心她的身体和精神会受到影响。我提醒她应当多休息，让自己放松一下。我还建议她尽快完成这本书，干点儿别的事。这本书初稿的截稿日期是 1997 年 1 月，但纯如说她可能会提前交稿。

1996 年 5 月 25 日，纯如和我在纽约我母亲的公寓里见面时，纯如对她的外婆进行了一次深入采访，详细询问了 1937 年 11 月战乱中外公外婆几乎失散的各个细节。尽管我们跟纯如多次讲过这个故事，这一次她却在笔记本上记下了所有经过。纯如还采访了我姐姐菱舲，向她了解日军飞机轰炸时的恐怖感受和对战争的记忆。我母亲很惊讶地说，她从来没见过一个年轻的美国华人对抗日战争的历史如此感兴趣。事实上，她至为感动。

纯如同乌苏拉·莱因哈特一直保持着书信联系，并逐渐了解到她外祖父约翰·拉贝的全部故事。拉贝日记极其珍贵，我们担心它的安全问题。我们和纯如商量了很长时间，最终决定在可能发生任何事之前，最好也是最安全的办法就是请莱因哈特尽快将日记的副本捐赠给耶鲁大学神学院图书馆，让全世界知道这件事。或许我们过于谨慎，但我们不想冒任何风险，以免这份日记被窃或被销毁。9 月 23 日，莱因哈特最终决定捐赠。我们还提醒纯如，她应该请求莱因哈特再捐赠一份给南京的侵华日军南京大屠杀遇难同胞纪念馆。

纯如和乌苏拉之间的通信不计其数，她们还经常通电话，但纯如从来没有机会去德国和她见上一面。后来，1999 年夏，纯如应邀前往瑞士开会，但她抽不出时间顺便去德国见乌苏拉。她后来告诉我，这是她最遗憾的一件事。

1996 年 9 月的最后一周，纯如写了一篇 3 000 字的文章，讲述她如何寻找约翰·拉贝、如何最终找到拉贝的外孙女乌苏拉·莱因哈特，以及后者如何保留了一份拉贝关于南京大屠杀的日记。纯如还为这一发现写了一篇短新闻稿，她将文章和新闻稿发给我们征求意见。绍进和我读过文章后，都被拉贝的故事感动了。除了纯如和拉贝的家人，我们是世界上第一个知道他的故事的人。在文章中，纯如摘录了日记的最后几条，记录了拉贝 1946 年战后在柏林的艰难生活（莱因哈特帮忙翻译成英文）。拉贝这样写道：

> 1946 年 4 月 18 日……我们一次又一次地忍饥挨饿——我没什么可以说的了，所以什么都没有写。极少的口粮之外，我们只好吃橡子面糊糊，妈妈（他的妻子）秋天的时候偷偷采了些橡子。现在存货已经快吃光，我们只好每天吃荨麻，嫩叶子的味道吃起来很像菠菜。

绍进给纯如写信说，读到这篇文章的时候，他哭了。在 1996 年 9 月 27 日的回信中，纯如写道：

> 亲爱的爸爸：
>
> 谢谢你这么仔细地看完整个故事……把它投出去之前，我还得再看上几遍。你对拉贝日记的反应令我深为感动。必须承认，当我读到乌苏拉·莱因哈特寄给我的那些日记节选时，我也热泪盈眶。我一度想在文章中指出，贫困潦倒的拉贝在自己的小公寓中忍饥挨饿，南京大屠杀的刽子手们却仍过着富裕舒适的生活，安享晚年。例如，裕仁天皇的叔叔朝香宫鸠彦王是南京大屠杀前下达“杀死全部俘虏”命令的指挥官，但他带着荣耀全身而退，晚年以打高尔夫自娱；一些在远东国际军事法庭审判后被处决的日本战犯居然被供奉在东京的靖国神社内。
>
> 爱你的，纯如

关于拉贝的那篇文章的最后一稿一完成，纯如就把它寄给了《纽约时报》、《华盛顿邮报》、《芝加哥论坛报》和《洛杉矶时报》这些大报。9 月 26 日，史维会的丁元把纯如这篇题为《拉贝的南京大屠杀见证被发现》的文章贴到了互联网上。我们都屏息静待外界的反应。

最早从新闻上看到约翰·拉贝相关报道的人是邵子平。1995年年初，纯如在耶鲁大学搜集资料时，正是他慷慨地收留纯如住在他家中。10月9日，邵子平打电话给纯如，兴奋地跟她聊了3个小时。他后来告诉纯如，他非常担心日本右翼分子或许会销毁这份日记，他有义务将这份日记尽早带到美国来。

10月14日，日本第一大报《朝日新闻》的美国分社联系上纯如，就发现拉贝日记一事对她进行了采访。在写给我的信中，纯如描述了这次采访：

亲爱的妈妈：

别担心，我下午1点已经和记者们见过面，一切很顺利。其中一个是日本人，还有一个美国人担任德语翻译。文章完成后他们会寄给我一份英文翻译件。我们在市政大厅里进行这次访谈……那个日本记者给我拍了好多照片，既有在市政厅里面拍的，也有在南京大屠杀主题图片展厅里拍的。他问了我一大堆关于拉贝和我的书的问题，他对南京大屠杀的死亡人数极其感兴趣。他说，这个话题在日本极具争议，右翼分子宣称死亡人数仅3万，怪罪中国借此事煽动反日情绪。

我引用大量研究证明死亡人数超过26万——有可能是30万甚至37万。我还明确指出，与日本右翼分子的宣称正好相反，因为担心破坏中日之间的外交关系，中国政府一直以来其实低调处理大屠杀的相关内容。正因如此，他们放弃了向日本索赔的权利（尽管根据国际法规定，个人受害者依然有权索取赔偿）。

他说他必须十分谨慎，务求事实准确，因为文章一旦发表，右翼分子可能会用尽一切手段对他加以批评和诽谤。

爱你的，纯如

纯如后来告诉我们，《朝日新闻》把这条新闻搁置了两个月之久，反复考虑是否应当发表。最终，12月8日，《纽约时报》的文章发表前几天，《朝日新闻》刊出了此文。《朝日新闻》的德语翻译杰夫·海涅（Jeff Heynen）将德文报告译成英文，给了纯如一份。12 月 12 日，《纽约时报》的文章引用了这份报告。

10 月 15 日，纯如接受了湾区南部最大的英文报纸《圣何塞水星报》的记者采访。11 月 3 日，一篇关于纯如及她发现拉贝日记经过的长文刊登在《圣何塞水星报》上。纯如给我们寄了一份，还有随文章一同刊出的三张照片：一张是纯如站着凝视墙上南京大屠杀图片的侧影，一张是约翰·拉贝的肖像，最后一张是纯如站在一幅照片旁边，照片上的女子满脸难以言喻的痛苦表情。这篇文章发表后，纯如的名字马上在湾区传开来，她成了华人圈里的名人。

1996 年 11 月 10 日，纯如给我写信道：

亲爱的妈妈：

跟你报告一些最新的好消息……

我将主持迄今为止规模最大的一场关于南京大屠杀的会议。会议将在 12 月的第一个周末在斯坦福大学校园举行。全球 50 多个活动组织的上百人都会到场，还有来自美国加州、中国和日本的各大新闻媒体代表。我们在为期 3 天的会议上将就法律问题展开讨论：我们应当如何通过国际法和联合国决议替受害者向日本索赔？如何收集诉讼所需的暴行证据？我们应当以何种方式迫使日本当局对以往的错误承担责任？

结果，这次会议的与会人数达到了 1994 年 12 月那次会议的两倍。许多学者、国际法律师和幸存者都想来参会，丁元不得不拒绝一些颇有声望的学者，因为他们所提交的论文与大会的主要议题无关。

正因如此，当丁元上周打电话给我，邀请我主持大会开幕仪式并做主题发言时，我真的既惊讶又荣幸。

今天晚上我在芒廷维尤市政厅讲堂对着一大群人介绍了我的书和约翰·拉贝（丁元邀请我和其他人就此发言），台下座无虚席，一些人甚至站在门口或墙边。发言结束后，我几乎被团团围住，一大群记者、活动人士、二战老兵和感兴趣的读者（既有亚洲人也有白人）蜂拥而来，向我表示祝贺，提了上百个问题，翻看我的演讲稿。我觉得我之所以获得如此关注，主要是因为我的英语比其他演讲者要好。每个人都想请我到他们所在的组织或学校演讲。父母们坚持要我和他们的小孩合影。（有一个人跟她的女儿说，我是“著名作家”，那女孩也想成为一名作家，因为她刚刚在学校里的“青年作家”大奖赛中胜出。）一些人希望我在《圣何塞水星报》的文章上签名留念。

此外……还有更多好消息：一家电视台下周末会采访一些中国活动团体，我应邀（还是丁元）就南京大屠杀发表讲话；基本书局告诉我，《蚕丝》已经登上他们的畅销书目，并且这还是他们出版的书中屈指可数的经常受到好评的书之一。

回头再聊……

爱你的，纯如

与此同时，世界抗日战争史实维护联合会也准备在《纽约时报》上刊登广告，请求纯如帮他们写一篇关于《南京大屠杀》一书及拉贝日记的简要介绍。这一简介将在广告中登出。

1996 年 11 月 17 日，纯如给我写了一封电子邮件：“一篇由我执笔署名的 600 字的《南京大屠杀》内容概要将刊登于《纽约时报》的广告版面上，美国的华人活动人士支付了广告费用。具体登出时间会是下周的某一天，很可能是周日。苏珊·拉宾娜对这种宣传力度非常惊讶，她说基本书局希望我的书成为畅销书（当然，按他们的标准），卖出 25 000~75 000 册，甚至超过 10 万册。”

1996 年 12 月的第一周，纯如参加了在斯坦福大学校园中召开的关于南京大屠杀的学术会议并担任主持，这一活动由华人活动团体赞助。纯如说这对她来讲是一次美妙的体验，因为她从来都没在上百人面前讲过话。纯如在 1996 年 12 月 7 日午夜发出的电子邮件中写道：

……会议很顺利，每个人都觉得我主持得很好——详情后叙。主持大会再加上接受媒体的采访令我精疲力竭。《纽约时报》准备在 1996 年 12 月 12 日刊出一篇关于我发现拉贝日记的长篇报道，《朝日新闻》的报道也会于12月8日见报，《都市报》也几乎确定了要刊发一篇关于我的头版报道。《世界周刊》的报道里已经提到我的事，《基督教科学箴言报》或许也会在会议报道中引用我的话。明天，一家日本电视台会在斯坦福对我进行采访。

事实上，正如纯如所说，12月12日，圣克拉拉山谷地区的免费周报《都市报》刊登了一篇关于她的长文。我们很高兴看到纯如的照片出现在报纸头版上。这篇文章对硅谷地区的读者影响很大，对南京大屠杀的关注持续升温。

1996年12月12日是南京陷落59周年纪念日，邵子平在纽约组织了一场新闻发布会。在和纯如商量过之后，邵子平联系上了身在德国的乌苏拉·莱因哈特，邀请她到美国正式宣布外祖父的日记被发现。

当我们在《纽约时报》上看到关于此事的长篇报道时，我们很疑惑，为什么纯如没有到纽约参加如此重要的新闻发布会。我立刻打电话给她，但她说，在这件事之前，她已经付费报名去洛杉矶参加一个剧本写作班并预订了机票。那个周末，她已经计划好飞往洛杉矶，她不想临时更改计划。

幸运的是，12月12日之前，《纽约时报》的记者戴维·陈已经联系上纯如并在电话里采访了她。关于拉贝日记及其生平的报道占了国际版的半版篇幅，标题为《南京大屠杀发生时拯救生灵的纳粹党人》，副标题为“一位出人意料的英雄1937年的日记揭露了日军的暴行”。报道中刊登了一张约翰·拉贝和数位安全区成员1937年在安全区办公室前拍摄的照片。这篇报道提到了纯如：“这份日记之所以得以面世，全因张纯如，一位住在加利福尼亚森尼韦尔的作家的努力。几年前，在为关于南京大屠杀的书收集资料时，她偶然发现了关于拉贝先生人道主义事迹的记载。”文章最后还引用了纯如的话：“对我来说，约翰·拉贝就是中国的奥斯卡·辛德勒，另一个以邪恶形象出现但内心善良的典型。”

在12月12日的那场发布会上，莱因哈特将一份拉贝日记的副本捐献给了耶鲁大学图书馆。除《纽约时报》，几乎全世界的主要报纸、电视台和广播电台都报道了这件事，这成了一条国际大新闻。绍进当时在台湾开会，回家的时候，他带回了所有大幅报道拉贝日记被发现的中文报纸。

纯如并未意识到，这条新闻会在国际上引起如此大的轰动，现在她开始有点儿后悔错过了纽约的那场新闻发布会。但纯如当时对学习剧本写作很感兴趣，她也不愿意放弃这一机会，尤其是她已经付了课程费用。纯如说基本书局的宣传部门本来希望等到 1997 年 10 月纯如的书上市前公布拉贝日记的发现，时间上会是最理想的，但我们知道消息不可能隐瞒那么久。纯如说，苏珊·拉宾娜和图书宣传人员都对《纽约时报》的报道大感兴奋，他们认为，对纯如的书来说，这种公开宣传依然大有助益。

耶鲁大学收到拉贝日记的副本后，纯如请求耶鲁大学替她复制一份。她又据此制作了两份副本。1997 年 3 月 11 日，我们收到纯如寄来的上千页的拉贝日记复印件。她担心这份日记将来可能会出于某种不可预见的原因被毁，她说在别的地方留个副本会更安全些。拉贝日记的副本在我们的地下室里保存了 5 年之久，直到 2002 年我们搬家到加州去的时候，才在纯如的同意下于当年夏天把它捐献给了伊利诺伊大学档案馆。

另一份日记副本捐赠给了侵华日军南京大屠杀遇难同胞纪念馆。早在 1995 年 10 月，纯如刚刚从中国大陆和台湾收集资料归来后，她就尽力将她从美国国家档案馆和耶鲁大学图书馆收集到的重要文献制成副本，捐献给侵华日军南京大屠杀遇难同胞纪念馆。这些文献包括约翰·拉贝写给希特勒的报告、魏特琳及其他传教士的日记和信件，以及远东国际军事法庭的审讯记录。纯如自告奋勇地做这些事，因为她发现在侵华日军南京大屠杀遇难同胞纪念馆内很少见到西方的资料文献。纯如花了很多时间和大笔费用复制这些总计上千页的文献。纯如认为，如果屠杀发生地的博物馆没有这些文献，简直就是一种耻辱。我认为纯如此举非常慷慨，她在自己的书出版前就愿意将自己的发现与其他学者和研究者分享，我为此十分感动。纯如更在意与其他人分享这些信息，而不是据为己有。在她看来，后者实属自私之举。

至此，纯如正在写一本关于南京大屠杀的书且此书将于 1997 年 11 月正式出版的事已经举世皆知，各方压力接踵而来。

第十三章

克服障碍

“梦想得到奥运会金牌或诺贝尔奖有什么不对吗？”

《南京大屠杀》一书的出版经历了几次波折。1996 年 10 月 25 日，纯如告诉我们，她完成了初稿，会给我们寄一份征求意见。她还说，她准备再补充两章——“掩盖真相”（后来定名为“被遗忘的大屠杀：再次凌辱”）和“幸存者的命运”。在 1996 年 11 月 13 日发出的邮件中，纯如写道：

亲爱的妈妈：

谢谢你的邮件！苏珊·拉宾娜现在忙昏了头，但她说还是会尽快审阅我的原稿。告诉我，你们觉得我写得怎么样——尽管把意见写在书稿上，把你们的真实看法告诉我。我尊重你们的判断。

有时候，当我看自己写的稿子的时候，我会考虑是否应该在文章中加入更多的场景（个人故事）。还有时间把这些故事加进去，因为我手头儿的资料富富有余。等着看苏珊会怎么回复我吧。

爱你的，纯如

我当时很忙，因为整个微生物学系要搬到另外一栋新大楼里去。11 月，我花了两周时间才赶在感恩节前安顿好我在新实验室中的工位。

我们花了几周的时间才看完140页的初稿，绍进和我都把晚上和周末的时间用于阅读纯如的稿件。我们的第一反应是失望，我们对纯如说，一些地方写得巨细靡遗，另一些地方则过于简单。此外，我们非常坦率地告诉她，故事讲得缺乏激情。纯如听了我们的意见，说她会再等等看苏珊·拉宾娜怎么说。

直到1个月后，苏珊才抽出时间来看书稿。纯如后来打电话给我们说，苏珊也对第一稿很不满意，她的意见与我们的非常相近。纯如问我们，是不是她已经失去写作的能力。我们试图让纯如振奋起来，安慰她说，她可以修改——初稿就是用来修改的。绍进和我还指出，初稿中的某些地方写得很好，并不是全都很糟糕。我们全力向她保证这一点，并且提醒她留心那些写在稿页上的问题和评论。苏珊在接下来的几个月也给纯如提了一些建议，帮助她修改。纯如觉得问题的根本原因在于她掌握的素材太多，叙述本身反而被削弱了。看过每一桩暴行之后，纯如已经感到麻木，叙述开始变得千篇一律。当一个作家丧失了自己的敏感之后，不可能写出感人的文字。

反思起来，和纯如写作第一本书《蚕丝》时不同，她在1996年面临太多分心的事。那一年，她不仅在写《南京大屠杀》，还在为下一本书撰写选题报告，同时为《蚕丝》的库存销售提供帮助。纯如要把这些事情做好的压力很大，而且部分压力来自她自己。另外一个原因是，《南京大屠杀》的出版合同设定了截稿时间——必须在两年内完成。纯如和出版商希望这本书在南京大屠杀60周年纪念日前出版，从而吸引外界关注，这是最佳的市场营销策略。

不管怎样，我几乎没见过几个学者可以在这么短的时间内消化如此多的信息，除此之外，这个故事如此悲伤压抑，也令纯如情绪低落。我能了解为什么第一稿会如此令人失望。

1996年圣诞节和1997年新年，纯如和纯恺都没有回家，我们计划新年后去看他们。放假这段时间，我替纯如将一些中文文章翻译成英文，因为她想了解中文媒体如何报道约翰·拉贝。圣诞节前的一整天，我都在翻译这些报道。当天晚上，我把译文发给纯如，附言道："老天爷！我花了整整一天，纯如，你太对了，请人翻译很贵的。你却可以得到免费的翻译！"

她给我回信说：

亲爱的妈妈：

你简直是个圣人。没错，我知道翻译非常耗费时间，而且收费高昂，所以杰夫·海涅和芭芭拉·马辛免费帮我翻译的那些东西才那么珍贵！我真的很感动于你花了整整一天帮我的忙……

爱你的，纯如

1997 年 1 月 3 日，绍进和我飞往加利福尼亚，看望纯如、布雷特和纯恺。1 月 7 日是绍进的六十大寿。在中国传统中，这是个大日子，值得操办一番。纯如催我们到加利福尼亚一同庆祝，与此同时，她说我们还可以借此参观她和布雷特在森尼韦尔的新家，以及纯恺在旧金山的家。他们 1996 年年中从圣巴巴拉搬到湾区后，我们还没看过他们住的地方。此行还有另外一个重要的目的：帮助纯如将更多的中文资料译成英文，用于第二稿。

纯如和布雷特的公寓位于硅谷正中的一个住宅区。正如他们以前描述的，小区有游泳池及其他一些运动健身设施。他们的公寓是个两居室。我对他们这套小公寓的第一印象是书架太多了，几乎每面墙都摆着书架，书架上塞满了纯如的书。我对此并不感到惊讶，因为我深知纯如是多么喜欢看书和买书。除了卧室、客厅和厨房，还有一个小房间用作纯如的办公室，里面有一张大书桌，上面摆着电脑、打印机、传真机和更多的书和笔记本。纯如一点儿都不肯浪费时间，马上把她想要我们帮忙翻译的中文资料拿给我们看。她说她正根据苏珊和我们的意见修改书稿，时间很宝贵，她同时也在写中方关于南京大屠杀的记载的章节。纯如想知道，为什么南京会在 1937 年 12 月 13 日这么快落入日军之手。她从台北“国史馆”收集到的资料中有蒋介石和负责保卫南京的司令长官唐生智之间的电文，纯如想知道这些电报的内容，找出一些线索。对我们来说，将中文文件翻成英文通常并不困难，但电报就是另外一回事了。

在 20 世纪 30 年代的中国，因为在拍发过程中需要为每个中文字编码和解码，电报通常尽量简化文字以节约时间和金钱。正因如此，在那时候的电文中，一些中文字被用以代表特定含义，如电报拍发的时间和日期。如果不了解规则，几乎没办法理解电报的内容。在战后，因为电报技术的新进展，这种规则已经被废弃多时。

第一次看到蒋介石和唐生智之间互相拍发的电文时，我很难完全了解其中含义。幸好，绍进小学时学过这种电报规则，他和我一起翻译了唐生智 1937 年 12 月 9 日和 11 日拍发给蒋介石的绝望的战报，其中描述了南京的城墙在日军的猛烈袭击下已经严重受损。我们读到蒋介石最后向唐生智下达的撤退命令，尽管蒋介石在 11 月初曾经要求唐生智死守南京。这些电报虽然简短，但历史意义极为深远。绍进和我坐在纯如小公寓的蒲团上，对纯如口述译文，而她用笔记本电脑将其记录下来。她还给我们看了她收集到的打算用于书中的照片。我很难直视那些摆在她床上的残忍的屠杀照片。我还记得，我提醒她说，应当仔细检查每张照片的出处。她说所有照片都来自档案馆，大多数此前都在媒体上使用过。

我们在加州对纯如和纯恺的探访为期很短，却令人难忘。绍进的六十大寿过得十分欢乐隆重，纯如、布雷特和纯恺在晚饭后送给绍进一个惊喜——一个巨大的冰激凌生日蛋糕。家人能够再次团聚也令人欣喜。

纯如一直在修改自己的稿件，1 月 22 日，她给我写信说：

亲爱的妈妈：

谢谢你给我鼓劲儿的邮件。我一整周都在写书，现在对手头儿的资料更有信心了……

书中的每一章都不长，所以我将它们当成一篇演讲来处理……把章节当成演讲迫使我将每个想法去芜存菁。

最近，我读了许多世界经典演讲，从中寻求灵感。这些演讲真有令人屏息的力量——比散文要雄壮有力得多！晚上，当我读起拿破仑、克拉伦斯·达罗、丘吉尔等人的演讲时，我觉得自己完全沉浸其中，仿佛在和他们对话。文字是保存灵魂精华的唯一方式。演讲最令我激动之处在于，即使演讲者已然作古，长眠地下，他们的精神永存。对我来说，这是真正的宗教——永生的最佳方式。（现在恐怕也是死后获得永生的唯一方式。）这是我第一次如此全身心地投入演讲词中去，我之前的阅读主要局限于散文、戏剧、小说和诗歌。

…………

爱你的，纯如

2月20日，纯如写信给我说，她已经完成对书中主要章节的修改，准备用接下来的一个月写序言和关于日本掩盖事实真相的章节。我们收到了纯如发来的修改后的稿件，她的进步明显，我们如实相告。

3月，纯如完成了序言部分，她又花了一个月的时间才完成有关掩盖事实真相的那一章。每修改一次，纯如都会用电子邮件或美国邮政快递寄给我们一份征求意见。最后，在纯如和苏珊最终定稿前，我们一共收到了四五个不同的修改版本。这些稿件的打印质量很糟糕，因为纯如的打印机早已年久失修。字母a和o看起来完全是黑黑的一团，此外，页边的墨迹颜色极深，有时候我们几乎无法阅读。纯如需要买台新的打印机了，但她没有时间，或许也没有钱。对一个承受着时间和财务状况双重压力的独立作家来说，日子并不好过。

5月，纯如将全部修改过的稿件寄给了我们。读完引言后，我深深为她的激情所打动，这是初稿中所没有的。纯如真心想要为受害者呼号，现在这些倾诉终于付诸笔墨。正如纯如此前跟我们说过的，我们发现苏珊精心编辑了序言和其他章节。在读到"第二次屠杀"那一章时，我清楚地看到日本右翼组织是如何刻意向日本人民和全世界隐瞒大屠杀的真相。尽管我为纯如揭露这些丑恶行径的做法和勇气暗自喝彩，但同时非常担心纯如的安全问题。这种担心并非毫无依据，我们很早就从中国历史中学到，战争期间，为了征服中国，日本帝国主义政府曾使用恫吓和暴力手段对付许多中国领导人，甚至实施暗杀。我跟纯如讲了这些事件，要她务必小心。纯如安慰我说她会没事的，而她也不愿意从书稿中删去关于日本掩盖事实真相的章节。但我知道，这本书出版后，她将成为日本右翼组织的眼中钉、肉中刺。

4月，我母亲的健康状况进一步恶化。绍进和我准备在母亲节时去探望她。当纯如听说外婆健康状况不佳而我们打算前往纽约的计划时，她立即订了张机票，和我们在纽约会合。

纯如非常善解人意，动身前往纽约前给我寄了一张美丽的母亲节贺卡。这张卡片是紫色的，上面有朵美丽的鸢尾花——花的名字与纯如的英文名是同一个。在卡片里面，纯如写道：

妈妈——十分感激你为《南京大屠杀》所投入的一切：校对、翻译，以及长时间的宝贵讨论。你是大多数写作者梦想拥有的母亲——富有智慧、满怀热情、给予无止境的支持、鼓舞人心。我爱你，千言万语道不尽。

纯如

我的眼睛湿润了，这些话实在令我感动。

5月9日，我们抵达了纽约，第二天我们一起去看纯如的外婆。看到一向精力充沛、活力十足的母亲现在瘦成了骨头架子，我们都很吃惊。看到她这个样子，我很难过。母亲节那天，我们用鲜花装饰了医院的病房，围在母亲的病床边和她一起过节。这是我和母亲过的最后一个母亲节。

纯如在纽约多住了几天，拜访苏珊·拉宾娜和其他一些基本书局的人。我们回家后，纯如将基本书局发生的变故告诉了我们。显然，那里正在经历剧变。珀修斯出版集团将收购基本书局，整个公司都面临结构重组。许多现在在那里工作的人都将离开，其中也包括苏珊。纯如既吃惊又担心，她怕自己的书的出版计划或许会被取消。苏珊安慰纯如说，她的书还是会按计划出版，但她必须尽快完成。纯如说，整个基本书局的办公室看上去就像是追悼会礼堂，人们表情严肃沉重，说话时窃窃私语。苏珊告诉纯如，她6月底就会离开，之后会有一个新的图书编辑与纯如对接。

听到这个坏消息后，我很为纯如担心。且不说纯如和苏珊合作得非常好，假如珀修斯出版集团最终决定不出版这本书，纯如就浪费了至少两年的宝贵时间，南京大屠杀的史实也将继续不为世人所知。

5月23日，我们从纽约返回12天后，绍进和我飞往洛杉矶参加他侄子埃里克的婚礼。5月24日，婚礼仪式结束后，我们回到旅馆房间，接到了弟弟的电话留言。那是个坏消息：我母亲已于纽约时间当晚7点40分离开人世。那一刻，纯如和纯恺也在房间里，我们立即讨论应该怎么办。绍进和我决定马上返回厄巴纳，准备一下，然后赶到纽约参加葬礼。我花了很长时间一一打电话取消原有行程，预订新的机票和住宿，忙着这些事可以帮助我缓解悲伤。5月30日，我的兄弟姐妹及其家人全都出现在纽约的追悼会上，向母亲告别。母亲终年83岁。

虽然我知道母亲的去世是早晚的事，尤其是她已经病了这么长时间，但当死亡最终降临时，我仍悲痛欲绝。母亲与乳腺癌抗争了18年，经历了多种治疗手段，饱受折磨。她永不放弃希望、永不停止抗争的精神对我是一种启发。

葬礼后，我回到实验室继续工作，无法摆脱母亲逝世带给我的忧伤情绪。我一直在想，母亲在世时，我本可以为她多做一些事情。内疚和悔恨压倒了我，我责备自己为什么不停止工作一段时间，陪母亲度过她最后的日子。我是多么自私啊！母亲为我和我们一家牺牲了那么多，我却不肯牺牲几个月的工作时间去陪伴她。想着这些应该做而没做的事，我晚上辗转难眠。最奇怪的是，我无法像当初坐在飞机上前往父亲葬礼时那样大哭一场。这种伤痛更深，我的脸因悲伤而扭曲。我在实验室里表现出的异乎寻常的沉默令约翰·克罗南十分关切，有一天，他拍着我的后背，柔声说："我能体会你的悲伤，但死亡是生命尽头不可避免的事。"我的泪水瞬间滚滚落下。

纯如也明白我的悲伤，她发电子邮件来问："这些天你感觉怎样？希望你不要因为外婆的去世过于沉痛。我知道你跟她关系很亲密（正如我和你一样），你所经受的打击远比我的大得多。"她继续写道："能够和她一起生活这么长时间，我们已经很幸运了。我读小学时，我的许多同学都已经至少参加过一次外公外婆或爷爷奶奶的葬礼。"

我很感激纯如对我的悲痛能够感同身受，尤其是当时她自己也在面临基本书局解体所带来的危机。因为人员的突然变动，纯如极其努力地工作，希望尽早完成自己的书。6月6日，她写道：

亲爱的妈妈：

你可不知道自打回来后我工作得有多卖力！这周早些时候，我一连工作了30个小时（我太聚精会神了，睡不着）。我希望周末可以结束写作……这周的每一分钟都被用在这本书上（版权事项、标题、图片版式、苏珊的修改意见，如此种种），看到一切这么快就各就各位，我真的很激动。谢谢你，我已经搞定书中大部分中国人名字的中文写法。这一周，人们也纷纷用传真发来他们的中文名片，现在我似乎已经拿到所有的中文资料……

爱你的，纯如

中国台湾的出版机构天下文化曾经将纯如的第一本书《蚕丝》翻译成繁体中文，现在他们也已经取得《南京大屠杀》一书的繁体中文版翻译权，准备在1997年与美国版同步发行。正因如此，纯如请我将出现在她书中的中国人名和地名用中文写出来传真给她。

1997年6月16日，纯如给我写信说：

亲爱的妈妈：

生日快乐！我过于投入自己的工作，差点儿把这件事忘了……

我今晚保证给你打电话，应该是在你和爸爸一起庆祝生日之后。

今天，我一直在尝试找齐所有可能替我写书封推荐的联系人的姓名和地址。昨天晚上，我和戴尔·马哈里奇谈过了，他说他很高兴替我写封面推荐。听说苏珊·拉宾娜（要离开基本书局）的消息后，他很震惊，他还告诉我另外两个坏消息：知名作家安东尼·卢卡斯［Anthony Lukas，《共同点》（*Common Ground*）一书的作者］和迈克尔·多里斯（Michael Dorris，小说家路易丝·厄德里克的丈夫）最近自杀了。卢卡斯自杀的原因是他刚刚完成了一本自己认为非常糟糕的书（不过，他的图书编辑宣称这本书棒极了），多里斯则是因为自己的婚姻破裂，而且被妻子指控猥亵他自己的女儿（他在遗书中否认了这项指控）。

同大多数作家相比，戴尔和我还算头脑清醒的……

爱你的，纯如

纯如一直认为自杀是一件恐怖且难以理解的事。

纯如告诉我们，她的新任图书编辑保罗·戈洛博（Paul Golob）通知她，书的出版日期推后到了 11 月 7 日。我提醒纯如，这本书一定要在 12 月 13 日南京大屠杀 60 周年纪念日那一天之前或当天发行，从而产生最佳的宣传效果，她可不能让基本书局将日子再往后延了。纯如还提到，戈洛博重新设计了书的封面，他认为现在的封面看起来好得多，并会将它传真给纯如。纯如答应一收到封面传真就发给我们一份，因为 4 月时她曾表示对最初的封面设计非常失望，这引发了她与我们和她与朋友之间的多次讨论。纯如的许多朋友都主动提出为这本书设计封面，或是通过纯如向基本书局转达了一些新的想法。

6 月 25 日，我们收到了新封面的照片：背景是长江岸边遍布的尸体，一面巨大的日本国旗和一个日本军人位于最前面的位置。大家认为这个封面显然更贴近图书主题，并且这个设计是看过的诸多备选方案中最好的一个。我对纯如说，这个封面非常引人注目，它捕捉到了书中主题的精髓与激情。几个月后，当这本书摆放在书店里时，鲜红的封皮与日本国旗在书架上十分醒目，令周围的书全都黯然失色。

几天后，厚厚的一大本最终修订稿寄到了。我已经记不清这是纯如第几回把书稿寄给我们征求意见。绍进和我用 7 月 4 日美国国庆假期的那个周末细心地读完全书，将我们的疑问和发现的错误列出一张表发给纯如。但在这个阶段，绝大多数错误都不过是拼写方面的了。我给纯如写信说："我喜欢最后的这一稿，毫无疑问它比第一稿或第二稿好多了。我最喜欢开头和结尾这两个部分，你总结得非常好，酣畅淋漓。我很想知道别人都怎么想，你收到其他人的反馈意见了吗？"

事实上，纯如的确收到了一些反馈意见，她将终稿寄给了一些朋友征求意见。她告诉我，4 月，她和哈佛大学的历史学教授柯伟林好好聊过一次，他十分欣赏纯如的稿子，同意为这本书撰写序言。看过纯如手稿的一些知名历史学家和作家也都对其大加赞扬，其中包括理查德·罗兹、郑念、罗斯·特里尔和魏斐德，他们都答应为这本书撰写书封推荐。纯如还告诉我们，1995 年在回美国的飞机上，她认识了牛津大学的历史学家拉纳·米特，米特很乐意替纯如写书封推荐。在她和基本书局联系过的作家中，郑念的反馈尤其强烈。郑念是《上海生死劫》一书的作者，她对纯如说，她已经 82 岁，很高兴看到一位年轻、有天分的女性写了这样一本书。

那年夏天，纯如也在四处找工作。令她喜出望外的是，在接受 Lloyd-Ritter 咨询公司的面试时，她当即被录用。纯如告诉我们，她的简历和她回答问题的能力给面试官留下了深刻的印象。从 7 月初起，纯如在这家咨询公司位于森尼韦尔的办公室开始了朝九晚五的工作。不过上了几天班，纯如就开始抱怨感到很累，因为她实际上在做两份工作。一份是办公室工作，另一份是书稿最后阶段的工作，纯如早上 6 点就得起床给基本书局打电话安排一系列与图书出版有关的事情，诸如脚注、书封和书封推荐等。白天在办公室里替公司接听 8 个小时的电话后，纯如又得继续为书的校对和脚注核实工作几个小时。那段时间，基本书局的出版业务一片混乱，因为公司实际上已经不复存在。到 7 月，纯如的图书编辑和几乎所有助手都已经离开，纯如只好亲自去做许多通常由出版商来完成的工作。

纯如在那家咨询公司工作了一个月就辞职了，因为她没办法保证足够的睡眠。幸运的是，这家公司的老板很有人情味儿，而且非常喜欢纯如，他告诉纯如，只要愿意，随时可以回来上班。

纯如那段时间特别忙的另一个原因是她正积极筹划一次推广《南京大屠杀》的巡回签售旅行，美国和加拿大的许多华人社团及一些知名大学都希望纯如前去演讲。基本书局只愿意负担纯如在两个城市签售的相关费用——东海岸和西海岸各选其一。纯如必须自己牵头协调整个图书签售行程，她联络了计划访问的城市的亲戚朋友和非营利组织，住在他们家中。那些发出邀请的组织部分负担了纯如的旅行费用，但那段时间，计划和安排行程占据了纯如的大部分时间。

1997 年 7 月 7 日，日本向中国发动全面侵略战争 60 周年纪念日这一天，纯如向我们转发了多篇关于抗议者在香港和台湾的日本办事机构前举行游行示威的文章。人们要求日本正式道歉，做出战争赔偿。中国发表的一份声明指出，中国政府就此事站在比以往更加坚决的立场，对日本军国主义的复苏提出严正警告。显然，中国的日益强大令其有余力重新回顾历史。对纯如的书来说，这是个大好消息，因为会有很多人关注中国及其历史。

1997 年 11 月 3 日，纯如告诉我们，她终于收到了两本印刷好的《南京大屠杀》。当她拆开棕色包装箱的时候，手不禁颤抖。她说她拿着书翻看了很长时间，完全沉浸其中。我怎能责怪她的自我陶醉和欣喜若狂呢！

1997 年最令人兴奋的新闻发生在 7 月 28 日：哈珀柯林斯出版社将《南京大屠杀》一书的媒体首度转载权出售给《新闻周刊》，11 月那期杂志上将登出内容节选，正好赶上这本书正式上市的日子。《新闻周刊》是全球销售量很大的杂志，上面的书摘必将对图书的销售产生重要影响。我们听说这个消息后都不禁雀跃。除此之外，还因为纯如出生前，我们就订了《新闻周刊》，一直是这本杂志的忠实读者。纯如 1988 年夏曾经在那里实习，正因如此，我们全家都对这本杂志怀有特殊的感情。

等待《新闻周刊》登出书摘时的心情就好比等待我们的外孙出生一样。随着日子逐渐临近，我越来越焦灼不安。

尽管纯如已经安排好在 1997 年 11 月 14 日到 12 月 19 日举行为期 1 个月的图书签售活动，其间准备在美国和加拿大停留数站，但她了解到，根据与《新闻周刊》签订的合同，直到《新闻周刊》刊出书摘，她都不能透露书中的任何内容。书摘被发表后，在 11 月 14 日的签售仪式上，纯如就可以对书中内容畅所欲言了。

在《新闻周刊》上刊出书摘最后变成了一件几经周折的戏剧性事件。当《新闻周刊》推迟了书摘刊出的时间后，纯如寄给我们一份逐日事件列表。她要我们帮她保留这些信息，以备日后用作证实事态发展的书面证据。

据纯如说，1997 年 7 月 28 日，哈珀柯林斯出版社的一名员工发电子邮件给纯如说，她已经将这本书的媒体首载权卖给《新闻周刊》，书摘将发表在 11 月 17 日出版的那一期上（事实上 11 月 10 日或 11 日杂志就会上市销售）。

1997 年 11 月 6 日，周四，《新闻周刊》的一名编辑将书摘的第一稿发给纯如，征求她对于节选书中段落的建议，这名编辑还请求纯如同意在杂志上登出某些照片。

11 月 7 日，周五早晨，这位编辑将排好的版式和图注、标题和正文等用电子邮件发给了纯如。文章的标题是“揭露南京大屠杀”，副标题是“书摘：一位华裔美国作家对二战历史中最恐怖一章进行的永不妥协的反思与回顾”。纯如花了一整天的时间用电子邮件将修改稿传来传去。她问那位编辑，如果美国和伊拉克之间的紧张局势急转直下，这篇书摘是否会被从版面上挤掉。对那一周来说，这种情形出现的可能性极大。但那位编辑的回答是否定的，她说版面计划已定，除非发生特别重大的事情，纯如的书摘才会被撤版。

然而，当晚 10 点，当纯如和布雷特刚刚在圣何塞听完一场音乐会回到家中时，她突然接到《新闻周刊》晚上 7 点 29 分打来的电话留言：“纯如，我是《新闻周刊》的汤姆 · 马斯林（Tom Maslin）。很抱歉地通知你，我们不得不撤掉书摘的稿子，因为接上级通知，杂志的页码缩减了 4 页。我们下周会与你联系，如果你希望和我进一步讨论此事，请给我来电话……”

第二天早晨，纯如打电话给我们，告知了书摘延迟刊出的事。我们都很震惊。纯如告诉我们，汤姆在电话留言里的声音听上去很不自然。

纯如立即致电《新闻周刊》，问他们为什么会发生这样的事。他们告诉她，周五晚上临时撤掉了 4 个大广告。他们向纯如解释说，《新闻周刊》必须保证广告版面和编辑内容版面保持一定的比例，有时候因为广告撤版，一些报道也要被撤掉。他们承认这样的事情并不经常发生，并表示因为广告撤版，编辑们工作了一整个晚上重新设计杂志版面，但能够做的事情很有限。

纯如又给《新闻周刊》打了多个电话，一名资深员工告诉她，撤掉的大广告中有一个是丰田汽车的广告。但稍后他又打电话给纯如说，书摘推迟刊出的事与广告撤版无关。我可不相信这一点。

正如我跟纯如后来在电话里说的那样，据我分析，真正原因在于纯如的书摘将要刊出的消息被泄露了出去，有人试图阻止这篇书摘的刊出。

我向纯如指出，或许是刊登于当年11月《约翰·霍普金斯大学杂志》上的一篇专访泄露了风声。那本杂志的编辑苏·德帕斯夸尔（Sue DePasquale）那年夏天到森尼韦尔同纯如见面并采访了她。德帕斯夸尔就纯如和她的新书写了一篇很棒的长篇报道，这篇题为《南京噩梦》的文章刊登在11月号的杂志上，一共占据了5页的篇幅。不仅如此，纯如站在一面被血浸染了的日本国旗前的照片也出现在该杂志的封面上。内文中刊登了数幅关于南京大屠杀的历史照片，并配有图题和图注。这篇文章记述，纯如对德帕斯夸尔说，《新闻周刊》已经承诺将在11月17日出版的杂志上登出对这本书的长篇节选。

《约翰·霍普金斯大学杂志》是当时最早一批拥有网络版的杂志之一。该杂志的一个读者给德帕斯夸尔写信表示，这篇文章立即吸引了大批海外校友。一名读者写道：

> 亲爱的《约翰·霍普金斯大学杂志》：
>
> 感谢将杂志搬上网络，对要等上很久才能拿到纸质版的约翰·霍普金斯大学海外校友来说，这真是太棒了。关于《南京大屠杀》和张纯如的文章写得非常好，内容深刻且信息丰富。我对这篇文章格外感兴趣，因为我现在就住在日本，每天都目睹张纯如所描述的那些事情，眼见日本人是多么不愿面对自己历史中的那些阴暗面。我将这篇文章转发给了我在日本的一些朋友，其中既有外国人也有日本人，和他们展开讨论。我希望这会是张纯如所开启的反思历史过程的一步。尽管是一小步，却是非常重要的一步。

我对纯如说，《新闻周刊》推迟发表书摘或许是迫于听闻此讯的日方的压力。我提醒纯如，《约翰·霍普金斯大学杂志》上的那篇文章早在11月初就已经在日本传开了。

纯如说，哈珀柯林斯出版社和《新闻周刊》签订了合同，如果《新闻周刊》不刊出书摘的话，他们需要给出一个更好的解释。纯如已经给纽约的一些朋友打过电话，所有人安慰她，让她放心，书摘最终一定会刊出，他们还保证会打电话找出推迟出版的原因。

11 月 10 日晚，我们收到了订阅的《新闻周刊》，发现当期杂志特别厚，里面刊登的日本公司的广告是平常的两倍之多。这时候，绍进和我已经对这本杂志中的广告进行了系统分析。我们和纯如都觉得这是一个好兆头，从中可以看出，《新闻周刊》很可能与广告商达成了某种妥协方案，确保下一期杂志上的日本公司的广告转到这一期上刊出，从而避免这些广告商面临资助登有《南京大屠杀》一书节选的杂志出版的“窘境”。

11 月 11 日，纯如收到《新闻周刊》国际部负责人的电子邮件，告诉她书摘也不会在 11 月 24 日出版的那一期上刊出。纯如立刻给汤姆 · 马斯林打电话，但他本人当时正在耶路撒冷。纯如终于找到马斯林并问他为什么书摘不被刊出，他回答说这不是他做的决定，只不过是遵命行事。现在，纯如的书摘并不在刊出计划表上，上级也没告诉马斯林为什么会是这样。

纯如再次致电哈珀柯林斯出版社，询问如何维护自己的权利。出版社法务部门的负责人给《新闻周刊》打了电话，结果被告知书摘推迟刊出与日本广告商毫无关系，只不过是因为西摩 · 赫什的书《卡米洛特的黑暗面》（*The Dark Side of Camelot*，一本关于肯尼迪家族的富有争议的书）把其他书摘都向后推了一周，而接下来的另一篇书摘又必须刊登在 17 日出版的那期杂志上而已。

纯如这一方的人都觉得关于西摩 · 赫什的那一套说辞没有说服力。纯如说，如果这是事实，《新闻周刊》为什么不是在 11 月 8 日就告诉她这个消息呢？

与此同时，纯如对我们说，如果《新闻周刊》迫于日方压力撤掉了这篇书摘，她会马上召开一场新闻发布会。纯如确定这条新闻会传到支持者耳中，美国的华人社团和许多人权组织都会百分之百地向她表示支持。

纯如还告诉哈珀柯林斯出版社，他们应该给《新闻周刊》打电话，问他们如果书摘没有在 17 日或 24 日出版的杂志上刊出，她应该对记者们说些什么。纯如还要求依照合同对她予以补偿，同意她在 17 日那天接受记者采访，因为她已经安排好演讲和采访计划，书摘未能按计划刊出并不是她的错。

11 月 12 日，哈珀柯林斯出版社的法务部门用电子邮件通知纯如，他们刚刚收到《新闻周刊》的确认信，刊有《南京大屠杀》书摘的那期杂志将于 11 月 24 日上市（杂志上印刷的出版时间是 12 月 1 日），纯如之前为图书销售所做的宣传并不会影响书摘的最终刊发。

11 月 14 日，纯如飞到了弗吉尼亚州诺福克，这是她图书签售的第一站。接下来的几天，纯如忙于公众演讲、接受采访，以及在几个城市举行图书签售活动。但她仍无法确定《新闻周刊》真的会信守承诺。

尽管纯如旅行的时候我身在厄巴纳，但她每到一地总是会向我报平安。如果她太忙没有时间打电话，在旅馆的网络中心检查电子邮件时，也总会给我写封短信。纯如告诉我，一路上，每一站她都大受欢迎，很多人前来听她演讲，参加签售活动。每次活动后，纯如的书都会当场销售一空。我保持与纯如的联系，追着看所有与她有关的新闻，我很高兴听到纯如的书有这样一个好的开始。

11 月 16 日，周日，《巴尔的摩太阳报》的记者谢里尔·谭（Cheryl Tan）往我们家中打来电话，采访了我们，她是第一个这样做的新闻记者。谭告诉我们，她采访过纯如，而且在华盛顿国会山附近的 Trover 书店的签售仪式上见过纯如。她问我们，在纯如小时候，我们是如何跟她讲起南京大屠杀的，还有我们对纯如的书的看法。当这篇报道 11 月 18 日在《巴尔的摩太阳报》上刊出时，我激动极了。我在心底默默祝告我的父母，他们的外孙女终于将 1937 年发生于南京的真相讲给了全世界。我暗自祈祷，抗日战争期间中国人民所蒙受的苦难永远都不要被遗忘。

11 月 18 日，芭芭拉·卡利顿（纯如以前在约翰·霍普金斯大学的教授）在华盛顿接上纯如。卡利顿邀请纯如到约翰·霍普金斯大学做个演讲并进行图书签售。卡利顿告诉纯如，她很为纯如和她的书感到骄傲。见面时，纯如告诉卡利顿《新闻周刊》的事，以及她对《新闻周刊》迫于日方压力撤稿的担心。卡利顿对纯如说："这消息太棒了！如果他们真的撤掉了你的书摘，你的书用不了 10 分钟就会登上《纽约时报》

畅销书榜！”

卡利顿在纯如的书出版前就已经读过全文，她非常喜欢这本书。她对纯如说，她个人对此书非常感兴趣，不仅因为纯如是她以前的学生，还因为这一事件的历史重要性。卡利顿还说，她特别看重媒体的职业道德，希望纯如随时告诉她书摘一事的进展。

与此同时，绍进和我系统分析了《新闻周刊》之前几期的广告。我们发现，每周杂志上登出四五个日本公司的广告，包括佳能、铃木、日立、索尼、丰田、东芝、三菱、夏普和爱普生等。

我很担心纯如的书摘会不会在下一期《新闻周刊》上刊出。除非亲眼见到印在杂志上的铅字，我再也不会相信任何人的话了。

我知道 12 月 1 日那期《新闻周刊》在 11 月 24 日或 25 日就会被送到报刊亭。几天前，我就开始倒计时。11 月 24 日那个周一终于到来时，我在实验室里坐立不安，无法专注于自己的工作。当天下午 1 点多，我开始给伊利诺伊人联合会学生中心的报刊亭打电话，问他们 12 月 1 日那期《新闻周刊》是否送到了，他们告诉我杂志还没来。我问什么时候会来，他们回答说，很难说，有时候周一就送到，有时候会等到周二。他们说，即使周一送到，也会是在傍晚或晚上。

我无法安坐，在实验室里走来走去，想着书摘到底会不会被发表。纯如那时正在纽约，她没告诉我任何消息。我坚信《新闻周刊》上的内容节选会是决定纯如的书能否成功的一大步。

我太焦虑了，以至于记不清到底向报刊亭打了多少回电话，询问他们杂志是否已经到货。报刊亭的女孩或许也感觉到了这种焦虑，当我一遍又一遍地打电话过去时，她表现出了歉意。

最后，下午 5 点，报刊亭的女孩告诉我，杂志送到了！我赶快跑到伊利诺伊人联合会。当我发疯般地翻看杂志时，我几乎无法呼吸。有了！我站在那里，仔细阅读节选的全文。书摘整整有 3 页之多，标题写着“揭露南京大屠杀”。

我激动极了，站在那里，把书摘从头到尾读了两遍，确定这是真的。我跑回实验室，打电话给绍进，告诉他这个好消息。

当天晚上，我们回家后仔细翻阅杂志时发现，整本杂志上没有一个日本公司的广告。此外，封面上也没有出现关于书摘的特殊标题，杂志内页的“本期推荐”中也没有。3 页的书摘被埋在当周另一桩“重要新闻事件”之中——麦考利夫妇生了七胞胎！显然,《新闻周刊》不想过分突出这篇书摘。

回首往事，假如纯如没有要求《新闻周刊》务必给出延迟发表书摘的原因，他们会不会迫于日本公司的压力索性放弃这篇书摘呢？当听说如果书摘被撤稿，纯如会把事情经过公之于众后,《新闻周刊》是不是吓坏了？尽管《新闻周刊》否认日本公司取消广告是导致书摘推迟刊出的原因，却没有人能解释为什么 12 月 1 日这期杂志上一个日本公司的广告都没有，而 11 月 17 日那期上却刊登了两倍于正常数目的日本公司的广告。

纯如的一个朋友告诉她，媒体里存在两套规则：一套是针对亚洲人的，另一套是针对其他人的。梅赛德斯-奔驰公司会因为《新闻周刊》节选了一本犹太人写的关于纳粹屠杀犹太人的书就提出抗议吗？不可能！

尽管《新闻周刊》上的书摘标题并没有出现在当期的封面上，而且推迟了两周才刊出，因此错过了最佳书评时间，但它仍极大程度地帮助了这本书扩大知名度——这是《南京大屠杀》走上畅销书榜的第一步。

在《南京大屠杀》正式出版前，纯如克服了许多外界阻力，诸如基本书局的解体及《新闻周刊》事件，但她也需要面对一些内部问题。4 月，纯如打电话来跟我们进行了一次长谈。她正身处十字路口,《南京大屠杀》已进入出版最后阶段，很快就会面世，但纯如还没有拿到下一本书的预付稿酬。布雷特催纯如赶快找一份朝九晚五的正常工作，有稳定的收入。那时候，纯如拿到的预付稿酬、国家科学基金的资助及其他研究经费并不足以支撑她的日常生活和研究开支，布雷特必须补贴她的费用。布雷特说，纯如的职业写作迄今为止都是个赔本生意。

纯如说她要么继续写自己的图书选题报告，要么就得另找一份工作，比如说撰写技术说明书或在学校教书，等到生活稳定下来再回头写选题报告。绍进和我同布雷特一样，也鼓励纯如去找一份教书的工作。绍进和我都反对她去写什么说明书，我们觉得纯如在创意写作方面很有天分，一份教职实际上可能是她最好的选择，因为这样的话，她既可以从事那些自己感兴趣的独立项目，也可以与其他人合作，认识新人——这是纯如一向喜欢的事。此外，许多教师业余时间都写书，因为教学计划弹性很大，简直是为作家而设计的。

在这次讨论中，就纯如的新书和她的金钱观问题，我们表达了自己的看法。我们说，当然每个人都要赚钱养家糊口，但对社会的贡献并不能全都以金钱来衡量。我们告诉纯如，尽管她的写作生涯迄今为止还没赚到什么钱，但她所做的一切对社会来说非常重要。她的书比大部分书都更有价值，我们由衷地为她自豪。

在电话中，纯如向我们倾诉了她的梦想和雄心。她告诉我，她和她的一个女性朋友最近在芝加哥聊过一次。朋友问纯如，她的人生终极目标是什么。纯如告诉朋友，她的野心是在文学世界史中留下自己的印迹，成为世界知名作家。朋友批评纯如太过个人主义，她不明白为什么有人想要成为明星或急于成名。“梦想得到奥运会金牌或诺贝尔奖有什么不对吗？”纯如对我说，“推动自己发挥所有潜能又有什么不对吗？”

因为没能为生物钟那本书找到出版商，纯如一直在考虑下一个选题。当她谈起自己的图书选题时，总是充满热情。她描述了一些备选选题：一个间谍主题的史诗小说，一部关于美国种族通婚的书，一篇关于修建美国西部铁路的华工的历史小说，等等。

纯如告诉我，她一直在向世界文学中的名著学习，希望有朝一日也可以与那些作家比肩。每当想到这些，她就兴奋地忍不住要尖叫出来。纯如告诉我，她的目标远大，而绍进和我是唯一不会批评她“自大成狂”或“太过个人主义”的人。

纯如多次对我们表露过她对小说《飘》中女主人公郝思嘉的崇拜之情，那是她最喜欢的小说之一。纯如说，郝思嘉的魅力正在于她的激情和决心。历尽苦难终获成功是文学中的永恒主题之一，而这也是纯如想要走的路。

纯如还告诉我们，她的一个男性朋友对她说，他喜欢雇用女性，因为女人工作卖力，开价不高，而且没有野心，所以不会偷走他的客户。纯如闻言大为愤怒，她说她永远不要落入这样的陷阱。纯如想要找出成功女性的共同特性，就此写一本书。她还对我说，她打算未来几年生 3 个小孩，不过一旦孩子升入大学，她就会重返写作。她说，那样的话，她就可以不受任何干扰地写上至少 20 年。家庭与事业，纯如两个都想要。

纯如非常多愁善感，她说生命太短暂了，她想要在短时间内完成许多事，却总是觉得时间不够。她说她必须把握此时此刻。有朝一日，生命将消逝无踪，但书和文字会永久保留，正如她所读过的那些经典名作。纯如说“文字不朽”，她必须努力工作以实现自己想要的一切。为什么她有如此异于常人的紧迫感？我不知道。有时候我无法不为她力求完美的决心所感动。这也启发了我，一定要做到最好。

第十四章
一举成名

她是第一位这么年轻
就跻身《纽约时报》畅销书榜的华裔作家，
而且一上榜就是这么长的时间。

尽管《南京大屠杀》是纯如的第二本书，她却是第一次经历这么长时间的图书签售之旅。一路之上，纯如通过电话和电子邮件向我们报告她的行踪。

关于纯如发现拉贝日记的新闻1年前就已经被公之于众，美国和加拿大的华人都十分期待《拉贝日记》和《南京大屠杀》。纯如收到了许多大学学生组织和美加华人社团的邀请，他们迫切想要聆听纯如的故事。纯如细心地安排了整个行程，尽可能满足所有的邀请。弗吉尼亚海滩是纯如图书签售的第一站，她对我说，在那里她受到了热烈欢迎，她的书在几分钟内就销售一空。许多人一买就是好几本，表示要把这本书送给自己的下一代好好看看。

弗吉尼亚海滩这一站后，纯如飞往华盛顿。她的老朋友、美国移民归化局的玛丽安·史密斯好心地留纯如住在她家。纯如在国会山附近的Trover书店举办了图书签售活动。她对我说，她希望伊利诺伊州议员威廉·利平斯基或是其副手可以到场，因为书店就在国会山上。那年夏天，利平斯基支持了一项要求日本像其他轴心国成员国一样为其二战罪行道歉并支付赔偿的提案。这个提案是许多华人活动家和人权组织共同努力的结果。纯如还考虑过日本驻华盛顿使馆或许会派人到书店来收集有关信息。然而，谁都没出现。

纯如接下来又去了约翰·霍普金斯大学、哈佛大学法学院和普林斯顿大学。每次签售活动都来者甚众，纯如和她的书大受欢迎。绍进的哥哥绍远住在新泽西，他到普林斯顿看了纯如。据他说，纯如的书是签售活动中所有书中最受欢迎的。

在普林斯顿大学为“南京大屠杀”召开的会议上，当日本历史学家秦郁彦发言说中方公布的死亡人数不可信时，引起了一些争议，许多听众大声抗议。据《世界日报》（美国发行量最大的中文报纸）后来报道，会议几度濒于失控，但最终还是恢复了秩序。总的来说，这次会议非常成功，充分体现了人们对南京大屠杀是多么关注。

绍远也在听众席，他当晚给我们打电话描述当时令人激动的场面。在回应秦郁彦时，纯如解释了她为什么认为在当时的情况下使用埋葬记录是推测死亡人数的最佳方式。根据纯如收集的资料，南京大屠杀中丧生者的人数在 26 万~35 万。当纯如发言时，她的雄辩和坚定赢得了听众热烈的掌声。

绍远为有纯如这个侄女而自豪万分。会议后，他载纯如去了普林斯顿火车站。在那里，纯如坐上火车前往她的下一站——纽约。在站台上，纯如采访了绍远，了解了他 1949 年离开中国大陆时的经历。绍远后来告诉我们，他对侄女的勤勉大为吃惊。他说，纯如从包里拿出采访本和笔，坐在普林斯顿火车站的长椅上就开始了采访。因为打算把采访完成，她没有登上计划要坐的那趟火车，而是改签了后面的车次。

纯如在纽约和朋友们一起过了感恩节——这是她屈指可数的几次没有和家人共度节日。感恩节那天，她从纽约打来电话，我们聊了很长时间。纯如对《新闻周刊》最终登出了她的书摘十分兴奋。她还告诉我们，美国广播公司的《早安美国》节目请她在 12 月 7 日到纽约接受采访。

从东海岸返回家中之后，纯如在旧金山地区举行了签售活动。随后，她又飞回纽约接受《早安美国》的采访。1997 年 12 月 7 日是日本偷袭珍珠港 56 周年纪念日，正因如此，美国广播公司才希望在这一天采访纯如并介绍她的新书。尽管她告诉我们可以在 12 月 7 日纽约时间一早在节目中看到她，但这个节目只在东海岸播出。此外，我们也没有有线电视。我们所能做的只有通知住在纽约的姐姐菱舲、住在新泽西的弟弟彬彬和住在马里兰的妹妹菁菁，让他们记着收看这个节目并替我们录下来。节目开始，纯如开始讲话时，弟弟彬彬打来电话，将听筒放到电视机旁，让我们也能听到。

1 周后，彬彬把录像带寄给我们，我们终于看到了《早安美国》对纯如的采访。我们很惊讶地看到纯如回答问题时表现得非常专业，这让我们联想起当年她还是一个羞涩的小姑娘时的情景。她看上去非常年轻，充满活力，在节目组化妆人员的帮助下，她简直就像一颗冉冉上升的明星。

接下来，纯如应加拿大不列颠哥伦比亚省亚洲二战浩劫史实维护会主席列国远的邀请，飞往渥太华参加该协会组织的图书宣传活动。在华人众多的渥太华举行了几场颇受欢迎的宣传活动后，纯如飞往多伦多。在那里，亚洲二战浩劫史实维护会多伦多分会主席王裕佳迎接了纯如。我和王先生素昧平生，他打电话给我说，纯如托他向我报平安。他还说，他会小心照顾纯如——他是一个医生，纯如和他在一起很安全。我非常感激有这么个人能够体谅一个母亲的心情。每当到了一个新地方，纯如总是信守承诺，告诉我们她安全抵达的消息。

12 月 11 日，纯如到达多伦多那天晚上，她在一家餐馆给我们打电话说，当晚泰德·科佩尔的《晚间在线》节目将播出讲述约翰·拉贝生平故事的片子《纳粹好人》（The Good Nazi），而她正在现场。我们立即打开电视机，等待节目开始。画面上出现了纯如，还有哈佛大学历史学教授柯伟林，以及约翰·拉贝的外孙女乌苏拉·莱因哈特等人。

1997 年 12 月 13 日是南京大屠杀 60 周年纪念日，多伦多的华人组织为大屠杀死难者举行了一场盛大的悼念仪式。纯如受邀作为悼念仪式的主题发言人，一个来自中国的合唱团还特地赶赴多伦多，为此特别创作了一首乐曲，以祭奠死难者并铭记他们所遭受的苦难。仪式过后，纯如从多伦多的旅馆房间里给我们打来电话，她说："妈妈，你绝对猜不到来了多少人。我估计总共有 600~800 人之多！我演讲结束后，人们长时间地为我鼓掌……当合唱团开始演唱时，我忍不住流下了眼泪。"在电话的这一段，我也忍不住流下了眼泪。

那天晚上，我写下了自己的感受。过去的这两年，纯如撰写这本书期间，我也经历了一段我自己的精神之旅。我回顾了我们之间的那些谈话。5 年前，1992 年 5 月 18 日晚，在我父母位于纽约的家中，是我鼓励她着手撰写一本有关南京大屠杀的书。

1995年，纯如到东海岸搜集资料。后来，她又坐上开往南京的火车，到那里采访幸存者。再后来，基本书局于1997年突发公司结构变革。我将这篇文章献给了我父母的在天之灵，我希望他们知道，他们的外孙女写了怎样的一本书，她向全世界揭露了发生在南京的种种被人遗忘的战争罪行，而在替那些沉默无言的受害者讨回公道的过程中，他们的外孙女展现出了不起的勇气。我将这篇文章投给了《世界日报》。我只用几个小时就完成了写作，这怕是我一生中写得最快的一篇文章。

《南京大屠杀》在1998年1月登上了《纽约时报》畅销书榜，许多人都觉得难以置信。你或许会说，这是一匹黑马。没错，我们（还有纯如）从来不敢想象居然会有这样一天，但它确实发生了。

选择在南京大屠杀60周年之时出版这本书最开始是纯如的主意，现在证明这真是个好想法。书正式发行前一两个月，外界已经开始关注这本新书，而这都是纯如的努力使然。《约翰·霍普金斯大学杂志》11月号上刊登了一篇关于纯如的长文，她的照片也出现在杂志封面上。与纯如的图书签售旅行同步，大学生和草根华人团体在美国的东西海岸及加拿大各大城市组织了相关会议。接下来，中、英文报纸杂志，国家电视台和广播电台对纯如进行了采访。围绕这本书掀起了一场风暴。我忠实地记录下了所有关于纯如的外界反应和媒体报道，我们住在美国各地的朋友也寄来了当地报纸关于纯如的报道。我无法描述我们当时激动的心情。那时候，我们生活的主要意义似乎就在于跟进纯如的新闻。纯如也与我们保持着密切的联系，每天都告诉我们那些激动人心的事。

12月1日的《新闻周刊》节选了《南京大屠杀》的部分内容后，几家主要英文报纸也登出了相关书评，包括《华盛顿邮报》和《纽约时报》。在1997年12月11日刊登于《华盛顿邮报》的那篇感人至深的文章中，肯·林格尔写道："1937年发生于南京的事情一向少有人知，但它灼痛着一个女人的灵魂。"这篇文章配发了一张纯如手捧新书接受采访的照片，还刊登了两张南京大屠杀的照片，一张照片上日本士兵正在用中国人做靶子进行刺刀练习，另一张照片上一个日本士兵正在处决中国俘虏，其他日本士兵则站在一旁笑着围观。

1997 年 12 月 14 日，南京大屠杀 60 周年纪念日后一天，加州大学伯克利分校教授、东亚研究专家夏伟（Orville Schell）为纯如的书写了一篇长篇的正面评论，刊登在《纽约时报书评》周刊上。他写道："在她新近出版的重要著作《南京大屠杀》中，身为屠杀幸存者后人的张纯如详细描写了那些恐怖的杀戮，她的愤怒可以理解。"这篇文章再次使用了日本士兵以中国人作为刺刀练习靶的照片。这张照片很难从读者的记忆中抹去，不管看了多少次，它仍令人震惊、令人作呕。

至于中文媒体方面，北美的中文报纸 12 月都做了关于纯如新书的报道。太平洋的另一端，在中国，所有的报纸也都大篇幅报道纯如的书，其中包括香港最有影响力的英文报纸《南华早报》、大陆的《人民日报》及台湾地区的一些大报。台湾的出版公司天下文化将此书译成中文，于 1998 年 1 月出版。但从 1997 年 12 月 2 日到 9 日，这本书的部分章节就已经分 9 次连载于台湾的一家报纸上。

如此广泛的曝光使得这本书在全美很快售罄，所有纯如举行过签售仪式的书店都出现了缺货现象。当纯如 12 月抵达多伦多时，亚洲二战浩劫史实维护会多伦多分会主席王裕佳向组织成员提议，筹集一笔款项，购买 1 000 本书捐给加拿大的高中和公共图书馆，这使得书店里顿时一书难求。纯如在电话里向我们抱怨说，这很尴尬，她看见那么多的人前来参加她的签售活动，却买不到书。纯如只能在藏书签上为那些排着长队的读者签名。整个图书签售巡回活动中，纯如向出版商抱怨了好几次。出版商告诉她，出版仅仅两周，这本书就加印了 4 次。他们已经在尽可能地加快印刷速度，但每次印刷只印 1 000 本，他们根本没想到纯如的书会登上畅销书榜！

因为纯如的书持续热销，我们开始关注《纽约时报》的畅销书榜单。12 月 21 日，我们发现纯如的书出现在《纽约时报》畅销书榜下面的"值得关注"栏目中。列在这一栏目中的书是编辑们认为除了上榜畅销书，其他一些近期值得关注的书。我们非常高兴，这意味着纯如的书的影响力在上升，可能会最终入榜。

那年圣诞节，我们都很焦急。我们知道，节日期间，许多人都会忙着旅行或庆祝，没人关注那些书评，更不会打算买书。但即便是在这种节日里匆匆忙忙的气氛中，《圣何塞水星报》、《圣路易斯邮报》、《华尔街日报》和《洛杉矶时报》等报纸仍对纯如的书给出了好评。

终于，圣诞节过完了。纯如重新开始自己的图书签售之旅。她先到了南加州、洛杉矶和圣迭戈。1 月 14 日，纯如飞往华盛顿接受 PBS 的采访。在旧金山机场，她给我们电话留言说，她刚接到出版商的电话，她的书现在在《纽约时报》的畅销书榜上排名第 15！从她的声音中，我们能听出她哭了——我相信那是喜悦的泪水！绍进和我喜出望外，一连几天，我们都无法抑制自己的兴奋。在下一通电话中，我们说："纯如，你成功了！"

我们后来知道，纯如的书在 1 月 14 日就已经登上畅销书榜，但要等两周时间才可见报。我们不知道为什么情况会是这样，或许出版商希望把消息延后两周发布，这样可以确保潜在读者蜂拥而至时有足够多的库存。1 月 25 日，我们去巴诺书店买了一份《纽约时报》，亲自验证纯如的书确实上了畅销书榜。

从那天起，绍进和我就开始每周查看榜单。因为我们也能在《纽约时报》的网站上看到这份榜单，每当纯如的书上榜时，我们就会将其打印下来。接下来一周，纯如的书从第 15 位上升到第 14 位，然后在接下来的 3 周时间里又攀升到第 11 位。连续 10 周，这本书都排名在前 15 位。那时纯如才不过 29 岁。她的编辑告诉她，她是第一位这么年轻就跻身《纽约时报》畅销书榜的华裔作家，而且一上榜就是这么长的时间。

为什么纯如的书如此畅销？回头看时，我有了自己的结论。

第一点，南京大屠杀在西方少有人知，尽管 1937 年时它曾是《纽约时报》的头条新闻。一部分因为西方人总是强调欧洲的战争威胁，严重忽略了二战中的亚洲—太平洋战场，另一部分则是因为日本政府刻意在战争结束后掩盖自己在二战中的罪行。南京大屠杀被外界遗忘，直到纯如揭露了历史真相。

第二点，20 世纪 90 年代，中国日益强大，在国际地缘政治中扮演重要角色，这使得中国可以站在一个比较强硬的立场上，理清那些未曾被正确书写的被忽略的历史，如南京大屠杀。

第三点，生于 20 世纪 30 年代、经历过二战的中国人都已退休，有时间和余力反思自己的过往，而他们也想要保留自己的战时回忆。这些人中不乏华裔美国人和华裔加拿大人。

第四点，20 世纪 90 年代，美国经济繁荣、民众富裕，人们有余力关注那些并不直接和日常生活相关的历史和文化事件。

第五点，美国和加拿大的草根组织中的华人活动家已经为维护抗日战争历史真相努力了多年，为了让这段历史大白于天下，他们强有力地支持了纯如的书的推广发行。

简而言之，纯如非常幸运，她的书写得可谓得尽天时地利。最重要的是，在众多的文章和书评中，几乎每个人都认同，正是纯如从档案馆里挖掘出的海量资料令这本书与众不同。此外，纯如对历史真相及社会正义的热情在书中表现得淋漓尽致，这深深感动了读者并引起他们的共鸣。

第十五章

波澜起伏

“首先，请你务必、务必、务必相信一个人的力量！
一个人可以令世界大为改观。”

纯如的书登上《纽约时报》畅销书榜后，出版商希望它在榜单上停留得越久越好，这也是史维会等草根华人组织的目标。为了保持书的销量，1998 年 1 月，史维会执行副总裁丁元以群发邮件的形式发送了上千份电子邮件，请求每个会员都支持纯如的书，并且鼓励他们通过各自的邮件列表向朋友们转发这封邮件。

我们也将丁元的邮件转发给我们的朋友和学生。丁元的邮件一定传遍了美国，在读到最早发给我的那封邮件之后，我又从美国各地的学生和朋友那里收到过好几次同样的邮件。纯如的书在华人和公众中引发了对二战亚洲战场那些被人遗忘的史实的极大兴趣与关注。人们终于认识到，这是历史中需要被重提的一章，二战历史应当被改写和重新认识。

与此同时，为响应亚洲二战浩劫史实维护会多伦多分会向公共图书馆捐赠这本书的号召，美国的华人组织也做出类似举动。许多人一买就是好几本。中文报纸也敦促读者将纯如的书寄给国会议员和当地政府官员，推动日本做出政治行动并正式道歉。

1998 年 1 月，纯如前往洛杉矶和圣迭戈举行更多的图书签售活动。当她在洛杉矶及其郊区的蒙特利公园（许多华人住在这里）等地签售时，上百人聚集在书店里。纯如告诉我们，许多书店店主都对她说自己从来没见过这样的场面！

1 月 8 日，绍进的父亲突然去世，终年 93 岁。他住在加州圣莫尼卡，去世前一周得了严重的流感。一个晚上他的情况突然急转直下，不久后就去世了。我们都很震惊，一周后赶往圣莫尼卡参加葬礼。纯如当时时间很紧张，她正在南加州进行图书签售，但马上就要飞往东海岸接受一系列电视台和电台的采访，包括PBS著名主持人吉姆·莱勒的《新闻一小时》节目。不过，纯如说她希望1月16日可以飞回加州参加葬礼，她会争取抽出时间。

纯如的书登上《纽约时报》畅销书榜后，珀修斯出版集团开始认真开展图书推广活动，并向纯如提供了财力和物力上的支持，他们允诺会在每个城市为纯如安排专车和旅馆住宿。我一直担心密集的图书签售和媒体采访活动会令纯如过于疲惫，我给她之前的图书编辑苏珊·拉宾娜写信表达了我的担忧。在此之前，整个图书签售过程中，几乎每到一处，纯如都是借住在朋友家中，自己开着租来的车前往书店。现在有了出版商提供的便利，纯如可以集中精力准备自己的演讲，接受更多媒体的访问了。

每次签售开始前，纯如通常都会做一次半小时的演讲。据报纸上的报道和亲自参加过图书签售的朋友们说，她的演讲永远那么激动人心、富有力量。纯如告诉我们，演讲结束后，许多人向她提问。此外，每次图书签售会上，都有人走上前来，告诉纯如他们自己在抗日战争期间亲身经历或耳闻目睹的日军的种种暴行。那些亲历者迫切希望分享自己的感受和悲痛，或许这也是有那么多人参加纯如的签售活动的原因吧——他们想要倾诉自己的过去。然而，纯如说她喜欢听那些故事，向那些人表示支持，虽然之后她总是身心俱疲。

1月16日，纯如从华盛顿特区飞往洛杉矶。她刚刚接受了《新闻一小时》节目记者戴维·格根的采访。一到洛杉矶机场，纯如马上租了辆车，前往葬礼举行地，刚好赶上爷爷的葬礼。每个人见到她都很高兴，尤其是我。看到她安全抵达，我顿感轻松。

葬礼过后，我们和纯如一道返回旅馆，屋子里已经有一大束鲜花等着她。花是出版商送的，祝贺她的书登上《纽约时报》畅销书榜，并表达了他们对纯如失去亲人的吊慰。

葬礼后，我必须马上返回厄巴纳工作。绍进和纯如多停留了一两天，他陪着纯如参加了在加利福尼亚州千橡市博德斯书店举行的签售活动。绍进向我描述了他在博德斯书店的所见所闻，他说，一大群人蜂拥而入，其中半数是华人。图书签售结束后，人群散去，书店经营者意识到纯如还没有吃午餐，于是替她叫了个三明治外卖。那时已经快下午 4 点。纯如一边吃三明治一边继续为书店在藏书签上签名，这样当下一批书运到时，书店就可以把藏书签插到书中，作为签名本销售。

1 月 28 日，纯如兴奋地给我们打电话说，珀修斯出版集团负责《南京大屠杀》的宣传人员劳雷尔·库克和集团 CEO 杰克·麦基翁当天下午打电话通知她，这本书已经攀升到《纽约时报》畅销书榜的第 11 位！这是纯如的书迄今为止到达的最高榜位，而这时距离初次上榜时间才不过两周。当珀修斯的人打电话过来时，纯如可以听见电话那头的欢呼声、口哨声及掌声！她高兴极了！

现在出版商意识到了纯如的书的市场潜力，他们开始在美国各大书店、电视台和广播电台为纯如安排签售活动和专访。从 1 月 18 日到 3 月 13 日，她要去圣巴巴拉、洛杉矶、圣何塞、奥克兰、波特兰、西雅图、休斯敦、奥斯汀、旧金山、华盛顿等多个地方。为了掌握纯如的行踪，我让她寄给我一份行程表。尽管图书签售旅行的日程排得满满的，但是纯如一直精力充沛，十分卖力地工作。

一件令纯如十分高兴的事是乔治·威尔撰写了一篇文章。乔治·威尔也是厄巴纳-尚佩恩人，毕业于伊大附中。他是全美知名的专栏作家，几乎全美国大大小小的报纸都刊登过他的文章。纯如某天接到了威尔助手的电话，告知她威尔打算写一篇关于她的书的文章并希望能够采访她本人。2 月 19 日，威尔的专栏文章《打破罪恶的沉默》发表在《华盛顿邮报》上。在文章的开头，威尔写道："今天，在美国，一些美好的事情正在发生，那是一介正义之举，关注着发生在很久以前的某些丑恶之事。这个故事不仅很好地证明了其作者的正直，也反映了这个移民国家所拥有的良知。"在文章结尾处，他写道："晚到的正义并不一定意味着正义不被承认……奥斯威辛集中营的幸存者、诺贝尔和平奖得主埃利·威塞尔说过，对大屠杀的遗忘等于第二次杀戮。因为张纯如的书，第二次南京大屠杀将不会发生。"纯如认为这篇专栏是她人生中辉煌的高点之一，它是对她过去几年中所做的全部工作的一个意味深长的总结。

当天晚上，纯如应旧金山联邦俱乐部的邀请发表演讲。纯如告诉我们，这是一个久负盛名的论坛，能够在那里演讲对她来说是一种荣幸。之前的演讲嘉宾都是一些大名鼎鼎的领袖人物，如富兰克林·罗斯福、罗纳德·里根，诺贝尔和平奖、文学奖或科学奖的得主，等等。

3月15日和17日，纯如受邀到华盛顿的美国大屠杀纪念馆演讲。截止到这时，我已经在电视上见过纯如，但还没现场听过她的演讲，于是我决定去看看。我很高兴自己做出了这一选择。

我动身飞往华盛顿，3月15日，我和妹妹菁菁一起赶到美国大屠杀纪念馆的演讲大厅。坐在为我们预订好的座位上向后看去，我猜大厅里能坐下五六百人。纯如的演讲定于下午3点30分开始。演讲开始前几分钟，整个大厅就已经坐满了人。尽管来者众多，现场却十分安静。许多人手里都拿着纯如的书，一边等待一边翻阅。整个气氛庄严肃穆，也混杂着一丝沉重。大约3点30分，纯如还没到。我开始琢磨她迟到的原因，看了一眼她的日程表。纯如应该是从佛罗里达的棕榈滩赶来，她在那里参加前一天举办的图书节。纯如本应在下午1点30分抵达华盛顿特区，然后在2点到3点之间在博德斯书店接受采访并举行图书签售。正当我胡思乱想的时候，纯如和这场演讲的组织者莉迪娅·佩里出现了。纯如径直坐在我旁边，跟她的姨妈打招呼。我立即问她为什么迟到，纯如简短地回答说整个计划有点儿延迟了。纯如递给我一份3月12日出版的《棕榈滩邮报》，上面有一整版关于《南京大屠杀》的报道。文章的标题是“被遗忘的大屠杀和一个执意铭记的女人”，还刊登了一张纯如的大幅黑白照片。如今，几乎每家报纸和杂志都在使用这张照片。照片上，纯如直直的长发披肩，清澈的黑白分明的眼睛直视着读者，她穿着一件黑色套头衫，外罩碎花马甲。纯如看上去很严肃，但也非常真诚。许多朋友甚至是陌生人都对我说过，纯如美得令人吃惊。事实上，这张黑白照片出自她的朋友吉米·埃斯特马达之手，是纯如的照片中我最喜欢的一张，我也把它用到了本书的封面上。

在演讲组织者简短的开场白后，纯如走上讲台，整个大厅爆发了热烈的掌声。纯如用清朗的声音为听众讲述了这个被遗忘的大屠杀的故事，演讲持续了近1个小时。演讲结束后，许多人拿起麦克风向纯如提问。从那些提问者提出的问题判断，纯如的演讲大获成功。问答环节快结束时，一位中年犹太妇女站起来说："我们应当为张纯如热烈鼓掌，向她揭露这一罪行的勇气致敬……"于是，整个大厅响起了雷鸣般的掌声。我真的感动极了。

问答环节结束后，纯如开始签售。会场排起了长队，许多报社和电视台的记者也身列其中。一位记者走上前来告诉纯如，郑念也来了。看到郑念，纯如喜出望外。当天，几乎每份中文报纸上都登出了纯如一脸惊喜地与郑念握手的照片。后来，纯如告诉我，郑念能来让她深感荣幸，尤其是考虑到她已经那么大年纪（尽管她很美丽动人，看起来比实际年龄年轻得多）。那之后，她们成了好朋友。（2009 年 11 月，郑念以 94 岁高龄去世。）纯如说郑念给了她很多有益的建议，几乎成为她的导师。

在美国大屠杀纪念馆演讲当晚，纯如出席了美国华人组织在华盛顿的一家中餐馆为她召开的庆功宴，列席者多达 500 人。我也应邀前去，得以见证这一令人难忘的夜晚。晚宴上，纯如被介绍给众人，她发表了一个简短的讲话，感谢当地华人组织给予的支持。纯如回忆起 3 年前她来到华盛顿，在国会图书馆为《南京大屠杀》一书搜集资料，住在李圣炎博士家中的日子。李先生也提起了他在地铁站接上工作了一天的纯如回家的情形。李先生说，他总是会问及纯如她当天发现的材料，纯如就会将自己找到的不计其数的暴行记录与他分享，描述起那些读到的材料和看到的照片时，纯如会忍不住哭出来。听到这个故事，数百人的宴会厅里顿时寂静无声，场景十分感人。

在华盛顿特区发生的另一件值得回忆的事是，我惊讶地发现，我写给中文报纸《世界日报》的那篇文章已于 3 月 15 日发表，正好是纯如在大屠杀纪念馆发表演说的那一天。我还记得那天，在纯如演讲前，我和妹妹一同参观了纪念馆。我被馆内保存的关于犹太人大屠杀的种种记忆所撼动，我希望，有朝一日，在华盛顿也能建起一座类似的缅怀二战亚洲大屠杀死难者的纪念馆。

纯如继续着她的图书签售之旅。她要求出版商不要在 3 月 23—27 日那周给她安排任何活动，因为她打算回家与布雷特和朋友一同庆祝自己的 30 岁生日。这是纯如事业的巅峰时刻——她的书已经在《纽约时报》畅销书榜上停留了 10 周之久，而她此时还不到 30 岁。

3月21日，纯如生日临近时，我用心挑选了一张美丽的生日贺卡寄给她。卡片上的话贴切地反映了我想要转达给她的心意（我把它们记在了我的日记里）：

生命里诸多美好，但再美也美不过女儿的一个微笑

生命里各种辉煌，但没什么比养育一个女儿更值得骄傲

生命给予众多回报，但最珍贵的礼物是你，我深爱的女儿

绍进利用3月21—29日的学校春假去了趟台湾，台湾科学委员会邀请他担任几个科学项目的评审委员。从台湾回来后，绍进告诉我，纯如的书在台湾家喻户晓，也在畅销书榜上。当科学委员会的负责人见到绍进时，他打趣说："我更想见的是你的女儿，而不是你！"

4月10日，纯如回到故乡厄巴纳，这是她中西部图书签售之旅的一站。纯如去了老少咸宜书店，1995年她第一次为《蚕丝》那本书举办签售活动时，正是这家书店资助了她。这一次，为了《南京大屠杀》，老少咸宜书店做了大量的宣传工作，甚至在《新闻公报》上登出了大幅广告。当天，我们的众多好友都出席了活动，他们的子女好多都是和纯如一道长大的，他们都争着和纯如合影。书店里的员工告诉我，她从来没见过这么多人排长队等着作者为他们在书上签名，只有几年前某个橄榄球明星运动员莅临时才有这样的场面。

中西部图书签售之旅后，纯如回到加利福尼亚。4月16日，她在斯坦福大学做了一次演讲。她告诉我们一个好消息：《南京大屠杀》已经被斯坦福大学心理系的研究生项目选作参考书，可能还会在课堂上专题讨论。

这之后，纯如参加了在加州大学伯克利分校举行的一个会议，在4月20日写给我的信中，她这样描述道：

亲爱的妈妈：

伯克利的会议进行得很顺利。出席的日本人中没有人试图刁难我（他们都很

开明），相反，我享受的待遇就像名人一样。我接受了《旧金山纪事报》和《每日加州》（学生报纸）的专访，并且在会议开始前跟夏伟和一群新闻系研究生进行了非正式的交谈。整整两天，我都被前来索要签名的学者、学生和社团成员包围。每次我走进会场，都能听见兴奋的交头接耳声（“张纯如来了！”），我几乎没什么个人时间。

我在大会上所做的主题演讲得到的反馈令我吃惊。当我进去时，屋子里坐满了人：超过 100 个人提前预订了演讲的门票，那些没有订票的人只好站在后排或阳台上。后来，东亚研究所的魏斐德和欧文·沙伊纳（Irwin Scheiner）等学者对我的演讲赞不绝口。

回头有时间我会给你打电话，告诉你所有故事（故事多着呢）。当我批评会议的名称时，人群报以雷鸣般的掌声（大会主题是“南京事件”，而非“南京大屠杀”。在越南美莱村发生的几百名越南人被杀的事件都可以被称为“大屠杀”，南京大屠杀为何能简化为一起“事件”呢）。吃午饭时，一名日本教科书作者（他不是大会主席团成员，而是与会者）坚持说没有证据证明南京城里的死亡人数。于是我从餐厅跑回房间，找出一份远东国际军事法庭关于 26 万人在南京被杀的证词的复印件，拿给他看。看到我出示的如山铁证后，他灰溜溜地离开了餐厅。魏斐德跟我分享了他在美国好莱坞和中国的冒险故事，他父亲是著名的电影制片人，在中国时，他曾经在跟人换汇时发生争斗，手骨骨折。

爱你的，纯如

多个城市的图书签售之旅又持续了两个月，纯如才于 1998 年 6 月回到厄巴纳，接受伊大附中颁给她的马克斯·贝伯曼杰出校友奖。《新闻公报》的记者休伊·弗里曼采访了纯如，几个小时后，他在报道中这样描述纯如的签售之旅：“对张纯如来说，被人群围住已成家常便饭……‘我不再能像以前那样来到一个城市而不受干扰’……在机场、餐馆甚至警察局，张纯如都被人认出来过。”

“张纯如笑着回忆说：‘我走进休斯敦一家中餐馆附近的警察局，因为餐馆里没有电话。三个警察里居然有两个人认出了我，他们向我表示祝贺。'"

弗里曼问纯如，在经受了收集暴行证据时的巨大情感折磨后，她对于这种关注有何感觉。

"'我想应该是从地狱进了天堂吧，是不是？'她说道，'但这个比喻并不完全贴切。感觉更像是被绑在一辆过山车上，无法逃脱。'"

时间拨回到1998年3月，我们收到伊大附中校长谢利·罗伯茨的来信。罗伯茨刚刚当上校长，她写信给我们祝贺纯如成为《纽约时报》畅销书榜上的作家，她为此深感骄傲。在这封信中，她附上了一本11月号的《约翰·霍普金斯大学杂志》，封面故事正是关于纯如的书。原来，罗伯茨也毕业于约翰·霍普金斯大学。她在信里写道，纯如已经被提名为马克斯·贝伯曼杰出校友奖的候选人。这是伊大附中颁给校友的最高奖项，得主包括数位诺贝尔奖获得者。罗伯茨邀请纯如回校参加6月举行的1998年度毕业典礼，并在大会上发表主题演讲。

在写给罗伯茨女士的回信中，我们告诉她，纯如4月可能回家参加一个图书签售活动，我们建议她当面跟纯如提及此事。

在将这一邀请转达给纯如后，她私下里跟我说，她已经决定4月回家，此外，伊利诺伊大学新闻系和其他校园组织也准备邀请她当年秋天在校园里发表演讲。她说，鉴于图书签售的日程安排得很紧，她不知道6月有没有时间回来参加伊大附中的毕业典礼。她说："不如你和爸爸代表我去领奖吧！"

然而，纯如4月在尚佩恩老少咸宜书店举行图书签售时，谢利·罗伯茨像我建议的那样，亲自向纯如发出了6月回来领奖的邀请。她十分恳切，纯如几乎没办法当场拒绝，于是对她表示看过自己的时间安排后再给她答复。

与此同时，我提醒纯如，在高中时代，她一直感觉自己默默无闻，现在是时候回去告诉大家，自信的确可以令一切有所改变。我对纯如说，她应当回去鼓励那些刚刚毕业的学生将她的人生之路当成榜样。最后，纯如写信给罗伯茨说她接受邀请，会在6月6日那天参加1998年的毕业典礼。

至此，纯如差不多已经走遍美国。5月3日，母亲节临近时，她被华盛顿的华裔美国人组织提名为年度女性。5月4日，我打电话给她，当时她住在华盛顿的朋友玛丽安·史密斯家。纯如只跟我聊了一两分钟，但她告诉我，在颁奖晚会上，她在获奖致辞中感谢了我的养育之恩。听说她在如此重要的场合提到了我，我很感动，几乎流下泪来。

在5月5日写给我的电子邮件中，纯如写道：

亲爱的妈妈：

很抱歉，在玛丽安家里的时候，你来电话时我显得敷衍了事。有时候我担心，在过去的几个月中，因为没有及时回邮件和电话，我可能冒犯了不少老朋友。或许很多人觉得我已经被名气腐蚀……

的确，在过去几个月中，我忽略了自己的亲人。我觉得很不好意思，因为直到现在还没给你买母亲节礼物，甚至母亲节贺卡——只有这封倚在黛安娜·朱克曼（Diana Zuckerman）家床边匆忙地在笔记本电脑上写就的短信。我真希望你能够出席年度女性的颁奖典礼，我对观众说，是你那么多年来鼓舞我，成为我的第一个榜样。

请原谅我。我爱你，真的，虽然这几周来我没有时间跟你聊天。再过几周，我们就又能见面了——图书签售之旅也将告一段落。我觉得自己就像一个刚打了6个月仗的战士一样！

爱你的，纯如

据纯如说，黛安娜·朱克曼以前是白宫职员，她邀请纯如住在她在华盛顿的家中。黛安娜将陪同纯如参加5月8日在国会举行的听证会，听证会的主题是帮助国会议员了解二战期间日本人在亚洲犯下的战争罪行，包括南京大屠杀、731部队及慰安妇等问题。她还准备安排纯如同希拉里·克林顿见面。

尽管纯如仍在享受《南京大屠杀》一书在美国大获成功的喜悦，但日本右翼分子已经开始对她的书展开攻击。更糟糕的是，4月，日本大使在新闻发布会上公开批评她的书“一面之词，错误连连”。纯如十分愤怒，立即在媒体上还击。我们一直保持着电话联系，尽管不能多说，我们仍旧尽了最大的努力给她所需的支持。恰在此时，纯如决定回家参加伊大附中的毕业典礼，这使她可以短暂地休息一段时间。

6月5日，纯如回到家中，准备参加伊大附中的毕业典礼。6月6日，周六，罗伯茨邀请纯如和我们在仪式举行前共进午餐，列席的还有纯如以前的英语老师查伦·蒂贝茨和阿黛尔·萨斯里克，后者在纯如的高中时代对她帮助巨大。这是一次皆大欢喜的重逢。

毕业典礼在伊利诺伊大学克兰内特表演艺术中心的特赖恩节日剧院举行。步入其中，我们见到数百人已经坐在那里，等待典礼开始。数名演讲者对1998年的毕业生表达了祝贺之后，作为马克斯·贝伯曼杰出校友奖得主，纯如被介绍给大家。主办者放映了几张反映纯如高中时代生活的幻灯片，有一张幻灯片上是她和一群同学的合影，她的头像被特意圈出来。这张照片令我回想起那段时间发生的所有事情。从那时起，发生了多么大的变化啊！

当这些记忆在我的脑海中闪过时，我看见纯如走上讲台，接过奖牌，她开始向1998年毕业的那些学生给出建议。我无法专注于她的讲话，脑海里过去和现在纵横交错，这感觉就像做梦一样。我不敢相信，在过去的13年中，纯如已经从一个默默无闻的高中生变成了《纽约时报》畅销书作家。我知道有人会觉得纯如只不过是比较幸运罢了，但我明白她经历了怎样的历程。每一分成功都源自她辛苦的工作，以及她的专注和信念。在当天的讲话中，所有这些她都提到了。

纯如用她动听的嗓音讲道：“首先，请你务必、务必、务必相信一个人的力量！一个人可以令世界大为改观。一个人（事实上，一个想法）可以发动一场战争，或是结束一场战争，或是颠覆整个权力结构。一个发现可以治愈一种疾病，一种新技术可以造福或毁灭人类。你是一个人，你可以改变数百万人的生活。志存高远。不要限制住你的目光，永远不要放弃你的梦想或理念……”

她说：“我要感谢我的父母，他们今天也坐在台下。从我出生的那天起，他们就一直相信我。他们鼓励我永远不要为梦想设限，在过去的几年中，他们是我最好的导师、知己和朋友。妈妈，爸爸，我爱你们，从内心深处感谢你们。”听到这些话，我忍不住落下泪来。在整个演讲过程中，我的眼眶都是湿润的。

1998年4月22日，纯如到盐湖城签售图书时给我打电话说，在一家书店，一名韩国记者问她如何看待日本大使关于她的书“不实”及“充满偏见”的评论意见。纯如听闻此事大感吃惊，她说她不敢相信一个大使居然会对一本书公开发表这样的评价！我们告诉她不要轻率地得出结论，让她调查一下大使究竟是怎么说的，再相机而动。

后来，纯如发现，4月21日，日本驻美大使齐藤邦彦在华盛顿特区的一场新闻发布会上确实公开批评了她的书“包含众多极其不准确的描述和一面之词”。纯如出离愤怒，她问我们：“你能想象一个德国驻美大使对一本关于犹太人大屠杀的书做出如此评价吗？”

“在这个国家，二战亚洲战场和欧洲战场的地位截然不同。”纯如说。她准备就此做出回应。当然，我们告诉她，我们会百分之百地支持她。和她一样，对于一位日本大使居然会公开抨击一本书，我也感到难以置信。

4月24日，史维会发表了一份措辞严厉的声明，谴责日本驻美大使，要求美国和中国政府敦促日本立即为此事解除齐藤邦彦的职务。

就在同一天，基本书局也发表了一份声明，谴责日本大使。在这份声明中，珀修斯出版集团总裁兼首席执行官杰克·麦基翁表示：“张纯如将60年前发生在南京的悲剧重新带入人们的视线。作为出版商，我们将继续努力将这本书所传达的信息播散到尽可能多的读者中去。众多著名学者及历史学家都对这本书大加称赞……”这份声明还指出，纯如的书已经加印16次，销量超过13万册。“它在《纽约时报》畅销书榜上停留了13周，德国、西班牙、中国大陆和台湾、捷克斯洛伐克和意大利都购买了这本书的海外版权。”声明指出，“尽管这本书在日本遭到批评，柏书房出版社仍将出版它的日文版。”

在这份新闻稿中，纯如要求日本大使指出书中的“失实之处”，提出要和他在全国性的电视节目中进行公开辩论。

美国和海外的媒体大篇幅地报道了日本大使对于这本书的批评意见，以及纯如要求公开辩论的回击。然而，齐藤邦彦未能指出书中任何不实之处，也不肯对公开辩论一事做出回应。

洛杉矶宽容博物馆西蒙威森索中心的拉比亚伯拉罕·库珀（Abraham Cooper）给了纯如巨大的支持。库珀对她说，他给日本大使馆和所有的新闻媒体都发去了抗议信。库珀说：“你能想象一名德国大使做出类似的陈述吗？”库珀还对纯如说：“我们会一直在背后支持你的。”

4月初，美联社报道称，日本月刊 *Shokun* 发表文章，批评日本外务省居然容忍像《南京大屠杀》这样的“反日”图书。纯如、绍进和我猜测，日本政府或许受到了来自狂热民族主义分子的压力，可能有所动作。

1998年5月11日的《时代》杂志上也登出了纯如向日本大使发出公开电视辩论挑战的新闻，文章写道：“齐藤邦彦对张纯如的攻击迄今为止只吸引了少数几个组织的关注和抨击，但东京当局更关心张纯如的书对日本在美形象的损害，而非齐藤邦彦其人。”

齐藤邦彦的批评并非“只吸引了少数几个组织的关注和抨击”，事实上，据我所知，齐藤邦彦的言论在美国反响极大，尤其是在华裔美国人圈中。许多读者写信给各大报纸提出抗议，一些中文报纸发表社论支持纯如。5月6日，中国驻旧金山总领事馆也发表声明，支持纯如的书，批评日本大使公开发表扭曲历史的言论是一种极其不负责任的行为。声明称，南京大屠杀是日本人在侵华战争期间犯下的不计其数的罪行之一。“这是一段不容抵赖的历史。”中国总领事称，他要求日本尊重历史真相。

5月8日，中国驻华盛顿大使馆的发言人也发表了一份措辞严厉的声明，驳斥齐藤邦彦对纯如的书的批评言论，希望日本政府诚实面对自己过去犯下的战争罪行。据我所知，很少有哪本书可以掀起这么大的国际关注，导致两国政府正面交锋。

因为中国驻美大使馆和领事馆都发表了支持纯如的声明，日本右翼网站宣称，中国政府是纯如的书的幕后指使者。这太荒谬了！在为这本书收集资料时，纯如从来没有和中国政府打过交道。

与此同时，日本电影《自尊》（*Pride*）将日本二战甲级战犯东条英机美化为一名英雄。这部电影4月首映，5月开始在日本电影院公映，电影的上映与日本驻美大使齐藤邦彦对《南京大屠杀》一书的批评几乎前后呼应。电影引发了又一轮对《南京大屠杀》及其历史背景的媒体报道高潮。

5月15日，纯如发电子邮件给我说，一名驻东京的《时代》杂志记者询问她对电影《自尊》的看法，纯如回复道："这部电影再一次证明了日本右翼分子对南京大屠杀及其他日本战争罪行的否认，但没有哪部电影能否认第二次世界大战的基本事实。"

"这部电影对日本的伤害远比益处大，因为它激怒了整个亚洲和美国的舆论引导者和政治家。如果日本社会欣然接受了《自尊》，那便向国际社会发出了一个清晰的信号，即现在的这一代日本人认可了战争时期政府的所作所为。"

"事实上，真相终将获胜。我热切希望并坚信，时间会令越来越多的日本人有勇气说出：'这不是真相，这部电影没有诚实地描写我们的过去。'"

在日本，有传闻说，东条英机的孙女东条由布子是这部电影的幕后推手，电影正是根据她写的书改编而来，她试图洗白祖父的战犯形象。1948年，二战时的日本首相东条英机作为甲级战犯被处决，在电影里，他却被描绘成一个爱国者和温和的顾家男人。《华盛顿邮报》5月25日刊出的一篇文章写道："战争过去50年后，日本同整个世界之间依然存在认识上的巨大鸿沟……当看到日本仍毫无悔罪之意时，许多邻国深感愤怒，《自尊》恰恰引燃了这股怒火。"

据某篇报道说，在电影中有一幕，东条英机拒绝相信日本军人在南京实施了大屠杀。在我读到这篇报道后，我对纯如说她的书此时面世是一件非常好的事！我说，东条英机的孙女试图粉饰她祖父在战争中的丑恶行径，但谢天谢地，我父亲的外孙女向全世界展示了1937年真实发生的事情。直至今日，日本举国上下仍不肯面对自己的战时罪行，不肯做出正式的书面道歉，这真是一种耻辱。

纯如的书受到美国历史学家的一致好评，并受到全世界华人社会的尊敬，但日本极端民族主义分子想尽一切办法诋毁纯如。6 月 12 日，据美联社报道，一群日本“学者”在东京召开的一场会议上指责纯如的书误导和夸大了南京大屠杀。他们宣称受害者被杀是出于中国人自己的原因，否认大屠杀中的死亡人数，还质疑《南京大屠杀》一书中照片的真伪。当美联社记者找到纯如，问她对日方指责的看法时，纯如正在纽约州普莱西德湖畔的卡托研究所发表演讲。在电话里，她庄严而又雄辩地逐一驳斥了这些指控。纯如告诉那名记者，日本篡改历史分子的否认最终只会伤害日本自己。

当法新社记者卡伦·洛威（Karen Lowe）就这 6 名日本“学者”集体控诉一事对纯如进行电话采访时，纯如回答说：“这些修正主义者正在进行第二次南京大屠杀——对历史的屠杀。”在 6 月 22 日的法新社报道中，曾经为纯如的书撰写前言的哈佛大学历史学教授兼系主任柯伟林对洛威说：“这种忙着数尸体的做法是令人厌恶的‘历史修正主义’行径。不管被杀的是 10 万人、30 万人还是 5 万人，难道在道义上有任何差别吗？”

“毫无疑问，这是一种恐怖主义，一种谋杀，”柯伟林补充道，“那些认为南京大屠杀不曾发生的人简直生活在历史乌有乡中。”

西蒙威森索中心的拉比亚伯拉罕·库珀也评论道：“除非日本就自己在第二次世界大战中的所作所为真诚道歉，否则其无法成为一个可以信任的盟国——南京应当是一个开始。”

如果我说所有这些针对书的指责丝毫没有影响到纯如的感情，那就是在说谎了。尽管我们和纯如都知道这些批评完全是无中生有，但它们还是在某种程度上影响了她的生活。自己的书持续受到质疑和审查令纯如压力很大。更糟糕的是，在这个时候，她正身陷与日本出版社柏书房的笔墨官司。这家正在将她的著作翻成日文的出版社向纯如坦承，他们受到了来自日本极端民族主义分子的威胁。后来，纯如收到大量来自柏书房的电子邮件，向她提出各种各样的问题及一些无理的要求，这意味着柏书房出版社处于日本右翼分子施加的巨大压力之下。

尽管如此，1998 年的夏天依然发生了许多令纯如非常开心的事。1998 年 6 月 24

日，她给我发来电子邮件：

亲爱的妈妈：

你亲爱的女儿此刻正在蒙特西托的美丽华大酒店写这封电子邮件。之前，我刚刚在圣巴巴拉的作家大会上对着150~200人发表了一场长达1个小时的演讲。你猜主题是什么？如何从一个苦苦挣扎的作者变成畅销书作家。一些女性听众为演讲内容所感动，甚至流下了眼泪！事实上，对我来说，这是一个令人兴奋的夜晚。因为居然有这么多老朋友前来祝贺我，为我流泪，拥抱我，亲吻我。“纯如，几年不见，你居然成了大明星！”整个晚上都是快乐的重逢。此后，我和芭芭拉·马辛去了蒙特西托小酒馆，在那里吃了些乳酪蛋糕。

圣巴巴拉就像我的第二故乡——仅次于厄巴纳-尚佩恩。

在圣巴巴拉的演讲居然如此受欢迎，真让我喜出望外，因为我几乎没有时间准备讲稿。你看，昨天我一直在赶着为《纽约时报》写专栏（《纽约时报》和《新闻周刊》国际版都请我替他们写关于日本修正主义分子的文章），根本没精力考虑圣巴巴拉的演讲，然而听众却很欣赏演讲内容。芭芭拉·马辛认为这次演讲棒极了——完美地兼顾了幽默、历史与个人叙述，她惊讶于我的演讲风格居然有了这么大的进步，她还记得我以前在圣巴巴拉的巴诺书店举行第一次图书签售时是多么紧张，而这不过是两年前的事……

爱你的，纯如

另外一件令纯如感到开心的事是，《读者文摘》选择她作为9月号杂志的封面人物。一两个月前，这本杂志的写手拉尔夫·金尼·本内特（Ralph Kinney Bennett）采访了她，计划就纯如和《南京大屠杀》一书做一个大篇幅的报道。为了拍摄封面照片，纯如专门去了朋友推荐的美容院化妆。杂志的摄影师来到纯如家，替她拍了很多张照片。8月中旬，9月号杂志一上市，纯如立即给我们寄了一本。她对封面照片很满意，我们将照片放大后放在镜框中，一直挂在我们家的墙上。

9 月号的《读者文摘》掀起了另一轮媒体的报道高潮。《读者文摘》拥有 5 000 万读者，在全球以 19 种语言发行。纯如搜集了封面上有她照片的各种语言版本的当期杂志，并展示给我们看。许多读者和朋友都夸她这张照片拍得好，但我觉得这个封面故事最重要的作用还是让全世界了解南京大屠杀的历史。

10 月，纯如应邀前往伊利诺伊大学，在大礼堂为 800 名听众开设专题讲座。这次活动大获成功。10 月 10 日，纯如还受邀出席了在伊利诺伊大学校园内举行的“东方战争罪行”主题研讨会，并担任组委会成员。

会上，伊利诺伊大学的一位历史教授抨击了纯如的书，这令所有人都非常吃惊。然而，我发现纯如十分冷静，非常专业地做出反驳。这时候，纯如已经写了好几篇驳斥相关攻击言论的文章；针对日本大使和日本篡改历史分子的攻击，她也对美国和日本记者提出的问题予以解答。我很敬佩纯如处理这一问题的方式，我意识到纯如已经成长为成熟的经验丰富的辩论家！但我也意识到，右翼势力不仅存在于日本，在美国也有许多他们的同情者。

我们开车送纯如到尚佩恩机场赶往图书签售的下一站，一路上，谁都没怎么说话，我注意到纯如仍想着前一天发生在大会上的事：在自己的母校，一位历史教授居然“冷不防”地做出如此之举。最后，登机前，她对我们说公开辩论看来无可避免，她说只有通过辩论才能对那些批评言论做出答复。“就从日本大使开始吧！”她说道。

11 月，纯如接受夏威夷大学的邀请，去那里发表演讲并举办图书签售活动。因为活动时间临近感恩节，纯如决定在那之后同布雷特一道在夏威夷度个假。相当长一段时间以来，这是她唯一的假期。从夏威夷回来两天后，12 月 1 日，她突然给我们打电话说，她将在 PBS 的《麦克尼尔–莱勒新闻一小时》节目中与日本驻美大使齐藤邦彦对质！

我们立刻打开电视机，等待傍晚 6 点整的节目开始。吉姆 · 莱勒播报了当天的主要新闻后，伊丽莎白 · 法恩斯沃思（Elizabeth Farnsworth）出场主持纯如与齐藤邦彦之间的对话。纯如身在旧金山电视台的演播室，齐藤邦彦则在华盛顿特区。事情的起因是，当年 10 月，当韩国总统访问日本时，日本首相小渊惠三发表了一份书面声明，为日军占领朝鲜半岛时的所作所为道歉。几周后，当时任中国国家主席的江泽民访问日本时（这是中国国家领导人第一次访问日本），日本首相对侵华行径做出了口头道歉，却没有书面声明。这令全世界的华人非常愤怒。

法恩斯沃思请齐藤邦彦大使解释对中韩两国不同待遇的原因。齐藤回答说他看不出其中有何分别，他坚称书面道歉和口头道歉是一样的。法恩斯沃思遂转向纯如，问她为什么书面道歉如此重要。纯如答复道，如果像齐藤邦彦所坚持的那样，书面道歉与口头道歉是一样的，她不明白为什么日本不给中国一个书面的道歉。

纯如继续说："日本政府给了韩国政府书面的正式道歉，而几周前，中国政府也希望能够得到同样的道歉。我认为这件事之所以掀起波澜，是因为在江泽民主席访日期间，这一期望落空了。在我看来，日本错过了这个对日本帝国军队在亚洲所犯战争罪行进行忏悔的黄金时机……"

齐藤邦彦表示，他认为，1995 年日本首相村山富市发表的声明已经表达了深刻的悔恨并向亚洲人民表示了真诚的歉意。

法恩斯沃思随即问纯如："怎么样才算足够呢？"

纯如回答说："首先，日本需要诚实地承认关于其暴行的基本事实，然而许多篡改历史分子仍拒绝承认。其次，书面道歉及对受害者的赔偿是必须的……同时还要在日本的教科书中写入有关日本战争侵略的内容……"

纯如继续说道："我认为，除非日本发自内心地道歉，否则人们是不会相信他们真心悔过的……"

纯如接着向日本大使发出挑战："我想要知道，大使本人今天能不能在全国性的电视直播中说一句：他个人对南京大屠杀及日本对中国犯下的战争罪行深表歉意，日本人也愿意为此承担责任。"

齐藤邦彦用日本政府一贯使用的套话来回复纯如："对于南京事件，我们的确意识到在那里发生了不幸的事情，日本军队的一些成员实施了暴力行为……"

法恩斯沃思打算结束访谈，于是说："因为时间限制，请你们简要总结一下。"纯如说齐藤邦彦所说的并不完全正确，但法恩斯沃思打断了她的话，问道："你指的是道歉？"

纯如没有完全明白问题的意思，重复道："道歉。"

"你听到道歉了吗？"法恩斯沃思问道。

"我不知道。你听到道歉了吗？我没有听到'道歉'这个词。我认为，如果他真诚地说了'我个人对日本军队在二战期间所做的事表示道歉'，我会认为那是一个道歉的，我会认为那是向着正确的方向迈出的一大步……"

绍进和我看完节目后非常担心甚至害怕：一方面，我们对纯如有勇气在电视直播中要求日本大使对中国人民道歉而感到骄傲；另一方面，我们觉得日本的右翼民族主义分子看到节目会生气。我当晚失眠了。第二天，绍进的一个物理系同事告诉他，他很敬佩纯如的勇气，但他最后也表示纯如应当请个保镖。他的话令我们更加担心。

当晚结束了 PBS 的电视节目直播后，纯如在旧金山与加州大学伯克利分校的夏伟（Orville Schell）教授一道在赫伯斯特剧院接受公开访谈。我们直到很晚才接到她的电话。她后半夜打电话过来，告诉我们旧金山的活动是多么成功。

"听众足有 800 多人，大多数人都是买票来听的。"她说道。

她还告诉我们，在剧院里见到的每个人都向她表示祝贺，说她在与日本大使进行电视辩论时表现得非常棒。纯如似乎一点儿都不为此而担心。事实上，当我们提起她应当对自己的个人安全多加小心时，她还有点儿不高兴。纯如说我们的过度担心对她来说是个负担，劝我们放松。几天后，我们收到她寄来的一大束鲜花和感谢卡片，我想她是打算安抚一下我俩惊恐不安的心。

纯如的书成为全球畅销书后，她拥有了大多数作家梦想的地位，她成了名人。但纯如也为此付出了代价。1998 年 2 月，在一次漫长的图书签售旅行后，纯如对我们说，一旦回到家，她就再也不想出去，她想要的只是和布雷特待在一起，好好睡一觉。在连续数周不间断的图书签售、公众演讲和旅行之后，纯如说她的生活变成了一堆关于机场—演讲厅—旅馆—机场—演讲厅—旅馆的模糊记忆。她的演讲反响极大，无论走到哪里，演讲之后，她都会马上被人群包围。回家后，纯如照例又会得上感冒，直到下一次图书签售旅行之前才好起来。她已经筋疲力尽。

不仅如此，在图书签售的过程中，许多亚洲老人都找到纯如——中国人、韩国人、菲律宾人、新加坡人、印度人，他们把自己在二战时的痛苦遭遇一股脑儿地倾诉给她。一些人流着眼泪感谢她写了这样一本书，他们说："看到日本直至今日仍不愿正式承认自己的战争罪行，实在令人沮丧！"他们宣称："时候到了！"纯如说：一方面，她觉得大受鼓舞，因为这么多的人居然找到了她，向她表示敬意；另一方面，在听了这些故事后，她觉得自己的精神和情绪都被耗空了。

1998年6月29日，纯如写道：

亲爱的妈妈：

在巴尔的摩面对一群女医生做了一次非常成功的演讲后，我今天安全抵达纽约。事实上，那次演讲令人沮丧：在演讲的问答环节，一位巴基斯坦的医生对听众讲述了1971年发生在孟加拉国女性身上的暴行，一位菲律宾医生描述了她12岁时逃过马尼拉大屠杀的经历，一位印度医生介绍了在印度将寡妇活活烧死殉葬的传统，如此种种。其他人谈起了国际化的贩卖女性充当色情行业服务者的产业，绑架妇女和儿童，以及在非洲对女性进行的割礼——你可以想象一下。

看上去，人们热切地希望与纯如分享那些无穷无尽的恐怖故事。

当纯如1998年3月底在旧金山的一家书店进行图书签售时，书店里座无虚席。在纯如的演讲结束时，一个女人大喊纯如有资格得到普利策奖和诺贝尔奖！纯如受宠若惊。4月，在旧金山的另一家书店，一个男人起立发言说："你真有勇气！"人群中响起长时间的掌声，然后这名男子说："你认为日本人会不会悬赏要你的命？"在东海岸的另一次演讲中，有人递纸条说："故事讲得真棒！我担心你的生命安全。"纯如说这些评论让她深受困扰，我也因此忧心忡忡。

有人对纯如说，她简直是中国的圣女贞德。一些中国人告诉她，她就像中国传统故事里女扮男装替父从军的英雄花木兰。还有人把她比作清末民主革命家秋瑾。《南京大屠杀》不仅是出版业的成功，还触发了一场政治运动。纯如发现，某种程度上，人们将她视为社会改革家和活动家，这令她深为担忧。纯恺告诉纯如，他的许多年轻的华裔美国朋友都建议纯如尽快从政。纯恺对姐姐说："所有的华裔美国人都希望你能站出来当他们的领袖！"但纯如表示，在她的内心深处，她依然认为自己的本分是作家和历史学家，纠正那些历史错误。

但她面对的不光是压力和政治，图书签售之旅中，纯如也有快乐的时候。1998 年 11 月 4 日，纯如给我发电子邮件说，她在密歇根州安阿伯会见了 3 位南京安全区委员会成员的后人，他们给了她一份无价之宝——南京安全区红十字旗的原件。

亲爱的妈妈：

我在安阿伯的 Shaman Drum 书店举办了一场极棒的签售会，还和哈丽雅特·米尔斯（Harriet Mills）、专程从芝加哥来看我的她的姐姐安吉·米尔斯（Angie Mills），还有理查德·布雷迪（Richard Brady，在南京大屠杀最恐怖的那段时间过去后在安全区委员会工作的一位外科医生）的儿子尼尔·布雷迪（Neal Brady）以及罗伯·格雷（Rob Gray）一起吃了火锅。尼尔·布雷迪和他父亲一样，也是一名医生，他给了我一面南京安全区红十字旗。今天晚上，我把这面旗展示给了 Shaman Drum 书店的读者。（那些读者见到 3 位安全区委员会成员的后人非常激动。米尔斯姐妹的父亲正是安全区委员会的发起人。此外，他们也相当激动——哈丽雅特上一次见到尼尔时，他还是个 8 岁的小男孩！）

爱你的，纯如

哈丽雅特和安吉是长老会传教士威尔逊·米尔斯（Wilson Mills）的女儿。根据纯如在《南京大屠杀》一书中所做的考证，1937 年，正是米尔斯在南京率先倡议成立南京安全区。纯如在书中引用了安吉写给她的一封信，这封信里提到约翰·拉贝曾表示"米尔斯先生是最早提议成立安全区的人"。后来，纯如将这面曾在南京安全区用过的红十字旗捐给了斯坦福大学胡佛研究所。

在图书签售之旅中，纯如遇到了我们家的许多老朋友，还和她的大学及高中同学见了面。纯如告诉我，她的朋友对她如今的功成名就反应不一。大多数人真心替她高兴，她认为那才是她真正的朋友。也有一少部分人觉得她的成功是一种威胁，每当纯如提到自己的书，他们便会马上变得冷若冰霜，满脸不高兴，我想这不过是人的本性罢了。

纯如还很高兴地发现，她在大学期间崇拜的一些作家现在把她看成了自己的同道中人。当一些大她三四十岁的人请她帮忙撰写书封推荐和推荐信时，纯如简直有些吃惊。所有这些都发生在短短7年内。纯如说她甚至无法相信——一切都来得如此之快！

但纯如说她最大的顾虑是没有时间看书，有一天，她在《纽约客》上看到一篇出色的文章后给我打电话说她感觉很糟糕。她自问，在过去的几个月中，她花了多少时间用于阅读新书。纯如已经有很长一段时间根本没空为自己的兴趣而读书。她说她应当重新回到阅读和写作中去，并回忆起那些她可以随心所欲读书的日子。回忆起当年，半夜熄灯后，我们抓住她偷偷看书，以至于绍进不得不跑到地下室拉掉电闸，我们都笑了出来。纯如非常怀念那些她可以有很多时间用来阅读的时光。她真心觉得这是一种损失，是她如今成名所必须付出的代价。

在图书签售繁忙的日程安排之外，人们并未意识到，除了旅行、签售和演讲，纯如还要应付记者接连不断地发来的采访邮件。有时候，记者发来10或15个问题让她作答，这样直接就能写成一篇报道或专访。纯如想方设法抽出时间来一一回复这些问题。她总是抄送给我一份以防万一，免得她的计算机出现故障，或是其他不可测的原因导致文件丢失。此外，1998年夏，纯如与日本出版商柏书房保持着频繁的书信往来。这家出版社打算将纯如的书翻译成日文，为了解决那些关于历史解读上的差异问题，纯如花了大量时间一一作答。

1998年3—7月，尤其是在日本大使和日本篡改历史分子大肆发起攻击的那段时间，纯如接到许多日本新闻记者的采访请求。《文艺春秋》在内的日本杂志及许多日本自由撰稿人向纯如提出了无数问题，包括她为什么要写这本书，以及南京大屠杀的真实死亡人数，等等。一些记者甚至深入讨论了战争索赔的法律细节问题和日本前首相道歉时使用的措辞。纯如耐心地逐一解释她的论点，从未失去耐性或感情用事。

1998年7月，纯如受邀为《新闻周刊》亚洲版和国际版撰文，驳斥日本篡改历史分子的批评言论。纯如的文章《这是历史，并非谎言》旨在直陈真相。

在文章中，纯如写道：

> 如果那些篡改历史者希望将南京大屠杀从历史中抹去，那他们便是在打一场注定要失败的战争。他们必须对数以万计的关于此事的原始资料做出解释。这些文件遍布全球的档案馆，它们包括美国传教士的日记、美国海军情报部门的报告、日本军方人士的日记、德国大使馆和南京的纳粹党留下的信件和报告、美军截获的日本官方通信解密文件、战争罪行的记录、1 700 多份中国幸存者和记者的证词，以及许许多多的新闻报道，其中包括《纽约时报》关于大屠杀的头版报道。此外，还有至今仍然留存于世的那些照片和新闻纪录片。

1998 年夏，住在洛杉矶的日本记者德留绢枝通过电子邮件采访了纯如，纯如花了很多时间回复她的问题。德留绢枝将这些问题与回答翻成日文，刊登于 1998 年 10 月出版的日文杂志《论座》（*Ronza*）上。在德留绢枝提的 15 个问题中，最常被问起的就是南京大屠杀的死亡人数、书中照片的真实性及战争赔偿问题。和以前被问起时一样，纯如清晰地回答了这些问题。

德留绢枝问："有人说日本已经道歉，而且战争赔偿问题也已经解决。你对此怎么看？"纯如回答道：

> 尽管曾有含糊的道歉，但据我所知，日本政府从未专门面对南京大屠杀的受害者明确道歉，关于赔偿的问题也远远没有得到解决。如果你去看一下 1951 年的《旧金山对日和平条约》[①]，便会发现这个问题被推迟到日本有经济能力赔偿之后再讨论。我联系了许多国际人权律师，他们都告诉我，赔偿问题仍未解决。

---

① 《旧金山对日和平条约》由于没有中华人民共和国参加准备、拟制和签订，中国政府认为它是非法无效的，绝不承认。——编者注

时间回到1998年2月，纽约的《新闻日报》（*Newsday*）邀请纯如为他们撰写专栏文章。这篇文章发表于1998年2月19日，纯如在其中专门提到了赔偿问题。文章的标题是“日本必须为自己的战争罪行做出赔偿”，文中写道：

> 日本争辩说所有关于战争赔偿的问题都在1951年的《旧金山对日和平条约》中被解决了，但如果仔细阅读条约，便会发现这个问题只不过是被搁置了。当时日本的经济因战争而濒临崩溃，条约表示要等日本有能力做出相应赔偿时再讨论此事。这样的借口在今天看来是可笑的，尽管爆发了亚洲金融危机，日本依然是全球最富有的国家之一。
>
> 如果德国都可以道歉并支付战争赔偿金，为什么日本不能？德国人向受害者支付了大约600亿美元的赔偿，到2005年年底，他们还将再支付数十亿美元。今年早些时候，他们同意向东方集团国家的受害者支付额外的数十亿美元赔偿。事实上，在这个时代，即便是瑞士都需要为那些从犹太人银行账户里被偷走的钱支付赔偿金，容忍日本继续逃避自己的战争责任是对南京大屠杀死难者的再一次侮辱——更不用说什么人道和良心了。

纯如是最早一批提出向日本追索金钱赔偿的人。我能看出为什么篡改历史分子和日本政府极力想要诋毁她和她的书，乃至造谣说《南京大屠杀》纯属编造甚至是个谎言。纯如或许自己还未认识到这一点，但她要求日本为战争罪行支付赔偿金的做法让许多人将她看作社会活动家。

德留绢枝向纯如提出的最后一个问题是：“当你的书在日本上市时，你打算前往日本吗？”纯如的回答显示了她的真诚，以及对那些愿意尊重过去和当下的日本人的支持。她说：

> 我不知道。我所知道的是，在日本有很多真诚和勇敢的人在为宣扬真相而努力，这些人虽然为数不多，却遍布全世界。这是一种超越了种族和国籍的人性优

点。这些人意识到发生在南京和中国其他地方的事情是人权问题，而爱国主义或民族主义不能立于人权之上。他们心怀大局。我百分之百地支持这些日本人，我当然希望有朝一日能与他们见面。

纯如当时花费时间最多的一件事就是与《旧金山纪事报》的记者查尔斯·伯雷斯（Charles Burress）互通电子邮件。1998年夏，伯雷斯给纯如写信，问了一些与她的书有关的问题。纯如耐心地给他回信，阐述自己的观点。1998年7月26日，伯雷斯发表了文章《记忆之战》，他在文中提到日本“学者”和日本保守派批评纯如的书，却只字不提纯如对那些毫无根据的指控的答复。在相当长的一段时间的邮件往来中，纯如将这些答复一一解释给伯雷斯。她觉得他的文章不公正，她给编辑写信，就伯雷斯的文章发表意见，但《旧金山纪事报》并未发表这封信。

在互联网时代，报纸不再是垄断性的新闻来源。纯如将她答复伯雷斯文章的长信发布在网上，并表示愿意与所有想就伯雷斯的文章提问的记者分享这封信。

纯如的邮件地址被公之于众。每当她在签售旅行途中因太忙没有时间查看邮件时，她的美国在线邮箱很快就会爆满，甚至我的邮件也被退了回来。纯如的崇拜者是如此之多！在电子邮件之外，她还收到大量崇拜者寄来的信件。完成图书签售回到家中，她的信件总是堆积如山。最后，美国和世界各地崇拜者的来信足足装了几个大箱子。我忘不了她曾跟我提起，一个因为车祸脖子以下都失去知觉的年轻人在电视上看到她的演讲后，想方设法给她写了一封感人至深的信，请纯如为他在《南京大屠杀》那本书上签名。纯如非常感动，不仅寄给他一本签了名的书，还寄去了一本封面上有她的照片并对这本书进行报道的杂志。

一些人给纯如寄来写给南京大屠杀死难者的诗歌和音乐，一位二战老兵想要把自己的紫心勋章送给她，许多人向她索要照片。所有这些都令纯如非常开心，让她觉得一切都是值得的。

纯如通常都能一一回复崇拜者写来的电子邮件，但当她结束图书签售回到家中，身心俱疲的时候，那些堆积如山的信便令她难以承受。她对我说，无法一一回复那些信件令她深感愧疚。在她成为畅销书作家之前，她总是耐心回信。大约花了两年时间，在别人的帮助下，她才最终回复了所有崇拜者写来的信件。纯如说她会寄出一张带有自己照片的明信片，在背面写上“谢谢你”并签名。

纯如也收到了一些恶意来信，她并没有马上告诉我们，因为不想让我们担心。当我们跟她问起详细情况时，她说那些恶意来信数量很少，与夸奖和赞扬的信不成比例。纯如似乎并不为此担心，只有在我们搬到加利福尼亚，住得离她比较近之后，我们才发现原来她收到过一封装有两颗子弹的信。

在家庭生活方面，那一年，纯如没什么时间陪布雷特，她的大部分时间都花在路上，为书做宣传。1998 年 7 月，布雷特的父母到加州看他们，希望可以在他们的陪伴下去太浩湖和约塞米蒂国家公园度假。纯如当时正在与日本篡改历史分子就书的问题展开辩论，也在写下一本书的选题报告，因此图书签售结束后一回到家就不想再出门。在 1998 年 7 月 18 日的电子邮件中，她写道：“我觉得，现在我一定已经惹火了不计其数的老朋友和熟人……都是因为太忙。事实是，即便是与亲近的人打交道，也会让我疲倦。这段时间，我的体力有限。经过长达几周面对观众和照相机的日子，我宁可一个人待着。”

1998 年 1 月，纯如此前在基本书局的图书编辑苏珊 · 拉宾娜成为她的代理人。离开基本书局之后，苏珊在纽约成立了自己的图书版权代理公司。1998 年 1 月，苏珊将《南京大屠杀》平装本的版权卖给了企鹅出版社。然后，她开始鼓励纯如考虑下一本书。

经过深思熟虑，纯如决定将美国华人移民的经历作为下一本书的写作主题。她一边进行图书签售，一边写选题报告。1998 年夏末，她将《美国华人》一书的选题报告交给了苏珊。有时候，我真纳闷她是如何在这么短的时间内完成这么多事的。纯如的工作能力和精力都令人吃惊。

1998 年 10 月 22 日，约翰 · 克罗南教授给了我一封信，通知我他此前已经向微生物学系推荐我担任研究副教授，就在当天，系里通过了对我的任命。（或许为了不让我失望，直到任命最终确认，他才让我知道他推荐了我。）我大喜过望。尽管我已决定于2000年退休，但能得到这个职位仍是值得骄傲的事。我立即写电子邮件给绍进、纯如和纯恺，告知他们这个好消息。纯如马上兴奋地回复了我，并分享了她自己的好消息。她写道：

亲爱的妈妈：

祝贺你！！！！你绝对实至名归，尤其是在这么多年辛苦的工作和研究之后。我真为你骄傲。更令人高兴的是约翰·克罗南帮你争取到了这个职位。

你的电子邮件发过来的时候，我刚好在丽笙帝国酒店查收邮件——多么幸运啊。

今天下午，我在Savore餐厅和企鹅出版社的高层共进了一顿丰盛的午餐，然后到我的图书编辑卡罗琳·怀特（Caroline White）的办公室里签署了我的第三本书的合同。（苏珊·拉宾娜在我们签约时还拍了照片，因为稿费数额巨大！我们开玩笑说这是个"历史时刻"。）所以，今天真的是太棒了……无论是妈妈，还是女儿!!!

几分钟后，我就要动身去参加《纽约客》杂志举行的派对了。如果没有累趴下，我今晚会给你打电话，告诉你在曼哈顿发生的令人兴奋的事！

爱你的，纯如

纯如后来从纽约打来电话，跟我讲了所有好消息。最令人兴奋的是，她从企鹅出版社那里拿到了一大笔《美国华人》（*The Chinese in America*）一书的预付稿酬——数目大到她不愿跟我们透露具体数额。纯如还要再举行1个月的图书签售和演讲活动，她当时正在从纽约到波士顿的路上。她说，一旦旅行结束，她便会马上开始写下一本书，保持写作的高潮。

《南京大屠杀》登上《纽约时报》畅销书榜应验了纯如对自己早晚有一天能够成为畅销书作家的预言。因为进了畅销书榜，她也得以为自己的下一本书争取到巨额预付稿酬，终于缓解了一直以来她所承受的财务压力。现在事实证明，纯如的职业写作并不是一桩赔本生意，当然，一路上要经历许多艰难与奋斗。即便是在一切看来最无望的时候，我仍为她的自信鼓掌欢呼。

现在，有了第三本书的预付稿酬在手，纯如终于可以在接下来的一二十年里坚持写作，无须考虑再找一份工作养活自己的问题。每当想起她的生命竟然骤然结束，无法享受自己辛苦工作换来的成果，我就伤心不已。

12 月 1 日与日本大使的辩论结束后，我以为那一年纯如应该不会再公开露面了。但我错了，纯如对我说，旧金山的史维会邀请她于 1998 年 12 月 9 日参加《世界人权宣言》颁布 50 周年的纪念活动。纯如与马丁·路德·金的儿子马丁·路德·金三世、圣雄甘地的孙子阿伦·甘地一道，在旧金山的莫斯康中心与 500 多人见面。纯如对听众说，揭开真相是治愈和预防种族灭绝的良药，她坚信“对抗人道主义的罪行将永远不会被遗忘或否认”。

1998 年圣诞节将近时，纯如对我们说，她和布雷特应邀于 12 月底去南卡罗来纳州希尔顿黑德岛参加“复兴周末”活动。纯如对我们说，这个一年一度的活动由琳达·勒苏尔·拉德（Linda LeSourd Lader）及其丈夫、美国驻英圣詹姆士宫廷前任大使菲利普·拉德（Philip Lader）主办，邀请全美各个领域的创新领袖及其家人一道度假，来宾度假期间通过报告、研讨会、小组讨论和学习班等形式交换彼此的看法。纯如对此非常激动，因为她能够借此认识许多美国的知识分子和杰出人物。她还告诉我们，克林顿总统夫妇每年都会参加这一活动，所以她有机会见到他们。

参加完“复兴周末”活动回家后，纯如给我们写了一封 15 页的长信，描述她在活动上的见闻。她对我们说，不能把她写的这些内容给别人看，因为这样的话，她可能永远都无法再受到邀请了。（这是规矩。）纯如很惊讶，一些出席者一见面就认出她来，这些人本身就是名流。因为我不能透露纯如对我们提到的那些细节，在这里，我将只是列出她见到的那些人的名字：贝蒂·弗里丹，女权主义者，《女性的奥秘》的作者；彼得·阿内特，CNN 记者；彼得·本奇利，《大鲨鱼》的作者；谭恩美，《喜福会》的作者。还有一些名人，但最重要的来宾是克林顿总统和第一夫人希拉里。纯如说，新年夜的活动上，他们两个露面发表了讲话。纯如有机会分别与克林顿总统和希拉里合影，她还将一本《南京大屠杀》和封面上有她照片的9月号《读者文摘》送给了克林顿夫妇。纯如甚至在晚会上找到机会与克林顿夫妇短暂交谈了片刻，谈话时间并不长，因为他们身边围着许多想和克林顿夫妇交谈的人。几个月后，纯如收到克林顿总统用白宫信纸写来的一封签名感谢信，表示他已经收到她的书。尽管纯如曾经批评克林顿总统在一些问题上的做法，但她承认当她得以近距离接触这样一个大人物的时候，她还是激动得不能自已。

自从柏书房1998年春取得《南京大屠杀》日文版版权后，一直到7月，纯如都没有听到任何翻译进展。纯如告诉我们，她听说一些日本历史学家和教授拒绝了柏书房提出的审阅翻译的邀请，其中至少一个人承认拒绝的原因是某个“不为人知的组织”对其家庭施加的压力。纯如说这可不是好兆头。与此同时，有传言说，当柏书房获得《南京大屠杀》日文版版权的消息泄露后，这家出版社收到了死亡威胁。

绍进和我都很关注这本书日文版的进展，于是，纯如从基本书局或日本出版社那边一得到什么消息，马上就会告诉我们。她还将与柏书房最重要的那些往来信件转发给我们。那时候，因为围绕柏书房出版日文版这件事所发生的种种异乎寻常的事件，纯如觉得，有朝一日，这可能会成为她回忆录中重要的一章。

我仔细梳理了纯如发给我们的有关日文版出版时间的笔记和邮件。众多细节和事件的曲折经过皆有值得一书之处。从中可以看出当时来自日本右翼分子的压力到底有多大，这些压力最终导致《南京大屠杀》日文版的夭折，直到又过了10年，才得以正式出版。

1998年8月，柏书房第一次表示出打算更改书中内容的意图。当月，柏书房告知基本书局，一个“南京事件研究委员会”正在对书中的内容进行事实核查。该出版社的总编辑芳贺给纯如写信解释说，日本的保守分子坚持南京大屠杀从来没有发生过，他们采用的策略是“挑出作者论述中的细节瑕疵”，然后“指出这些错误的存在，表明作者没有进行充分的研究……于是再利用这些错误证明全部内容的不可靠”。因此，芳贺希望日文版在出版前列出所有错误。10月，纯如收到一份长长的勘误表，上面是柏书房和“南京事件研究委员会”认为书中存在的错误。柏书房要求纯如同意将这份勘误表以附录或原文注释的形式放在日文版中。

纯如仔细检查了这份勘误表，她发现“委员会”的确找出了书中的一些细微的错误，比如名字拼写错误，纯如同意这些修改（总计大约 10 处）。但勘误表中的绝大部分并不是对错误的纠正，而仅仅是增加了一些既有事实的细节。更糟糕的是，据纯如说，勘误表中的许多地方根本就是不准确的，或是与一些广为接受的二战历史记录相抵触的，比如日本人在卢沟桥事变中扮演的角色。读完勘误表后，纯如发现，“南京事件研究委员会”的真实意图不是纠正她的错误，而是重新解读整本著作，重写这段历史。于是，纯如不允许柏书房做出这些修改。我还记得，纯如在她紧张繁忙的日程中抽出很长一段时间逐个核对那些勘误表上的错误。最后，她给柏书房写了一份相当长的备忘录，共分三个部分，详细阐明了为什么大部分所谓的勘误根本就不是对书中错误的纠正。

纯如给他们发了电子邮件后，一度以为问题解决了。然而，芳贺回信说，他们请了一位历史学教授为这本书的日文版写了篇后记。纯如发现出版社将一些“南京事件研究委员会”的主观且错误的评论放在了这篇后记中，纯如不想让他们这么做。与此同时，柏书房表示出对书中图片的顾虑，他们说“委员会”无法确认某些图片的真伪，他们想删除这些图片，或者在旁边加以注释说明，以免遭到右翼保守主义者的批评。纯如拒绝这一要求后，他们给她回信说打算用一幅更准确的地图替换原书中的南京地图。在仔细看过他们提供的新的“准确的”地图后，纯如发现地图上没有列出大屠杀的行刑地点。她要求解释，得到的回答是“因为有关当局无法提供确切的位置”。

纯如问我们，出版社的真实意图是什么。她觉得柏书房迫于日本右翼极端民族主义分子的压力正在动摇。纯如说，从一开始，这家出版社就收到了死亡威胁，而且这种威胁并不是说说就算了的。1999 年 1 月，一名手持棒球棍的右翼极端分子袭击了东京一家出版社的办公室，因为该出版社出版了参与过南京大屠杀的一位日本老兵的著作《我在南京的回忆》（*My Nanking Platoon*）。1998 年，当人们观看中国出品的电影《南京 1937》时，一个右翼狂热分子用刀子划破了银幕。

在纯如断然拒绝他们的修改要求后，有一段时间，她没有听到任何来自柏书房的消息。然后，1999 年 2 月，纯如开始接到日本媒体打来的电话，记者们请她就柏书房计划与《南京大屠杀》日文版一道发行的勘误本发表意见。听到这些消息，纯如大吃一惊——她对此一无所知，她立刻要求基本书局的海外版权事务部出面了解此事的来龙去脉。

基本书局获知，原来柏书房正打算发行一本名为《南京大屠杀和日本人：如何解读〈南京大屠杀〉》（*The Nanking Massacre and the Japanese*：*How to Read The Rape of Nanking*）的书，这本书中满是对纯如的书的负面评论，还有一些“南京事件研究委员会”成员发表的质疑文章。听闻此事，纯如感到震惊。事情很快变得越来越戏剧化：当基本书局打听关于《南京大屠杀和日本人》一书的事情时，柏书房立即推迟了两本书的发行时间。柏书房向新闻界宣布，是张纯如要求取消《南京大屠杀和日本人》一书的出版。这令纯如十分不快，事实上，直到基本书局开始调查此事，纯如对那本书的存在都一无所知。

纯如对记者说，她并未许可在《南京大屠杀》日文版中加入“增补”或“修订”部分。如果柏书房想要出版另一本关于她的书的书，那根本不关她的事——只要这本书别放在她的书里就行。

接下来，1999 年 2 月 24 日，柏书房通过美联社发布了一份前后矛盾的声明。芳贺对美联社说柏书房“没有必要就另一本书征求她的意见，因为那是两码事”，不过他们坚持说，如果张纯如不同意她的书与《南京大屠杀和日本人》这本书同时发行，他们可能会终止出版纯如的书。“我们不会单独出版她的书。”芳贺说。

纯如还告诉我们，她有证据表明芳贺原来的计划是将《南京大屠杀和日本人》一书与她的书捆绑发行——事实上是作为“指出原著中错误”的修订本。2 月，网上出现了一份新闻稿，宣布芳贺和藤原章教授将于 2 月 24 日在东京的外国记者俱乐部共同主持一场专业研讨会。（当柏书房推迟了两本书的出版计划后，这次研讨会被取消了。）研讨会的主题是：“南京 1937？真相为何？”这份声明提到：“……出版商别出心裁地选择了一种没有先例的方式，将一个逐字逐句忠实翻译过来的译本同另一本指出原著中错误并附带相关论文的修订本同时发行……”

纯如觉得这实际上是一种违约行为。出版社在将原著翻译成另外一种语言时，必须忠实于原有内容，合同中也没有半句提到出版商有权重新诠释书中内容。

当柏书房出版社最终决定不发行《南京大屠杀》日文版时，某种程度上，大家都松了一口气。我们很高兴这件事终于告一段落，我们对纯如说，推出该书日文版的时机尚未成熟，虽然日本人的确应当更好地了解他们自己的历史。“不管喜不喜欢，这是他们的历史！”纯如说。

第十六章

《美国华人》

“每个人都会死两次：

一次是肉身的死去，另一次是在记忆中的消亡。

当故事就此失传时，我忍不住流泪。”

纯如选择把“美国华人”作为下一本书的题目的想法产生于为《南京大屠杀》一书进行宣传的多次旅行中。在2003年出版的《美国华人》一书的序言中，纯如写道：“当我在美国和加拿大巡回旅行，以‘南京大屠杀’为题目发表演讲时，遇到了许多以前从来不知道的活跃的华人社团。那些社团三教九流无所不包，有修筑铁路的华工后代，也有拿到奖学金来美国留学的新移民，有大字不识的工厂工人，也有执教于名校的诺贝尔奖得主，有老迈的抗日战争幸存者，也有白人夫妇收养的小女孩。”

纯如接着写道：“一开始，我担心这个选题过于宽泛，但我一直对探索同胞的历史念念不忘。此外，我也相信，书写一部真实反映华裔美国人生活、驳斥那些长久以来渗透于美国新闻报道和娱乐媒体中粗鲁无礼的对中国人的成见，对我个人来说也是一种职责。”纯如对这个项目倾注了自己的热情，并投入了4年时间完成这本书。

正如她所承诺的，1999年年初，参加完“复兴周末”活动回来之后，纯如开始积极写作《美国华人》一书。她说，她的计划是搜集尽可能多的素材，写出一份详尽的大纲。纯如联系上了许多朋友，请他们帮忙提供线索。一些从事移民研究的朋友建议纯如到几个地方寻找华人移民的历史记录，纯如准备前往美国国家档案馆、加利福尼亚的湾区档案馆、旧金山的华人历史学会等博物馆、安琪儿岛，以及美国移民归化局的圣布鲁诺分部。纯如还告诉我们，她准备到加州大学伯克利分校的东亚图书馆收集资料。

1999 年 1 月，纯如在加州大学伯克利分校待了 1 周，在馆藏丰富的族裔研究图书馆复印了大量资料。应研究美国华人的权威历史学家麦礼谦的邀请，纯如参加了在旧金山召开的华人历史学会大会，见到了许多撰写过美国华人历史或故事的作家。纯如从学会那里购买了价值 300 多美元的关于美国华人历史的书。她说，等她回家时，车子里已经塞满一箱箱的书和相关资料。我也会把自己在中文或英文报纸上看到的与中国移民有关的文章转发给她。

旧金山唐人街社团儿童中心 1999 年 3 月向纯如颁发了“华人楷模奖”。她前往旧金山参加颁奖仪式，趁此机会在麦礼谦家中与他长谈。3 月 19 日，纯如写道：

亲爱的妈妈：

在旧金山待了几天后，我今晚刚刚回到家。过去的几天真是忙坏了。

周二下午 3 点，我拜访了麦礼谦位于旧金山的家。他住在联合大街上，房子在山顶……他们一家人非常和蔼可亲。麦礼谦简直就是个会走路的美国华人历史百科全书……他学养深厚（他曾就读于加州大学伯克利分校，过去是一名工程师）……他一直在写有关美国华人历史的学术文章，但他置身于学术圈之外，并不关心身外的浮名。他和他太太似乎并不太富裕。

我和他聊了几个小时，在本子上草草写下笔记，还参观了他的藏书。这之后我开车到亚洲艺术博物馆参加筹款晚会。因为日程紧张，我事实上是在麦礼谦家的小浴室里换上的黑色晚礼服。

在博物馆，我发表了 10 分钟的演讲，接过唐人街社团儿童中心颁给我的“华人楷模奖”。旧金山警察局局长刘百安拿到了社团服务奖，刘百安是美国警界中职位最高的华人。

晚会组织者帮我们安排了颁奖嘉宾。陪同刘百安的是两名唐人街选美冠军——全美唐人街选美冠军和旧金山唐人街选美冠军，她们穿着显露曲线的旗袍，头上戴着人造钻石镶嵌的闪闪发光的皇冠，看起来明艳动人。给我安排的颁奖嘉宾本来是一位“亚洲先生”，但他不知为何没有到场，于是唐人街社团儿童中心临时安排了另一位帅哥。可以想象，媒体拥上来狂拍照片。（麦礼谦后来告诉我，中文报纸对我的晚礼服大加赞赏。我很好奇他们到底有没有提到我说过的话。）

必须承认，我对颁奖组织者提供的免费宾馆住宿很满意。几周前，我告诉唐人街社团儿童中心，我需要住在旧金山，这样就不必疲惫地连夜开车赶回森尼韦尔。此外，我还想趁此机会在唐人街附近收集一些资料。唐人街社团儿童中心的一名委员会成员负责此事，他说万丽酒店愿意为我提供两晚免费住宿。结果，那个房间——3164号房——原来是这家酒店的豪华贵宾套间，里面的空间比我在森尼韦尔的公寓还要大得多！

周三晚上我睡得很晚，之后参观了金门女子公寓和卡梅隆之家，这两个地方在20世纪早期都收留过中国妇女和儿童。在此之前，金门女子公寓主要是收留小女孩的孤儿院，现在，它变成一家收费非常合理的寄宿屋（每周费用约90美元）。卡梅隆之家过去曾经收容被卖入妓院的女孩，现在变成了一个面向华人青年的类似于基督教青年会的地方。

金门女子公寓的工作人员很不错，对我开放了他们的档案。我花了一下午时间浏览修女卡丽·戴维斯（Carrie Davis）在19世纪末到20世纪初写下的日记，翻阅金门女子公寓早期租客的个人档案。（她们的故事令我心碎：处于家庭暴力下的妻子、被卖入妓院的女人、被抛弃的婴儿、被奸污的女孩——很多人本身就是强奸的产物。）几条街之外就是卡梅隆之家，那里的人指给我看一个地下通道的出口，这些地道曾被用来掩护中国女人躲过唐人街帮派的追索。

周四剩下的时间，我又到麦礼谦家，向他请教了差不多有100万个问题。他和他的妻子邀请我到一家客家菜餐厅梅江饭店共进晚餐。我坚持埋单，因为麦礼谦已经慷慨地给了我他的时间。他对我说，他很想帮助我，因为从我之前的两本书《蚕丝》和《南京大屠杀》来看，他知道我一定会做得很好。此外，他还表示关于美国华人的通史著作还很少。人们总是过多地关心唐人街里说广东话的那些人，忽略了说普通话的台湾移民。事实上，关于最近50年中国移民的生活，几乎少有人书写。

他对我说，他多年来一直在考虑写一本关于华人的通史，但他已届七十高龄，感觉将自己所余无几的时间花在撰写更专业的学术论文上似乎更佳——其他历史学家因为语言障碍通常忽略了这些选题。他的研究需要大量用到中文原始资料，许多学者都看不懂。他真心相信，如果他不在死之前将这些文章写出来，将没人会写这类文章。

写到这里时，我突然很感动——几乎要落下泪来，眼前浮现出麦礼谦在他堆满了书本的小房子里默默无闻地独自工作的情景……一位不知疲倦的老人，将他的大部分生命无私地投入书写美国华人的基本历史，然后让别的学者受益，摘取丰收的果实。

他对我说："你的书是我应该写但我永远都没法写成的书。"

爱你的，纯如

纯如利用一切公开露面的机会说服华人团体向她提供相关资料，比如以故事或信件的方式呈现的家族移民经历。纯如希望为自己的书收集到尽可能多的素材。

1999 年 4 月初，纯如去了东海岸 1 个月，发表演讲，另外在华盛顿的国家档案馆和国会图书馆收集资料。1999 年 4 月 20 日，她写信给我：

亲爱的妈妈：

有时候我真的忘了收集资料是多么痛苦的一件事，我在国家档案馆花了好几个小时打开数十个文件盒，在上千份档案中翻拣。等到翻完，我的双手鲜血淋漓，满是纸张边缘割破的小口，指尖也被油墨染黑。直到现在，那些陈旧腐烂的纸张气味仍令我一阵阵头痛。这些文件盒好多已经超过一个世纪没有被人打开过！19 世纪 80 年代，移民官保存档案时将它们折成三折（就像折信一样），然后用红绳把它们捆起来。我敢肯定，这套装订办法当时挺管用的，但对历史学家和档案管理员来说简直就是一场灾难。一些纸张太脆了，我在试图打开它们的时候直接断成两截！（有一两份档案的保存状况实在太糟糕，几乎变成了一堆纸片儿。）我向档案管理员报告了这一问题，他们对我表示感谢，并说负责档案保护工作的人会马上着手处理此事。显然，他们使用了某种增湿剂或化学成分令纸张变得不那么脆，然后用透明封套将它们保护起来。

爱你的，纯如

接着，1999 年 4 月 22 日，身在华盛顿特区的纯如在电子邮件里对我们说："信不信由你们，今天，黛安娜·朱克曼和我在白宫与希拉里·克林顿见面了！回头跟你们细说……"

原来，在几乎没有提前通知的情况下，当天黛安娜安排了纯如与第一夫人希拉里·克林顿的单独见面。后来，纯如告诉我们，她向希拉里简单介绍了日本在二战期间犯下的战争罪行，请她支持通过一项关于解密 731 部队历史档案的议案。纯如承诺会把更多的资料寄给希拉里·克林顿以供参考。希拉里对纯如说，希望能与她在华盛顿再度见面。

离开华盛顿后，纯如去了纽约，参加百人会的大会。当她的作品登上《纽约时报》畅销书榜后，纯如被邀请加入百人会。百人会是成立于 1990 年、具有影响力的华人精英组织，成员包括世界著名建筑师贝聿铭和音乐家马友友等。在会上，纯如和一些著名华裔美国人（如艾滋病鸡尾酒疗法的发明人何大一）一同被选为"华人楷模"小组讨论会的小组成员。在讨论会上，纯如向观众介绍了她成为一名作家的经过，以及她写《南京大屠杀》一书的原因。

尽管纯如努力专心为下一本书收集资料，但仍无法摆脱《南京大屠杀》日文版翻译所带来的干扰。整件事最终于 5 月中旬告一段落，出版社发布新闻稿宣布："基本书局与日本柏书房同意终止《南京大屠杀》日文版的出版合同。"在这份声明中，珀修斯出版集团的代表约翰·多纳奇（John Donatich）表示："我们之间的合同明确规定，不能在未经作者同意的情况下对基本书局的出版物中的文字或插图做任何修改。我们认为出版社不应该对一本书做出褒贬，而应让它接受读者的评判。"这份声明还指出：

“基本书局很遗憾柏书房无法出版《南京大屠杀》，并将为这部作品寻找另外一家日本出版社。《南京大屠杀》是一本具有重要研究价值并充满激情的好书，它应当在日本出版发行。”

这时候，除了替下一本书收集资料及进行公众演讲，纯如大量宝贵的时间都花在了处理这一问题上。这件事最终尘埃落定，我们都很高兴。（注：直到 2007 年 11 月，《南京大屠杀》在美国出版 10 周年、南京大屠杀 70 周年之际，《南京大屠杀》日文版才最终在日本发行。）

《南京大屠杀》日文版的风波带来一个出乎意料的结果——这本书的英文版平装本在美国和日本销量大增。企鹅出版社的图书编辑卡罗琳·怀特告诉纯如，自 3 月消息公布后，销售量就开始直线上升。

日文版翻译风波刚平息没多久，《考克斯报告——关于美国国家安全以及对华军事及商业关系的报告》就公布了——这是另外一件占用了纯如许多时间的事。1999 年 1 月 3 日，美国众议院特别委员会出炉了这份报告，报告宣称中国窃取了美国核武器的部分设计机密。1999 年 5 月，报告内容被解密公开。纯如拿到这份报告后发现，她关于钱学森生平的《蚕丝》一书在报告中被引用了 9 次之多。令纯如郁闷的是，她的书居然被用作暗示钱学森是一名共产党员的证据。他们还相信钱学森是中国间谍，并于 20 世纪 50 年代被遣返回中国。稍后，《时代》杂志关于中国间谍问题的一篇文章也引用《考克斯报告》，暗示钱学森为间谍。更糟糕的是，在《华盛顿时报》一篇类似的文章中，钱学森干脆就被扣上了间谍的帽子。这令纯如十分恼火，她马上发表声明出面澄清，指出根据她历时 3 年的研究，钱学森未曾被美国政府以间谍罪正式起诉。20 世纪 50 年代，美国政府没有找到任何证据证明钱学森是间谍。纯如说，恰恰相反，钱学森当时被指控的罪名是“有可能是”共产党员，然而美国政府未能找到可靠的证据证明这一点。因此，纯如表示，除非有新证据表明钱学森曾是共产党员，否则《考克斯报告》中的指控是不负责任的行为。纯如要求美国众议院特别委员会给出进一步的证据，他们却说为了国家安全，他们不能在公开发表的报告中透露任何细节。

那段时间，关于中国间谍活动的新闻几乎每周都会出现在美国报纸的头版上。

1999年3月6日，《纽约时报》登出了一篇头版报道，披露了发生在洛斯阿拉莫斯国家实验室的一起泄密事件，事件刚好与美国最高级的热核弹头W-88有关。这篇文章发表两天后，在洛斯阿拉莫斯工作的华裔核物理学家李文和被解职，他的名字和他正在接受美国联邦调查局调查的情况也被透露给媒体。这件事一下子与《考克斯报告》的公布构成了放大效应。

那时候，所有在美国从事军事武器研究的华人科学家似乎都被当成了中国间谍，这令人联想起20世纪50年代麦卡锡主义盛行时期对共产党员的政治迫害。许多华人组织和少数族裔团体联合起来对美国政府种族歧视及种族成见的行为表示抗议。纯如对此尤为不满，李文和案成为她演讲的一个主题，后来也被写入《美国华人》一书。

我们后来才了解到，李文和真正被指控的罪名仅仅是某一次错误下载了被标记为“限制级”的保密数据。在戴着手铐脚镣被拘禁了8个月后，詹姆斯·帕克（James Parker）法官宣布释放李文和，并因美国政府在案件公诉过程中的“滥用权力”向他道歉。

1999年春，纯如告诉我们，她应邀在湾区亚裔美国人组织的1999年度Aspire大会上做主题演讲。我们之前已经计划在那段时间去看她，于是她邀请我们一同参加大会的晚宴。

5月29日，我们飞到旧金山，及时赶到机场附近的凯悦酒店参加晚宴并听她的演讲。我们和几位贵宾坐在一桌，纯如把他们介绍给我们，包括加州议员迈克尔·本田、俄勒冈州议员吴振伟、实业家程守宗等。吃完晚餐、甜点上来之前，主持人将纯如引上讲台，她开始做主题演讲。

纯如演讲的题目是“诚实对待历史和人权问题”，她清晰有力的声音吸引了会场内500多人的注意力。我注意到，在演讲过程中，没有人离席而去，大家都保持肃静，只听得见纯如的声音在空中回荡。纯如提到了当下的一些时事，如《考克斯报告》，以及“中国间谍事件”中的种族歧视问题。纯如说：“我站在这里不是要为钱学森辩护或是指责他……但如果美国政府要对一个没有办法在场为自己辩护的人提出如此重大的指控，他们应当准备好充分的证据。凭空指控与证据确凿之间有很大的不同！”

纯如还解释了诚实对待历史的重要性，因为它对美国少数族裔的未来有着直接影响。“作为亚裔美国人，我们有权利让自己被诚实、准确地书写于美国历史之中。”纯如继续说道，“不幸的是，直到今日，尊重历史事实地反映亚洲人生活的电影和图书仍然很少。亚洲女性仍被当成妓女或性奴，亚洲男性仍被看作瘾君子或间谍——要么就是一群怪人。”纯如对听众说：“写书是消除偏见的一种方式。我正努力用我正在写的这本书——一部美籍华人的口述历史，与那些偏见做斗争。”

纯如猛烈地批评了《考克斯报告》和《华盛顿时报》的文章，她说：“他们的故事让我想起麦卡锡主义盛行的时代，对钱学森案进行不实报道的那些不负责任的新闻。”她接着说：“我认为亚裔美国人理应从美国政府那里得到诚实、准确的历史记载。如果他们打算把钱学森当成间谍，就应该亮出证据证明这一点，尤其是对这件发生在50年前的事来说。政府不能随心所欲地给人打上‘间谍’的标签。同样，如果美国政府拒绝给出证据，或是在没有证据的情况下就给出结论，然后在有人质疑时坚称他们的论据是保密的，就没有办法进行公平的讨论。作为美国公民，我们有权知道。这时候，钱学森是不是间谍并不重要。如果我们不要求我们自己的政府负责任的话，他们会以为自己可以随意改写历史。”

这就是她写《南京大屠杀》这本书的原因。她对听众说：“历史是确保权力制衡的方式……忘记历史只会增加人权被侵害和种族屠杀的可能性。因为这种遗忘让有些人以为他们可以在实施谋杀后逍遥法外，不会因自己的行为而被后人审判。”纯如继续说：“正是这种道义上的责任和义愤促使我写下了我的第二本书——《南京大屠杀》。”

我当然深为纯如的讲话所感动。晚宴后，纯如被一群年轻的华裔美国人包围，向她提问，与她合影。纯如的演讲感动了很多人，一个著名演说家代理机构的代表甚至联系上纯如，准备为她做代理。

旅行、演讲、替下一本书收集资料，这些活动之外，纯如一有机会还为一些报纸撰写专栏文章。至此，《南京大屠杀》已经出版两年，但在媒体上仍有许多与此相关的讨论，人们对这本书仍议论不休。当觉得有人不公正地对她的书做出批评时，纯如从来不惮于立即回击。

在 1999 年 10 月 17 日写给《洛杉矶时报》编辑的一封信中，纯如向乔舒亚·福格尔（Joshua Fogel）发出了质疑。之前，哈丽雅特·米尔斯发表了一篇关于《南京好人：约翰·拉贝日记》的书评，乔舒亚·福格尔对这篇书评提出了批评，他写道："张纯如的《南京大屠杀》不仅证据上'靠不住'，而且受到了研究相关问题的历史学家的广泛批评……"纯如在信中质问道："在我的研究中，他到底发现哪些部分'靠不住'？拉贝日记吗？目击了大屠杀的美国传教士留下的上千份记录吗？中国幸存者和日本参战人员的第一手叙述吗？当年的媒体报道吗？"纯如接着写道："公平地讲，福格尔或许应当提到，所有那些对《南京大屠杀》加以批评的历史学家都是日本人……但在日本之外，我的书受到一致好评。"

我不认为纯如是在夸大其词。英国人 J. G. 巴拉德在 1999 年 2 月 21 日出版的《星期日泰晤士报》上发表了一篇对纯如的书的出色评论。书评刊出后，纯如的书也登上了伦敦的畅销书榜。巴拉德高度赞扬了这本书，他说："这本动人心弦的书的每一页都令我不寒而栗，但我强烈建议每个人都读一读它。"纯如很激动，因为巴拉德一直是她崇拜的知名作家和文学评论家。纯如读过他的《太阳帝国》，这本书中描述了 20 世纪 40 年代他儿时的战争回忆。抗日战争期间，巴拉德的父母就在上海。

20 世纪 80 年代，我们一家人看了由他的书改编的同名电影。在他的书评发表后，纯如跟他通了信。巴拉德非常和善，专门寄给我们一张有他签名的藏书签。纯如将藏书签贴在他的书里，当成礼物送给我们。在藏书签上，巴拉德写道："送给绍进和盈盈，太平洋战争的幸存者。真诚祝愿，J. G. 巴拉德。"我们同纯如一样激动不已。

纯如告诉我们，一本书首次出版时遭到批评并不奇怪。1999 年 11 月 4 日，她写信给我们说，约翰·斯坦贝克的《愤怒的葡萄》刚刚出版时也曾被攻击。

亲爱的妈妈：

今晚我读到一篇关于约翰·斯坦贝克在洛斯加托斯山区的生活的文章，我发现《愤怒的葡萄》引发的反响与《南京大屠杀》十分相似。在写给朋友的信中，斯坦贝克表示："那些大地主和大银行家对我的污蔑实在太糟糕了。最近他们散布的谣言是，俄克拉何马州流浪的农民非常恨我，因为我对他们撒了谎。这种轮番上场的恶意攻击真让我害怕，它们完全不由人控制。我的意思是，对一本书的歇斯底里有增无减可不是一件健康的事。"

爱你的，纯如

纯如的一个朋友告诉她："许多针对你的批评，根源在于你因为《南京大屠杀》这本书而扬名天下。反对是在所难免的。"

另一方面，纯如对于有那么多人支持也深感高兴。1999 年 8 月，陆达路的纪录片《南京大屠杀》在历史频道播出，纯如在片中接受了采访。这部纪录片使纯如的书销量大增。纯如说，她能看出来，在纪录片播出后，亚马逊网站上这本书平装本的销售排名一下子蹿升上去。

但最令人欣慰的事情是，因为纯如的不懈努力，南京大屠杀终于在世界历史中占据了应有的位置。1999 年 9 月 22 日，纯如写道：

亲爱的妈妈：

有一个好消息：南京大屠杀终于在世界历史中赢得了一席之地。我上周去森尼韦尔的 SuperCrown 书店时，发现许多新近出版的有关 20 世纪的历史著作中都写到了南京大屠杀。例如，马丁·吉尔伯特在他的长篇巨著《二十世纪世界史（第二卷）：1933—1951 年》的第 161~165 页中写到了南京大屠杀，甚至还在第 162 页直接引用了我的话。（他关于南京大屠杀的信息完全来自我的书，只有一少部分引用了其他作品。）《20 世纪历史傻瓜书》（第 232 页）、彼得·詹宁斯主演的纪录片《世纪》及斯蒂芬·安布罗斯的《新编二战历史》中也提到了南京大屠杀。

还记得我当初因为《南京大屠杀》的出版时间错过了二战胜利 50 周年而极其痛苦吗？最后其实并没有什么差别。事实上，现在回想起来，我觉得《南京大屠杀》的出版时机近乎完美。它在千禧年结束前三年出版，让别的历史学家有时间将这段世界史中的暴行写在 1999 年或 2000 年出版的书中。

爱你的，纯如

1999 年 8 月起，纯如开始通读她收集到的所有与美国华人有关的图书和论文。每看完一本书，她都要将书中主题和她最感兴趣的事情输入计算机的数据库，为将来的写作做准备。长时间打字令纯如的脖子和手腕都十分酸痛，最后，她请了一位学生帮忙将信息输入计算机。她收集到了海量的资料。2 月，纯如和布雷特搬进了同一条街上的另一栋公寓，试图治愈布雷特的过敏症，他们怀疑是那栋老公寓房子里的霉菌引发了过敏。新房面积不大，纯如请了一位木匠在墙上打了一排架子，放她的书和研究资料。我们 5 月底去看他们的时候，惊讶地发现整整两面墙上的架子都已经被书和文件填满。

纯如说，她读得越多，眼前那些人物的形象就越鲜明，中国人作为一个群体的形象也越清楚。她还说，她不再像项目刚开始时那样感觉被成箱的书和材料压倒了，事实上现在她很期待写作。

纯如过去总是跟我们说，写作是孤独的。她一直用这样的话给自己鼓劲儿："我应当以一种只剩一年可活的劲头儿来写书，就像面临死刑宣判那样争分夺秒地去写。"

纯如提醒自己应当继续为保存历史而写作。她说："每个人都会死两次：一次是肉身的死去，另一次是在记忆中的消亡。当故事就此失传时，我忍不住流泪。"

这是纯如想要保存华人移民在美国的经历的原因。纯如也想在书中保留下我们自己的家族历史，1999 年春，她给我们列了一份问题清单，要我们以书面形式一一作答。这些问题包括我们是如何离开大陆前往台湾、如何到了美国、第一次登上美国大陆时感受如何等。那年夏天回家时，她还在采访我们时录了像。纯如总是说："说出来的话随风而逝。同样，未曾留下记录的生命也会消失，仿佛没有存在过一样。"遗憾的是，到最后，因为篇幅有限，纯如没有将我们的家族历史收入《美国华人》一书。即便这样，那本书也已经有 500 多页。

1999 年夏，PBS 播出了一个关于华裔美国人的节目，当时正是播出此类节目、让公众了解华人群体的最佳时机——《考克斯报告》和“李文和事件”余波未平。我们告诉纯如，这本关于美国华人的书将会像《南京大屠杀》一样，再次成为关注的焦点。

临近1999年年底时，纯如告诉我们，她被华裔美国人杂志 *A Magazine* 的千禧年专号评为10年来最具影响力的100名亚裔美国人之一。但纯如拒绝了前往洛杉矶参加庆祝晚宴的邀请，因为她想专注于写作。从1999年8月开始，纯如已经多次拒绝公开露面的邀请，她说这样或许会得罪一些人，但她未来一两年的主要目标是按时写完下一本书。在1999年11月12日的电子邮件中，纯如写道：“在过去几天里，我一直在忙着阅读、阅读、阅读……从书中选出重点章节，然后交给我的打字员。”这样的情形一直持续了几个月。

尽管时间极其紧张，纯如仍无私地将闲暇时间用来帮助年轻的学生。我记得她对我说，在挑选帮忙录入研究资料的学生的过程中，一个前来面试的斯坦福大学学生跟她说，她想要写一写马尼拉大屠杀，希望能够与纯如见面，征求她的建议。纯如在感恩节将近的时候与那名学生在斯坦福大学校园里见了面。纯如对那些愿意学习或向她寻求建议的人总是十分慷慨，甚至对那些可能成为竞争对手的学者或作家，她也是如此，她总是毫不犹豫地为他们提供建议，帮助他们开展研究。例如，她曾告诉《飞行员》的作者詹姆斯·布拉德利去联系关键性人物比尔·多兰（Bill Doran）以获取叙述材料。纯如总是无私地帮助别人，这样做的根源在于她坚信真相应当被讲述，正义应当得到伸张。

1999年，纯如的个人生活也值多事之秋。1月，她给我们打电话说，她准备到加州大学伯克利分校图书馆为下一本书收集资料，可能会在旅馆里住上1周。这时距离纯如在全国性电视台上与日本大使公开辩论只有1个月。因为辩论的政治敏感性，我担心纯如的安全。在电话里，我对纯如说她应该谨慎行事，不要一个人旅行。纯如很不高兴，听到我这样说，她发脾气反驳了我，她认为我杞人忧天，但我认为这不过是母亲对女儿的正当建议罢了。毕竟，天底下哪个当妈的不会有某种程度的杞人忧天呢？我马上向纯如道歉，说我不该过分担心。事实上，她已经31岁又结了婚，但我仍觉得她是我心爱的小女儿，想要尽可能地保护她，尤其是在她与大使辩论之后，我的心中总有某种奇怪的不安，一直无法消除。

显然，那次通话之后，纯如也觉得很抱歉。1999 年 1 月 18 日，打完电话后，她就给我发来一封电子邮件：

亲爱的妈妈：

关于昨晚，真没必要为任何事道歉。我发了脾气，这真不好。如果我的压力不是这么大，这一切就不会发生。

我昨天在城里开车时一直在想你，想起你和爸爸在过去 30 年里对我的栽培。在城里每个人似乎都在取笑我的时候，你俩依然爱我、相信我。你还记得吗，在我十几岁和上大学时，我曾向你吐露过我的雄心壮志，还有我最大的担心——担心自己无法实现目标。你总是说："别担心，纯如，你会成功的。我知道你能做到。因为你与众不同，在你成长的过程中，你有许多和其他孩子不一样的特殊之处。从你出生的那一刻，我就知道你是特别的。"

这些话激励着我度过了很多年——那些充满风险、失败和失意的岁月。你或许当时并未意识到，但这些话真的威力强大，它们改变了我的人生。正因如此，我们应该总是看到最好的一面，而不是担心最糟糕的一面。人总是会在潜意识里朝着期待的方向努力。

爱你的，纯如

纯如的电子邮件让我在办公室里就哭了出来。我们彼此了解至深，她是我的女儿，也是我最好的朋友，我们毫无保留地跟对方倾诉自己的心事。一想到她仍记得我在她十几岁最不快乐的时光里给她的那些鼓励，我便心满意足。

1999 年 1 月，纯如的朋友、美国女性政策研究中心主任黛安娜·朱克曼对她进行了一次采访，从中了解她的个人生活及对女性在家庭与社会中的作用的看法。纯如提到了她父亲，也提到了我，她说："我父母一直认为我们应当做自己想做的事。我父亲从来不会因为我是女孩而对我有所不同，他鼓励我学习数学和科学，因此，我特别感激他，因为这帮我成为一个更好的思考者，更擅长逻辑和分析。我父母都鼓励我博览群书。我从来不觉得我的选择因身为女性而受到限制。”

纯如还在上大学时，有一次，绍进对她说：“你的智力绝对是百里挑一的。记住，你要比地球上 99% 的男人都聪明。”我不知道绍进从哪儿得来的这个数据，但我觉得他一定是在跟纯如讨论过一些数学难题或科学问题后产生的这一感觉。纯如告诉我，在她成长的过程中，我们对她的信心对她建立自信非常重要。

1999 年 2 月，纯如和布雷特搬进了森尼韦尔老旧金山路上的新公寓。新公寓刚刚建成，与他们原来的公寓只隔着几栋楼。5 月底，我们去看他们的新房子时，发现在大楼附近有一条高压线。纯如签合同之前根本没有注意到这一点。当时，纯如很想要小孩，发现此事后，她忧心忡忡，因为有新闻报道说癌症可能与住得离高压线近有关。他们在那里只住了 1 年就又搬家了。

布雷特在这期间也换了份工作，他打算辞掉在应用信号技术公司的技术管理职位，到某个基金投资公司找一份定量分析师的工作。然而，在与纯如一道参加了“复兴周末”活动后，他们发现身处宽带革命的中心地带是一件幸运的事。他们见到的许多来自纽约的人都在考虑辞掉工作到硅谷来，于是他们决定留在硅谷。布雷特接受了思科公司的职位，从事技术研发工作。

除了专心写作，纯如当时也在考虑生育下一代的事。1 月，她对我说，她去妇产科医生那里做了一次体检，一切正常。纯如很想尽快生个孩子。我们闻讯非常高兴，表示大力支持。我一直跟纯如说，有孩子是多么快乐的事。尽管养育子女或许会对职业生涯有所妨碍，但我向她保证这绝对是值得的。在 1999 年 3 月的一次谈话中，我们告诉纯如，从事教学工作 30 年后，绍进将于这一年的秋天退休，我也计划在 2000 年退休。如果纯如第二年有了小孩，我们很乐意到加利福尼亚帮她带孩子。我对她说，如果她真的第二年就有了孩子，我和外孙将正好差 60 岁。

1999 年 2—3 月，关于《南京大屠杀》日文版的事成为新闻之后，她注意到电话线里传来某种静电干扰的噪声。有一次，当她同图书编辑在电话里谈起日文版翻译的事时，两个人都听到了这种噪声，甚至听到模糊、遥远的对话声。在那之后，纯如每次打电话都能听到“咔哒”一声，她担心自己的电话被窃听了。纯如将此事报告给电话公司，他们上门来检查了一次，但没有发现任何异常情况。纯如告诉我们，她以后会多用电子邮件与我们及朋友联络，而不是打电话。

大约在这段时间，纯如和布雷特很想买栋房子，生个小孩，但纯如正在多个城市开展巡回图书签售活动。1999年秋，纯如终于结束旅行，两人开始找房子。他们选了一家位于洛斯加托斯山间的中介公司，很快看上贝尔溪附近的一栋房子。纯如很喜欢那栋房子，向我们仔细描述了从宽敞的落地窗向外看到的壮美景色。但房子位于山上，交通不便，布雷特上班至少要开半个小时的车，17号公路在上下班高峰期通常又非常拥堵。他们意识到住在山上并不实际，两个人都已经习惯住在城里的生活。恰好卖家没有接受他们的出价，两个人都暗自为此松了口气。

感恩节将近的时候，我们原计划前往加州探望两个孩子，但因为动身前一天绍进感觉不适，为安全起见，我们取消了这次旅行。结果证明这是最佳选择，尽管绍进迅速好转，但此时已经21岁的Cat（纯如心爱的猫咪）一病不起。

在此前的几个月中，Cat的状况一直很糟糕。感恩节后没多久，11月27日，周六，我们带它去看了兽医，医生说它的寿数将尽，建议我们为它实施安乐死。绍进反对这个主意，纯如亦然，我们想让它自然而然地死去。于是，我们将它带回家。两天后，11月29日，它死了。绍进很喜欢Cat，它的死对他打击很大。绍进给纯如和纯恺写信说：

亲爱的纯如、纯恺：

Cat今天早晨（11月29日）在睡梦中离世。它昨晚12点时还活着，今天早上7点，我们去查看它的状况时却发现她已经死了。我们将它埋在了后院，在那上面种了一棵柿子树。看它上周遭受的那些折磨真是令人难过，你们的妈妈和我都很伤心，但也因为它走得如此迅速和平静而感到宽慰。

爱你们的，爸爸

纯如回信说，她很高兴Cat能安详地死去，我们不用为它实施安乐死。纯如回忆起小时候和 Cat 共度的那些时光，最后总结说，不管怎样，Cat 活了长长的幸福的一生。

纯如再度受邀参加 1999 年年底的“复兴周末”活动，以盛大的仪式庆祝新千年的到来。她邀请了绍进、我和纯恺一道前往，与她和布雷特在那里团聚。因为时间安排的原因，我们推掉了她的邀请，但鼓励纯恺和他俩一道去。为了这次活动，纯如特地从布鲁明戴尔百货店买了一件优雅的紫色晚礼服。在活动现场拍摄的照片上，我看见纯如、布雷特和纯恺兴高采烈地享受着新千年的晚宴。

1999 年 10 月 27 日，纯如给我写了封电子邮件，回顾我们之前的电话长谈。事实上，我们都知道，我们实在应当感到幸运：

亲爱的妈妈：

几天前与你和爸爸的通话真好，很少有人能够像我们这样，父母与子女之间相亲相爱，几乎每晚都要联系。老天爷真的很保佑我们家，我们必须每天都提醒自己记住这一点。我的许多朋友都不愿意和他们的父母聊天，甚至根本不说话，一些人就是觉得没什么好说的。在方振豪的回忆录《米房》（*The Rice Room*）中，他说语言障碍就像长城一样挡在他和他父母之间。“这是我生命中最悲哀的一件事。”他写道，“我是一个记者，一个传播者——我的工作就是交流，我却无法同我最希望交流的两个人交流。”还有一些人根本就不了解他们的母亲。几天前，和理查德·罗兹一起吃过午饭后，我匆匆翻阅了他的自传《世界上有个洞》（*A Hole in the World*）。如你所知，罗兹小时候曾经被他的继母禁食、责打并精神虐待（他母亲开枪自杀了，他父亲变成一个酒鬼，无力保护自己的家庭）。每次重看他的书，我都觉得理查德·罗兹能活下来就是一件幸事，他才是真正的受害者（不像《落叶归根》的作者严君玲）。但罗兹的经历比起那些孤儿院里遭遗弃的孤儿来说又算不得什么了。我甚至不想提起这件事。

探索历史，追寻别人的故事，让我们可以从其他角度考虑自己的问题。我们得时时提醒自己，我们是多么幸运。

爱你的，纯如

第十七章
孕育波折，影梦难圆

“在中文里，‘危机’的‘机’字
也是‘机遇’的‘机’字嘛。”

在南卡罗来纳州希尔顿黑德岛参加了盛大的“复兴周末”活动后，纯如告诉我们，2000年，她要完成新书的第一稿，还打算要个小孩。纯如和布雷特之前几年就有生孩子的打算，但一直没能成功。

2000年1月，纯如告诉我，她看了不少关于怀孕的书和文章，而且要调整自己的饮食习惯。纯如还买了一个电脑防护屏，她在电脑前的时间太长，担心显示屏的辐射或许会像某些文章宣称的那样导致流产。纯如开始吃有营养的食物，积极锻炼，保证自己身体健康。

2000年2月9日，纯如告诉我们，她和布雷特搬进了圣何塞北部的一栋联排别墅。她收集的几大箱资料几乎把原来的公寓堆得满满的，她必须租个大点儿的住处。纯如说，这栋房子离原来的公寓开车大约20分钟距离，地方大了一倍，有两个车库。此外，这里到布雷特工作的思科公司步行只需5分钟。纯如觉得非常幸运，因为房主人很好，房租也很合理。他们花了两周的时间搬家、拆箱，最后安顿下来。在这个过程中，纯如将她的书、研究资料、手稿、录音、信件等又整理了一遍。她不敢相信自己居然攒了这么多资料，它们几乎又把新家和车库填满了。

2月14日，听到创作史努比系列漫画的作家查尔斯·舒尔茨去世的消息，纯如非常伤感，写信给我说：

亲爱的妈妈：

请你帮个忙。能不能把昨天（周日）的史努比漫画连载保留下来寄给我？我仍为查尔斯·舒尔茨的死而震惊。这是一个时代的结束。

我还记得童年阅读史努比漫画书的那些时光。你记不记得，我们一起去尚佩恩的一个搬家甩卖现场，你给我买了我的第一本史努比漫画——一本二手的平装本，书页都已经泛黄。从那时起，我就爱上了史努比漫画。你和爸爸当年也在台湾的中文报纸上看过史努比漫画，我们都是史努比时代的一部分。

多年后，在圣巴巴拉，我曾在圣巴巴拉作家大会（1991 年夏天的那次）上见过查尔斯·舒尔茨本人。不过，他尖酸刻薄、消沉沮丧、简直令人难以忍受的演讲风格令我大吃一惊！

在那次演讲后，我排在长队中，等待舒尔茨为我在书上签名。最终站在他面前时，我问舒尔茨可不可以给他做一篇专访，发表在《纽约客》或其他杂志上。“你这样的年轻人怎么会对我这个老头子感兴趣？”他回答说。（当时，我觉得他是在挖苦我。）后来我才知道，舒尔茨和他笔下的小男孩查理·布朗一样，也是一个极其没有安全感的人，坚信自己一无是处。

这是我唯一一次见到舒尔茨。去年，我本来是有机会与他见面的，但我当时没时间开两个小时的车去圣罗莎，我觉得或许在下一次圣巴巴拉作家大会上还可以见到他。我没想到，他居然几个月后就过世了。

你觉得查尔斯·舒尔茨会不会是自杀？你不觉得他在最后一篇史努比漫画连载刊出的前夜死去有点儿奇怪吗？要知道，1950—2000 年，史努比漫画整整连载了 50 年，连载一结束，他就死了。人的生命可不会像漫画那样简单清晰。看起来他似乎算好了自己戏剧性地离开这个世界的时间……到达终点。

爱你的，纯如

查尔斯·舒尔茨的死似乎一直在纯如心中萦绕不去。第二天，她再次在信中提起了他：

亲爱的妈妈：

我觉得，正是查尔斯·舒尔茨的悲观主义，他对人类挫折、不安全和心碎的同情与理解，令数百万人爱上了史努比漫画。

你说得很对，在年纪轻轻时就功成名就，舒尔茨没有理由抑郁。但抑郁是非理性的，或许他有某种精神疾病，或许一些化学药品导致了这一问题。但不管怎样，抑郁令舒尔茨可以继续与失败者的世界保持联系。

很奇怪，尽管我与他并不熟识，上次见面后对他也没什么好感，但他的死仍让我内心感到空虚。这让我好奇，舒尔茨魔力的秘密到底是什么？

我相信答案很简单。舒尔茨了解一个失败者内心的感受，他能捕捉那些生活中的瞬间——当我们觉得自己不讨人喜欢、被人嫌弃、孤孤单单。我们所有人——不管多么成功——都会在生命中的某个时刻感觉自己像个失败者。

爱你的，纯如

我有种感觉，那时，纯如能够感受到查尔斯·舒尔茨生命最后那段日子的心境。

新年将近的时候，已经在伊利诺伊大学物理系从事了30年教学与研究工作的绍进退休了。我也计划在2000年5月从微生物学系退休。我们的朋友希望为绍进和同时期退休的另外几位伊利诺伊大学华人教授举办一个退休派对。组织者邀请纯如和纯恺参加这一活动，但他俩都忙于工作，无法抽身，于是我让他们为绍进的退休仪式写点儿什么。纯如一如既往地写了一篇动人的长文，在2000年3月2日的派对上由他人朗诵出来。纯如知道我也要于当年5月退休，那不过是两个月后的事，于是，在这篇文章中，她也提到了我。不用说，我又被深深感动了。

日期：2000年3月2日

张纯如写给父亲的退休仪式

我的父母与伊利诺伊大学结缘半生。难以置信的是，他们现在居然要告别自己的学术生涯。三十寒暑之后，他们两位留下了骄人的研究与教学成果。

我母亲是我的第一个人生榜样，而且依然是我心目中的大英雄之一。从我记事时起，她就一直努力在家庭与事业之间寻找平衡。小时候，我目睹她从实验室跑回家为我们做饭的情形。这些既健康又美味的饭菜（足以匹敌上等中餐馆）需要几个小时的准备工作，当她在厨房操作台旁或灶台前忙碌时，我们讨论彼此的梦想、不安全感、与其他人的关系。这些厨房里的谈心塑造了我，让我了解了她那个年代的职业女性所面对的种种机遇和困难。晚饭后，母亲经常赶回学校继续她的研究工作。通过这些言传身教，她一次又一次地向我展示了她对工作的投入。

只有在我长大成人、结婚成家并拥有了自己的事业之后，我才开始真正理解母亲在妻子、母亲和科学家三个角色之间的艰难转换，但三个角色她都扮演得很好。能够做她的女儿是我的荣幸，是我最大的骄傲。

我父亲也是我的榜样。他大概是我所见过的人中最理想主义的一个——如今世上像他这样只是为了追求知识而非个人企图的人已经很少见了。几年前，我吃惊地听说，尽管他天赋过人，但在青年时代，他觉得自己最多只能做个高中教师，从未奢望过更高的可能。金钱、权力、社会地位——所有这些对他来说都没有意义，只要能够安安静静地享受智识生活，做他最喜欢的两件事——研究物理学和教育年轻人，父亲就满足了。我认为父亲很幸福，因为他在伊利诺伊大学找到了这样的生活。

父亲还有极其强烈的正义感。我一直相信，如果不做物理学家，他可以成为杰出的法官。他对事情是否公正非常敏感，而且能够从不同的角度看待问题。父亲对他人抱有深切的同情之心，他能够理解人性的弱点，同情失败者，他的爱心甚至扩展到动物身上——诸如猫、小鸟和昆虫。看到无助的生灵遭受伤害总是令他伤心，目睹权力的滥用更是令他怒不可遏。

我最崇拜父亲的一点是，他从未失去对这个世界的童心。在一个犬儒主义的世界，这实在罕见。父亲一直对宇宙的奥秘充满好奇。对他来说，教育是终生的。他像一个学生那样大量阅读生物学、计算机科学、文学、历史学、天文学和心理学著作，而这还仅仅是他兴趣的一部分。他是爱因斯坦形容的那种精英知识分子——出于与孩子一样的目的去学习，为了热爱、好奇，以及发现带来的激动与战栗。

即便是在最微小的生命中，他也能发现乐趣。有一次，我和父亲在克里斯特尔湖公园散步，我们见到水面上的一层油膜。指着那片五彩斑斓的油膜，父亲跟我提起，同样的事物曾经启发了一位天才，找出了计算原子大小的方法，而这全因他具有从一滴油里领悟世界的能力。那天，我从父亲那里学到，真理的力量藏于我们每个人体内，但只有当一个人知道如何去发现真理时，真理才会显现出来。

对于父母的荣休，我致以衷心的祝贺。当然，他们的退休不只是一个结束，还是一个令人激动的新的开始。他们以前常常对我说，生命的意义在于过程而不是终点。因为生命不是一场赛跑，而是一次追寻。希望他们在展开一段新的人生之旅的时候，能够一直记得这些话并从中得到启发。

要不是纯如提起她上高中时我们一起在克里斯特尔湖散步的事，我几乎已经忘了。我记得那是一个完美的秋日，红色的枫叶耀眼夺目，湖边的橡树在夕阳下呈现一片棕黄。我们走在公园的小径上，绍进对纯如说起他对自然之美的看法。他指着路上的小水坑，里面的油膜映射着太阳，发出五彩光芒。这令绍进想起前辈科学家使用水面上的油膜来估测分子大小的著名实验。我很吃惊，纯如居然把这些全记在心里。

退休之后，我一直忙着家里的维修工作，清理那些已经堆积多年的杂物。我早就应该干这些事了，却一直没时间，现在终于腾出手来。1999 年年底，绍进和一群华裔教授成立了伊利诺伊州华人联合会（CAACI），他被选为第一任主席。联合会成立的最初目的是推动伊利诺伊州议员威廉 · O. 利平斯基（William O. Lipinski）倡议的一项法案的通过。此项法案意图由国会出面，就二战期间日本军队犯下的战争罪行表达意见。后来，“李文和间谍案”后，美国华人意识到，必须团结起来，表达我们对种族歧视等人权问题的看法与关注。从那时起，绍进和我一直积极从事伊利诺伊州中部地区的人权促进活动。因为纯如的缘故，我们与加利福尼亚的史维会及美国、加拿大及亚洲的一些类似组织建立起了联系。

纯如定期给我们打电话汇报书的进展。2000 年 3 月 28 日，她的 32 岁生日时，纯如写信给我说她不想庆祝生日。在这封信里，纯如说她最近很注重健康，甚至不想坐飞机。她写道："或许这是对1998年宣传《南京大屠杀》时长达1年的旅途劳顿的一种生理反应吧，要么就是因为我不想在写第三本书时被打搅。"她想尽一切办法，确保自己的身体足够健康，做好怀孕的准备。

4月，纯如说她最终完成了数据库中的所有条目。她将以这些条目为基础写出提纲，然后完成第一稿。在此期间，她抱怨进展缓慢，工作效率不高。有两件事干扰了她的写作。努力准备怀孕是其中一件，另外一件则是将《南京大屠杀》改编成电影。每当看到一部好电影，或是听说一本畅销书卖出了电影版权，纯如就会沮丧起来，追问为什么自己的书没有这样的好运气。

2000年5月3日，纯如去洛杉矶参加百人会的大会，认识了几个电影界的人。这使她意识到，她的电影改编权代理人之所以1年多都没把电影版权卖出去，主要是因为计划有问题。纯如给我们打电话抱怨说，1年时间就这么白白浪费了，她得把电影改编权从代理人手里要回来。纯如承认，发现浪费了1年多时间这件事令她深受打击，这可是一段黄金时期，因为她的书仍在畅销书榜上。电影版权的问题令纯如非常不开心，几乎因此生了一场病。我们告诉她不应当过于自责，同时提醒她，那段时间她一直忙着四处奔波为书做宣传推广，没时间考虑电影的问题。我们对她说，不管怎样，吃一堑，长一智。

然而，纯如下定决心一定要将这本书拍成电影。于是，整个6月，她都在积极寻找新的电影版权代理人和可能的制片人及导演。每次和有意向的电影制片人及导演见面后，纯如都会跟我们报告进展。但直到那年年底，仍旧一无所获。纯如承认，电影产业和出版业是完全不同的两回事。

每当纯如试图从写作中脱身出来放松一下时，看电影仍是她的主要业余爱好。她不仅和布雷特及朋友们到电影院里看电影，还经常把录影带租回家看。因为痴迷于把《南京大屠杀》改编为电影一事，我们的谈话每次都会转到电影上去。有时候，当提起那些与她的书同时登上《纽约时报》畅销书榜的书，比如《完美风暴》和《进入空气稀薄地带》，都已经被拍成电影时，纯如就会怅然若失。

看过《勇敢的心》和《角斗士》这类电影后，纯如深受感动。而在看过《致命罗密欧》这部电影后，纯如对我说这是她看过的最令人不快的电影之一，她说这部电影中的美国华人看上去就像外国人而不是美国人。更糟糕的是，电影中几乎所有的中国人都非常暴力凶残，甚至邪恶。这更加坚定了她的信念，必须有更多的亚裔美国人涉足娱乐领域。

纯如对我说，她的一个朋友是一名华人女演员，曾出演电影《喜福会》。她曾向纯如抱怨说，亚洲演员在好莱坞没什么机会。纯如在一封电子邮件中表达了她的看法：

> ……关于好莱坞的亚洲演员问题，我深信，除非有更多亚洲人掌控电影工业的财政大权，或是亚洲人自己支持反映他们生活的电影，否则这种现状不会改变。或许华人群体自己也是应该被责备的对象，因为他们不鼓励子女从事演艺事业。我们不仅需要更多的亚裔演员、编剧和导演，还需要更多的亚裔制片人、发行商和电影工作室老板。此外，我们还需要一批忠实的观众——不管是亚洲人还是其他人，他们得愿意观看和支持那些从多方面反应亚裔角色的电影。只有当好莱坞看到用钱体现出来的明确的证据，表明观众群确实存在（我相信它是存在的！），好莱坞才会改变。

纯如对电影和剧本写作的兴趣从未消减，她持续打磨自己的剧本写作技巧。1999年10月，她曾飞往伯班克参加戴维·弗里曼讲授的周末剧本写作课。我很钦佩她的激情，她是个从不放弃任何学习机会、永不畏惧挑战的人。

6月底，我们去加州看望了纯如和纯恺。我们很喜欢纯如和布雷特的新居，房子坐落于圣何塞北部一个僻静的社区，周围环绕着白松、枫树、梨树和樱桃树。我尤其喜欢它的地理位置，因为这里离一家大型中国超市不远，超市所在的购物中心里也有不少中餐馆。纯如带我们去圣克鲁兹海滩玩了一圈，那是7月4日美国独立日那一周的周末，到处挤满了人。去圣克鲁兹的路上，纯如带我们去看了去年他们曾经打算购买的那栋洛斯加托斯山上的房子。通往那栋房子的路崎岖狭窄，我对纯如说，住在那儿可能会非常不方便，还好他们最终没有买下那栋房子。

与此同时，纯如很失望地发现她一直没能成功怀孕。她去看了妇产科医生，做了好多次身体检查，想要找出原因，所有检查结果都显示她和布雷特一切正常。这时候，纯如开始感到失望，越来越困惑。不能成功怀孕和电影项目的挫折对她来说是双重打击。我尽可能地安慰她，对她说不能生小孩并不意味着世界末日，劝她放松一下。

2000 年年底，尽管纯如面对没法怀孕、电影版权没卖出去这些令人失望的事情，但她还是设法按计划每天写上几页。年底时，她只完成了这本书初稿的一半，但按照原定计划，此时她本应已经将全书的初稿完成。纯如说她感到思路枯竭，不能像自己期望的那样写得那么快。她还抱怨说这本书的题目“美国华人”过于宽泛，比起南京大屠杀这样的特定具体事件来说，如此宽泛的题目很难下笔。

然而，我觉得纯如之所以无法按计划完成写作，还有一些在电影和怀孕以外的原因，比如参加学术会议和人权集会。纯如收到许多来自美国各地的会议邀请，她拒绝了一些，但在某些情况下，她无法说不，比如那些就在加州召开的会议。

2000 年，纯如花了大量的时间推动参议员黛安娜 · 范斯坦（Dianne Feinstein）提出的《日本帝国军队档案解密法案》（也称 S.1902 参议院提案）。纯如亲自写信给范斯坦，将《南京大屠杀》一书寄给她，还给她的助手打电话。纯如把很多时间花在给议员们写电子邮件上，请求他们在参众两院支持通过这项法案。纯如将这件事视为自己的责任，尽管她的日程很紧。

8 月 3 日，纯如参加了一次在洛杉矶举行的新闻发布会，发表演讲，敦促华裔美国人支持范斯坦提出的《日本帝国军队档案解密法案》。依据这一法案，所有美国政府档案中有关日本军队的内容都将被解密。

纯如对媒体说：“历史是建立在档案基础上的！如果没有看到原始档案，我根本写不出《南京大屠杀》！”她还说：“历史真相一旦被公之于众，便有可能改变历史。一个国家在战争时期的丑陋行径的历史记录会促使未来的政府在犯下类似暴行之前三思，有助于这些政府意识到他们的所作所为将被永远烙在耻辱柱上。如果我们不坚持要求披露这些历史记录，我们就是在充当那些当权者的同谋，他们期望自己犯下的罪恶永远是机密。”

纯如提醒人们：“美国民主的精髓在于我们有能力向那些当权者发出质疑和挑战，要求他们为人民负责。作为美国公民，要求被选举出来的官员恪尽职守是我们的职责。我们应当记住那些曾对重要的立法行为表示支持的政治家，以及那些只会动嘴皮子的政客。我们不是为他们工作，他们在为我们工作。”

就在这段时间，众议员汤姆·兰托斯（Tom Lantos）也在众议院提出了一个类似的法案（H.R.5056 法案）。兰托斯在新闻发布会上宣称：“日本军国主义政府在二战期间犯下了令人发指的战争罪行，我们应当竭尽所能地让这些罪行暴露在光天化日之下。张纯如在《南京大屠杀》中出色地揭露了这些罪行中的一桩。我们已经在解密纳粹德国相关历史档案方面有了长足的进步，但现在我们需要再进一步，确保美国档案馆中与日军暴行有关的档案也公之于众。”纯如对此深感高兴，一听到新闻马上就告诉了我们。

在各方面的帮助及美国华人社会活动家的推动游说下，2000 年 10 月，《日本帝国军队档案解密法案》终于在参众两院通过。12 月 26 日，克林顿总统签署了这项法案。对美国华人来说，这是一个巨大的胜利。

另外一件占用纯如很多时间的事是，多家出版社一直在请纯如为即将面世的新书撰写书封推荐。纯如看书很快，但这仍占用了她大量的时间。纯如坚持先把整本书看完，才会动笔写推荐，而不是像很多人那样只不过匆匆扫两眼。

不仅是那些关于亚洲历史和人权问题的书找到纯如写推荐，有时候甚至还有小说。这让纯如有机会读到各种各样的书，但这仍是一件分心的事，虽然是一种令人愉快的分心。当兰登书屋的编辑把吉姆·莱勒的小说《特殊犯人》（*The Special Prisoner*）拿给纯如，请她写书封推荐时，纯如激动万分，她从小就是看着每晚 6 点 PBS 播出的吉姆·莱勒主持的晚间新闻长大的。纯如觉得能为这样一本书撰写推荐，是自己的荣幸。

就在纯如为难以怀孕而郁闷的时候，她应邀为卡琳·埃文斯（Karin Evans）的《被遗弃的中国女儿》（*The Lost Daughters of China*）一书撰写书封推荐。这本书对中国重男轻女的传统意识造成无数婴儿（几乎全部是女婴）被父母遗弃的描写，令纯如忍不住伤心流泪。她向我们表达了她的伤感，以及对性别歧视的愤慨。我们甚至讨论，如果她自己没办法生育的话，可以从中国收养一个孩子。但纯如内心深处一直想要一个自己的小孩。

正是书封推荐引发的一场风波在那个时候深深地伤害了纯如。2000 年 3 月，纯如受邀为一本关于日本皇室的书撰写推荐。事实上，是纯如将这本书的作者推荐给出版社的，而且这本书也是基于严谨的学术研究结果精心写就的。纯如在书封推荐中对这本书大加赞扬，但事后她发现，由于另一位相关领域的著名学者提出抗议，出版社不敢使用纯如撰写的书封推荐。一位在东海岸名校任教的教授威胁出版社说，如果他们使用了张纯如写的书封推荐，他将撤回自己的推荐语。不仅如此，他还威胁说，他会要求其他人也收回他们的推荐语。这位教授的权力相当大，可怜的作者只好恳求出版社撤回纯如为他写的书封推荐，尽管最初是纯如帮了他的忙，向出版社推荐了他。

听闻此事，纯如极其愤怒。她对我们说，尽管她对那位作者迫于压力而放弃非常失望，但她对他充满同情，她能理解他的屈服是为了保住自己在日本历史研究领域的学术生涯。对于施压的那位教授，纯如表示，她从未见过一位教授如此阴险地阻碍她的推荐语发表，就只是因为这个人不喜欢她。纯如觉得，这种滥用学术权威的行径是难以接受且不应为出版商所容忍的。我记得纯如发誓说，总有一天她会在自己的回忆录里揭露此事。

《南京大屠杀》出版后，尽管好评不绝于耳，但仍有一些攻击之词。有一次，纯如跟我们提起，在本多胜一的《南京大屠杀始末采访录》英文版中，编辑弗兰克·吉布尼（Frank Gibney）在序言中写道，张纯如“无可救药地夸大了日本的‘恐怖气氛’”。几页后，本多胜一写道：“在我 1971 年的报告文学《中国之旅》中，我追踪了日本军队在中国的行军路线……我被日本极右势力当成眼中钉，收到了许多恐吓信，这促使我搬了家并将自己的住址和电话保密。直到今日我仍这么做。《文艺春秋》和其他掌控在保守主义的出版社手中的杂志对我的攻击已经持续了 20 余年。”众所周知，本多胜一总是戴着假发和深色墨镜，以掩饰自己的身份，躲避日本右翼政客和活跃分子。纯如很纳闷，吉布尼为什么会这样批评她。

纯如的一些朋友觉得，或是出于嫉妒，或是因为研究经费来自日本，美国一些从事亚洲研究，尤其是日本研究的“学者”合谋诋毁纯如和她的书。事实上，对她的书的那些恶毒攻击（不过相对来说是极少数的）令纯如也开始怀疑，是不是真的有人在恶意针对她。

纷扰难挨的一年过得非常快。对纯如来说，这一年充满失望：没能生一个孩子，电影版权未能成交，书稿也才完成了一半。但她至少促成了《日本帝国军队档案解密法案》的通过，并将继续为自己的目标而奋斗。

绍进和我分别于1999年和2000年退休后，绍进受邀到香港城市大学物理和材料科学系担任访问教授，在那里执教了半年。我们俩对去香港这件事都很高兴，因为1950—1951年，我们曾在那里小住过一段时间。我们很期待故地重游，重拾回忆，另外也可以游玩一番。

2001年1月13日，我们抵达香港，住在香港城市大学的宾馆里。宾馆正处闹市中心。绍进在大学教物理的时候，我学着乘公共交通工具在城里四处转转，但大部分时间还是坐在电脑前，我一直与纯如、纯恺及在厄巴纳-尚佩恩的朋友们保持着密切的联系。

2月11日，纯如从加州打来电话，告诉我们一些坏消息。在过去两年中，她一直无法怀孕。纯如决定找出问题的根源，她搜集了大量资料，还去看医生，进行检查。她最终找到一个世界著名的生育专家，他身在芝加哥，但每个月会来湾区一次。纯如对我们说，她很幸运，可以向这位医生咨询，并最终找出不孕的原因。原来，纯如和布雷特两人的免疫系统排斥。验血结果显示，纯如在不知情的状况下至少已经流产4次。她的自然杀伤细胞也呈活跃状态。这些医学术语对我来说都很陌生，于是我开始四处搜索信息。我一直在电脑上查找资料，试图了解此事并找出解决办法。据我当时所知，很不幸，布雷特和纯如的免疫系统不匹配。当受精卵或胚胎形成后，纯如的身体将其视为异物加以排斥，结果就是流产。医生告诉纯如，她的身体一切正常，生殖系统各方面也都很健康，但免疫系统不匹配令布雷特和纯如成为占总人数2%的不孕夫妇中的一对。这意味着纯如要么接受免疫治疗，要么采用体外受精并雇用代孕母亲。

这个消息对纯如和我们的打击巨大。在电话里，我马上向她建议，不如收养一个孩子，不要接受免疫治疗或代孕。我们聊了近两个小时，直到用光了电话卡里的钱。通话时，我们都很激动。挂断电话后，我觉得或许我在电话中太强烈坚持自己关于收养的观点，于是我写了封电子邮件向纯如道歉，我说我尊重她的选择，不管最终她怎么决定。

2月13日，纯如回信说：

亲爱的妈妈：

千万别因为你在电话里的反应道歉——我知道你是因为爱我、担心我。我很感激您花时间在网上搜索信息，我可以给您寄一份我整理的资料，节省您的时间。过去几周，我已经收集了上百页相关数据……

在湾区的办公室，那位医生的助理告诉我们，他诊治的每个患者最终都选择了代孕这条路，他们也都有了小孩——健康的小孩。（然而，大多数女性宁愿使用实验性药物和免疫球蛋白疗法，而不是雇用代孕母亲。大约80%的人在接受免疫治疗后成功怀孕了。）

爱你的，纯如

纯如告诉我们，听到这个坏消息后，她忍不住无声啜泣，虽然布雷特一直安慰她说他们总会有个孩子的。医生对纯如说，在这种情况下，想要孩子的话，有两种办法：静脉注射免疫球蛋白的同时使用实验性药物Enbrel（依那西普），或是雇用代孕母亲。前一种疗法需要使用血液制品，还有一些风险和副作用。此外，还牵涉其他因素，比如此疗法仍属实验性的早期阶段。

除了这个坏消息，那时候，美国股市大跌，经济萧条。新闻令每个人都心情沉重，我们也不例外。但在这种令人沮丧的气氛下，纯如仍很积极乐观，她试着安慰我们。

2001年3月15日，纯如写道：

亲爱的妈妈：

我回想了一下我们昨天的谈话，我知道你对股市大跌很郁闷，但别为那些超出自己控制范围的事情烦恼……在中文里，"危机"的"机"字也是"机遇"的"机"字嘛。保持冷静，收集信息，谨慎行事就好了。

我们有很多事值得感激：我们很健康，很成功，银行里有存款，也不欠人钱。我看了很多关于1949年决定留在大陆的那些人的书。他们在文化大革命中也遭受了深重的苦难。和这些人比起来，我们的这点儿小问题又算得上什么呢？

爱你的，纯如

与此同时，纯如继续想方设法解决不孕的问题。她尝试使用了许多另类疗法，比如宣称可以治愈不孕症的针灸和草药。她还去看了一个著名的中医针灸师，帮她解决压力大和失眠的问题。

纯如还联系上了当地一个不孕症互助小组 Resolve，在那里见到了许多同样有着不孕问题的夫妇。小组聚会上，纯如知道自己并不孤单，她借此获取了许多关于各种辅助生殖疗法的优缺点信息。与有同样忧虑和担心的人聊聊令她感觉好多了。

表面上看，纯如总是能够找到解决问题的方法，一副乐观向上的样子，但这并不意味着她的内心深处没有情绪波动。有一天，她对我说，她坐在中餐馆里等着点好的菜上来的时候，环视周围的餐桌，看见一对母子紧紧挨坐在一起，高兴地吃着东西。纯如觉得鼻子发酸，忍不住泪盈于眶。她觉得非常难过，因为自己无法生孩子。我满怀同情地倾听她的诉说，不知道该说什么好，因为我也有与她相同的感受。我希望我当时不是身在香港，那样我就可以拥抱她，在身心两方面都给她安慰。

不过，也不是所有事情都那么糟糕。纯如对我们说，好莱坞的一些电影制片人对购买《南京大屠杀》的电影改编权很感兴趣。2001年2月24日，纯如写信来：

亲爱的妈妈：

正如之前跟你提到的，上周三，我在五月花餐厅见了几位著名的好莱坞制片人。（出于安全考虑，我现在先将他们的名字保密。）他们飞到圣何塞来见我，其中一个人对我的年龄和相貌大吃一惊。（他很惊讶于——或者至少表现出惊讶的样子——见到“一个这么漂亮的作家”。后来，在电话里，他说他本以为我会是一个戴着眼镜的老学究。“恰恰相反，走进来的却是一个窈窕淑女！”他大声说道。）不管怎么说，他们都对我的书表现出极大的热情，相信由此改编的电影可以成为一部像《末代皇帝》或《辛德勒的名单》那样的史诗巨作。他们准备竞拍这本书的剧本改编权，数目视我的CAA代理人目前已收到的出价而定。下周，将有两家机构竞拍《南京大屠杀》的电影改编权。

一位纽约的崇拜者还献给我一首诗，这个人似乎迷恋上了我，他一直给我的邮政信箱地址发邮件（顺便说一句，我很高兴他没有我的真实住址——几年前我就不再给他回信了）。《南京大屠杀》出版后，他一直给我寄来他的文学作品、卡通画、装在心形盒子里的巧克力、卡片、小礼物和他自己的照片，现在他开始寄给我刻有他的诗作的光盘……你觉得我是不是应该有所警惕？不得不说，这种迷恋开始时让我觉得有些烦心，但我不认为他打算找上门来。从照片上看，他看起来没什么危险性——只不过是一个普通的文学爱好者。不过，我很高兴我用邮政信箱处理邮件。美国邮政系统只有我之前的家庭住址，而不是现在这个。

爱你的，纯如

在电话里，纯如跟我说了她与那些好莱坞制片人的对话，以及他们对电影的想法。但纯如坚持自己对电影的看法，她说，如果由她来改编剧本的话，她希望片中能有几个主角：弗兰克·蒂尔曼·德丁、魏特琳、约翰·拉贝、罗伯特·威尔逊、唐生智、李秀英，以及一名日本士兵或日本记者。

纯如希望电影中能出现不同种族的人（美国人、德国人、中国人和日本人），她还希望电影可以反映出人物在经历战争后的转变。纯如希望电影反映人在最黑暗、最艰难的时刻顶着压力做出的决定——面对个人利益与人道主义之间的冲突。例如，1937年，弗兰克·蒂尔曼·德丁是《纽约时报》的驻外记者。纯如说：“报道南京大屠杀的时候，他和我一样大。他关于南京大屠杀的第一篇长篇报道发表时，正好 29 岁。我的书出版并登上《纽约时报》畅销书榜时，我也是 29 岁。出于这一原因，我对他有某种特殊的感情。”

在 1998 年《纽约时报》刊登的德丁的讣闻中，作者引用纯如的话说：“蒂尔曼·德丁不仅顶着压力写下了历史篇章，而且试图在南京拯救中国人的性命。他在最黑暗的时刻呈现的人道主义精神和勇气应当为我们所铭记。”纯如说，德丁一定曾经面临两难选择，到底是做一个不偏不倚的观察者，在头版新闻中披露他人的苦难，还是走上前去，帮助那些战争受害者。

1937 年，当日本军队占领南京时，美国教会教育家魏特琳就在城里。她在安全区保护了数以千计的男女老幼。然而，当日本士兵来到安全区索要女人时，她相信了他们的说法，认为安全区里的确有妓女。她交出了那些“坏女人”，从而让安全区中的“好女人”得救。后来，魏特琳意识到，一些所谓的“坏女人”实际上并非妓女，而是牺牲了自己的生命去拯救他人。魏特琳曾经毫无畏惧地与日本士兵抗争，但最后，她无法承受精神上的折磨和对自己曾经做出的某些决定的内疚。1940 年回到美国后，她自杀身亡。

德国商人、纳粹党人约翰·拉贝选择留在南京，用自己的纳粹臂章在安全区保护了自己的雇员和数以千计的南京平民。回到柏林后，他的社会主义理想与纳粹的残酷现实发生冲突。纯如说，作为一个普通的德国公民，拉贝在中国成了英雄，但他在祖国却被人遗忘。

罗伯特·威尔逊是南京大屠杀期间整个城里唯一的外科医生，他极其辛苦地工作，为了保住别人的性命，牺牲了自己的健康。

曾经对蒋介石发誓死守南京的唐生智最终放弃了这座城市，在南京陷落前夕逃走。（他是依蒋介石的命令行事，这并不完全是他的错。）纯如说，唐生智的故事与书中提到的中国孕妇李秀英的故事形成鲜明对比，后者赤手空拳与两名试图强奸她的日本士兵搏斗，尽管身上留下 37 处刺刀伤口，她却奇迹般地活了下来。

纯如说，电影中应当有一个角色是日本人——一名士兵或一个记者，在阻止暴行和遵守命令间挣扎。这个角色最终必须牺牲，以表明反战的日本人民可能遭遇的处境。这个角色要么是一个因违抗命令而被处决的日本士兵，要么是一个叛逆的记者，为了寻求真相和良心而失去了自己的社会地位。

纯如对每个表示有兴趣将她的书改编为电影的人热情地描述她的想法。最终，3月，她告诉我们，一家好莱坞制作公司提出购买这本书的电影改编权。但又过了几个月，合同才正式签署。纯如已经为此努力了很长时间，她的努力最终有了回报。

尽管生育问题和电影项目都令纯如分心，但她仍按部就班地写着《美国华人》一书。她把一份稿件寄到香港，供我们发表意见。这份稿件约占全书的三分之二，绍进和我仔细阅读后列出我们发现的错误和真实的意见，然后寄还给她。

2001年4月1日，在中国海南岛附近海域上空，美国海军的一架侦察机与一架前去拦截的中国战斗机相撞，侦察机未经允许迫降在海南岛陵水机场。我们在事发不远处的香港密切关注着相关新闻。我们对有关中美关系的新闻事件非常敏感，因为那与我们有切身关系。起初，我们本来打算在停留香港期间去一次广州，但因为中美之间高度紧张的关系，我们取消了这一行程。中美双方僵持了10天之后，4月11日，美军机组人员被允许离境。

4月20日，绍进在《纽约时报》上读到一篇文章，文中提到，美国国务院向华裔美国人发出警告，如果他们曾经写过抨击中国政府的文章，或是与台湾保持联系，在进入大陆境内时，有可能因间谍罪而被扣留。绍进和我立刻给纯如和纯恺写信，告知这一消息。这件事与纯如关系最大，因为我们知道她总是口无遮拦，而且她以前的和现在的书都与中国有关。

纯如给我们回信说：

亲爱的妈妈：

我认为你非常明智。

关于扣留那些华裔美国人的事充分表明了我们作为少数族裔任人摆布的状况。中美关系好的时候，华裔美国人可以从中获益，充当榜样和两国之间的友好使者。

但当中美关系紧张时，华裔美国人就会腹背受敌。

还记得我跟你说过，华裔美国人经常在美国被当成外国人吗？即便他们作为美国公民做出了卓越的贡献。

或许这就是美国华人的真实故事吧。在太平洋两岸，我们都是“陌生人”和“外国人”。

爱你的，纯如

6月，在香港的停留快结束时，我和绍进访问了古城西安。我们参观了兵马俑，还有附近的多处古墓。我们在西安的时候，纯如从写作中抽出一段时间，和布雷特一起去了太浩湖。他们游览了卡森城和弗吉尼亚城，还坐缆车登上了山顶。纯如说，这是一次放松之旅，回到家后，她感觉焕然一新。

7月15日，我们从香港回到厄巴纳的家中。纯如写信说：

亲爱的爸爸：

那天跟你和妈妈聊得很开心。你说你可能会在伊利诺伊大学图书馆查找一些关于美国华人的资料。如果你有时间的话，拜托帮我打听一下，图书馆里有没有美国移民归化局的统计年报。我需要的主要是1949年以来的年度数据。这里是我已经交到美国移民归化局历史办公室的一些问题，还有一张相关信息表格（他们至今还未回复）……

爱你的，纯如

接下来的几周里，我帮纯如查看了从伊利诺伊大学主图书馆借来的美国移民归化局统计年报，并帮她收集资料。

写书之外，每当看到有关日本试图掩饰自己战时历史的相关报道，纯如就无法保持缄默。2001年，日本“历史修正主义”的言论甚嚣尘上，民族主义分子也蠢蠢欲动，此类新闻报道层出不穷。其中一起是关于日本新教科书的，书中对日本在第二次世界大战期间犯下的战争罪行，包括南京大屠杀、慰安妇和731部队的生化实验等问题，不是轻描淡写，就是只字不提，这激怒了韩国和中国。与此同时，二战期间被日军俘虏并被迫充当日本公司（如三井物产、新日本制铁株式会社等）劳工的美军二战老兵也开始向法庭起诉，要求赔偿。

2001年7月21日，纯如和洛杉矶国际人权律师巴里·A. 费希尔（Barry A. Fisher）代表二战劳工和慰安妇，在《洛杉矶时报》上发表了一篇评论。在文章中，两人批评了美国政府拒绝帮助慰安妇和美国老兵在法庭上伸张正义的行为，也批评了美国政府在4月发表的一项正式声明。在这份声明中，美国政府表示不受理相关案件。

这篇文章指出："美国政府的做法表明了种族歧视者的双重标准。在最近的针对德国、瑞士和奥地利银行及曾经奴役过犹太劳工的企业的诉讼中，美国出面捍卫那些欧洲受害者的权利，最终帮助他们获取到数十亿美元的赔偿。但对于亚洲受害者，美国人不仅拒绝伸出援手，甚至还打击那些伸张正义的举动。"

因为媒体对劳工和慰安妇索赔诉讼的大规模报道，2001年8月15日，纯如对我们说，她受邀出席泰德·科佩尔主持的《晚间在线》节目。节目结束后，我们对她表示祝贺，她也将她收到的一些祝贺信转发给我们。一封电子邮件中写道："你关于日本之前从未正视二战历史的评价正说到了点子上。"另一封电子邮件里写道："泰德·科佩尔提问说，为什么让日本人对自己的战争罪行道歉就这么难。他并未从列席节目的日本人那里得到直接答复，唯一一个给出合情合理的答案的人是张纯如。她说，因为从来都没有人要求日本道歉。"

在个人生活方面，2001年8月，在看到注射免疫球蛋白疗法及试验性药物的风险和副作用的报道后，纯如最终决定，出于安全，选择代孕这个方案。她忙着调查代孕服务的情况，面试了几位备选对象。结婚10周年纪念日将近时，纯如和布雷特到约塞米蒂国家公园休息了一段时间。去那里的路上，他们还见了未来的代孕母亲和她的丈夫。纯如告诉我们，她觉得这名代孕母亲和她的家人很令人满意。纯如完成了所有手续，准备通过代孕的方式迎接孩子的到来。

2001年劳工节的长周末，纯如到芝加哥参加好友卡罗琳·吴的婚礼，做她的伴娘。

纯如没时间开车回家看我们，于是我们9月1日开车到芝加哥，在旅馆里与她见了一面。尽管我们一直保持邮件和电话联系，这么久之后再见面依然令人兴奋。我们只和纯如一起待了一晚上，但她跟我们说了全部的近况：她的新书很快就能完成第一稿，她的电影仍在等着最终的书面合同。纯如说，有了小孩之后，她想要找个人来帮忙打理家务。她和布雷特还打算在孩子出生后买个房。我告诉她，我们也打算搬到加利福尼亚去，离她近一点儿，这样可以帮帮她。纯如听说此事非常开心。

2001年9月，在旧金山，美国和日本官方出面组织了一场盛大的会议，庆祝《旧金山对日和平条约》签订50周年。日本坚持认为所有与战争赔偿有关的事情都已经在《旧金山对日和平条约》中得到解决，但纯如说，如果仔细阅读文本，便会发现赔偿问题只是被推后到日本有经济能力之后。这件事一直搁置了半个世纪，仍未得到解决。

为了抗议这一官方的纪念活动，湾区的活动团体（全球联盟和补偿南京大屠杀受害者联盟，以及加州大学伯克利分校民族学研究系）在9月7—9日举行了一次为期3天的会议，并游行示威。这次会议的日期正好与官方大会会期重合，而且又在同一个城市，会议名为“五十年的否认：日本及其战争责任”。纯如受邀在大会开幕日发表主题演讲。

2001年9月8日，纯如给我们写信描述了当时的情形：

亲爱的妈妈和爸爸：

跟你们汇报一下，我今晚刚刚安全从旧金山返回。大会很成功——整件事简直就像是为了表彰我而安排的。国会众议员迈克尔·本田、参议员范斯坦的一位幕僚及其他一些名流都在晚宴的演讲中对我大加赞扬，他们说这本书改变了他们的生命、创造了历史，并开创了国际性的运动。下午我做大会开幕演讲的时候，台下群情激动：来自华盛顿的政客表示要在国会报告中就此做出介绍；侵华日军南京大屠杀遇难同胞纪念馆的负责人跟我要发言稿，打算将其翻译成中文；记者们问我是否可以将其发表。演讲不断被掌声和欢呼声打断，最后，所有人都起身热烈鼓掌。一想到我昨天半夜才开始写这篇演讲稿，甚至没有时间提前练习一下，真是太神奇了。回头再跟你们详聊。

爱你的，纯如

纯如说，《旧金山对日和平条约》的第26条写着："如果日本与其他国家缔结的和平条约或战争索赔协定规定的赔偿数额高于本条约的赔偿额度，本条约的缔约国有权利享受同等待遇。"据纯如说，新近解密的美国国务院档案显示，美国曾经与日本举行过秘密谈判，帮助那些二战受害国（比如荷兰）从日本获取赔偿。但美国政府选择无视条约第26条，宣布对日免除战争索赔，这等于是出卖了自己的二战老兵。纯如说，《旧金山对日和平条约》是对公正的嘲讽，背叛了美国自己的军人。

会议结束两天后，2001年9月11日，全世界目睹了恐怖分子对纽约世贸双塔发动的袭击。我弟弟张彬彬就在纽约华尔街金融中心工作，他在世贸中心大楼倒塌一小时前从那里经过，幸运地躲过了这场大劫难。

在这段混乱的时期，据我们所知，纯如在忙着就公民个人权利问题发表看法。在9月18日的电子邮件中，纯如写道：

亲爱的妈妈和爸爸：

周日晚上，布雷特和我跟纯恺一道出去吃了个饭，我们都很关注最近身边针对阿拉伯裔美国人的报复行动。今天我刚得知，在旧金山，一个印度裔男子被误认为阿拉伯人，被捅了一刀。席卷美国的盲目爱国主义和宗教狂热真的很烦人（这么说还是轻的），甚至电视新闻，比如今天晚上的《晚间在线》节目，听起来都像是战时的鼓动。（与此同时，那些与对居住在美国的穆斯林的骚扰相关的新闻却轻描淡写。）几天前，《旧金山纪事报》采访了我和其他几位湾区的名人，询问我们对恐怖主义的看法。我警告他们说，美国政府或许会利用这次危机侵犯个人自由和美国公民的权利。他们在周日的《旧金山纪事报》上刊出了我的言论和照片，你11月来看我们的时候，我可以把文章拿给你看。

事态发展之快令人不及掩耳：先是纽约世贸双塔和五角大楼的悲剧，然后是日本首相出乎意料的针对慰安妇的道歉，现在，一名韩国前劳工对日本公司的索赔诉讼又取得了巨大的胜利。我刚从一次流感中恢复过来，没什么精神，还要努力继续写书，但保持精力集中真的很难。我打算在接下来的几周里，除了写作、锻炼和休息，什么都不干。

爱你的，纯如

纯如对国内外的各种人权问题都非常关注，不仅是亚裔美国人的人权问题。10月10日，她受邀参加一次现场直播的关于种族歧视问题的研讨会，列席的还有犹太及阿拉伯人权活动家。纯如就“9 · 11”事件后针对伊斯兰世界的歧视问题发了言。因为“9 · 11”事件，美国的穆斯林重新成为被歧视对象。纯如非常理解这种种族歧视的状况。每当发生危机事件，少数族裔总是会被歧视，例如二战期间的日裔美国人，或是“李文和间谍案”期间的华裔美国人。纯如说，最好的解决办法是教育，借助真诚的文学作品和电影，可以展示不同文化、种族和宗教信仰的人共有的人性，从而令所有人一同生活在一个和谐的世界里。

9 月底，纯如高兴地告诉我们，她已经完成《美国华人》一书的初稿。10 月，她说企鹅出版社的编辑很欣赏她的作品，盛赞了她，并开始着手编辑。

11 月 10 日，绍进的母亲去世了。她活到了 97 岁高龄，但在最后的几年中，她失去了记忆。看着母亲日渐衰弱，对绍进来说是件不容易的事。12 月 1 日，葬礼在洛杉矶举行。葬礼后，我们和纯如、布雷特一道回了圣何塞，在他们家住了 1 个月。纯如希望在她的医疗过程中，我们能陪在身边。

按照计划，纯如将在 12 月接受取卵手术。人工授精后形成的胚胎再被移植到代孕母亲的体内。我们很高兴能够在一旁给予支持。与此同时，我也在考察湾区的房地产市场，打算租一间公寓，或是买一栋联排别墅。

12 月的最后两周，我们住在纯如家的这段时间，她完成了所有必要的代孕医疗程序。她觉得很高兴，因为一点儿都不疼，她此前的担心都是多余的。

在此期间，纯如还为《纽约时报》撰写了一篇关于战俘劳工的专栏文章，她认为布什政府宣布不对日本索取战争赔偿的行为背叛了美国的二战战俘。因为专栏有字数限制，我看着纯如在电脑前反复修改自己的文稿。她想要在不损害文章原意的前提下减少字数。每修改一次，她就把稿件拿给我们看。我很欣赏她的勤奋和决心。最后，这篇文章发表在12月24日的《纽约时报》上，标题为《被白宫背叛》，副标题是“抗日战争中的战俘应当得到赔偿”。纯如总是替那些受到不公正对待的人说话，她一直坚定地为正义和人权而战。

2001年12月30日，纯如接到生殖中心的电话，通知她代孕母亲怀孕了！绍进和我当时都在楼下，听见了她闻讯惊喜大叫的声音。我立刻跑上楼拥抱她，绍进亦是如此。我们抱着她，眼泪从她的脸上滚落。我们祝贺她很快就能当上母亲了，纯如说：“你们也要当外公外婆了！”布雷特当时在伊利诺伊与他父母在一起，他们听到好消息后也惊喜万分。我们知道，为了解决不孕问题，纯如费了许多周折。我们都流下了喜悦的泪水。

在电视机前，纯如、绍进和我一同观看了2002年新年时代广场上的落球仪式。我们都觉得，2001年或许并不那么糟糕。纯如通过代孕母亲解决了不孕问题，卖出了《南京大屠杀》的电影版权，《美国华人》一书的初稿也赶在截稿日期之前完成并交了上去。我敢肯定，她也在为自己骄傲。一旦设定目标，纯如便会毫不犹豫地努力去实现它，不管前面有多少障碍。

第十八章

新生

“我相信我有能力决定自己的命运，

而且我希望克里斯托弗能有一个可以充当榜样的妈妈。”

尽管纯如找了一位代孕母亲，她仍旧对怀孕这件事十分热衷。事实上，她看起来简直比自己怀孕还要热衷，她不停跟我们讲起代孕母亲的最新进展。她与这位代孕母亲及其家人保持着极其密切的电话和邮件联系。纯如竭尽所能地取悦那位代孕母亲，鼓励她多运动、吃健康食品。在怀孕的最后几个月，当代孕母亲抱怨天气太热、肚子太大时，纯如也无法安眠。当代孕母亲告诉纯如，她感觉到了胎儿在肚子里踢她时，纯如兴奋得好像自己感受到了胎儿的活动一样。这段日子对她们两个人来说都是一段感情十分密切的时光。

纯如已经将《美国华人》的初稿交给企鹅出版社，但仍有许多编辑和修改的工作要做。2002 年 2 月 16 日，她写信给我：

亲爱的妈妈：

之所以很久没和你联络，原因是我一直在努力修改书稿……今天我早上 6 点就起床了，一直写到现在，中间只吃了个饭，出去散了会儿步。房子里的电话线都被我拔了，以免受到干扰。或许我们周日可以聊聊。

不工作的时候，我会去搜集一些关于房产、保姆和幼儿园的信息。（在某种程度上，我觉得我好像在同时写着几本书。）

爱你的，纯如

在孩子出生前，纯如和布雷特积极筹划买房一事。一方面，他们很久以来就想买栋房子了；另一方面，他们现在租住的那栋房子的主人也打算收回房屋，所以他们别无选择，必须搬走。每个周末，他们都要和房屋中介一起去看弗里蒙特、丘珀蒂诺和附近地区的待售房。找房子的事持续了几个月后，他们终于在租住的房子对面那条街上买到了一栋很不错的小联排别墅。2002 年 4 月 26 日，纯如高兴地通知我们，他们已经搬进第一栋属于他们自己的房产。这栋联排别墅相对比较新，上一任房主将房子里面打理得一尘不染。他们对价钱很满意，因为互联网泡沫破灭，当时湾区的房价跌了很多。

纯如不仅忙于找房这件事，还要四处寻找孩子出生后可以帮她照顾婴儿的保姆。纯如告诉我，她觉得仿佛在和时钟赛跑，不知道到底是孩子会先出生，还是书稿的修改工作先完成。

至于我们，自打 2002 年 1 月从加利福尼亚回来后，我们就在整理和清洁房屋，准备把它卖掉，搬到加利福尼亚去。这是一个漫长而又痛苦的过程，我必须决定哪些东西应当留下、哪些东西必须扔掉。那些 40 年来攒在地下室和储藏间里的东西足足有几卡车之多，全部被我扔掉了。

我给纯如写信说，整理我们过去 20 多年中的通信往来是一件相当耗费时间的事，因为我一直在看那些陈年旧信。纯如回信说："将那些信件保留下来是很重要的事，它们有历史价值。信件和照片——我们同过去的最后联系——是我永远都不会扔掉的两样东西。与其丢掉，还不如捐给伊利诺伊大学的校档案馆。"于是，我将所有的信都保留下来，带到了加利福尼亚。当我开始写这本回忆录的时候，它们的确帮了很大的忙。

2002 年 5 月 4 日，我们接到纯如兴奋地打来的电话：超声检查结果显示，是个男孩。纯如说，他们已经给孩子取好了名字：克里斯托弗·约瑟夫·张·道格拉斯。纯如说，他们的儿子是四个人努力的结果：她自己、布雷特、生殖诊所的医生，还有代孕母亲。纯如说克里斯托弗是那名医生的名字，她想要以此感谢那位医生。如果没有他，纯如根本不可能知道自己不孕的原因，也不会有这个孩子。

纯如打算5月借着俄亥俄州伍斯特学院颁给她荣誉博士学位的机会来探望我们。她准备2002年5月13日去参加学位颁授仪式，仪式结束后，她再来看我们。纯如知道我们正在收拾东西，房子也很快就要被卖掉，她想要回到这个我们一起生活了24年的房子，最后看上一眼。当初搬进这栋房子的时候，纯如已经10岁，正在上四年级。这里封存了她的许多回忆。

纯如和我们一起待了一周，清点她卧室里那些儿时的物品，地下室里仍保留着装在几个箱子里的她小学和中学的作业及论文。纯如有时坐在地下室的地毯上，有时坐在自己房间的床上，常常花几个小时一一翻看自己的作品、信件和绘画。她对每件东西都十分爱惜。或许，每篇文字的背后都藏着一个故事。纯如的记忆力惊人，她可以描述出那段日子里的每个细节。对衣服或其他小物件的摆放，纯如不怎么有条理，但对于她的文章，她总是整理得井井有条。

2002年5月的一周，某天晚饭后，我们和纯如在家对面的小池塘边一起散步。一边走着，她一边说个没完。她还是个小女孩的时候，曾在这个池塘边和周围的树林中度过许多嬉戏玩耍的美好时光。纯如一直在回忆：回忆童年时的梦想，她的恐惧与挫折，以及如何最终跨过那些障碍。现在她马上就要有一个儿子了，前方再度充满不确定性，但她的眼睛里闪耀着希望的光芒。当我们向家中走去时，春日最后一抹落日余晖映在每个人快乐兴奋的脸上。

回家后，纯如一直与代孕母亲保持着联系，后者的状况很不错。两个月后，8月10日，纯如告诉我们，尽管预产期在几周之后，但她和代孕母亲已经开始整理备产包，为孩子的出生做准备。纯如希望一切尽在掌握，以防万一。与此同时，她也在忙着写作，书稿最后一章的改写工作非常顺利，这样大部分工作可以按时完成。

10天后，8月20日，纯如和布雷特一起去卡梅尔庆祝了他们的结婚11周年纪念日后，她告诉我们，代孕母亲此时已经怀孕38周，一切正常；她的书据说“也只剩下后记、前言和脚注部分。一两周内应该就可以完成后记”。孩子和书稿仿佛在比赛，看哪个先冲过终点线。

第二天，8月21日，纯如告诉我们，代孕母亲跟她说克里斯托弗开始“往下坠了”。她说，通常而言，一旦胎儿开始这种向下运动，两周内就会分娩。代孕母亲预计克里斯托弗可能会于当月底出生。

代孕母亲猜对了。不出所料，克里斯托弗出生于8月31日夜里，正好是在代孕母亲开始有下坠感的两周后。

我们于8月29日飞到纯如那里，正好赶上。8月31日，当纯如和布雷特接到电话通知——代孕母亲已经开始阵痛时，他们立即赶往医院。3天后，纯如和布雷特把紧紧裹在毯子里的小克里斯托弗带回了家。纯如非常累，但大家都很开心。接下来的几天，我们所有人，加上纯如和布雷特刚刚请来的保姆萍，夜以继日地围着克里斯托弗转，给他喂奶、换尿布、拍嗝。虽然忙，但我们心甘情愿。

9月4日，我开始给亲友们写电子邮件，报告克里斯托弗出生的好消息。在邮件里，我解释了纯如的不孕及他们选择人工授精和请代孕母亲的经过。许多亲戚问了一堆问题，一些人闻讯后大感迷惑意外，因为之前纯如不让我们跟别人说她怀孕遇到的复杂问题。然而，所有的亲友都表示理解并尊重纯如的隐私，他们对一切最终得到完美解决非常开心。纯如后来告诉我们，在看完查理·罗斯对迈克尔·福克斯的采访后，看到福克斯勇敢地讨论自己的帕金森症，她决定将来也要写一本记录自己怀孕生子的心路历程的书。纯如希望帮助与她情况类似的人，告诉他们，他们并不孤单。

克里斯托弗出生后，我们在纯如家住了3周。萍打点家中杂事的时候，我们负责照顾婴儿。萍不仅要在纯如工作或购物时照顾克里斯托弗，还要为一家人做晚饭。晚上萍回家后，纯如负责照顾孩子。有一天，在晚餐桌上，纯如对我们说，她担心无法实现自己的全部人生目标，诸如写自己想写的书、进行美国华人的口述历史项目、拍电影等。完成书稿、照顾孩子和做家事加在一起，一定令她有透支感。我们对她说，不应该给自己施加这么大的压力。绍进告诉她：“尽力而为，不要试图做一个完美的母亲！”

早在5月，我从姐姐菱舲那里听说了一些坏消息，她被查出患有结肠癌。哥哥、弟弟和妹妹听说此事后都很难过，我们决定7月一起到纽约看望菱舲，给她打气。自从我们父母先后于1994年和1997年去世，菱舲一直自己住。兄弟姐妹在纽约见面时，我们动情地回忆起童年在父母身边无忧无虑的日子。我们消除了一些多年来的误解，真正体会到手足之情。令人伤心的是，父母才过世不久，菱舲便也患上癌症，而且癌细胞已经转移到重要器官。从纽约回来后不久，我们的房子就卖出去了。眼看要离开住了 24 年的家，再加上菱舲的病，我感到极其沉重的悲伤。

房子的买主同意我们在那里一直住到 11 月，这样可以有充足的时间清点物品，搬往加利福尼亚。然而，这也意味着我们只有两个月的时间把所有不想带到加州去的家具和物品卖掉。谢天谢地，在我决定了哪些东西要搬走并找到一家搬家公司后，一切都进行得很顺利。2002 年 11 月 18 日，我们交出了房门钥匙，与这栋房子告别，然后飞往圣何塞。我已经迫不及待要与纯如、纯恺和我们的外孙见面了。离开伊利诺伊对绍进来说并非易事，他放弃了在物理系的办公室，离开了熟悉的同事。要与那些已经认识了 30 多年的老朋友分别是最艰难的事。

我们在丘珀蒂诺的前两个月先租了一套小公寓，然后着手找房。就在此时，纯如和布雷特住的那个街区的一栋类似的联排别墅正好出售。两栋房子的距离步行只需两分钟，我们立刻买下了这栋房子。

因为搬来加利福尼亚的前几个月一直在忙着找房子搬家，我们并没能像此前希望的那样帮上纯如什么忙。更糟糕的是，菱舲的癌症到了晚期，她将不久于人世。绍进和我飞到纽约，在她临终前照顾了她两周。菱舲于 2003 年 3 月 18 日去世。

有了孩子之后的生活当然与以前截然不同。尽管纯如的保姆在那段时间帮了很大的忙，但有时候，那些和孩子有关的琐事依然令纯如精疲力竭。然而，她对我们说，每当克里斯托弗对她露出一个大大的笑容，或是吃饱喝足、换了尿布后用他美丽的大眼睛紧盯着她，纯如便会想起那些与不育做斗争的日子，想到她曾是多么渴望有这样一天。纯如可以说是悲喜交集。

2003 年 3 月 22 日，纯如收到了刚刚出版的新书《美国华人》，她骄傲地将书展示给我们看。尽管这已经是纯如出版的第三本书，但当她捧着厚厚的书时，我仍能看出她的喜不自胜。书的封面设计得十分精美，以明亮的红色为基调，封面上是一张三世同堂的美国华人移民家庭的照片，老人穿着传统的中国服饰，年轻人则穿着现代的西方服装。这本书厚达500页，为此纯如付出了4年的辛苦工作！

这本书出版后，为了扩大宣传，企鹅出版社替纯如安排了覆盖多个城市的图书签售活动。从2003年4月24日到5月24日，签售旅行整整持续了一个月。纯如外出的时候，萍白天照顾克里斯托弗，我们在她晚上5点下班后接手，直到布雷特7点左右下班回家。这时候，8个月大的克里斯托弗已经可以睡上整整一个晚上，这让布雷特晚上的日子好过多了。我们答应纯如，如果萍白天需要帮助，我们就住在附近，随时可以过来。这让纯如能够放心地为她的新书做宣传。

签售旅行期间，纯如经常给我们发邮件和打电话。从一个城市到另外一个城市，她的图书签售、演讲和媒体采访活动安排得很紧凑。只要有机会，她就会打电话过来，询问克里斯托弗的近况。纯如首先去了东海岸，从纽约、普林斯顿、费城、华盛顿、达勒姆（北卡罗来纳）、芝加哥再到丹佛，我们一路通过新闻追随她的行踪。每当有报纸刊出关于新书的书评，她都会将文章用电子邮件发给我们。大多数评论都是赞赏之词。纯如告诉我们，她在每一站都受到欢迎，她的演讲总是反响强烈。

在2003年4月30日的一封电子邮件中，纯如写道：

> 妈妈爸爸好！我在普林斯顿拿骚旅馆的一台电脑上给你们写这封信。希望你们、布雷特和克里斯托弗一切都好。在耶鲁举行的签售活动非常成功，所有的书都卖光了！C-span电视台今晚会来报道我在普林斯顿的演讲。活动开始前我得先睡上一小觉。
>
> 爱你们的，纯如

我知道纯如很牵挂克里斯托弗，所以经常跟她提起克里斯托弗的近况，让她不要担心。绍进和我经常去看克里斯托弗，看看萍是否需要帮手。纯如对我们和她住得这么近非常开心。

2003年5月12日，纯如写道：

谢谢你，妈妈！替我狠狠地亲克里斯托弗一口！

今天在芝加哥的活动一切顺利。早上我先接受了《芝加哥论坛报》帕特里克·里尔登（Patrick Reardon）的专访，他提到了我书中那些重要的主题。然后一个自由摄影师来给我拍照，她碰巧也是伊利诺伊大学毕业的，她花了几个小时帮我拍了不计其数的照片。这些照片中的一张将被选出来用在《芝加哥论坛报》的当下新闻栏目里，在那之后，我可以使用这些照片用作宣传。

接着，我在几家本地书店举办签售活动……一个年轻女子走近我说，她 1993 年毕业于伊大附中，我是她的榜样。

再之后，我去芝加哥公共图书馆开讲座，很多人来参加（座无虚席），反响很好。讲座之后，听众争着提问……

最后，我在《芝加哥论坛报》的办公大楼里参加了米尔顿·罗森伯格（Milton Rosenberg）主持的电台访谈节目，整个过程轻松有趣。他在《南京大屠杀》出版后采访过我，他说《美国华人》是一本“引人注目的书”。

在某种程度上，我有种“回家”的感觉：身边不光是老朋友、老熟人，还有那些虽然素昧平生但从伊大附中、伊利诺伊大学、《芝加哥论坛报》或我以前的书等多个渠道知道我的人。这是此行最美好的时光。

深爱你的，纯如

后来，纯如告诉我们，她永远都不会忘记 1989 年的那天，她哭着从《芝加哥论坛报》办公大楼的公共电话亭打电话给我们的情形。有时候，纯如觉得，没有被《芝加哥论坛报》录用对她的职业生涯来说是最大的帮助。

2003 年 5 月 21 日，纯如为《纽约时报》撰写了一篇题为《SARS 恐惧与陌生人恐惧》的专栏文章。当时她仍在丹佛为自己的新书做签售宣传。我们给她写信说，我们很喜欢那篇文章。当时，来自中国的学生被禁止入境参加在加州大学伯克利分校举行的暑期学校，我们认为这十分不公平，华人社团应当站出来发出自己的声音。SARS 疫情不仅在亚洲出现，也波及全球。纯如在专栏文章中写道：“任何一所大学以国籍而非明确的医学诊断为标准拒绝学生入学，都将面对‘种族偏见’的指控。毕竟，SARS是一种全球性流行病，只禁止亚洲人入境并不能挡住病毒——这只不过是另一种形式的歧视罢了。”在文章中，纯如列出了过去150年中华裔美国人经历过的所有与健康状况有关的歧视。因为她刚刚出版了《美国华人》这本书，这篇文章写得正是时候。

5月24日，马不停蹄地奔波了1个月的纯如终于回到家中。我以为这次签售旅行后她至少会休息一段时间，但没过多久，她便又外出了。这一次，是在西海岸的图书签售旅行——主要是在加利福尼亚。6月4日，绍进、我、纯恺和纯如以及我们在加州的几乎全部亲友都去参加了她在圣何塞巴诺书店举办的图书签售活动。我们见到一大群人排着队等她签名，而且正如她以前告诉我们的，似乎很多人仍对她的上一本书——《南京大屠杀》更感兴趣，观众和媒体提出的许多问题仍与南京大屠杀有关。

纯如一回到家中，无数件事等在那里，更不用说案头堆积如山的来信了。她惊讶地发现，克里斯托弗长大了些，而且居然可以在学步车里快步如飞。纯如或许有点儿内疚：她整整1个月没能陪伴克里斯托弗，而他长得这么快。

2003年夏，除了新书的宣传活动，纯如还清理扔掉了家里几大箱垃圾，重新摆放了客厅的家具。

克里斯托弗快1岁时开始学走路。在好奇心的驱使下，他几乎哪儿都去，让每个人都十分头痛。我们分分钟都不能放松对他的注意，否则就会有麻烦。

2003年6月30日，纯如提到克里斯托弗的威力：

亲爱的妈妈：

我们家出了个小大力士。昨天，克里斯托弗在尿布台上做了个引体向上、爬下大约10级台阶、把厨房的滑动门打开了一半，还弄坏了一扇百叶窗。他一把就能把自己的围嘴儿扯掉，甚至可以卸掉餐椅上的小桌板。

2003年8月31日，克里斯托弗的第一个生日，纯如不仅订了一个大冰激凌蛋糕，还买了一堆彩色气球。肯和卢瓦恩从伊利诺伊赶来参加这一仪式，纯恺也来了，纯如和布雷特忙着替克里斯托弗拆开礼物。我不认为克里斯托弗明白为什么屋子里来了这么多人，以及为什么他要在照相机镜头前摆出各种姿势。这些照片中最好的一张是我们一大群人站在英俊的克里斯托弗身边，他的眼睛圆睁，露出美丽的微笑。这张照片被印在2004年的新年贺卡上，寄给了我们的所有亲友。

纯如继续为新书做宣传。9月的旧金山文学节，她和许多湾区作家应邀前去朗诵自己的作品。纯如意识到和我们住得近是多么幸运的一件事。2003年7月29日，她写道："从很多方面来看，我们都很有福气，尤其是你和爸爸住得离我们这么近……我很庆幸身边有这么多喜欢克里斯托弗并愿意帮忙的人。"

2003年10月3日，在一封电子邮件中，我问纯如是否过于看重自己的事业而忽略了家庭。她回复说：

> 不是这样的。只不过我相信我有能力决定自己的命运，而且我希望克里斯托弗能有一个可以充当榜样的妈妈，成为一个独立的、不为别人意见所左右的人。
>
> 除非用自己的行动向克里斯托弗展示，我自己便是一个富有智慧的、有社会责任感的人，否则我是无法将他也教育成这样的一个人的。
>
> 我想要教会克里斯托弗，做一个敢言批评的少数派远比做一个不加质询的沉默的多数派好得多。我想要培养他独立思考的能力，自己判断评估各种意见和信息——不受权威和教条的左右，如果可能的话，还要勇于创造。
>
> 这些品质在我们的社会中并不讨大多数人欢心，我的特立独行曾带给我巨大的痛苦，但最终，我也因此成为一个更强大、更优秀的人。

2003年秋，我报名参加了丘珀蒂诺老年中心的日本插花艺术学习班，我很早就想学习这门艺术了。此外，绍进和我还一起去上绘画课，经常与森尼韦尔社区中心的人一起外出远足。我们两个都很享受这些课程，度过了一段美好的时光。后来，我还发现了陶艺课。我很喜欢这门课，花了很多时间制作各种各样的花瓶、盘子和花盆。我全身心地投入自己的兴趣爱好，享受着退休后的悠闲生活，未能意识到纯如的电影项目正遭遇巨大的挫折：买下《南京大屠杀》电影改编权的那家公司未能找到投资人，1 年后，他们不再续约。

于是，2003 年春，纯如回到原点。当然，她是个不愿轻易放弃的人。这次，她采取了不同的策略。纯如加入了一个名为 A-Team 的特殊学习小组，成员每两周聚会一次。小组的负责人指导大家如何实现个人目标。纯如每两周飞到伯班克一次，周末在那里待上两天，参加会议，学东西，与电影界人士保持联系。纯如后来联系上了一位华裔美国制片商。在长达半年的反复讨论和协商后，依然毫无进展，主要问题是寻找投资人。尽管纯如的剧本和商业方案非常吸引人，但拥有资本的人就是不愿意真正掏钱。

见面时，纯如经常向我们表露她对电影进展不顺的失望和沮丧。这种沮丧的根源在于，她始终觉得同书相比，电影的受众更广泛，可以让更多的人了解南京大屠杀和美国华人的历史。在 6 月的一次演讲中，面对百人会众多具有影响力的华裔美国人，纯如问："作为美籍华人，我们有没有尽力让自己的孩子了解我们的文化遗产和我们对美国的贡献？如果答案是否定的，我们应该问问自己，为什么？如果连身为华裔美国人的我们都不在乎我们自己的历史，谁还会在乎呢？"

纯如继续说道："可悲的是，迄今为止，仍没有一部关于南京大屠杀、慰安妇或 731 部队的大制作电影。我们必须大力责问自己。比如，为什么仍没有一家属于华人的电影工作室。我们当然拥有有天分、有热情和有智慧的人才。是不是因为只是没人关心？或者我们没能团结一致，促成变革？"

"真正妨碍了这一项目进展的只有一个群体，不是日本人，也不是好莱坞的电影体系，而是我们自己。我们应当做出决定，到底要不要让变革发生。"

2003 年 10 月 5 日，纯如请我们帮忙照顾克里斯托弗，这样她可以和布雷特、纯恺一起去参加亚洲商业联盟在旧金山举行的晚宴。纯如将在晚宴上接受一个奖项。接过奖项时，纯如发表了简短的演讲。她讲的还是自己一直重复的那些观点，告诉身为华裔美国人的商界精英："首先，我们应当彼此支持……其次，更重要的是，我们必须拥有自己的力量。我们应当停止向别人乞求许可。与其向非亚裔的组织乞求进入的权利，不如成立自己的组织。是时候停止在玻璃天花板上撞得头破血流了，我们要运用自己的资本和资源，创建更多属于自己的医院、公司、律师事务所、媒体帝国和风投基金……”

纯如建议听众：“从我的作家生涯中，我领悟到，听从自己的心声和内在激情，努力创造拥有永久价值的东西，这才是通向成功的不二法门。很多时候，这意味着独辟蹊径。用西格蒙德·弗洛伊德的话说：‘我知道自己的使命，那就是成为审慎的少数人的一部分，向不容置疑的大多数提出挑战。’”

这时候，纯如开始将注意力转向下一本书。她向图书代理人提出了许多选题，菲律宾美国战俘的故事最终入选。2003 年 11 月初，在一位军方历史学家的帮助下，纯如开始筹备前往俄亥俄州。一些仍在世的美国老兵曾在二战期间在菲律宾被日本军队俘虏，纯如打算 11 月花 1 周的时间采访他们，于是请我们在此期间帮萍照顾克里斯托弗。她又回到了自己最熟悉的领域，回归自己的专业：一个努力挖掘二战亚洲战场上被遗忘的历史事件的作家、调查性记者和历史学家。

第十九章
骤然崩溃

真的有人像纯如认为的那样在跟踪她吗？
为什么半夜会有人在外面注视她的窗户？
这是她的幻觉，还是真事？

想要了解纯如最后那段日子所发生的事，我必须逐日甚至是逐小时地记下她与魔鬼斗争的种种曲折经历。这一章按照事情发生的前后顺序写就。那些事虽然很戏剧化，却相当真实。人们可以从中找出最后几个月里到底发生了些什么。

2004 年，纯如专注于研究二战美军战俘的故事，为下一本书的选题报告做准备。故事围绕美军第 192 坦克营的士兵展开，他们主要来自威斯康星、伊利诺伊、俄亥俄和肯塔基等中西部州。1941 年，第 192 坦克营被派往菲律宾，他们在那里同日军作战，后来沦为俘虏，在菲律宾度过了一段地狱般的时光。尽管有人幸存，但更多的人死于饥饿、疾病和折磨。2003 年 11 月，纯如到这些州采访了几位幸存者。当时，她系统地通过电话对这些人进行采访，并将谈话录下来。一问一答的过程常常持续几个小时之久，漫长而又费力。这些幸存者讲述的故事恐怖得无可言喻，纯如说甚至连她雇用的打字员在整理采访录音时都忍不住落泪。这本书的基调相当黑暗，对纯如的精神状况没什么好处，但她说她无法拒绝那些老兵，无法容忍他们的故事被人遗忘。

《南京大屠杀》一书出版后，我们强烈建议纯如不要再写这类残酷的题材，所以她才写了《美国华人》。一听说她准备接下来写菲律宾美军战俘的故事，我们立即表达了担忧，但纯如说她不能背弃那些老兵。

克里斯托弗出生后，纯如晚上在顶楼的卧室陪他一起睡。白天，萍照顾克里斯托弗，纯如在书房里工作。布雷特傍晚时照顾克里斯托弗，纯如则负责晚上。这段时间，克里斯托弗从带围栏的儿童床换到了一张普通的儿童床上，他学会从自己的床上爬起来，跳到纯如的床上，而这令纯如不得安眠。有时候，纯如一直工作到凌晨，她刚上床，克里斯托弗已经差不多要醒了。纯如一直努力维持着克里斯托弗出生之前的工作效率，她并未意识到自己正在承受着持续的睡眠不足。

2004 年 3 月，克里斯托弗 1 岁半时，纯如认为他应当和同龄孩子一起玩。此外，布雷特的妈妈卢瓦恩也经常从伊利诺伊打电话过来，提醒他们应当花更多的时间陪克里斯托弗，找个地方让他可以和其他小孩互动。于是，纯如调整了萍的上班时间，每周有两三个下午将克里斯托弗送到思科公司的托儿中心。

与此同时，我们打算在 4 月 2—23 日到意大利旅游 3 周。遗憾的是，这次旅行正好和纯如为《美国华人》一书外出宣传的时间重合。幸运的是，3 月 31 日，卢瓦恩和肯从伊利诺伊赶过来，在我们外出期间帮忙照顾克里斯托弗。

纯如出门进行为期 1 个月的图书签售旅行前，给我看了她的行程表。我很吃惊，对她说："你怎么能在这么短的时间内去那么多城市呢？"

"我跟他们说了，但也只能这样。"纯如回答道，有点儿不耐烦。

纯如之前为宣传《南京大屠杀》一书进行了多次签售旅行，现在，她已经是个中老手。我以为她知道自己到底能不能应付得来，所以尽管行程安排令我不安，我还是觉得应该由着她去。因为即将到来的意大利之旅，我没有时间仔细去想这件事。

2004 年 11 月，纯如去世后，我回过头反思她在生命最后几个月中的所作所为，并重新看了一下 2004 年她为《美国华人》做宣传时的行程表。这次签售旅行从 3 月 31 日持续到 5 月 6 日，在这段时间，她走了 20 个城市，参加了 35 次签售活动，在美国来来回回穿行了 4 次。即使是一个体力和精神都在巅峰状态的人，也会发现这个行程安排太紧张了。

3 月 31 日，纯如当晚在旧金山公共图书馆参加了一次集会。第二天，她乘早班飞机飞往达拉斯，开始为期 1 个月的签售旅行。

4 月 2 日，我们动身前往意大利。每到一个城市，一抽出空来，我们就会找个网吧查收邮件，跟纯如和纯恺通报行踪。我们很高兴收到纯如的邮件，她告诉我们，图书签售非常顺利。

4 月 4 日，我们身在罗马的时候，纯如发来邮件说，她在芝加哥的签售活动极其成功。她还附上了得克萨斯大学达拉斯分校副校长冯达旋的一封信，信里是纯如在达拉斯做报告时他的开场介绍，冯达旋对纯如的《南京大屠杀》大加赞赏。尽管纯如当时是在为《美国华人》一书做宣传，人们仍在谈论《南京大屠杀》。

2004 年 4 月 11 日，纯如给我们写了一封短信，说她到了科尔盖特大学。4 月 16 日，在一封回信中，她说自己正身在巴尔的摩机场，准备飞往波士顿。这些邮件都很短，没有任何异常之处。

4 月 23 日，绍进和我回到家后马上去看克里斯托弗、卢瓦恩和肯。克里斯托弗见到我们很高兴。我们送给他在蒙特卡蒂尼买的礼物——一个木头的匹诺曹玩偶。

纯如在路上奔波的时候，她通常一有时间就打电话回家询问克里斯托弗的情况。4 月 26 日，周一，她将近傍晚时从圣迭戈回到家中。此时，她已经在外签售旅行了 4 周。这是纯如第一次有机会回家看看，她非常想念克里斯托弗，想要见他。

第二天，纯如本来计划在旧金山联邦俱乐部演讲，她觉得这次演讲非常重要，因为该俱乐部久负盛名。为了这次重要的活动，纯如认为她需要在一个安静的地方准备演讲内容，于是准备住在旧金山的酒店里。那天晚上，我们只在家门口见了几分钟，然后她就冲出门，开车前往旧金山。离开前，她仅仅同克里斯托弗相处了很短一段时间。纯如看起来极其疲惫。

我很了解纯如，像其他职业母亲一样，她已经为没能花更多时间与克里斯托弗相处而深感内疚。她尽力做一个好母亲，但她的时间和精力都是有限的。想要做一个传统意义上的好母亲，遵循传统的家庭观，这些都给纯如带来巨大的压力。我很同情她，因为我本人也是一名职业女性，能感受到整个社会加诸职业母亲身上的压力。即便是今天，许多女性应该也对此有所感受。

反思当日，绍进和我觉得，纯如自打 4 月图书签售旅行回来之后，就变得心事重重，有时还显得心不在焉。她看起来非常累，完全提不起精神。这或许是长达5周不间断的旅行所导致的，纯如变得比以前更消沉，看起来一副满怀忧虑的样子。我左思右想，试图找出引发这种转变的原因。最后，当时一件特别令我烦恼的事情跳了出来。

4月的签售旅行之后，有一次，纯如对我们透露，在路上，她曾被人威胁，但她并没有明确指出是在哪里、在什么情况下遭到威胁。她只是说："有个人在演讲后走过来，用充满威胁的语气对我说：'你加入我们的组织，或许可以安全些。'我大吃一惊，不知道该说什么好，立即走开了。"她问我："我是不是做错了？"

那时候，我觉得纯如没做错什么，也不应为此担心。为了打消她的疑虑，我甚至说或许是她听错了。

但她说："我觉得或许我不该立即走开……我觉得我处理得不好……"

2004年10月5日，纯如再次跟我和绍进提起这件事。那是在她自杀前一个月，我们正陪着她在箱根园散步。我们不知道她提到的这个人是谁、这件事发生于何时何地，以及这个人是不是真的威胁过她。我们通常只是倾听，尽量不去追究那些细节，假如纯如不愿意跟我们提起的话。多年来，这一直是我们的习惯。

直至今日，我相信，在4月的图书签售旅行中，一定发生了某些令纯如特别恐惧的事情。这之前，我们对她人身安全的担忧，纯如已经有所了解，因此她通常不跟我们说起那些发生在她身上的不愉快的事情的细节。她认为在那次签售旅行中，一些人威胁了她，而她未能很好地处理。因此，她觉得有些人在追踪她。是不是真的这样？我不知道，我想恐怕我也永远不会知道，但我们知道的是纯如变得越来越恐惧。

5月初，纯如终于结束了宣传活动。大约此时，布雷特回到伊利诺伊的家中，参加高中同学聚会。母亲节那天，因为布雷特不在家，纯如说她打算请我去听芒廷维尤演艺中心的母亲节音乐会。我对她说："你也是个母亲了，为什么不一起庆祝呢？"

5月8日，周六，母亲节前一天，纯如一手捧着一打红玫瑰、一打鸢尾花来到我们家。在她的另一只手上，是一个可爱的白色小花篮，里面是一棵美丽的紫色植物。纯如决定与我一道庆祝母亲节，忘记自己近来的不快。我深受感动，但与此同时，我也觉得若有所失。

母亲节那天，纯如开车带我去了芒廷维尤演艺中心的音乐厅。听音乐会时，她就坐在我旁边。灯光暗下来时，我能看出她脸上的表情十分不安。开车去音乐会的路上，她在车里也异常沉默。这很反常，一点儿都不像平日健谈的那个她。我不知道她到底在想些什么。

合唱团唱起亨德尔的《静默的崇拜》（*Silent Worship*）时，我的眼中充满了泪水，我想起了自己的母亲。我不知道纯如在想些什么，她的签售旅行？做个好母亲？我看着坐在身边的她，对她心中所想却一无所知。我只看到，她很悲伤，若有所失。

大约此时，纯如在给克里斯托弗找幼儿园。她还经常同家里有与克里斯托弗年龄相仿的小孩的邻居聊天，希望可以组织一个游戏小组。纯如和纯恺都还小的时候，我曾与厄巴纳-尚佩恩的朋友组织过一个游戏小组，妈妈们每周一次轮流看着孩子们，这样不仅孩子们可以在一起玩，妈妈们也能稍事休息。纯如很喜欢这个主意。

有一天，纯如高兴地在电子邮件里跟我们汇报："克里斯托弗现在会数数了！昨天，他在我面前把 1、2、3 三个数字积木按顺序排好。今天晚上，他又一个接一个地按顺序把数字积木递给布雷特（1，2，3，4，5，6，7，8，9，0）。有意思吧？"

6 月 9 日，纯如给我们打电话说，她早上 6 点要接受一家波士顿电台的电话采访，请萍早点儿过来照顾克里斯托弗。纯如说，她希望我能下午 4 点过去，在萍下班后帮忙带孩子。下午 4 点，我到她家中后发现纯如的脸色发灰，非常疲惫。她说她刚刚在电话里采访了坦克营的幸存者，想要睡一会儿。我很痛心，显然，纯如的睡眠严重不足。

6 月 12 日，周六，纯如得到了加利福尼亚州立大学海沃德分校颁授给她的荣誉学位。纯如几个月前就跟我们说，该校校长通知她获得了荣誉学位的消息，她将在当天的毕业典礼上做主题发言。绍进和我很替她高兴，对她说我们也会到场。2002 年，纯如获得伍斯特学院的荣誉学位时，我们未能前往参加。现在我们住在湾区，能够看到纯如接受表彰是一件与有荣焉的事。

典礼开始前，该校校长诺尔玛 · 里斯（Norma Rees）邀请纯如和我们共进早餐。典礼结束后，纯如带着校长一起来到我们面前，请我们和他们合影。纯如身着长袍，头戴学位帽，手中拿着荣誉学位证书。她很高兴，露出一个大大的微笑。这是纯如一生中最快乐的时光之一，据我所知，也是她最后的快乐时刻。

整个 6 月，纯如不用参加任何公开活动。我注意到她与克里斯托弗相处的时间变长了，她也开始留心观察克里斯托弗的行为和语言。纯如留意与克里斯托弗同龄的小孩的一举一动，然后与克里斯托弗相比较。克里斯托弗的两周岁生日还有 3 个月就要到了，纯如开始担心，为什么克里斯托弗还无法说出完整的句子。

我对纯如说，小孩发育的速度彼此不一，一些小孩就是会说话晚一些，她不必为此担心。事实上，绍进、卢瓦恩、肯、布雷特和萍都认为克里斯托弗是个又帅又聪明的小男孩。他 1 岁多就已经学会走路，非常有活力。没有迹象显示他有任何反常之处，除了精力旺盛、过分活跃。他过于旺盛的精力有时候让每个人都很头痛，他是家里的好奇小宝宝，我们必须对他多加小心，一直留心他的动向。

出于某种原因，纯如并不同意我们的看法，她一直对我表示她对克里斯托弗的担心。纯如开始四处查找有关儿童发育的资料。我不记得确切的日期，但应该就是 6 月的一天，纯如开始对我说起她怀疑克里斯托弗患有孤独症。

因为纯如说起孤独症的事，我也开始就此搜集资料。在美国，尤其是在加州，有一群人宣称疫苗中使用的防腐剂硫柳汞可能导致儿童孤独症。在媒体上，这个富有争议的说法已经被讨论了许久。一方面，政府卫生官员和许多科学家宣称疫苗中的汞含量微乎其微，不会产生显著的副作用，而且进一步的研究也未能表明硫柳汞与儿童孤独症之间的联系。另一方面，这些活跃团体宣称政府研究的设计存在问题，他们不相信政府卫生官员给出的结果。纯如站在这群人的这边，认为政府的研究结果不可信。

我的生日离父亲节那天很近，我们通常会将其放在一起庆祝。6 月 19 日，周六，我做了很多中国菜，邀请家人一起来庆祝父亲节。纯如送给我们一张镶在相框里的克里斯托弗的照片，旁边还有他的手印，这是纯如特别为我们制作的。这也是纯如和我们一起过的最后一个父亲节。尽管表面上她一切正常，但我能看出她比往常安静，看起来心事重重，几乎是心神不宁。那个晚上，纯如写了一封感谢信给我们：

亲爱的妈妈：

很高兴你喜欢克里斯托弗的相框。谢谢你替我们准备了这么丰盛的晚餐，还要谢谢你在我身在得克萨斯时帮布雷特照看克里斯托弗。

显然，克里斯托弗心里明白的话要比他能表述出来的多得多。今天晚上，我们读了一本关于颜色的书，我很惊讶于他的词汇量。当我问他“青蛙在哪里”“绵羊在哪里”“拖鞋在哪里”“装橘子汁的杯子在哪里”“老虎在哪里”时，他能准确地指出所有的图片。我非常惊讶！

爱你的，纯如

6月30日，我在社区的小路上偶遇纯如，她说她刚从我们家屋后的堤岸上散步回来。她看起来很疲倦，很不开心。我对她说，她面有病容，问她到底是怎么回事。纯如对我说，她刚刚和纽约的苏珊·拉宾娜通过电话。苏珊正在编辑一本关于海湾战争综合征的书，这本书写道：那些曾经参与海湾战争的士兵回国后表现出的病症，实际上是出征前注射的疫苗所致。纯如对此很不安，她说，这本书的作者经过研究发现，那些士兵注射的疫苗被某种实验性化学成分污染了。她说：“政府想要对这种疫苗进行试验，他们把这些士兵当成小白鼠。”纯如去世后，我找到了这本书，书名为《A疫苗：杀死我们的战士的秘密疫苗试验——为什么美国大兵是第一批受害者》，作者是格雷·松本（Gary Matsumoto）。这本书越发令纯如相信，儿童孤独症是由疫苗导致的。此外，她不相信政府的卫生部门，后悔在克里斯托弗还是婴儿时给他打了太多的疫苗。

7月14日，周三，我去看纯如，发现没人在家，还发现她种在房子门前大花盆里的花都枯萎了，我想她应该是忘了浇水，于是开始敲门。结果，那天纯如和萍带着克里斯托弗去了弗里蒙特看医生，她对克里斯托弗的头发、尿液和血液都进行了化验，检测是否有汞或其他毒素。

纯如带着克里斯托弗看了许多医生，她开始调查孤独症的起因，尽力帮助在她眼中患有孤独症的克里斯托弗。对一个深爱自己孩子的母亲来说，在这种情况下，这是非常自然的事。纯如四处寻找治疗药物，然而家里其他人都认为她有些夸张。后来我才知道，纯如看了很多书，收集了大量关于孤独症的资料。作为一名作家，她非常敏感，她或许已经在克里斯托弗身上发现一些孤独症的蛛丝马迹，虽然我们还都毫无察觉。

8 月 11 日，周三下午，萍打电话给我们说纯如病了，请我们过去。绍进和我立即前去看望，结果发现她几乎垮掉了。我们直到那时才意识到她的健康状况如此糟糕，我们获知纯如已经连续几天没怎么吃东西，也没睡觉。我们发现，她在书房里一连数小时上网浏览，不眠不休地看书和工作。我们知道，第二天她就要去肯塔基采访坦克营的老兵。萍是第一个提出纯如不该去的人。看到她当时的状况，我们也试图劝她不要去。在接下来的那 1 个小时里，纯如看上去感觉好些了，她对我们说她会没事的。纯如让我们回家，这样她可以休息一下，睡一觉。

第二天一早，我起床后立即动身前去探望纯如。她已经起来了，纯如对我说她没事，她说她睡了一两个小时。她忙着打点行装，萍还没过来。克里斯托弗和布雷特仍在里间睡觉。

我问纯如："你今天真的要去吗？"

"是的，妈妈。我觉得我没问题。"她回答说。

在我看来，纯如很坚强，也很坚定，和前一天截然不同。她对我说，她花了很长时间安排与那些住在肯塔基及其他中西部州的老兵的采访，没办法在最后时刻取消整个行程。我认为纯如已经是大人，可以自己拿主意，因此不情愿地克制住自己的母性直觉，还是让她去了。这是我最后悔的一件事。

目送纯如钻进出租车前往机场之后，我一直等到萍过来后才回家。走在回家的路上，我安慰自己说，照纯如的说法，她已经睡了一两个小时，感觉好多了。更何况，她还可以在飞机上睡一觉，休息片刻。

卢瓦恩当天下午赶了过来。正如之前安排的，纯如不在的时候，她来帮忙。那天晚上，我接到纯如从路易斯维尔一家旅馆打来的电话，告诉我们她已经安全到达。每当外出旅行时，纯如总是这样。我已经焦急地等了一天她的电话。在电话里，纯如说她非常疲倦，而且头痛。我让她马上躺下来睡一觉。加州与肯塔基有3个小时的时差，她打电话来的时候，已经是肯塔基的半夜。纯如说她还没吃东西，但太累了，不想出去。我建议她叫旅馆送餐，但她说她入住的这家旅馆没有餐厅。我让她给附近的餐厅打个电话，叫份外卖，她答应了。

那天晚上，我们安然入睡，以为纯如不会有什么事。但8月13日，加州时间凌晨大约两点时，我们被电话铃声惊醒。我接起电话，是纯如打来的。她声音颤抖地告诉我，她在旅馆房间的电视机上看到了一些吓人的照片。纯如和我就此聊了起来，显然，她睡不着，于是把电视机打开。我问她，屏幕上是什么样的照片。她说是一些恐怖血腥的场面，还有战争中小孩子被残杀的场景。她说电视里的图像就仿佛是第三次世界大战来临，地狱显现在眼前。

于是，纯如把电视机关掉，等了一会儿又打开，结果发现那些丑恶的图像都消失了。我说，或许是电视里正在播放某部战争影片，电视台在半夜也经常会放一些恐怖片。

纯如接着告诉我，她一到这家旅馆，就觉得不对劲儿。前台的服务生看着她时表情很可疑，还与另外一个后来频频注视纯如窗户的人交谈。纯如跟我打电话的时候，她说她仍能看到那个人就站在不远处的草坪上。她躲在窗帘后向外打量的时候，这个人还注视着她的窗户。纯如对我说，她怀疑自己的房间里装了窃听器，她在电视上看到的那些图像都是真的，是有些人故意放出来吓唬她的。

那时已经是肯塔基时间清晨5点多。我问纯如她到底有没有睡过觉，纯如说她睡不着，筋疲力尽，头痛欲裂。我能听出她病了。此行前，她已经连续三四天没睡觉，怎么可能不生病呢。

纯如也没怎么吃东西，甚至有一段时间没喝水了。她说她叫了一份外卖送到旅馆房间，却没有胃口。她也不想喝水，担心有人在里面下毒。我知道，在极度缺少睡眠的情况下，人可能会出现幻觉。在这种情形下，我当时能想到的只是找一些附近的朋友帮忙。我们没给布雷特打电话，因为不想这么早吵醒克里斯托弗或卢瓦恩。

我问纯如，她在路易斯维尔认不认识什么人。我让她联系那些与此行有关的联系人。纯如说，她认识一个退伍军官，就住在路易斯维尔附近，但她说这个人年纪太大了。我对纯如说，至少他就住在附近，或许可以过来帮忙。有个人陪在身边也是一种安慰，我不想让她自己一个人待着。

纯如一直等到早上 6 点才最终给这位老兵打了电话，他和他的妻子很快赶到旅馆。这位老兵的妻子是个已退休的护士，在观察了纯如一阵后，她建议纯如去医院看看。纯如很快被救护车送到了医院。

纯如动身前去医院后，我给医院的急诊部打了电话。他们告诉我，纯如已经到了，在急诊室等待医生给她做检查。

与此同时，布雷特也得到通知，他给医院打了电话，回答了与办理入院手续相关的所有问题。布雷特一直在给纯如打电话，了解她的状况。纯恺也一直打电话过来，了解我们两个和姐姐纯如的进展。我一整天都在忙着打电话。此外，我还在发疯一样忙着订飞往路易斯维尔的机票。最早的一班飞机也是第二天的。8 月 14 日，绍进和我搭乘早上 6 点 20 分的美国航空班机前往路易斯维尔。飞机途中在芝加哥的奥黑尔机场停留了 3 个小时，我们最终于下午 5 点 25 分到达。一路上，我的心都在剧烈跳动，我等不及要看到纯如。

一到路易斯维尔，我们立刻前往纯如住过的那家旅馆。旅馆让我们进入她的房间，在我们赶到之前，我们让旅馆将这个房间锁起来，留给我们。我们发现，纯如的两个行李箱还在房中，完好无损。我们立即搭上一辆出租车，前往医院。在医院里，我们被告知纯如在精神科病房。

我们赶到纯如的房间时，她已经睡熟了。她的房间是一个标准的病房，有一个卫生间，与我之前生孩子时住过的产科病房相像。我们意识到纯如应该是被注射了帮助睡眠的针剂，就耐心地等她醒来。

突然，纯如翻了个身，睁开眼睛，看到我们。她猛地坐起来，叫着“妈妈”，眼泪就流了出来。我走上前去紧紧拥抱她。哭了一阵后，纯如看起来感觉好多了，我能看出她放松了许多。纯如开始向我们描述从旅馆到医院的经过。她对我们说，在急诊室，他们为她做了多项检查。因为没有发现她的身体有任何异常之处，她被送进了精神科病房。

很明显，医院给纯如使用的药物的药劲儿还没过，当时她非常脆弱、非常情绪化。我们安抚她，跟她解释说，这一切只不过是因为她之前没有正常进食并缺乏休息，太疲倦的结果。现在有人照顾，她很快就会恢复。

几个护士走了进来，询问我们的情况。后来，所有护士都对我们说，我们能来太好了。我们和纯如在病房里一直待到晚上 9 点，直到探视时间结束。我们安抚她说，明天一早我们就会再来。

我们住在纯如之前住过的同一个旅馆房间里。这家旅馆离机场很近，飞机的起飞降落声非常吵，我们几乎没法入睡，我想纯如睡不着一点儿都不奇怪。我打开电视机，查看所有频道，但在屏幕上看不到任何异常。这是一个非常标准的旅馆房间：双人大床、圆桌、两把椅子、梳妆台上摆着一台电视机。我想，那位老兵和他的妻子前一天上午应该就是坐在床边的椅子上跟我用手机通的电话。

长途跋涉和在医院探望纯如令我筋疲力尽，但我没办法像绍进那样入睡——在任何情况下他都很容易睡着。我睡不着，许多问题令我困惑：这个旅馆房间真被人窃听了吗？纯如在电视上看到的图像是有人故意设置好要威胁她的吗？真的有人像纯如认为的那样在跟踪她吗？为什么半夜会有人在外面注视她的窗户？这是她的幻觉，还是真事？那天晚上，我没办法回答这些问题，今天，我一样没法回答。在我心中，这仍是一个巨大的问号。

尽管纯如的猜疑看起来似乎毫无依据，我仍无法消除疑虑，因为我知道纯如是个非常敏感的人，善于观察周围的事物，她能看到被大多数人忽略的蛛丝马迹。一个例子便是，她在克里斯托弗只有 22 个月时就发现他患有孤独症，无论是她的丈夫或亲友，甚至是绍进和我，都没有发现任何征兆。现在我们知道，克里斯托弗的确患有轻到中度的孤独症，医生直到他 3 岁时才做出诊断。因此，我无法轻易否定纯如当时向我描述的那些可疑的事。

8 月 15 日，周日，我一早就被路易斯维尔机场雷鸣般的飞机起飞降落声惊醒，这家旅馆在飞机航线正下方。轰鸣声令我心跳加速，绍进和我立刻动身，坐上出租车，前往医院看望纯如。

一到医院，我就对护士明确表示，我们得尽快将纯如带回家，最好就是第二天。护士认同我们的看法，觉得似乎没有必要继续让纯如待在医院。他们看出纯如十分信任我们，在我们身边时感觉很自在。护士长给医生发了传呼，拿到知情同意书。因为我跟他们说，我必须替纯如更改返程机票，确认我们自己的行程，所以需要明确知道医生是否允许纯如出院回家。医生最后同意了，护士开始写报告和出院医嘱，让我们带回家。

那是忙乱的一天，我一直在打电话，安排行程。与此同时，绍进和我一整天都在精神科病房陪着纯如。布雷特打电话来询问纯如的情况。纯恺也打电话过来，看有什么能做的。我对他说，我们第二天到圣何塞的时候，他可以过来接我们。

当天晚上，医生终于来跟我们见了面，他向我们简单介绍了纯如的情况。他认为纯如的病是失眠和饥饿等压力状况引起的精神紧张，也有可能是双相障碍发作，建议纯如回家后继续找个医生跟进。

当我们告诉他，我们住在加州湾区时，他的眼睛一亮，对我们说，斯坦福大学医学中心的一名医生是双相障碍领域的世界级权威，也是最好的精神科医生。他向我们推荐了这个人。他还给纯如开了抗精神病药物 Risperdal（维思通），建议她每日服用 2 毫克，至少服用 1 年。

这是我们第一次听说双相障碍这种病。我们也很担心药物的副作用，但他对我们说药物很安全，使用时间已经超过 10 年。纯如问了医生许多问题，因为她也不确定自己要不要服用药物。我们告诉她，回家后，我们会继续咨询其他医生。

那时候，我们没机会跟医生谈起纯如最近对克里斯托弗可能患有孤独症的担心，以及这件事对她来肯塔基之前的失眠和疲倦问题的影响。因为不了解这件事，那位医生怀疑纯如患有双相障碍是可以理解的。我们和纯如一样，一直都不相信双相障碍是正确的诊断。

第二天早晨，8 月 16 日，周一，我们办好了出院手续，将纯如接回旅馆。在出租车上，纯如对路边广告牌的内容做出了一些奇怪的评论，我们全然不懂。

到旅馆房间时已近中午，8 月的日光非常明亮。我们打开房门，走进去。纯如坐在床上，满眼警惕之色，缓慢而沉默地巡视整个房间。她还打开电视机，检查了所有频道。我们没看出有任何异常之处。纯如也一言不发，只是坐在那里。快动身的时候，她提起自己的行李箱，又不安地看了一眼房间。我们动身前往机场。

我们在奥黑尔国际机场短暂停留了一下。候机时，纯如想去书店，于是我陪她一起去。她在机场书店浏览杂志封面时，又说了一些我听不懂的评语。她完全沉浸在自己的思绪里，她看起来漫不经心，甚至有些迷茫。

飞机最终降落在圣何塞机场时，我们给纯恺打了电话，让他来接我们。等纯恺过来时，纯如说她觉得眩晕且头痛。她对我说，眼前的一切似乎都变形了，周围人的样子在她看来也十分奇怪。

那时候，我们并不知道抗精神病药物的作用居然如此强大，只是觉得纯如的举止有点儿奇怪。我后来才意识到，在医院时，医生给纯如服用了大剂量的 Risperdal 和镇静剂，让她平静下来。药物的副作用很严重，这就是她觉得头晕、头痛和视线模糊的原因。

我们终于看到了纯恺的车，他把我们送到纯如家。一进门，我们就发现，布雷特、卢瓦恩和克里斯托弗正要吃晚饭。萍为他们准备了很多菜。显然，餐桌太小，坐不下另外四个人。我们四个就站在那里，非常尴尬。我能看出纯如对这一场景不太开心，她对我们说，她想去我们家休息一下。布雷特很快过来，一直待到她晚上准备睡觉才离开。

第二十章

不期而至的死亡

她的声音恢复了原来的样子：

"因为我不想死。"

从路易斯维尔回来后，纯如住到了我们家。因为有卢瓦恩帮忙照顾克里斯托弗，而且我们家里也比较安静，纯如希望和我们一起住改善她的睡眠。在她经受了路易斯维尔的那次精神打击后，我们也希望她能住过来，这样我们可以照看她，确保她能完全恢复。布雷特的工作非常忙，于是由绍进和我帮忙替纯如找一个精神科医生。在我四处求医的过程中，我发现路易斯维尔的那位精神科医生推荐的斯坦福大学医学中心的著名医生已经不再接治新的病人。此外，布雷特购买的医疗保险所覆盖的所有精神科医生也几乎都不再接收病人。显然，在湾区，精神科医生很紧缺。

8 月 17 日，周二，纯如回家的第二天，正好是纯如和布雷特结婚 13 周年纪念日。虽然我焦头烂额地想要给她找一个精神科医生，她却只想上街购物。我让绍进陪她一起去，因为纯如的情绪依然不稳定，而且按照医嘱，在服用 Risperdal 期间她不能驾车。自打在路易斯维尔住进医院后，纯如就开始每天服用 2 毫克的 Risperdal。

纯如从购物中心回来时，看上去漂亮极了，原来她去了一家化妆品店，让化妆师帮她化了个妆。她看起来就像个电影明星！那天晚上，布雷特来我家接纯如出去共进晚餐，庆祝他们的结婚纪念日。出于某种原因，我能看出虽然我们都在夸赞她，纯如依旧不开心。在路易斯维尔的精神崩溃想必对她影响巨大。

纯如继续遵照路易斯维尔那位医生的处方每日服用 2 毫克 Risperdal，药物令她昏昏欲睡，打不起精神。在我们的亲戚朋友中，从来没有人看过精神科医生或服用过抗精神病药物。因此，我们对药物的效果一无所知。表面看起来，纯如一如往常，但那时候，我们没人知道 Risperdal 这类药物居然会有那么强烈的副作用。我开车送纯如到她想去的地方，因为在服药期间驾车十分危险。不了解这一内情的家人由此留下错误的印象：我对纯如的状况过分紧张了。

8 月 23 日，周一，纯如终于挂上了 A 医生的号，他是布雷特的医疗保险方案所能覆盖的一名精神科医生。布雷特来我家接上纯如，我们也陪着他们一起去。我向 A 医生出示了我写下的关于在路易斯维尔所发生的一切的详尽医疗记录，以及一份医院报告。

A 医生一直在听我们说，他非常放松，没有做任何评论。接下来，他说他即将外出度假一个月，回来后才能继续诊视纯如。他对纯如的精神状况只字未提。纯如跟他询问了停药的事，但他劝说纯如继续服药，直到他度假回来。

在这期间，我发现 A 医生不是专业认证的精神科医生。我开始疯狂地替纯如找新的有资质的精神科医生。此外，我也不想一直等着 A 医生度假归来。最后，在做了大量搜寻工作后，我找到了毕业于名校的 B 医生。我极力向布雷特推荐 B 医生，但布雷特的医疗保险就诊名单上没有 B 医生，这意味着布雷特和纯如必须自掏腰包支付额外的医疗开支。但我们都认为纯如应当先去 B 医生处就诊，直到我们再找到另外一名布雷特的医疗保险可以报销的有资质的精神科医生为止。

8 月 25 日，周三，纯如、布雷特、绍进和我一起去 B 医生处就诊。我递给他我写的关于纯如在路易斯维尔的情况简介。我们还告诉他，纯如担心儿子患有孤独症。B 医生的话不多，但他安慰了纯如，他说纯如下周可以再来找他就诊，看看进展如何。

这段时间里，纯如仍在担心克里斯托弗。尽管我积极研读了关于孤独症的文献，并且密切观察克里斯托弗的行为，但我仍无法准确判断他到底有没有问题。事实上，克里斯托弗还有几天才满两岁，做出任何结论都为时过早。在我看来，儿童的发育状况因人而异。我们安抚纯如说她应当等一等，继续观察克里斯托弗的发育情况。布雷特和克里斯托弗的生日都在 8 月底。为了庆祝他们的生日，肯从伊利诺伊飞过来。纯如想给布雷特买一件生日礼物，我开车载她到西田购物中心。我们在购物中心里转悠了两个小时，纯如才最终选定送给布雷特的礼物，于是她又开始为8月31日就要过两岁生日的克里斯托弗寻找礼物。回头想想，纯如两周前才经历了一次精神崩溃，而她已经重新拾起了作为一个妻子和母亲的责任。尽管她的情绪仍不稳定，心情不佳，但她的身体还能胜任。

8月29日，周日，是我和绍进的40周年结婚纪念日。在纯如精神崩溃之前，我们就已经向50位亲友发送了邀请函。现在日期临近了，我的全部身心却专注于纯如最近的精神崩溃上，没有心情庆祝。我几乎想要取消整个活动，但已为时过晚。我当时经受的煎熬无人可以想象。

我和绍进结婚纪念日那天，纯如说她和卢瓦恩带克里斯托弗参加了他出生的那家辅助生殖诊所赞助的一场派对。从那里回来后，纯如告诉我，她很喜欢和到场的那些父母交谈，他们和她一样，都是通过代孕的方式要的孩子。当晚再见到纯如时，她看起来非常疲惫。

我和绍进的结婚40周年纪念晚宴在一家中餐馆举行。纯如穿得很漂亮，然而，我能看出她非常累，一副昏昏欲睡的模样。这或许是因为当天的活动太多，或许是Risperdal的药效使然。在晚宴上，在一些亲友致辞后，每个人都以为纯如会说上两句，毕竟她已经是一个演讲高手。我很焦虑，担心人们或许会意识到有哪里不对劲儿。直到那时，甚至是我们的直系亲属也没人知道最近发生的事。纯如不希望我们将这件事讲给任何人。我们明白她是一个很注重隐私的人，尊重她的意愿。当所有人的目光都转向纯如时，她站起来，高举红酒杯说："祝贺我的爸爸妈妈一起走过40年的历程，我不知道我能不能那么幸运……"她的声音非常轻柔缓慢，与她平素的风格截然不同。一些亲戚注意到纯如当天的反常行为，因为他们已经认识纯如很长时间了。纯如过世后，他们告诉我们，就在当天，他们已经发现她不对劲儿了。

两天后，8月31日，是克里斯托弗的两岁生日。当天早上，纯如和我带他去了西门购物中心的金宝贝游乐场。之后，纯如到一家专营派对用品的礼品店买了一打颜色形状各异的气球，我们颇花了一点儿时间才将那些气球装进车里。克里斯托弗坐在后排的安全座椅上，非常开心，尖叫着“气球，气球”。纯如还订了一个冰激凌生日蛋糕。

当天晚上，我们都去了纯如家。在场的还有肯、卢瓦恩和纯恺。尽管房子里满是彩色的生日气球和礼物，看起来却没什么庆祝的气氛。纯如为克里斯托弗照了许多照片。这是一个快乐的片段，但空气中弥漫着不确定的感觉。这是纯如与克里斯托弗一起度过的最后一个生日派对。第二天，肯和卢瓦恩就返回了伊利诺伊。

肯和卢瓦恩离开后，纯如回到自己家中睡觉。她说她有许多事要做，她需要马上着手为克里斯托弗寻找幼儿园，这样他可以和别的小孩一起玩。于是，我也参与到这件事中。最后，我们在圣克拉拉一个非常安静的社区找到一所幼儿园，那里离纯如家大约 20 分钟车程。后来，我们带着纯如和克里斯托弗一起去看了那所幼儿园。9 月 13 日，纯如给克里斯托弗办了入园手续。

纯如现在每周去 B 医生那里就诊一次。在她的劝说下，B 医生将纯如服用 Risperdal 的剂量减半（从 2 毫克减到 1 毫克）。从一开始，纯如就不喜欢服用任何药物，她一直在尝试减少剂量甚至停止服药。家里人都希望纯如服用 Risperdal 后可以好转，结果却是完全没有区别。

9 月 9 日，周三，纯如带克里斯托弗到帕洛阿尔托去看儿科医生，我也一起去了。克里斯托弗的儿科医生是个女大夫，自他出生后就一直在看这个医生的门诊。这个医生坚持说她不认为克里斯托弗患有孤独症，或者至少在这个阶段还看不出来。她认为克里斯托弗身体很健康，除了有点儿过敏问题。但她建议纯如找孤独症专家咨询一下，并给了纯如一些人的电话号码，试图缓解纯如的忧虑。

在此期间，纯如在家中再度无法入睡，因为克里斯托弗就睡在她床边。Risperdal 具有镇静作用，纯如的睡眠问题或许也与减少服药剂量有关。不管怎样，我们建议她还是到我们家来睡觉。萍可以下午过来上班，晚上陪克里斯托弗过夜。萍说她愿意试试。

再次接诊纯如时，B 医生得知她的状况并未改善，而且在将 Risperdal 的服用量减少 1 毫克后，失眠问题重新开始困扰她。他打算为纯如更换一种名为 Abilify 的同类抗精神病药物。我立刻上网搜索这一药物的相关信息，结果发现这是一种相对较新的药物。一些使用者称它为“神奇药丸”，另一些使用者则宣称其有严重的副作用。纯如开始每日服用 10 毫克的 Abilify 后，立即变得极其嗜睡，她可以一连睡上 12 个小时甚至更长时间。纯如现在基本上住在我们家，于是我小心地记下她服用的药物种类和剂量，以及这些药物在她身上体现出的效果。后来，我将这份医疗记录给了布雷特一份，这样我们两个人都可以监督纯如服药。

纯如服用 Abilify 期间极度嗜睡，早上无法起床送克里斯托弗去幼儿园。于是绍进和我每天早晨送克里斯托弗去幼儿园，下午再将他接回来。纯如一直在打哈欠，提不起精神工作。

这时候，萍表示她无法一周 5 天都在纯如家过夜，最多只能工作 3 个晚上。照顾纯如也开始让绍进和我身心俱疲。于是，布雷特给身在伊利诺伊的卢瓦恩打了电话，她同意过来帮忙。纯如觉得她的病和她无法照顾克里斯托弗这件事连累了大家，这是她最不愿意看到的事。我能看出她很伤心，感觉很无助。

9 月 18 日，周六，因为纯如的状况一直没有改善，布雷特和我同时给 B 医生打了电话，表达我们的担忧。他马上安排我们当天下午与他见面，要求我们都到场。那天下午，因为卢瓦恩刚刚从伊利诺伊赶来，可以照顾克里斯托弗，于是我们和纯如、布雷特一起去了 B 医生的办公室。他听我们简要介绍了纯如的状况。我们对他说，纯如无法消除自己的忧虑，而且开始服用 Abilify 后就变得极度困倦，浑身无力。B 医生接下来说的话把我们都吓了一跳，他用非常严肃的语气对我们说，他认为纯如的病情非常严重，建议纯如住进疗养院。他说，在索萨利托的一家疗养院靠近海滩，十分幽静，很适合精神病患者在那里休养。纯如听到后立即表示反对。我能理解她对那种所谓专门针对“精神病患者”的疗养机构的不信任，她以前听说过许多关于政府将不同政见者投入精神病院迫害致死的事例。我无法责怪她的多疑。纯如一直在怀疑，因为她出于正义所写的东西和所做的事，有邪恶势力正在图谋对付她。

纯如对 B 医生说，她不认为自己的精神状况真的有那么糟糕，她也不需要住进什么疗养院。事实上，我发现 B 医生注意到了纯如的敏感，他很谨慎，避免使用“精神病院”这样的字眼。他指出，这个疗养院就像一个度假村或社区，那里有人照看所有的住客。

我试图寻找一些精神病研究领域的专家，寻求一些帮助和建议。B 医生提到了两位当地医疗机构的精神科医生。

在 B 医生办公室里的讨论持续了近 1 个小时，最终却没有得出任何结论。我们离开办公室时，我看见纯如充满戒心，很不愉快。到家后，纯如告诉我，回家的路上，她和布雷特已经做出决定，B 医生年龄太大了，他们不相信他说的话。纯如不打算继续到他那里就诊。

得知纯如仅仅因为医生建议她住进疗养院就做出这样的决定，我非常吃惊。尽管如此，我告诉她，我认为 B 医生能够在周六下午立即安排与我们的特别会面，并且说出他自己的顾虑，这是一件很令人感激的事。然而，布雷特说，当听到 B 医生说“诚实地讲，我从未治疗过像你这样的病人”时，他对 B 医生失去了信心。

我开始忙着查看 B 医生推荐的两位精神病专家的背景资料，并惊讶地发现这两位医生的专长居然是电击疗法。我的天哪，我对自己说，如果把这件事告诉纯如，这会使她再也不去 B 医生处就诊的决定更坚定。纯如很早之前就告诉过我，以往对精神病患者使用的电击疗法是多么残忍。

事实上，当我告诉她我发现的关于那两名医生的事时，纯如非常不开心。她说：“你知道这是一种治疗精神病的陈旧手段吗？大量科学证据显示这种疗法毫无作用。我无法想象他居然会建议我去看使用这种疗法的医生……”

B 医生的推荐只会让纯如感觉更加糟糕。

B 医生即将休假一周，在他离开前，他让纯如在他度假归来后再去找他。这给了纯如不再预约下一次门诊的借口，她换了另外一个医生。

在 9 月 18 日的那次会面中，为了减轻纯如的症状，B 医生为她开了抗抑郁药 Celexa。他让纯如在前 4 天每天服用 5 毫克 Celexa，然后将服用量增加到 10 毫克。此外，纯如依然要服用 10 毫克的 Abilify。

这时候，纯如已经体验到 Abilify 强烈的副作用，最明显的就是她一直无精打采，昏昏欲睡。此外，每当白天小睡醒来后，纯如总是抱怨她的肩膀和腿部关节酸痛，她认为这可能是药物导致的新症状。我很担心 Abilify 的副作用，跟 B 医生说了我的想法。但他说剂量已经是最低的，副作用会逐渐消失。反思过去，很明显，当时 Abilify 对纯如的精神状况影响很大。这是一个转折点，开始服用 Abilify 后，纯如的状况就越来越糟，而在使用 Celexa 后，情况变得更严重。

纯如决定不再去看 B 医生后，A 医生度完假回来了。布雷特替纯如挂了他的号，因为我们仍未找到其他医生。约定的时间是 9 月 20 日晚上。因为布雷特那天要出差，他请我们带纯如晚上 8 点 15 分去看医生。这可能是 A 医生当天的最后一个门诊。

A 医生把我们全都请进他的办公室，他看上去非常疲倦。或许出于这一原因，我们觉得他在听纯如的情况介绍时并不十分感兴趣。纯如说她去过 B 医生那里，但不准备再去，希望还是在他这里就诊。A 医生不喜欢 B 医生开给纯如的 Abilify，他说他打算把药改回 Risperdal，但不主张马上换药。

他只跟我们见了 10 分钟或 15 分钟，就准备结束门诊。这时，他提醒纯如，应该像以前一样，当场支付医疗保险不负担的那部分诊疗费。这让我们都很不快，我们无法不产生这样的印象：他更关心他的诊疗费，而不是其他。走出办公室时，我们非常失望，因为他根本帮不上什么忙。

这次就诊后，我对布雷特说，我们需要马上找个有资质的、更关心病人病情的精神科医生。他也同意我的看法。

9 月 21 日，周二，这是我永远都无法忘记的一天。那天早上，卢瓦恩和我送克里斯托弗去幼儿园后，我返回家中。这时候，纯如已经起床，她说打算去趟邮局，然后再去图书馆。我打算和往常一样陪她去，但纯如拒绝了。我不想让她自己开车。药物的镇静作用非常严重，使得开车成为一件危险的事。然而，纯如很不高兴，因为无论她走到哪里，我都陪着她，她觉得我跟得太紧了，她坚持自己开车去图书馆。我屈服了，跟她说，必须晚上 6 点前回家。纯如同意了。

整个下午，我都惴惴不安。快到晚上 6 点时，我给卢瓦恩打电话，听说纯如还没回家。布雷特当时在俄亥俄州出差。我非常担心，走到社区的入口处，站在街边等候。

我观察每辆经过的汽车，希望看到纯如的车子。我等啊等，直到天色变暗，仍没能看到纯如的那辆白色奥兹莫比尔轿车。不知她身在何处简直令我抓狂。

这时候，我给身在俄亥俄州的布雷特打了电话，告诉他发生的事情，询问他纯如的车牌号码。大约晚上 7 点，我们给警察局打了电话，报告纯如失踪的消息，跟他们说了车子的型号和车牌号码。然后，7 点半时，纯如给我打了电话，她听起来糊里糊涂的。她说，她去购了物，感到很累，然后就住进一家旅馆睡了一觉。纯如说她刚刚醒来，意识到已经是晚上。她的声音很柔和，甚至有一点儿内疚。

我安慰了她，跟她说这没什么。我问她要不要我过去接她。纯如说她在附近的购物中心，马上就会开车回家。我们又等了半个小时，她才出现。她看起来很好，就是有些迷糊。几分钟后，两名警察来到她家。我们跟他们解释说纯如刚刚回来，不好意思打扰他们。警察问了纯如几个问题就离开了。

在警察提问的过程中，纯如告诉他们，她很好，却没有提供任何细节。警察走后，纯如对我们说，她住进了一家旅馆，然后记得自己似乎吃了几片安眠药，想要去医院检查一下。我们迷惑不解，不知道她说的是真是假。绍进和我问了她许多问题，纯如说她在旅馆里的确服用了安眠药。

这时候，纯恺也赶到了。我们跟他说了纯如失踪的事，我们觉得纯如跟我们说的都是真的，于是纯恺开车带着大家去了当地医院的急诊室。路上，纯如跟我们说，她真的不清楚到底有没有服用安眠药。从她的样子看，她很正常，很清醒，似乎没有服用药物的迹象。在急诊室等待医生时，纯如再次跟我说，她不记得有没有服用过安眠药。医生赶到后给纯如做了检查，问了她几个问题。医生说，纯如没有服用安眠药，因为如果她服了药，不可能像现在这么清醒。我对纯如在旅馆到底做了些什么也感到很困惑。

几天后，我们在纯如的厨房柜子里发现了一大瓶未开封的伏特加。后来我们才意识到，纯如的确在旅馆中尝试自杀，她买了那瓶伏特加和安眠药，住进旅馆。但或许是因为她服用的处方药的作用，她在旅馆里睡着了。最后，纯如既没吃安眠药也没喝伏特加。当她醒过来时，纯如不知道自己到底有没有吃药。那时候，我们仍未意识到，抗精神病药物的副作用居然可以对人的神智产生这么强烈的影响，更没想到还可能增强自杀的念头。我们现在知道了，Abilify 的网站上警告说，这种药物“可能影响你的判断力、思想或运动能力”，以及增加自杀风险、嗜睡、焦虑和肌肉僵直等副作用；Celexa 的网站上则警告说，可能导致自杀、焦虑和运动不能（一种与自毁或侵犯性举动相关的危险症状）。

我坚持认为，药物的副作用对纯如影响很大。在我们作为母女相识相知的这么多年里，纯如一直十分坚强无畏，从来没有考虑过以自杀来逃避。她经常说，她不明白为什么有人要自杀。她的第一次自杀尝试发生在开始每日服用 10 毫克 Abilify 的 9 天后，而在那两天前，她又开始每日服用 5 毫克的 Celexa。

那之后，我从各种渠道了解到，Celexa 这类抗抑郁药物是 SSRI（选择性血清再吸收抑制剂），同类药物还包括 Prozac（百优解）、Paxil（帕罗西汀）和 Zoloft（左洛复）。荒谬的是，这些药物的副作用可能令抑郁症患者更加焦虑，甚至产生自杀倾向。它们甚至可以改变一个人的性格。在某些患者身上，SSRI 甚至导致了自杀。这些严重的副作用在近年来得到广泛报道，但我们当时对此一无所知。更重要的是，研究显示，在服用 SSRI 类抗抑郁药物的最初几天，以及在剂量改变时，副作用的风险是最大的。

发生在 9 月 21 日那天的事把所有人都吓坏了。这件事表明纯如已经在考虑自杀的问题，现在，我内心深处的恐惧变成了事实，我知道我必须比以往更密切地关注她。

第二天，纯如很早就起床了，看上去非常清醒。她告诉我，她准备回到家中的书房，打扫一番之后开始工作。我下午过去看她，她在书房里忙着整理文件。这是从路易斯维尔回来后，我第一次在纯如身上看到原来那个努力工作的她。

“你今天看上去不错。”我对她说。

她的声音恢复了原来的样子：“因为我不想死。”

听到她这样说，我大喜过望，随后在她的书房里又待了一会儿。去幼儿园接克里斯托弗前，我帮纯如收拾了一阵儿。克里斯托弗一回到家，纯如就跟他玩了起来，她还帮着卢瓦恩料理家务。但几天之后，纯如便又陷入抑郁状态。

9月24日，周五，布雷特跟我们说，卢瓦恩建议，在现在这种情况下，最好是让她把克里斯托弗带回伊利诺伊。听到这个消息后，绍进和我都对此深感不安。但跟纯如提及此事时，出乎我们的意料，她居然同意了。她说，或许搬到伊利诺伊去对克里斯托弗来说是最佳方案。她的理由是，她认为有人打算伤害她的家人，克里斯托弗不跟她一起住最安全。

既然纯如和布雷特都同意了，我们再加以反对也没用。动身的日子选在10月9日。肯10月1日来加利福尼亚，然后肯、卢瓦恩和布雷特一起带克里斯托弗回伊利诺伊。

9月29日，周三，布雷特陪纯如去看A医生，因为我们仍未能为她找到其他医生。纯如对A医生抱怨说，服用Abilify的嗜睡反应太强了，于是A医生让纯如停止服用Abilify，改服Risperdal。

10月2日，周六，克里斯托弗还有1周就要离开加利福尼亚了。一想到他马上要和妈妈分开，我们都很伤心。纯如也很伤心，但我能看出她真心认为有人要伤害克里斯托弗。现在克里斯托弗要和卢瓦恩和肯生活在一起，纯如似乎变得平静些了，尽管这件事情令人伤感。不管怎么说，绍进和我都因为没有办法像之前两年那样每日与外孙见面而感到伤心。

这时候，我们鼓励纯如打电话联络她的好朋友，比如芭芭拉·马辛等人，希望可以让她高兴一点儿。一个周末，芭芭拉从圣巴巴拉开车赶来拜访纯如，她们一起出去郊游，看电影。芭芭拉在的时候，纯如的确情绪好了一些，但她一走，纯如就再度消沉下来。

9月29日去A医生那里看过病之后，纯如转为每日服用1毫克Risperdal和10毫克Celexa。我们一直不太确定药物是否对症，似乎药物并未缓解纯如的抑郁，只是让她非常嗜睡和易怒。我们都很绝望，觉得纯如需要一个更好的医生。绍进和我去了圣何塞州立大学图书馆，对布雷特的医疗保险所能覆盖的每位医生进行背景调查。结果发现，大多数医生要么专长是儿童精神病，要么就是诊所太远，要么就是不在医疗保险报销列表上。

绍进和我想尽办法帮助纯如振奋精神，我们是在孤军奋战，因为纯如不让我们将她的情况告诉外人，除了最亲近的家庭成员：布雷特、布雷特的父母、我们，还有纯恺。我们尊重纯如的意愿，不敢跟其他亲友寻求帮助或建议，害怕纯如觉得我们背叛了她，这或许会让她对我们失去信任。

我们几乎每天都请纯如跟我们一起到社区后面的堤岸上散步，我们知道锻炼对她有好处，希望在阳光下走走有助于她驱散阴霾。

10月5日，周二，一个多云的秋日。我前一天晚上无法入睡，克里斯托弗周六就要与卢瓦恩和肯回伊利诺伊了，那不过是4天之后的事，我心里放不下这件事。我们当天下午去了纯如家，让她跟我们一起出去散步。绍进建议我们改变一下以往的习惯，不是在房子附近的堤岸上散步，而是到开车20分钟距离的山上的箱根园。

箱根园是一个日本风格的公园，位于山顶上。我们到那里时，园子里空无一人，周围一片寂静。我们走过一座木头拱桥，拾级而上，走向竹园。四周的沉寂令我有种说不出来的焦虑。最后，我们到了休息处坐下。这是一个被紫藤环绕的木凉亭，周围静得令人难以置信，耳边只有风吹过树林拂过树叶的声音。突然，纯如对我们说："他们想让我加入。"

"谁？"绍进吃惊地问。

纯如坐在长椅上，身子靠着凉亭的柱子。

"图书签售的时候。有个人走过来，用威胁的语气对我说：'你加入我们的组织，或许可以安全些。'"

"你怎么跟这个人说的？"绍进问。

"我吓坏了，不知道该怎么办，于是就跑开了，什么都没说。"纯如回答道，"爸爸，你觉得加入某个组织是不是真的会安全些？我很担心家人的安全。"

"纯如，没事的。"绍进试图让她平静下来，"在我看来，不加入任何组织是更安全的。你看，如果你想要保持言论自由，就像你现在这样，做个独立的作家好了。这才是最好的。"

绍进继续说："如果你确实想的话，可以加入某个组织，但不要因为别人威胁你而这样做。”

然后我也对纯如说，这正是绍进和我喜欢在大学里工作的原因——我们任何时候都可以畅所欲言。我们还对纯如保证，她没有做错任何事，一切都会好起来的，她跟我们在一起很安全。

我们花了将近1个小时讨论这个问题。看起来，纯如不觉得她很好地处理了这件事，她说她不该就那样走开。我能看出，纯如不相信我们跟她说的那些话。这是她第二次跟我们提及此事，第一次还是在她四五月刚刚结束连续5周的图书签售旅行回来时。她希望我们对此保密。

那天，在花园里，纯如反复说起她的恐惧，担心有人会伤害她和她的家人。太阳穿过云层，树上的秋叶金黄耀目。看起来静谧的花园却无法令我平静，我的心比来之前更沉重了。

纯如服用的药物似乎对她全然没有帮助，我开始担心药物的副作用。我读了药物说明书上用小字标出的警告内容，里面提到Celexa这样的SSRI类药物可能在儿童和青少年人群中导致自杀风险，但纯如已经36岁。那时候，我并未意识到，SSRI类药物也会引发成年人的自杀企图和自杀行为。不管怎样，这些关于自杀的警示文字令我产生一种不祥之感。

路易斯维尔的医生认为纯如的崩溃是一次轻微的环境因素引起的精神极度紧张发作，他说也有可能是双相障碍发作。但纯如并没有双相障碍的病史。我买了很多与此相关的图书，开始阅读。纯如没有太多双相障碍的症状。她很焦虑，担心克里斯托弗，对一个母亲来说这是正常的。

在我读那些有关精神疾病的资料时，一本书特别提到，用来稳定情绪的药物比如锂或Depakote（双丙戊酸钠片）应当与抗抑郁药物一同服用。我很疑惑，为什么纯如服用Celexa时，医生不给她开这种情绪稳定剂。纯如自杀前几天，她去看的最后一个医生的确给她开了Depakote，但为时已晚。

因为纯如不想让我们将她的情况告诉亲朋好友，我开始积极寻找全国性和本地的精神疾病患者互助组织。我立刻加入了圣克拉拉县的全美精神健康联盟（NAMI）分会。我还获知，在斯坦福大学心理学系大楼里，经常有本地的双相障碍患者互助小组聚会。尽管我不相信纯如得了什么双相障碍，我仍关注这一疾病及其治疗方法，因为我不想放弃任何可能帮得上纯如的办法。

我怀着很大的希望跟纯如说起了这个互助小组的事，请她和我一起去参加会议。她一开始拒绝了，但在我的竭力主张下，她最终还是同意去参加。那天是 10 月 6 日，周三，我们开车到了帕洛阿尔托，在外观时尚的斯坦福购物中心前面找到了斯坦福心理学系大楼。原来，那个互助小组全部由双相障碍患者组成，是一个自助组织，与斯坦福大学和斯坦福医院完全没有关系。该组织向斯坦福大学借了大楼的房间，他们与斯坦福大学唯一的联系是小组的组织者——他曾经接受过斯坦福大学著名的双相障碍专家的诊治。路易斯维尔的医生也推荐过这位专家。

这不是一次愉快的经历。首先，组织者和协办者说他们都患有双相障碍。他们服用过数不清的抗精神病药物，一次要吃六七种，最后他们不得不停用所有药物，住进医院，在监护下完全停药一段时间，接着又重新开始。听到这个信息，我们的心都凉了。然后，其他病人一个接一个地描述自己的症状和服用的药物。他们互相比较病例，却不允许透露医生的名字或对其做出评价。我参加这个会议的初衷本来是打算多了解些如何应对纯如的抑郁症的信息，但在那里听到的尽是病人自身的恐怖故事。似乎每个人都在同时尝试不同药物，结论却是没什么用。这次会议令人失望透顶。

会议上，虽然纯如非常抑郁，但她是一屋子人里面最清醒的一个，而且她问了许多非常有逻辑性的问题。当我们从会场离开时，纯如告诉我，她觉得很难过，因为在场的人都像“行尸走肉”一样。听说医生居然会在没有明确证据显示药物确实有帮助的情况下给病人开那么多的药，纯如更是十分震惊。在去停车场的路上，纯如发誓说她再也不想来参加这种会议了，而且她准备从那一刻开始停止服用药物。我很后悔带纯如参加这个互助小组的会议，结果与我之前预想的截然相反。那天晚上，我非常不安，几乎自己也抑郁了。我觉得从肩膀以下全身瘫软无力，几乎无法呼吸，我想那大概是一次焦虑发作的征兆。我既担心又绝望，因为我帮不了纯如。

纯如尽量争取时间多和克里斯托弗相处，因为他马上就要动身前往伊利诺伊了。

纯如推着婴儿车，和我们一道在堤岸上散步。我能看出她内心深处的挣扎。

10月9日，周六，我们早上5点就起了床，送克里斯托弗搭乘前往伊利诺伊的早班飞机。天还没亮，出租车就已经等在屋门口。克里斯托弗从温暖的小床上被拽起来，半睡半醒，不知道到底要发生什么事。纯如一早就起来了，站在那里看布雷特把箱子一个接一个地搬出去，交给出租车司机，放在后备箱里。卢瓦恩和肯收拾好了克里斯托弗的大部分衣服、玩具、书和心爱的毯子，都装在大袋子里。出租车的后半部分几乎被行李塞满。纯如站在那儿，面无表情。她似乎在努力将自己从这悲伤的一幕中脱离出来。最后，布雷特将克里斯托弗放进后排座的安全座椅，和卢瓦恩坐在一起。布雷特跳进前座，坐在司机旁。纯如绕着出租车转了一圈，来到克里斯托弗坐着的那一侧。她大力拥抱了一下克里斯托弗，用手轻轻地抚摸他的脸。她没有哭，克里斯托弗也没有。最后，汽车的引擎发动了，出租车消失在漆黑的晨雾中。

我们回到家，试图再睡一会儿，但我怎么也睡不着，就到纯如家去看她。其他人一下子全走光了，现在就她一个人留在家中，我觉得我有必要陪陪她。

第二天是周日，因为克里斯托弗和其他人都离开了，纯如和我在堤岸上走了很长时间。那天艳阳高照，散步时，纯如一直很安静。我一路看着我们两个人的影子跟着我们的脚步移动。周围一片寂静，只有我们的脚步声。纯如不想说话，她很沉默，完全沉浸在自己的心事中。

几天前，布雷特经朋友介绍找到了精神科医生C医生。一开始，C医生并不打算马上接诊纯如。当我从布雷特那里听说此事后，我马上给C医生打电话，告诉他纯如是《南京大屠杀》一书的作者。这让他十分吃惊，他答应马上接治纯如。10月11日，周一，纯如第一次去与C医生见面。布雷特请我们带纯如去看医生，因为那时候他还在伊利诺伊，来不及赶回来。于是，绍进和我陪着纯如去了C医生的办公室。

在办公室里，我交给C医生一份简要报告，内容有关纯如在路易斯维尔的情况和近来的发展。这是两个月里我向第三位精神科医生出示这份报告。C医生非常坦率地对我们说，他对患者及其家人的原则是彻底公开。他强调说，任何讨论都应该当着患者的面进行。如果我给他发电子邮件，必须抄送给纯如一份。我能感觉到，C医生希望通过这一原则获取患者的信任。反思过去，我很怀疑，对于纯如这种情况，这一公开原则是否合适。因为我们无法在私底下跟C医生讨论那些有关纯如精神状况的极其重要的问题。C医生并不知道纯如总体上并不信任医生，也不愿向医生敞开心扉。这使得C医生无法给予纯如适当的治疗或诊断。

我一直跟纯如住在一起，直到10月12日晚上布雷特从伊利诺伊回来。那天，我跟纯如散步到附近的邮局取信，去那儿走路只需20分钟。一路上，我试着帮纯如摆脱那些忧虑。我跟她提起她和纯恺上高中时都很喜欢的《指环王》系列图书，希望可以分散她的忧伤，让她重新想起当年沉浸在阅读世界中的美好时光。纯如可以详细地讲述霍比特人和魔戒的种种复杂故事，甚至是书中人物的名字和地点、情节。她的神志非常清醒，这令我很吃惊。

从C医生那里回来后，纯如仍坚持停掉所有的药物。参加互助小组的会议后，她从10月7日开始停止服用Celexa。她在电话里对C医生说，如果他坚持要她吃药的话，她将不再去他那里就诊。作为妥协，C医生劝说纯如继续去看门诊，然后再决定是否逐渐减少Risperdal的服用量。我们都劝纯如，要想尽快好起来，服药和心理治疗是必须的。如果她不想吃药，那么至少应当去接受医生的心理治疗。纯如同意了。回头看起来，这真是很讽刺：纯如自己不想服用药物，而全家人都相信医生，认为药物可以帮到她。

纯如每天都给卢瓦恩打电话，询问克里斯托弗的情况，有时甚至一天打两个电话。她在电话里跟卢瓦恩一聊就是很长时间，问起有关克里斯托弗的各种细节。她非常想念克里斯托弗。

我一直在社区活动中心替纯如和我自己寻找健身项目，这样我们可以每天早上一起去锻炼。有人跟我说，圣何塞城中心的基督教青年会的健身项目很不错。10月15日，周五，我请纯如跟我一起去探店。起初，纯如很犹豫，但在我的怂恿下，她跟我去了。从我们家到基督教青年会并不远，只有20分钟的车程。到了那里，我们走进大厅，服务人员给我们看了健身课程表，还让我们进去自己看他们的健身器材。走出大厅的时候，时间已近中午，我们都很饿。在走廊上，我们看见一个瘦高的非洲男子正在忙着往一张长条桌上摆放食物。桌子上有个标牌，上面写着“免费品尝”，而在桌子的另一头，另外一个标牌写着“示巴女王餐厅欢迎您”。我们走近那个男子，问他是怎么回事。他说他是基督教青年会街对面的那家餐馆的老板，他来自埃塞俄比亚，桌上展示的食物都是埃塞俄比亚特色菜，可免费品尝。

我们简直不相信自己的好运气，这是我平生的第一顿免费午餐。食物刚刚做好，端到餐桌上。异国食物的奇特香气令纯如和我都垂涎欲滴，我们各自拿过一个盘子开始装菜。有英吉拉（用苔麸发酵制成的一种薄饼）、黑豆和红豆炖菜、蘸有特殊酱料的煮鸡蛋，还有一些肉和米饭。所有的菜都很美味，我们不敢相信餐馆老板居然会如此大方。纯如和我坐在他们为这次活动摆设的小桌子旁，享受大餐。我从来没吃过埃塞俄比亚菜，我发现食物相当美味，简直不敢相信，这么精美的食物居然来自一个战乱频繁的国家。

我也看到纯如脸上的表情，从路易斯维尔回来后，这是她第一次全身心地享受食物。吃完饭，我们往停车场走去，我们看着彼此，忍不住笑出来。以前，每当遇到出乎意料的好运气，我们总是这样。只有两个人都很开心满足的时候，脸上才会出现这种表情。

这是纯如生命最后一段日子里我们共度的最难忘的时刻之一。我知道纯如享受生命且热爱生命，这才是我认识的那个女儿。不幸的是，她没机会更多地体验生命的快乐。每当忆及她那天的笑容，我就伤心不已。

回家后，我帮纯如整理她打算捐献给胡佛档案馆和其他研究机构的文件资料。整理过程中，她对我说我是世界上最好的母亲。每当她这么对我说的时候，我都忍不住流泪。

那是特别值得铭记的一天，但情况急转直下。

10 月 18 日，周一，纯如去了 C 医生那里。我们后来听纯如说，C 医生同意她将 Risperdal 的服用量从 1 毫克减到 0.8 毫克，而且在未来一段时间里，服用量还会继续减少，这意味着 C 医生觉得纯如在好转。我们不知道纯如在接受每周两次的心理治疗时跟 C 医生说了些什么。纯如去世后，我们得知她从来没有跟 C 医生袒露心扉，他在葬礼上对我们说纯如一直在误导他。

绍进和我每天都跟纯如在堤岸上散步。她总是跟我们说她疼得不行，而我只把这当成精神上的疼痛，而非肉体的疼痛。当她极其痛苦地跟我们描述时，我就是不能想象那是怎么一回事。我多希望我能分担她的痛苦。纯如还告诉我，有时候，她觉得自己透不过气来，就好像在大海中溺水一样。直到后来，我才知道，她所描述的那种如受酷刑般的疼痛很可能也是她服用的药物所导致的——这是停止服用此类抗抑郁药后的一种严重的副作用。

10 月 21 日，周四，一清早，我去看纯如。纯如很不高兴，抱怨说我跟她跟得太紧了。我发现纯如前一天晚上没好好吃饭，于是提议出去吃午餐。我们开车去了一家附近的餐馆。在停车场，刚把车停下，纯如坐在那儿，面无表情地说，她很想哭却没有眼泪。她的脸色发青，非常阴沉。这时候，纯如已经提过不想再活下去的念头。我也注意到，她的手脚运动和面部表情都很僵硬。这种欲哭无泪的情况似乎比以前更糟糕。那时候，我根本没想过，这些症状或许都是药物的副作用。

当天下午，纯如过来，请绍进帮她用计算机刻录一些有她照片的 DVD（数字视频光盘）。纯如说，她想把这些 DVD 寄给档案馆。我们当时并没多想，但反思起来，她当时或许已经在为自己准备后事。

绍进和我那天很担心，于是我们给布雷特打了电话，还去了一趟他们家。我们四个一起聊天。我们对纯如说她不应该伤害自己，我们尽量回避“自杀”这个词，担心反而会令她产生这个念头或下定决心。纯如没有回答。那天晚上，我知道当时正是生死关头，非常危险，但我很绝望，不知道到底该做些什么。我打算给 C 医生写信，告诉他纯如有自杀的念头，但我担心他会出于对患者公开的原则，坚持要我将邮件抄送给纯如。我犹豫了一下，没有给他写邮件。

周末，我给纯如和布雷特打了电话，但他们不在家。我不知道纯如在干什么。出于绝望，10 月 24 日，周日晚上，我鼓起所有勇气给 C 医生发了封电子邮件。我告诉他，纯如跟我们说，她身体里的一部分想要活下去，但另一部分想死。她时而这么说，但在周四一连提了好几次。我必须有所行动。

C 医生注意到我的电子邮件的收件人中没有纯如，于是将信退回给我。他教育我说，不想在纯如不知情的情况下跟我交流，希望我将这封邮件重新发给他一次并抄送纯如。我别无选择，只好照办。

布雷特第二天也给 C 医生写了邮件，跟他说纯如已经超过两周没有服用 Celexa 了，她每天仅服用 0.8 毫克的 Risperdal，情绪也变得越来越低落。当天晚上，布雷特给 C 医生发了另一封邮件，并抄送给纯如和我们。他说纯如一直在浏览 thefinalexit.org 和其他关于自杀及安乐死的网站，这把我们吓得不轻。

当天晚上，C 医生从家里给纯如打电话，但没人接听，于是他又打给我们。我们立即赶到纯如家，发现纯如和布雷特刚刚散步回来。我告诉他们，C 医生打过电话，对布雷特邮件中提到纯如曾经浏览自杀网站一事非常关心，希望能和纯如谈谈。纯如回了电话，在电话里，C 医生对纯如说她有两个选择：要么服用抗抑郁药 Celexa，要么住院。纯如十分震惊，她同意服药。但在挂上电话后，她变得极其愤怒，控诉我们背叛了她，将此事告诉 C 医生。

10 月 28 日，周四，纯如开始服用 1 毫克 Risperdal 和 5 毫克 Celexa。两天后，我早上跟她一道散步，然后中午在她家与她共进午餐。我尽量一直陪着她。那天下午，我回家休息了一会儿。3 点半左右，我打电话给她，却没有人接。我知道纯如应该是一个人在家，很纳闷她为什么不接电话，于是赶去她家。纯如不在，车子也不见了。我上楼到她的书房，发现计算机还开着。我看到纯如最后浏览的网页是雅虎地图，地图上有个地址。我立即打电话给绍进，让他搜索一下那个地址。绍进打电话回来说，那个地址是里德体育用品商店，店里也销售狩猎用品。我提高了警惕，焦急地在纯如家等她回来。

1 个小时后，纯如终于回来了，看上去有些不安。她借口去打扫车库的时候，我在客厅里查看了她的手袋。我在里面发现了一份使用枪支的安全手册，还有一张申请持枪许可证的说明书。我吓坏了，走到车库，质问纯如枪支安全使用手册的事。我问她为什么要买枪。纯如很吃惊，表情极不自然，她说她要用来自卫。与此同时，布雷特下班回家，绍进也过来了。我告诉他们这件事。布雷特冷静地问纯如，为什么要一把枪。我们都跟纯如说，她很安全——她不需要枪。之后，布雷特带着纯如出去散步了。

我那天晚上非常害怕，但仍不知道如何处理这种情况。每个人都认为我过分担心，但事实是纯如去了一家枪支商店，这是不寻常的！我们家里从来没人碰过枪，更不用说是持有枪支了。这完全不是纯如的性格。

值得指出的是，纯如去枪支商店的那天，正好是她恢复服用 Celexa 的第三天，而 9 月 21 日，她第一次试图自杀的那天正是她初次服用 Celexa 的两天后。我必然想到，服用抗抑郁药 Celexa 与自杀之间存在很大关系。

第二天，10 月 29 日，周五，我早上去看纯如，她不想见我。她显然知道我已经在密切注意她，她希望跟我保持距离。

纯如那天下午本来约了 C 医生。在纯如不让我们继续陪伴她之后，我写电子邮件给布雷特，让他带纯如去看医生，并且转告 C 医生她打算买枪的事。当布雷特后来告诉我他已经约好 C 医生那天下午见面时，我很高兴。然而，没想到与 C 医生的会面时间非常短，布雷特甚至没有机会跟他提起枪的事。9 月，布雷特曾批评过我过分担心纯如。现在，他开始向我道歉，因为他意识到纯如的确在打算自杀。

10 月 28 日，我发现纯如去过枪支商店后，她开始躲着我。10 月 31 日，我清早去了农夫市场，买了一些鲜花。我把花插好，去送给纯如，还附带上一些购自农夫市场的健康食品。当天晚上，我邀布雷特和纯如来和我们共进晚餐。这是我们与纯如一起度过的最后一个晚上。那天是万圣节，却毫无节日气氛。我或许根本就忘了那天过节的事。

我们四个静静地吃着晚餐，没人打算说话。气氛很奇怪，但纯如非常安静平和。她跟我说"多谢""菜很好吃"。我几乎错以为我们又回到了厄巴纳的家中。纯如那时还是个小女孩，又高兴又满足。当她吃完饭后夸奖我的菜做得很好吃时，我突然间觉得心满意足，如释重负，这种感觉已经许久未曾有过。我高兴极了。

晚饭后，我问他们愿不愿意一起看我几年前从 PBS 录下的"三大男高音演唱会"。纯如喜欢歌剧，于是我们坐在一起看。时光仿佛再次倒转，回到 20 多年前，我们在厄巴纳的家中，坐在壁炉前，一起看电视。我真希望那一刻就是永远。

11月2日，周二，美国总统大选的日子。前一天，纯如告诉我们，有人发电子邮件给她，预测约翰·克里可能会赢。听到这个预测结果，纯如很开心。然而，正如我们所知，第二天，克里输给了布什。我们知道纯如一直反对布什的外交政策，是克里的支持者。此外，她也曾写过多篇猛烈批评布什政府的文章。一想到布什还要继续执政4年，对纯如来说实在是一种折磨。大选结果很可能令她更加抑郁。

我后来才意识到，这时，纯如开始觉得前途无望。她打算执行自己的自杀计划，而且不想让我们发现。在她生命中的最后一周，纯如不再让我前去探望她，她甚至不让我给她打电话，也不回复我的电话和邮件。在最后那一周，绍进和我经常外出散步以减轻我们的忧虑。11月3日，周三，我去了帕洛阿尔托的一个互助小组。绍进和我11月5日又一起去了圣何塞的另外一个互助小组。我们试图收集相关信息，了解如何应付可能自杀的家人的抑郁问题。在这段时间，纯如一直在积极准备她的最终解脱，我们则在想尽办法拯救她。我们几乎是在赛跑，但我们并未意识到她居然会这么快就付诸行动。一周后，11月9日，纯如走了。

这是一个不期而至的死亡。多年来，纯如一直在感叹生命太过短暂，来不及完成她想做的那些事。她多次提到她想要写更多的书，尝试拍电影，还有记录口述历史。一想到她的那么多梦想将永远无法实现，真的令人心痛。然而，她留给人们的不是死亡，而是她的生活与存在。每当我念及纯如，记忆中总会浮现起一个可爱的乖女儿和一个美丽女子的形象。在她短短36年的生命中，为了保存历史真相，为无声的受害者伸张正义，纯如以她的激情、投入、真诚和坚定启发了世界上许许多多的人。纯如的心永远为那些承受苦难的人而跳动。她是一个无法忘却历史的女子：她不能忘记那些人的苦痛，她不能让他们的故事一直被埋没。

纯如的一生短暂却绚烂，有如横过天际的彩虹，但也同样稍纵即逝。她留下的是一个充满勇气与信仰的生命传奇，她的作品将继续给人们带去启迪与灵感。

尾　声

有些人的一生便是专为别人而度过的。

自纯如去世那天起，她为什么自杀这个问题就一直在我心头萦绕不去。我仍无法相信，一个像纯如这样对生命充满热情的人居然会自寻短见。每当她听说有人自杀，纯如总是跟我们说这是她无法理解的。自杀本应从来都不在她的选择范围内。

纯如悲剧性的死亡是如此令人难以承受，在最开始的那段时间，我的大脑一片空白，我疑惑不解。在接下来的几年中，我开始回忆纯如在生命最后几个月中的种种细节。撰写这本回忆录帮我厘清了许多事情。

我们第一次察觉出纯如有些异常是在 2004 年 4 月，她结束长达 1 个月的图书签售旅行回家后。在那次旅行前，纯如看起来一切都好，旅行中必定发生了某些令纯如深感害怕的事情。

正如大多数人所知，纯如的《南京大屠杀》在日本引发了强烈反响。就在她死后，有人猜测，她或许是被日本右翼团体谋杀的。当记者在她死后提出这一疑问时，我最初排除了这一可能。然而，渐渐地，仔细地回忆起发生在纯如生命最后时刻的那些事情，我重新得出结论：这些组织的确有某种可能促成了纯如的死亡。纯如在图书签售旅行之后变得非常情绪化，也非常多疑。如果我们相信她对我们说过的话——有人在旅行中曾威胁她，那么她在那次旅行后的突然变化便可以理解了。我们或许永远都无法知道真实发生的事情。

在生命的最后6个月里，纯如一直提到，因为她所写的东西，一个“邪恶同谋”正试图搞垮她。家里人一直不愿相信这些说法，将其归结于纯如的想象。然而，在我看过几篇关于纯如之死的政论文章后，比如史蒂文·克莱蒙斯（Steven Clemons）撰写的悼词，有关阴谋论的想法一直在我的脑海中萦绕不去，尽管听上去不太可能。

最重要的是，纯如当时开始怀疑她的儿子患有孤独症。在接下来的两个月里，她一方面要为接下来的外出采访做准备，另一方面又在大量收集与孤独症相关的资料，这使她精疲力竭，直接导致了在路易斯维尔的崩溃。用于治疗的抗精神病药物和抗抑郁药物未能改善纯如的状况，反而导致她的病情恶化。在那段时间，我一直怀疑，医生开给她的抗精神病药物和抗抑郁药物或许引发纯如的情况急转直下。直到2009年之前，我仍不能肯定这一点，但后来终于开始有细致的研究结果讨论抗精神病药物的副作用。

2009年，我偶然在网上看到一则关于纯如之死的评论，作者猜测纯如或许死于药物导致的自杀。评论中提到了精神科医生泰歇的名字。后来我得知马丁·泰歇（Martin Teicher）是哈佛医学院著名的临床精神病学家，我立即联系上了他。2009年10月，我的博士论文指导老师尤金·肯尼迪教授九十大寿，借着到波士顿给他祝寿的机会，我在麦克莱恩医院与泰歇医生见了面。

长话短说，泰歇给了我几篇他发表的研究论文，主要是关于服用氟西汀类药物（如礼来公司的百优解）的患者出现自杀倾向的问题。泰歇关于抗抑郁和抗焦虑药物氟西汀的研究发现令人震惊。在1990年发表的论文①中，他和他的同事发现，患者服用2~7周氟西汀类药物后，本来没有自杀企图的患者产生了严重的暴力自杀倾向。在停止服用氟西汀类药物后，这种自杀倾向少则持续3天，多则长达3个月。他和他的同事还发现，包括SSRI类在内的抗抑郁药物在某些患者身上可能导致或加剧自杀倾向。重要的是，这些抗抑郁药物居然可能导致抑郁恶化，并引起静坐不能、焦虑和

① Teicher, M.H., Glod, C. A., Cole, J.O. (1990). “Emergence of intensive suicidal preoccupation during fluoxetine treatment.” Am J Psychiatry 147:207-210. Techer, M. H., Clod, C.A., Cole, J.O. (1993). “Antidepressant drugs and the emergence of suicidal tendencies.” Drug Safety 8(3):186-212.

狂躁。

泰歇博士给我看了一篇2004年发表的论文[①]，发表这篇论文的研究人员发现，当前精神分裂症和其他精神疾病患者的自杀率是抗精神病药物问世前的20倍。泰歇博士跟我说，在他还是个年轻的精神科医生时，他对于这些“新”药物的益处比现在乐观得多，但他慢慢发现这些药物的副作用比此前想象的要严重得多。

我问泰歇博士，纯如服用的那些抗精神病药物在不同人种、不同性别的患者身上是否有不同的疗效。我一直怀疑纯如服用的那些药物或许在亚洲人和女性身上体现出更严重的副作用。已经有科学证据显示，基因的多态性因人种而异，这种不同会影响药物的代谢过程，从而影响其安全性和有效性。[②]为了解答我的疑问，泰歇博士给我看了几篇论文[③]，里面提到人种和性别差异的确对抗精神病药物的疗效有影响。与白种人相比，抗精神病药物更易在亚洲人身上显效，但副作用也更严重。

这令我产生疑问：纯如是否服用了过量的药物？因为药物剂量是根据以白种人为对象的研究计算出来的。泰歇博士解释说，按照他惯常使用的治疗方案，病人服用Risperdal这类药物的初始剂量是0.25毫克。纯如开始时服用的剂量却高达这一数值的8倍。

在这次见面的过程中，我惊讶地获知，尽管泰歇本人是精神科医生，他却对给病

---

① Healy, D., Harris, M., et al.(2006). “Lifetime suicide rates in treated schizophrenia: 1875-1924 and 1994-1998 cohorts compared.” British Journal of Psychiatry 188: 223-228.

② “It is scientifically established that certain variations in genes, called polymorphisms”：与临床心理学家、美国女性及家庭研究中心主席黛安娜·祖克曼博士的个人交流，http://www.center4research.org。本书中的其他信息也由祖克曼博士提供。

③ Okuma，T. (1981). “Differential sensitivity to the effects of psychotropic drugs: psychotics vs normals; Asian vs Western populations.” Folia Psychiatr Neurol Jpn 35(1): 79-87.Bond, W. S.(1991). “Ethnicity and psychotropic drugs.” Clin Pharm 10(6): 467-70. Lin, K. M., R. E. Poland, et al. (1991). “Pharmacokinetic and other related factors affecting psychotropic responses in Asians.” Psychopharmacol Bull 27(4):427-39. Matthews, H. W.(1995). “Racial, ethnic and gender differences in response to medicines.” Drug Metabol Drug Interact 12(2): 77-91. Bakare, M.O. (2008). “Effective therapeutic dosage of antipsychotic medications in patients with psychotic symptoms: Is there a racial difference?” BMC Res Notes 1: 25.

人开抗精神病类药物持强烈的保留意见。他还介绍我看《波士顿环球报》的医学记者艾利森·巴斯写的《副作用：公诉人、告密者和畅销抗抑郁药的审判》① 一书。从波士顿回到家中，我读了巴斯的书，意识到关于这一话题还有许多类似的著作。这令我大开眼界，了解了少为人知的抗精神病药物的副作用，尤其是关于自杀倾向的问题。

从巴斯的书中，我了解到，除了百优解，另一种 SSRI 类抗抑郁药物帕罗西汀也会导致服用者自杀。巴斯在书中提到，没有坚实的数据证明，在儿童和青少年身上，帕罗西汀的疗效优于安慰剂。生产帕罗西汀的葛兰素史克公司没有向公众公布药物试验中的不良反应数据和自杀风险，在安全性问题上误导了医生和消费者。

我还了解到，负责药物试验的医学研究人员接受了制药公司的资助，而试验结果又被提交给美国食品药品监督管理局用于药物审批。因此没有办法保证研究的公正性。巴斯的书要求政府着手保护公民权益。

彼得·布雷金医生是另一位在抗精神病药物方面著述颇丰的作者。② 他从很早就开始提醒公众使用抗精神病药物的副作用。他的著作争议很大，首次出版时不被医学专家看重，一部分源于医药公司的信息不完全披露，另一部分源于政府部门和研究机构缺乏远见。布雷金医生的许多发现目前已被越来越多的人所接受，而新的“非典型性精神病”药物，如 Risperdal 和 Abilify 等，也已被证实风险与它们所取代的上一代药物并无不同。美国食品药品监督管理局和美国国家心理健康研究所现今在网站上发

---

① Bass, Alison (2008). *Side Effects: a prosecutor, a whistleblower, and a bestselling antidepressant on trial.* Algonquin Books of Chapel Hill, a division of Workman Publishing, N. Y., N. Y.

② Breggin, Peter R., M. D. (1991). *Toxic Psychiatry*. St. Martin's Press, N. Y.

—— (2001). *The Anti-Depressant Fact Book: What Your Doctor Won't Tell You About Prozac, Zoloft, Paxil, Celexa, and Luvox.* Da Capo Press.

——(2008). *Medication Madness: The Role of Psychiatric Drugs in Cases of Violence, Suicide, and Crime.* St. Martin's Press, N. Y.

出警告，与安慰剂相比，抗抑郁药物可能将自杀风险增加1倍。① 一项最新研究发现，无论服用哪种抗抑郁药物，患者的自杀企图或自杀风险的数值都很接近。此外，除了服用药物期间可能导致风险，停药也会增加自杀风险。②

在新书《解读流行病：神奇子弹、抗精神病药物和美国精神疾患的急剧上升》③ 中，医学调查记者罗伯特·惠特克发现，长期服用抗精神病药物事实上对大脑的害处远远大于益处。药物在患者身上引发更多的精神问题。大量滥用抗精神病药物使得美国的精神病发病率接近于一场流行病的水平——美国精神病患者人数在过去的20年中增加了3倍。

真的，我是有多么希望我在纯如接受治疗之前就了解到这些抗抑郁药物和抗精神病药物的风险。2004年，诊治纯如的精神科医生对这些药物的潜在严重副作用一无所知，他们也对不同人种对药物的不同耐受性了解无几。受到这些药物负面影响的不仅是药物说明书上标出的年轻人，而是所有人，他们都可能面对自杀倾向等严重的副作用。

纯如平生从未有过严重的抑郁或躁狂发作，因此，绍进、我和纯如都不相信她真的患有双相障碍。这也是为什么纯如一开始坚决反对服用任何医生开给她的药物。我

---

① “The FDA and the National Institutes of Mental Health now carry warnings on their Web sites that antidepressant medication can double the risk of suicide, compared to placebo”：http://www.nimh.nih.gov/health/publications/eating-disorders/fda-warnings on-antidepressants.shtml. Abilify 网站指出，抗抑郁药可能会增加自杀的想法或行为：http://www.abilify.com/Default.aspx?sa=t&source=web&cd=3&ved=OCCkQFjAC&url=http%3A%2F%2Fwww.abilify.com%2F&rct=j&q=abilify%20side%20effects&ei=vDxDTJSBIML98AakspUQ&usg=AFQjCNEmuZnhqoRv2cMOIGq_-bFnCG8QJw。Celexa 的网站和标签都警告说“应密切监测所有年龄段服用抗抑郁药物的患者”：http://www.celexa.com/。

② Schneeweiss S, et al. “Variation in the risk of suicide attempts and completed suicides by antidepressant agent in adults. A propensity-score adjusted analysis of 9 years' data.” Arch Gen Psychiatry 2010; 67:497-506. http://www.medpagetoday.com/Psychiatry/Depression/19904.

③ Whitaker, Robert.(2002).*Mad in America: Bad Science, Bad Medicine, and the Enduring Mistreatment of the Mentally Ill.* Revised paperback, 2010, Basic Books, Perseus Books Group, N. Y.

——(2010). *Anatomy of an Epidemic: Magic Bullets, Psychiatric Drugs, and the Astonishing Rise of Mental Illness in America.* Crown Publishing Group, N. Y.

必须信任纯如，她比家里所有人都更了解她自己的状况，即使是在生命最低潮时也不例外。是我们这些家人忽视了药物的毒性和严重的副作用——我们太信任医生，太希望她服用这些药物后能够好起来，没想到却适得其反。

纯如对抗精神病药物或许比普通人更加敏感。布雷金医生在他的著作《服药成狂：抗精神病药物在暴力、自杀和犯罪事件中扮演的角色》中写道："刚开始服药的几天是危险性最高的阶段。就像那些从未喝过酒或抽过烟的人第一次尝试酒精或烟草时一样，对未服过药的人来说，刚开始服用的抗抑郁药物的有害影响绝对是压倒性的。"对我来说，这完全解释了发生在纯如身上的事情。

纯如滴酒不沾，也从不吸烟。在她一生中，她从来没有尝试过比咖啡更具刺激性的东西，更不要说是抗精神病药物了。她第一次试图自杀是 2004 年 9 月 21 日，然后在 10 月 28 日试图买一把枪。这两件事都与她的性格完全不符，而且巧合的是这两件事都发生在她开始服用 Celexa 数天后。

我认为纯如的自杀是由药物引起的，这是抗精神病药物改变一个人本来性格的经典案例。我不需要重复那些有据可查的奇怪案例，在那些例子中，本来性格温和的抑郁症患者服药后突然变得暴力并具有破坏性。从纯如精神崩溃到她自杀，时间相当短，不过 3 个月而已。在这段时间，她正好开始服用抗精神病药物。她结束自己生命时所选择的悲剧而暴力的方式也大违她的本性。纯如生命最后那段时光急转直下的状况和暴力举动很可能是她服用的那些药物所引发的。我承认我不是临床心理学家或精神科医生，但作为一名生物化学研究人员，根据我密切照顾纯如的那半年观察所得及我自己的独立研究结果，这是我所能得出的最恰当的结论。

旁观者指出，或许有其他因素促成了纯如的自杀，比如她接受的辅助生殖治疗或许对她的情绪有影响。但据我所知，纯如只服用了短短几周的促排卵药物，而且是在 2001 年 12 月。她的情绪变化始于 2004 年。

还有人说，纯如的《南京大屠杀》主题太过阴暗沉重是她自杀的诱因，还据此宣称或许人们不应该再去写这种阴暗沉重的题材。但我知道，纯如绝对从来没有为写了《南京大屠杀》这本书而后悔过，她也不后悔向全世界揭露历史上这悲惨的一章。绍进和我都相信,《南京大屠杀》这本书不是导致纯如自杀的真正原因。毕竟,这本书写作于她去世 7 年前。纯如把 20 世纪 40 年代美国二战战俘在菲律宾的恐怖遭遇当作她下一本书的主题。尽管为这本书收集资料的过程同样令人痛苦,对纯如的精神健康显然没什么好处,但我也不觉得这是导致纯如抑郁的主要原因。

纯如的死能否避免?我坚信,如果她可以在身心两方面都好好休息一下,不去服用任何抗精神病药物,或许便会恢复过来,今天还能和我们生活在一起。心理治疗或许也能有所帮助,正如我们所知,世上根本不存在可以令病人立刻摆脱抑郁的灵丹妙药。休息和抚慰或许可以帮助纯如有条理地解决自己的个人和职业问题。她曾经成功跨越了生命中的诸多阻碍,纯如一直是一个对生命充满热情的坚强女子。悲剧在于,没人给纯如机会令她从身心疲惫中恢复过来,医生马上给她开具了抗精神病药物,然后又是抗抑郁药物,它们的副作用使她本来的焦虑和轻度抑郁加重了。

我希望这本书能够帮助人们认识到抗精神病药物的潜在危险,在服用之前三思而行。尽管数据显示服用抗抑郁药物的患者的自杀率较低,但仍比服用安慰剂组高。每个生命都弥足珍贵,我不想发生在我们身上的事情在任何人的家中重演。

媒体听说纯如精神崩溃后,在报道中称,医生对此的诊断是可能为一次躁郁症发作(但从未被确诊过),人们开始无端猜测纯如的精神状况,尽管他们并不了解纯如生命最后 6 个月中的情况。这实在令人沮丧。一本已出版的著作甚至猜测纯如早在 1999 年就出现了精神病的征兆。所有这些言论都是出于无知的妄自揣测。一些人甚至认为纯如的激情和写作动力或许是双相障碍中躁狂阶段的表现,熟悉纯如的朋友和学过临床心理学的人都强烈反对这一观点。照这种说法,任何精力充沛、志向高远、力求完美的人都会变成双相障碍患者。我不认为这种将一切简单化的假设是可以接受的。

纯如是个非常重视隐私的人,她不希望自己的艰难处境为外界所知。她希望将整件事情保密的另一个原因是,社会上依然存在对精神病患者的歧视。事实上,在亚洲文化中,精神病尤其是个敏感话题,可能导致非常残忍的评头品足。出于对纯如隐私的尊重,我们应她的请求,将她患上抑郁症一事严格保密。但在纯如死后,我们决定接受美国亚裔心理健康网络(Asian American Mental Health Network)的邀请,代表精神病患者公开发表演讲。对精神疾患问题的公开讨论，以及来自亲友和社会的支持，对于精神疾病的恢复至关重要——这是我们的教训。

生命一旦消逝便不会再来，我真诚希望这本书可以帮助精神病患者的家人。许多精神病专家现在认为，心理疗法、信仰、来自家人的爱与支持对于帮助精神病患者痊愈至关重要。目前，抗抑郁药物所能带来的益处仅比安慰剂略好，这表明事实上，常常是希望消除了抑郁，而不是某种特定的药物。我们对人类大脑的功能所知还十分有限。

当本书英文版付印之时，纯如已经去世6年多，但她的音容笑貌仍不时出现在我眼前。那些画面——她纯真的微笑、她开怀的大笑、她好奇的眼神、她无休无止的提问——一直陪伴着我，最重要的是纯如的精神：力求最好，永不放弃对历史真相和社会正义的追求。正是这种精神激励了世界各地的人。《南京大屠杀》触动了全球华人团体，对于迫使日本反思二战罪行的国际运动起到决定性意义。然而，直至今日，日本仍不肯向战争受害者做出书面道歉，也不肯对那些人生因浩劫而被摧毁的人做出赔偿。更糟糕的是，日本拒绝将其二战期间在亚洲犯下的战争罪行告知自己的国民和下一代。

作为一个面对女儿悲剧性的死亡事件的母亲，我的立场独特：我可以用余生追悼我的爱女，或者我可将自己的所失转化为某种积极的举动。在《南京大屠杀》一书中，纯如引用乔治·桑塔亚那（George Santayana）的名言“忘记过去的人注定会重蹈覆辙”来阐述她写作那本书的原因。对我来说，完成纯如未竟的事业——教育下一代记住残忍的历史教训以求历史不会重演——也是我的使命。

纯如去世1年半后，2006年3月28日，她生日的那一天，我和绍进还有纯如的一些支持者一道成立了张纯如纪念基金，希望完成她未竟的事业，缅怀她百折不挠的战斗精神。在过去的几年中，我一边撰写本书，一边投身于向下一代宣传发生在亚洲的大屠杀的教育活动。这项工作给了我活下去、向前看的理由和勇气，并带给我未来世界可以变得更加和平、和谐的希望。

纯如希望世界记住她的作品、她说过的话。她总是说，生命终将消逝，但书和文字可以流传。1997年1月，在写给我的电子邮件中，她写道："文字是保存灵魂精华的唯一方式。演讲最令我激动之处在于，即使演讲者已然作古，长眠地下，他们的精神永存。对我来说，这是真正的宗教——永生的最佳方式。（如今，或许这也是获得永生的唯一方式。）"如果真如纯如所说，"文字不朽"，"书是写作者实现永生的终极方式"，那么她已经实现自己的人生目标——虽然如果她能活得再久一些，成就或许会更大。

本书即将完成时，我开始思考这一终极问题，一个我一直在寻找答案并将继续寻找下去的问题：生命的意义是什么？答案因人而异。当我想起纯如的一生、她的演讲、她写给我和她父亲的那些信件，她清楚地表明了她是一个倾听自己内心、追随激情、努力创造某种具有永恒价值之物的人。她要"特立独行"，她想要自己的儿子克里斯托弗"属于具有批判精神的少数人，而不是唯唯诺诺的大多数"。

2003年6月，在接受罗伯特·伯恩鲍姆（Robert Birnbaum）采访时，纯如披露了她内心的激情："……写那些具有普世意义的主题对我来说很重要。在我的一生中，那些与正义被侵犯有关的主题总是能引起我的共鸣……出于某种原因，每当看见不义之事，或是其他人的自由遭到侵犯，我就会恼怒不已。"

本书行将结束时，我本打算找一句名人名言收尾，最好是某个拥有与纯如同样的人生哲学的人说过的话。就在此时，我偶然从收音机里听到这句话，一下子就被打动了，它可以代表纯如的精神："有些人的一生便是专为别人而度过的。"

后 记

写成这本书时，克里斯托弗已经长成一个漂亮的 8 岁男孩。他和祖父母住在伊利诺伊州中部，离他父亲布雷特的家不远。布雷特于 2006 年 1 月再婚，他和他的妻子有了两个孩子。

绍进和我仍住在圣何塞的那栋老房子里。克里斯托弗每年春假和暑期来看我们，他很喜欢到加利福尼亚来。除了管理张纯如纪念基金，绍进和我还积极参加湾区一些组织（如史维会）的活动。因为克里斯托弗患有孤独症，我们也加入了湾区的“特殊需求儿童之友”组织。有时间的话，我希望可以帮助一些全国性的组织开展预防自杀的工作。

献给张纯如的书

《南京的恶魔》（*The Devil of Nanking*），作者莫·海德（英国畅销小说作家）。该书的扉页写道："献给张纯如（1968—2004），她的勇敢与学术研究成果第一次令南京的名字为世人所知。"

《纽约时报》畅销书榜上榜作家西蒙·温切斯特将他2005年出版的《世界边缘的裂缝》（*A Crack in the Edge of the World*）一书献给张纯如。他在扉页写道："我用本书迎接我的第一个孙辈Coco的出生，并以此向张纯如告别。她的崇高、激情与勇气是所有人的楷模，无论是作家还是新生儿。"

铭记那个美丽的名字——张纯如

詹姆斯·布拉德利

美国著名二战史畅销书作家

我站在这里，想要向两岁的克里斯托弗传达一个消息。

我的名字是詹姆斯·布拉德利。

我的父亲是约翰·布拉德利。

我的父亲是曾经在硫黄岛上竖起星条旗的勇士之一。

在我成长的过程中，我并未从父亲那里听到多少有关那张著名的硫黄岛上星条旗飘扬的照片的故事。因为他不能说。

我的父亲死于 1994 年。

在他死后，我开始追寻那些他不能说的往事。

克里斯托弗，你的母亲是张纯如。

她写过令人难忘的文字，讲述一些艰难的历史真相。

你的母亲死于 2004 年。

以后，我想你也会想要追寻你母亲不能说的那些事。

1997 年，在你出生的 5 年前，我正致力于写一本关于照片中的 6 名旗手的书。

在两年的时间里，我一直试图找到一家出版商。

27 家出版商回信拒绝了我。

我意志消沉。

然后，一个周日，我感到一丝希望。

一本关于二战的书出现在《纽约时报》的畅销书榜上。

它就是《南京大屠杀》。

就在那一天，我第一次看到那个美丽的名字——张纯如。

于是，我鼓起勇气，写信给你母亲。

她寄给我一张带有照片的明信片，鼓励我。

明信片上的照片是她。

我将张纯如的这张照片挂在书房的墙上。

每天，在我克服自己的恐惧写作时，我都对自己说："如果她能做到，我也能做到。"

《父辈的旗帜》最终成为《纽约时报》畅销书榜上排名第一的书。27 家出版商说"不"，但你母亲说"去做吧"。

然后我打算写第二本书，却找不到故事。

我又一次求助于你母亲。

她给我发来电子邮件，建议我联系一个住在艾奥瓦州的名叫比尔的人，她说他有一些"有趣的信息"。

我给比尔打了电话，他讲给我的故事后来变成了我的第二本书——《飞行员》。这本书是来自你母亲的礼物，它成为畅销书榜上排名第二的畅销书。

《飞行员》的开场白是这样的："这封电子邮件来自张纯如……"

书的最后是致谢部分——我借此感谢那些帮助我写出《飞行员》的人。

《飞行员》的致谢部分以一个美丽的名字开始——张纯如。

克里斯托弗，自从写了这些书，我在全世界发表了数百次演讲。

我由此得知，我只不过是应当感谢你母亲的成千上万的人中的一分子。

在我追寻我父亲的故事的过程中，我发现，在残酷的硫黄岛战役中，我的父亲——一名军医——眼睁睁看着200多个年轻士兵在自己的怀中惨叫着死去。

在你追寻你母亲的故事的过程中，你会发现，在她的眼前，浮现着成百上千，不，应该是数十万，饱受折磨的死者和惨叫着的幸存者。

你母亲感动了数百万人，会在世界每一块大陆上以数不清的方式为人所缅怀。

这里只是其中的一个。

4年前，我创立了詹姆斯·布拉德利和平基金会。

基金会选派美国高中生赴中国和日本生活学习1年。

基金会的宗旨是促成不同文化之间的相互理解，这样有朝一日，像我父亲这样的人，不用再将垂死的士兵抱在怀里……像你母亲这样的人，眼前不会再浮现战争的死难者。

两天前，基金会的所有理事召开会议，决定从现在开始，被我们选派到中国的学生将同时作为基金会新设立的张纯如纪念奖学金的获得者。

克里斯托弗，等你长大成人，我会邀请你参加我们的理事会议。帮我们挑选更多有资格得到张纯如纪念奖学金的学生。那时候，你将可以见到许多以你母亲之名得以到中国学习的学生。

他们会告诉你我已经知道的那些事。

当他们抵达中国，他们将在机场书店、城市书店及各地的图书馆里见到那个美丽的名字——张纯如。

中国学生从你母亲的文字中学到了他们国家的一段历史。

你母亲的照片挂在纪念馆的墙上，激励着他人去找寻真相。

克里斯托弗，等你长大成人，我希望你能经历我经历过的三件事。

有一天，你会了解你母亲所不能说的事。

我希望这可以帮助你理解你母亲留下的宝贵遗产，正如我对我父亲的理解。

我希望有朝一日，你坐在你母亲的照片下工作，感受到她的启迪与温暖，正如许多人及我所感受到的那样。

最后，当你展开这段艰难却值得的心灵之旅，去发现你在宇宙中的独特使命，当你发现你的真我所在，我希望你会为你勇敢的母亲曾无所畏惧地把真相告知全世界的举动而自豪。

或许你会亲自写一封信感谢她，就像我曾做的那样。

一封以一个明亮而充满希望的名字开头的感谢信。

那个美丽的名字是：张纯如。

2004 年 11 月 19 日，于加州洛斯阿尔托斯

现代圣女贞德

史蒂文·克莱蒙斯

半岛电视台英文频道主持人、《国会山报》特邀编辑

听到张纯如在加州圣克拉拉她自己的汽车中辞世的消息，我感觉如受重击。在过去的几年中，她是我的好友，更是精神上的知己。

张纯如的《南京大屠杀》对于治疗日本、美国和全世界的集体历史失忆症有着不可估量的影响。对我来说，这个才华横溢、光芒四射的作家和思考者仿如现代的圣女贞德，投身于一场向过去讨还公道的激烈斗争。

几年前，我们因电子邮件而结缘。几年前，我开始研究约翰·福斯特·杜勒斯在《旧金山对日和平条约》签订前夜所进行的一系列暗箱操作所导致的当代法律后果。这份签订于 1951 年 9 月 8 日的条约正式结束了盟军对日本的占领。张纯如加入进来，同我一道努力唤醒公众对此事的关注。我就此为《纽约时报》撰写了一篇文章，于 2001 年 9 月 4 日见报。

尽管当时我以为我所发现的不过是为历史学家和律师所忽略的一则有趣的历史花絮，张纯如却知道我无意之间闯进了中日之间关于记忆和历史记录的激烈交锋的战场。她打电话给我，跟我聊了两个小时，帮我做好准备迎接漫天而至的批评之词。这些批评来自那些试图阻止任何有关日本战争责任的讨论的人，它们可以轻易击垮一个像我这样的作者。

张纯如在她发表于《纽约时报》的文章中继续就此事展开讨论：日本、战争记忆，以及我讨论的美国在日本历史失忆症中扮演的同谋角色。不幸的是，张纯如的文章无法在互联网上搜索到。

我们见过几次，有一次发生在我在加州丘珀蒂诺的德安扎学院演讲之后。她坐在五六百名对日本战时记忆这一话题感兴趣的听众中。这是她的领域，我只不过是偶然闯入，但她极为谦逊，并不炫耀自己的优秀和权威。她没有告诉任何人她出席了德安扎学院的活动。

2002 年 4 月，在旧金山大学环太平洋中心组织的一次学术会议上，我们还曾同台发言。

关于张纯如去世的问题，在专家的权威意见之外再多加评论在我看来是不负责任的行为，但我想指出，两名促成改变的使者、令我们以全新眼光审视世界的人——张纯如和最近过世的电影导演伊丹十三——都是在患抑郁症后选择了自杀。这让人既难过又担忧。我从来不相信关于伊丹十三的那些报道，我和他也很熟，他在电影制作过程中不断地同日本右翼分子和黑帮做斗争。

我别无选择，只能接受关于张纯如之死的那些报道。但对于如此一场悲剧，我想说，也只能说，世界因她的离去而损失惨重。

张纯如同信念、信仰和合谋的谎言作战。因为她那部重要的作品，还有她试图厘清真相是如何为信念、信仰和错觉所扼杀的行动，张纯如受到来自各方的攻击。

我们详细讨论过下面这段出自尼采的《敌基督者》一书的文字。我不认为张纯如是尼采的信徒，但这段文字反映了我们当时所经历的挣扎：

> 心理学中，比信念再进一步就成了“信仰”。信念如今被当成好的，但当我开始思考时，不禁怀疑，对真相而言，信念是不是比谎言更危险的敌人。(《人性的，太人性的》)
>
> 这一次我想要实话实说：谎言与信念之间真的有区别吗？全世界都相信这两者不同，但并非所有人都这么看！每一种信念都有其历史渊源，经历过尝试与谬

误：只有在成为一种信念后，它才是一种信念，而且在很长一段时间里，并非唯一的信念，直到经历更长一段时间后，才获得绝对权威的地位。

如果谎言也是信念的雏形呢？有时候，所需要的不过是改变一下对象而已：在父亲那里的谎言，到了儿子这一代就成了信念。对此，我称之为用谎言扭曲眼见的真相，或是用谎言否定自己看到的东西：不管这种谎言是当众表达，还是独自表白，结果都是一样。

最常见的一种谎言就是，一个人欺骗自己说欺骗别人是相对而言无伤大雅的。现在情况变成了不是某个人视而不见，也不是某个人扭曲真相，而是要求所有从属于某一团体的人都这样做：每个成员都要变成说谎者。例如，德国历史学家相信罗马是专制主义暴政的同义词，是日耳曼人将自由精神带到了世界上：信念与谎言有多大分别呢？

这让人心生疑惑，是否所有虔诚的信徒（包括德国历史学家）都出于本能地将道德问题变成舌尖上的文字游戏。道德之所以还能幸存下来，只因某个团体的人在特定的时期需要它。“这是我们的信念：我们将其公告给全世界；我们为它而生，为它而死。让我们尊敬所有拥有信念的人吧！”我是从一些反犹太主义者的口中听到这种话的。但事实恰恰相反啊，先生们！

一位反犹太主义者不会因为在基本事实上说谎就变得更加值得尊敬……牧师可能更适合做这种事。他很清楚信念本身固有的缺陷，出于某种目的，谎言也可以成为事实。他偷换了犹太人的概念，“上帝”“上帝的意志”“上帝的启示”，诸如此类。

我太悲伤了，无法再写下去。

在一些人看来，阿拉法特的去世是化解巴以冲突的转机。

或许，那些一直在日本辱骂张纯如重要作品的人现在可以暂停他们奋力漂白历史的脚步，寻找一条比今日更加反思内省的民族主义的道路吧。

2004年11月11日

致谢

在这里，我要向许多人表示感谢。没有他们的帮助，本书是不可能完成的。

首先，我要把我最诚挚的谢意献给我的丈夫绍进，感谢他的耐心与关爱。是他最早鼓励我写这本书，并在5年的时间里一直忍受着我无休止的关于书中内容的讨论。他一直支持我，给我完成这本书的信心，是我坚强的后盾。此外，也要感谢我的儿子纯恺，是他的爱帮助我们度过了纯如去世后那段最艰难的日子。

我还想感谢肯·麦克劳克林（Ken McLaughlin）。在为后来发表于《圣何塞水星报》上的文章采访我们时，他第一时间表示了对这本书的兴趣。在本书刚成稿期间，他编辑修改了初稿的部分段落，还帮我们联系了他的作家朋友们。我将一直铭记他的热情和对我的信任。

感谢基本书局的总编辑拉勒·海默特（Lara Heimert），感谢她与我见面，鼓励我，并对初稿给出修改意见。

感谢耐心编辑我的图书选题报告的彼得·李（Peter Li），他曾花数小时审阅书稿，为我提出大量宝贵建议。

感谢丁元的指正，他还在百忙中抽出时间为本书撰写推荐序。没有他的指点和帮助，本书不可能面世。

感谢看完本书初稿便慨然应允作序的理查德·罗兹。他关于出版流程和文字润色的建议极其宝贵。2010年5月，绍进和我有幸在湾区与他和他的妻子金杰（Ginger）见面，我们谈及了一些共同认识的物理学家，一同追忆起纯如的往事。

感谢黛安娜·祖克曼博士，她在看过本书初稿的最后几章后，给我提出了一些心理学和精神病学领域的专业建议。感谢 Fidelia But、Shushih Butt 和 Hann-Shuin Yew 的宝贵建议。感谢我的弟弟张彬彬和布雷特·道格拉斯在本书出版前的细心校阅。

在写作本书的过程中，许多朋友都给予我鼓励和支持。尤其要感谢 Hua-Ling Hu 在电话中耐心地帮我了解出版规程，感谢 Wena Poon 和 Teresa Yu-Pei Singer 在讨论出版合同期间提供给我的法律建议，尤其是后者，帮我解答了诸多法律问题。

我还要感谢我的兄弟和妹妹——张铮铮、张彬彬和张菁菁——以及他们的子女。纯如去世后，他们给了我巨大的支持。

我必须对那些在纯如去世后予以我鼓励和支持的来自湾区和全美国的个人与团体表示由衷的感谢：Cathy and David Tsang、Charles and Becky Shao、Eugene Wei、Allen Ho、Betty Yuan、Daisy Chu、Kuo-Hou Chang、Christina Leung 等美国湾区抗日战争史实维护会的成员，Rodger Scott、Julie Tang、Susan Hsieh、Lillian Sing、Peter Stanek、Jean Chan 等补偿南京大屠杀受害者联盟的成员，世界抗日战争史实维护联合会的成员，Flora Chong、Joseph Wong 等加拿大亚洲二战浩劫史实维护会的成员，Thekla Lit 等不列颠哥伦比亚省亚洲二战浩劫史实维护会的成员，Nancy Lo、Jack Meng、Michael Lee 等圣迭戈保存外国入侵中国历史准确性协会的成员，Jeannie Liu 等洛杉矶亚洲二战浩劫史实维护会的成员，Victor Yung、Don Tow 等新泽西亚洲二战浩劫史实维护会的成员，Kaimay Terry 等明尼苏达州亚洲二战浩劫史实维护会的成员，Sarina Chiang、Albert C. C. Yang、Renne Lu、Agnes Ahn 等波士顿历史学会的成员，Larry Wu 等华盛顿特区真相委员会的成员，Walter Ko、Sherwin Liou 等圣路易斯亚洲二战浩劫史实维护会的成员，C. C. Tien、Jack Peng、Kuei-sheng Chang、Jiu-fong Lo、George Koo、Alice Mong、Richard Chu、Cinian Zheng-Dubin、Cindy Chan、Jane Wu、Ping Tcheng、William Jiang、Peter Balakian、Ron Yates、Steven Clemons、Eamonn Fingleton、Victor Fic、James Bradley、John Price、Werner Gruhl、Ted Leonsis、Bill Guttentag、Violet Feng、Richard Sousa、Linda Bernard、Brad Bauer、Elena Danielson、Susan Rabiner、Barbara Masin、James Hong、Sen Luan、Lung-ching Chiao、Isabel Chiu、Duoliang Lin、Amy Hsieh、Xiu-xin Liu、Lucy Yuan、Meihuey Huang、Lisa Chung、

Timothy Larson、Bill Spahic、Anne Pick、Bihua Zeng、Connie Wu、Kevin Chiang、Eric Huen、Belinda Zhang、William King、Lolita Chuang、Cynthia Lam、Cynthia Yao 等我 1958 年台湾高中毕业班的同学们。

感谢塞雷娜·琼斯（Serena Jones）对本书初稿的编辑工作。感谢 Pegasus 出版社的杰西卡·凯斯（Jessica Case）、威廉·克莱本·汉考克（William Claiborne Hancock）甘冒风险出版本书。作为本书的终审编辑，杰西卡·凯斯对这一项目的热情和投入将永在我心。

感谢 Boron's Educational Series 出版社允许我引用纯如在《巴伦全美 50 所顶尖大学：走进美国最好的大学》一书中的文字。

感谢《圣何塞水星报》允许我重新使用曾在该报上发表的纯如的照片。